铸魂育人 薪火相传

北京外国语大学法语语言文化学院建院70年纪念文集

蔡芝芳
戴冬梅 主编

外语教学与研究出版社
北京 BEIJING

图书在版编目（CIP）数据

铸魂育人　薪火相传：北京外国语大学法语语言文化学院建院 70 年纪念文集：汉文、法文 / 蔡芝芳，戴冬梅主编. -- 北京：外语教学与研究出版社，2022.6

ISBN 978-7-5213-4224-6

Ⅰ. ①铸… Ⅱ. ①蔡… ②戴… Ⅲ. ①法语－教学研究－高等学校－文集－汉、法 Ⅳ. ①H329.3-53

中国版本图书馆 CIP 数据核字（2022）第 258009 号

出 版 人　王　芳
责任编辑　孟贤颖
责任校对　张　璐
封面设计　覃一彪
版式设计　锋尚设计
出版发行　外语教学与研究出版社
社　　址　北京市西三环北路 19 号（100089）
网　　址　http://www.fltrp.com
印　　刷　北京捷迅佳彩印刷有限公司
开　　本　787×1092　1/16
印　　张　33.5
版　　次　2023 年 2 月第 1 版　2023 年 2 月第 1 次印刷
书　　号　ISBN 978-7-5213-4224-6
定　　价　70.00 元

购书咨询：（010）88819926　电子邮箱：club@fltrp.com
外研书店：https://waiyants.tmall.com
凡印刷、装订质量问题，请联系我社印制部
联系电话：（010）61207896　电子邮箱：zhijian@fltrp.com
凡侵权、盗版书籍线索，请联系我社法律事务部
举报电话：（010）88817519　电子邮箱：banquan@fltrp.com
物料号：342240001

记载人类文明
沟通世界文化
www.fltrp.com

北京外国语大学法语语言文化学院
建院 70 年纪念文集
编委会

前言

2020年是法语语言文化学院（以下简称“法语学院”）院庆70周年，2021年是北京外国语大学校庆80年。法语学院特编辑出版《铸魂育人 薪火相传——北京外国语大学法语语言文化学院建院70年纪念文集》作为院庆70年和校庆80年的纪念和献礼之作。

法语学院的前身为北京外国语学校法文组，始建于1950年3月。1951年与同校的德文组合并成立法德系。1953年在全国招收第一届本科生，1954年开始招收硕士研究生。1957年2月，法语系独立建制；1978年，在全国率先恢复招收法语专业硕士研究生；1987年，主持制定中国高校法语专业基础教学大纲；2001年，开始招收法国文学和法国政治方向博士研究生；2009年，法语专业成为国家级特色专业建设点，2012年成为北京市重点学科。2018年11月，法语系正式更名为法语语言文化学院。2019年，法语专业入选第一批国家级一流本科专业建设点名单。

纪念文集分为三部分。第一部分为法语学院校友访谈，第二部分是教师访谈，第三部分是在职教师撰写的教学研究论文。第一部分和第二部分的访谈收录老、中、青共近70位北外法语人关于法语学习、教学、科研、管理的回忆和论述，其中不乏对北外优良教学传统的描述和总结以及不同时代北外人的感人故事。法语学院新一代青年学子承担了绝大部分采访工作。我们可以看到法语学院生生不息、薪火相传的传统，感受到学院教师行为世范、铸魂育人的良苦用心。访谈部分充分展示了校友们从法语出发、但不限于法语的丰富人生经历，展现了他们在外交、外事、外宣、外贸、教学、科研等岗位上的独特风采。读者可以看到校友们的成长轨迹，领略他们参与国家建设的昂扬激情和雄心壮志，以及他们勇做时代弄潮儿，敢于担当实干、不负韶华的精神，也能感受到社会的律动、时代的脉搏以及国家乃至世界的变迁。第三部分收录教育、教学、研究论文12篇，涉及法语人才培养的方方面面。其中两篇讨论学生的全面成长，两篇探讨法语学院和国关学院2015年开始正式招生的本科联合项目的培养模式和教学管理。8篇讨论法语教学，涵盖专业教学和辅修教学，具体包括文学课教学两篇，中国文化进法语课堂、法语课程思政、翻译课教学、听力课教学、写作课和辅修法语教学各1篇。教研论文的主题和内容揭示了法语学院的教学现状和理念。法语学院关注全面育人，积极探索“跨学科”人才培养模式，在法语课堂上有机融入课程思政和中国文化元素，不断思考提高法语教学效果的方法途径，也提出困难和困惑。

由于新冠肺炎疫情和其他原因的影响，纪念文集的面世相对最初计划有所延迟，但是这丝毫不影响纪念文集的意义。在此，我们要感谢参与文集的所有人员，是他们的不懈努力使这一梦想终于成为现实！感谢老师和校友们接受采访，感谢志愿者同学采访撰稿，感谢在职教师参与联络和审稿，感谢车迪老师和全慧老师组织协调、科研助理李君实和丁宇从旁协助，最后也特别感谢外研社综合语种教育出版分社法语部孟贤颖老师和钟可心老师的大力支持。

蔡芝芳　戴冬梅

目录

第一部分

校友访谈

何世德校友访谈（1964级）

受访者　毕业后，于1973年被分配到北京总参机关，不久被派到中国驻法国大使馆，先后担任翻译、秘书、武官助理、副武官、武官。曾在中国驻刚果（布）使馆及中国驻意大利使馆担任武官。1999年被授予少将军衔。2005年，被时任法国总统希拉克亲自授予法国国家荣誉军团骑士勋章。现为中国国际战略研究基金会理事。

采访者　廖晋一

您从小刻苦学习并保持着优异的成绩，并且在进入大学之前就已经学习了6年俄语。您是否从小就怀揣着成为外交官的梦想？

我在中学学过6年俄语，那是学校的必修课。我在中学时，只希望自己能考上大学，好好学习，将来成为一个对国家有用的人。我当年在农村县城的中学读书，那个时候大多数人思想都比较简单。

您当时出于什么原因放弃自己学习了6年的俄语而选择进入北外学习法语？

我1964年高中毕业，当时中苏关系破裂，直观感觉如果继续学习俄语，将来不一定有用处。当时法国总统戴高乐将军从国际战略高度出发，在其他西方大国都孤立中国的情况下，率先同新中国建立大使级外交关系，这一举动震惊了世界。法国作为一个西方大国，在国际上有不小的影响力，但当时国内懂法语的人很少。于是我在高考时，就毅然选择了报考北京外国语学院法语专业。

您现在还能回忆起当年的法语学习生活吗？比如说当时的课程设置、教学资源和您的老师们？您在大学期间的法语学习过程中又遇到过哪些困难？

在北京外国语学院学习和生活的时光，是我一生中最美好的时期。同学们之间互相帮助、关系非常融洽。学生和老师的关系也非常好，我们还可以去老师的宿舍。学校的东院环境优美，校风也非常好。在校期间，我如饥似渴地学习法语和各种文化知识，成绩始终名列前茅。我没有感到遇到过什么困难。

1969年您大学毕业后分配到北京总参机关工作，不久被派到中国驻法国大使馆工作。您是因为什么契机而进入使馆武官处工作的？武官处的工作主要有哪些，与大使馆其他工作相比有何特点？

我是1969年大学毕业后开始工作的，那时候不像现在，大学毕业后可以自主择业。我先是下放到五七干校劳动锻炼，后被组织上分配到总参谋部工作，就这样穿上了军装。由于我在北外学的法语，工作后不久，就通过考试被选派到驻法国大使馆武官处工作，担任武官的秘书和翻译。当时的武官不懂外文，一切对外交涉事宜和对外活动的翻译都由我来承担。同时，每天武官在读报和看电视时，我还要为他进行口头翻译，晚上回到宿舍还要抽出一两个小时看书充实自己。这样繁忙的工作使我得到了极大的锻炼，长达5年半的秘书兼翻译工作让我熟悉了武官工作的方方面面，为后来自己担任武官、顺利开展工作打下了比较坚实的基础。其实武官工作并不神秘，武官处是使馆的一个部门，武官就是穿军装的外交官，是中国武装力量的驻外代表，是大使的军事助手。武官跟驻在国军方和警方打交道，主要从事军事外交工作和军事调研工作。在国外跟朋友打交道，很多外国人不一定记得你姓张还是姓李，但知道你是中国武官、中国将军。因此，你的一言一行一举一动，都代表着我们国家和军队的形象。作为一名军事外交官，我觉得应当牢记周恩来总理对外交人员提出的“站稳立场，掌握政策，熟悉业务，严守纪律”的要求，认真办理两国军队之间的交往事宜，深入了解驻在国以及驻在地区的情况。

请问您可否与我们分享一下您初到法兰西时的感受，以及您先后3次在中国驻法国使馆长达16年的工作中对法国这个国家的感受？

我第一次去法国是1973年，当时国内“文化大革命”还未结束，各个方面都比较落后。法国那时已有高速公路，汽车时速达120—130公里，对我震动很大。我心中常有一种想法，不知中国何时才能建成高速公路。看看今天，中国改革开放40多年，已成为世界第二大经济体，翻天覆地的变化，令每个中国人都感到自豪。

在我长达16年的驻法工作中，令我感受最深的还是如何同法国人交朋友。在和外国人交往中，宣传介绍中国时仅仅阐述官方立场有时还很不够，入情入理的交谈和介绍真实具体的情况往往效果更佳。

一次，法国空军参谋长（相当于我空军司令）若伯上将访华回来后，在空军司令部宴请吴建民大使和我以表示感谢。席间交谈甚欢，但若伯上将提了一个问题，就是他在中国时，看到农村田间都是农民在劳动，没有看到农业机械。吴大使向他介绍了中国地区差别很大，农业机械化水平也不一样。在吴大使介绍时，我也在想如何回答更有说服力。见若伯将军听完后没有吭气，吴大使就对我说武官你再说一说。于是我说：“若伯将军，我老家在中国安徽省池州市，地处长江南岸，我从小在农村长大，父母姐妹都是农民，在我家乡人均土地只有1/15公顷（相当于1亩土地）。”我刚说到这里，若伯将军说：“谢谢武官先生，你已经回答了我的问题。”

您在法国使馆、刚果（布）使馆、意大利使馆都工作过，这3个地方的工作经历给您带来了什么不一样的感受？

我在国外使馆工作总共21年，其中16年多是在法国。除法国之外，我还在非洲刚果（布拉柴维尔）和意大利工作过。

我第一次当武官就是在刚果（布）。1987年底我第一次到非洲工作，深切感受到非洲兄弟对中国的友好。中国长期对非洲国家的友好无私援助，赢得了非洲人民对中国的友谊。哪怕是小孩子和我们见面时，都会用中文“你好”同我们打招呼。20世纪70年代有一批刚果（布）青年军官在中国军校学习过，在我到刚果（布）任职时，他们中很多人都已在军队中担任中高级职务，他们还会唱《东方红》和《大海航行靠舵手》等中文歌曲。有趣的是，20世纪80年代末中国改革开放已10年，他们中的一些人对中国的认知还停留在10年前，我不得不耐心地向他们介绍中国的巨大变化和进步。

20世纪90年代中期，我出任驻意大利武官。中意两国都有悠久的文化和历史，意大利人的轻松和随意使得我同他们的交往非常愉快。意大利人对《马可·波罗游记》津津乐道，诙谐地说面条的专利非中国和意大利莫属，不是马可·波罗将意大利面条带到中国，就是他将中国面条带回到意大利。古罗马的遗址和文艺复兴的印记在意大利随处可见，哪怕是一个很小的城镇都可以让人感受到古罗马历史的辉煌。意大利人在保护人类文化遗址方面的确有许多让人敬佩和学习的地方。

法国是世界大国，在世界上拥有特殊地位，那是因为它有着悠久的历史、优美的语言、灿烂的文化和传统的价值观。法兰西民族有很强的自尊心，并且具有很强的独立性。在涉及关于国家根本利益和本质问题时，法国认为不能被他人左右，必须掌握决定权。这就是戴高乐将军领导的法国在西方大国中率先同中国建立正式外交关系的原因吧。为了维护法国的独立性，戴高乐将军1966年决定法国退出北约军事一体化组织，迫使该组织从巴黎迁到布鲁塞尔。同样，在2003年美国发动伊拉克战争问题上，希拉克总统旗帜鲜明地表示反对，认为这关系到21世纪的世界应该是什么样的世界，是多边主义的世界还是美国单边主义世界的一个大问题。

法兰西民族崇尚文化，把巴黎称为世界文化之都我想是名副其实的。法国人珍视自由民主，1789年法国大革命的口号“自由、平等、博爱”，这3个词就一直镌刻在巴士底广场七月圆柱的底座上。法兰西民族的这种特性，使法国产生了诸多思想家、文学家、科学家和艺术家。

法国人热爱生活，喜欢一切美好的事物，法国大餐、美酒、香水和时装，无一不同法国人的民族特质息息相关。法国人浪漫，并且非常看重人性的自由。

1964年中法建交以来，我是第9任驻法国武官。我先后3次在法国工作，第一次是20世纪70年代，任驻法国使馆武官处秘书兼翻译。第二次是20世纪80年代，任驻法国使馆武官助理和副武官。第三次是1999年7月起任驻法国使馆国防兼海空军武官，到2005年底离任共6年多时间。在法国工作的16年中，我对法国政治、经济、文化、军事等各个方面潜心学习，深入了解，努力促进中法两国关系和两军交流。我的工作得到了法方的肯定。在回国前夕，我获得了法国总统希拉克授予的法国荣誉军团骑士勋章。我是第一位获得骑士勋章的中国武官，此前有驻法国的蔡方柏大使和吴建民大使获此殊荣。这一殊荣固然是对我个人的褒奖，但更说明中法两军关系良好，个人获奖只有在两国关系良好的大背景下才有可能。

您觉得在北外的学习经历为您之后的外交生涯带来了什么帮助？另外，就您的经验而言，如果学生们希望以后从事外交工作，在大学期间需要做好哪些方面的准备？

正是在北外学习法语的经历，才使得我在后来的工作中能够跨入外交工作的门槛，因此我从内心感谢母校对我的培养。如果现在的同学们希望以后从事外交工作，我想向他们强调两点：一是热爱祖国。因为只有心里装着祖国，坚持国家利益高于一切，才能在国外严峻复杂的环境中站稳政治立场，把握正确方向。二是严守纪律。外交无小事，大权在中央，只有具有很强的组织纪律观念，才能正确地执行中央的对外方针和政策，工作中不出纰漏。

您对如今法语学院的人才培养有什么建议？

进入21世纪后，法语学院的人才培养跟我在学校时已大不一样，我提不出什么好的建议，只希望在校生的后两年有更多的实习机会，这样毕业后工作时就会更容易上手。

寄语

在院庆70年之际，愿法语学院年年桃李，岁岁芬芳，为给国家培养一流的法语人才而砥砺前行。

冯志军校友访谈（1965级）

受访者 1973年毕业后进入外交部，先后在外交部干部司和非洲司工作，曾外派中国驻黎巴嫩、叙利亚、布基纳法索、尼日尔和布隆迪使馆工作，退休前是布隆迪大使。退休后，任外交部老外交官诗社副社长兼秘书长、外交部老外交官笔会会员、外交部国际问题研究基金会成员，多次受邀返校参加北外学生活动。在职期间曾翻译出版《风流女皇》《动物趣闻》《一号囚徒》等著作。

采访者 卞艺文

您是1965年进入北外法语系的。那您当时是怎么与法语结缘的呢？

20世纪50年代到60年代初，北外主要在大城市（江浙一带）招生。1964年第一次在陕西招生，1965年开始在甘肃招生。我1965年中学毕业，选择北京外国语学院，其实老师不大看好。因为北外招生要求比较高，要有流利的外语表达交流能力，可我想试一试。当时中学里教的是俄语，我听老师讲英语比较容易自学，所以我就选择了法语。到了北外才发现法语比较难。据说我们当时采用的是一种新的教学方法，主要锻炼听说能力。最初并没有教材，主要是外国教师口头教学，过了一段时间我们才有讲义，1966年第二学期才有教材。教学方式的改革对听说能力的培养还是起到了一定的作用。从1966年至1970年下放到湖北干校，这段时间我们中止了外语的学习，那时北外是5年学制。1970年全国的大学生基本上都分配了工作，只有北外和二外的学生没有分配工作。当时北外由外交部直辖，外交部向总理请示：因64级和65级学生没有学到真正的外语，建议让他们从哪里来到哪里去，可以到当地的学校教外语。总理对此批示"鼠目寸光"，总理的考量是中国很快进入联合国，需要大量外语人才，他认为64级和65级的学生素质不错，因为百分之六七十都是工农兵子弟，他让我们（64、65级学生）回炉再学，大有用处。

在干校里，我们主要是种地。根据总理指示，当时还要盖学校。我们既要种地也要盖房子，由来自北京第六建筑公司的工人师傅组成的工宣队（工人宣传队）设计房屋并指导。我们需要从别处挑砖，我每次挑40多块砖，一块砖大概3斤。工作之余，按照总理的指示，我们开始抽出时间学习外语。1971年8月份我们回到北京，不到一年时间的再学习我们进步很大。我举两个例子：1972年有几内亚学员到河南郑州的炮校学习，需要翻译。我们班17个人被派到郑州炮校，参与翻译工作，主要是把教材翻译成法语，老师上课时我们现场交传。3个月后我们顺利地完成任务。当时北外资料室有一部老师编纂的汉法词汇选编，涉及军事，我们也受益于此。第二个例子是纪录片厂邀请64级和65级的两位同学参与片子的译制。65级的那位同学后来受到商务部的重用，他最初给前商务部部长李强做翻译，而李强曾在法国留过学，对那位同学流利的法语很欣赏。后来李强又派那位同学到法国再学习一年，之后那位同学任海关司司长，最后任海南省副省长。另外一位同学分配到水电部工作，部长接见外宾都由她来做翻译。1973年毕业后，我到外交部办公室做涉外工作，之后我给参赞做翻译。虽然在北外学习时间不长，中间又空了那么长时间，但是因为大家都很努力，基础又打得牢。我觉得大家的法语还是很好的。

采访人接：您学习法语的经历真是一波三折，中断了几年，又重新捡起来。但最后1973年您才到外交部工作。

冯志军大使：其实1972年就应当分配工作。当时北外的军选队是8341部队。但8341部队和学校有一些分歧和意见，拖了将近半年，到1973年2月份才分配工作。四五月我就到黎巴嫩使馆工作了。

您当时在学校里面有没有其他的娱乐活动?

学校里休闲活动比较少，干校里会有演唱之类的节目。在学校里学习比较紧张，只有礼拜天一天休息时间。

您的很多著作是在职期间发表的，包括1983年出版的《风流女皇》、1986年出版的《动物趣闻》，大多集中在20世纪80年代，有什么特殊的缘由吗?

1978年我从叙利亚使馆回国后，被分配到外交人员服务局工作。我负责给意大利的记者做翻译，他从朝鲜采访回来后，拿给我一本书*Catherine, la grande*。我翻译了30页拿给他看，他看我翻译得不错，就让我把书翻译完。从1982年到1983年四五月份我把这本书翻译完成。其实我当时用的是《叶卡特琳娜大帝》这个书名，但出版社那边觉得《风流女皇》这个名字有利于书籍的销售，最后就采用了《风流女皇》这个书名。大概1983年12月份这本书就发行了。之后的《动物趣闻》原书是法语系的佟毓文老师从加拿大带回来的。我看这本书挺有趣的，后来我们两人共同翻译了这本书。我在服务司工作的时候有时间翻译书，但之后1986年我到国外使馆工作，回来后到干部司工作，因为工作忙碌我并没有时间来翻译，所以就没再出版书。其实后来我在非洲司也翻译过书，但这些是内部资料，没有发表。

您中间那段忙碌期应当是在外派。您曾在中国驻黎巴嫩、叙利亚、布隆迪等使馆工作过。我发现您驻外的这些国家局势都挺复杂。尤其是2002年到2003年11月，布隆迪内战殃及我使馆，使馆顶层被炸出一个大洞。当时您是怎么应对这样的突发状况的？

1993年布隆迪开始民主选举，当时主要有两派：胡图族和图西族。胡图族人多，最后由胡图族的人上台，图西族人布约亚下台。但新任总统操之过急，上任一两个月就开始调整军队职位。他上任3个月，军队的一些人就发动政变，这位总统在政变中死亡。在坦桑尼亚等邻国的协商下，图西族、胡图族还有胡图族在山上的游击队达成三方协议，从2001年11月份开始3年过渡期。前18个月由图西族人布约亚担任总统，后18个月由胡图族人任总统。2003年11月份，当时还未下山的游击队向总统府发射迫击炮，使馆办公室在总统府隔壁，顶层被殃及炸了一个大洞。那天我6点多到的办公室，发现参赞的办公室顶上被炸了大洞。我们和布隆迪国防部联系了解情况后，立刻向国内报告。国内很重视，外交部有关人员询问是否需要撤走使馆。我在接受国内记者采访时表示不需要向国内撤回使馆人员，一是此次办公室被炸事件是意外，二是原办公室的地理位置不错，气候环境很好。我向国内建议，不需要撤回使馆，其他国家的使馆也曾遇到这样的情况，他们没有撤走，我们也不能撤。我建议国内尽快派人来设计改造使馆。我们在前线，比较了解情况，需要拿出正确的意见。国内采纳了我们的意见。实践证明，这个决定是对的。

反政府武装2003年底下山后将武器交给政府。由于没有经费，他们很多人生病打摆子的时候就来找我们。我从使馆专用资金中拿了一部分赠送给他们采购药品，他们非常感激。2003年底我建议中联部派出访问团，后来非洲司领导带领访问团来到布隆迪访问，之后中联部又邀请反政府武装派学员到中国学习。2005年大选时，法国、美国、比利时这些国家分析胡图族很可能获胜。而经过走访调查后，我认为布隆迪反政府武装力量更有胜算，原因有3点，第一点是虽然胡图族人数多，但这个总统不受百姓支持。布隆迪记者询问总统自己建造房子的钱的来源，总统反问："难道你很希望我们的总统是很穷的总统吗？"记者和老百姓都对这个回答不满意。第二点是反政府武装下山后一部分人加入政府军。第三点是反政府武装的一些将军加入正规部队，他们掌握了一部分军权。反政府武装领导人当选总统后进入政府机构，政府分配给他一套公寓，房子里的电视、空调、冰箱都是我们从国内采购来送给他的，所以他和我们的关系非常好。下山后他告诉我他们学的就是毛泽东的游击战，打不过就跑。他对中国十分友好。

还有一件事是华为进入布隆迪市场。华为和中兴在肯尼亚设有分部。华为的负责人找到我，表达了想打开布隆迪市场的意愿。华为和中兴两家公司都想打入布隆迪市场，经过我的调解，中兴离开布隆迪到卢旺达去开发市场。但华为打入布隆迪市场也很难，因为当时法国在布隆迪的影响很大，很多部长不同意华为进入布隆迪市场。得知这个情况后，我建议华为邀请布隆迪邮电部长等官员到中国华为公司实地考察。他们发现华为的技术很先进，再加上报价又低，我又做了他们的工作，最后华为得以进入布隆迪市场。华为最初派出两个20多岁的年轻人，布隆迪那边还有些担心，最后工程完成的时候，效果很好，他们都很服气。后来法国也和华为合作，华为就拿下了布隆迪市场。只要把情况掌握得好就可以。布隆迪内战10年，只有我们中国的一家公路公司和3支医疗队没有撤走。公路公司承包了一个项目，反政府武装从来没有威胁过他们。由此可以看出布隆迪反政府武装和我们的关系很好，之后在很多问题上也支持中国。

您前面讲到布隆迪内战殃及我使馆，您是早上6点钟发现的。那天晚上您是怎么度过的？

使馆和办公室是分开的。我们都习惯炮声了。发现情况后，我就致电询问布隆迪国防部部长。我们的医疗队到山上去都是由国防部部长派卫兵护送。

您外派的地方战火不断，包括日常生活中不断地听到炮火声。人们总觉得武装冲突离自己挺远，不知道您初次经历这种武装事件是怎样的感受？

黎巴嫩1975年底开始发生战乱。当时中国驻黎巴嫩使馆比较高，有八层楼。巴勒斯坦武装力量内部发生冲突。有一天晚上，几个亲阿拉法特的武装人员来到使馆，一梭子子弹就把大门打穿。他们没办法通过电梯上楼，就敲门。为什么他们想进入我们使馆呢？因为我们使馆地势比较高，他们想抢占高地。办公室主任出面对他们说，这里是中国大使馆，拒绝了他们的要求。这些武装人员遂在一层静坐。当时使馆不少人挪到地下室睡觉，办公室主任要我到机要室帮助他们销毁机密文件。我到机要室后，机要人员告诉我，他们已处置完毕。第二天上午，武装分子请示了他们的领导后，撤离使馆。此后，我们的工作全面停止，大家轮流值班，也不能外出采购物品，全靠从香港采购的罐头凑合。我们向国内建议精简人员，留下一部分人，大部分人撤回。国内采纳了我们的建议。所以说，我是经历过这种场面的。

采访人接：您去之前也一定做好了心理准备。

冯志军大使：对，很多人认为外交官到国外都是灯红酒绿的。其实好多国家都有危险存在，尤其是非洲国家。我到过尼日尔，尼日尔发生过一次军事政变，布基纳法索也发生过军事政变。我去过5个国家，除了叙利亚，其他的都发生过政变。经历过这些之后，我就不太害怕炮火声了。

您在外交工作中有没有感到受到北外教育的一些影响？

北外的德育工作抓得很牢。搞外交工作的要有个底线。因为到外面去，你是代表国家的。你的一言一行都代表着国家的形象。2005年开大使会议时，外交部部长很自豪。因为我们国家的大使没有一人叛国或者泄露情报。我觉得德育是最重要的一点。

咱们北外有很多学生向往成为一名外交官。您认为在大学期间，我们需要做好哪些准备？

近些年学院课程设置有了很大变化，这为学生提供了很多选择。比方说有人想成为高翻，通过一年级、二年级的学习就可以看出就业方向，在之后的课程选择上可能就会有所倾斜，到三、四年级要在业务方面加强学习。比如说做外交方向的工作，需要对国际形势有所了解。无论是在国内还是国外工作，做的都是两个国家间的工作，有的是做多边工作，有的是做地区工作。在前线要向国内写报告，写不出东西或者找不到要点都是不行的。另外在文字上也要下一些功夫。向国内写报告要简洁明了，把问题讲明白，给出解决办法，要有分析能力，要会总结。这样无论是在国内工作还是在驻外使馆工作，你都可以胜任，虽然国内、国外工作任务不完全一样。

您刚刚讲到很多对我们后辈的建议。看得出，您确实对后辈的成长很重视。学校网站上有多次关于您返校参与学生活动的报道。那么在您看来，近几年的北外和您当时上学的北外相比有哪些变化？

课程设置都很好，学生接触到的都很多。现在有很多途径学习法语，像电视、报纸等等。

您是一直都喜爱诗歌创作，还是退休后才开始有了这一爱好？

学生时期我就喜欢写点儿东西，但只是略知一二。现在我加入老外交官诗社已经8年了，取得了一些进步。2015年是抗战胜利70周年，我的一首词获得了中央国家机关组织的一次大赛的一等奖。最近我参加了“诗与远方”诗词大赛，我的一首词也获得了一等奖。

寄语

不求闻达未蹉跎，桃李满门硕果多。黉校渐臻前路阔，贤才辈出后生歌。

贾峰校友访谈（1965级）

受访者 1973年毕业后任职于原国家体委（现国家体育总局）国际司，主要从事翻译、与国际体育组织联络及援外工作。1990年10月至2006年12月，任职于中国体育国际经济技术合作有限公司，主要负责项目开发、进出口贸易、援外体育场馆技术合作等业务，并担任《体育建筑报》副总编。2007年8月至2008年9月，任职于北京奥组委国际部语言服务处，负责官方文件的法文审稿工作。2017年12月至今，在北京冬奥会术语库专家组任中方专家。

采访者 陈雯静

您在个人自传《回味人生》中提到，在北外的学习生活是自己终生难以忘怀的，现在很难再找回那个时代的学习氛围和融洽的师生、同学关系，您能具体描述一下吗？

北外64、65级两届学生属本校历史上（乃至全国）一批特殊的大学生，在校时间分别为9年和8年之多，戏称“太学生”。我所说的那个时代具体指中华人民共和国成立之初至1966年6月前，在这一时期，不仅母校，全国的绝大部分高校都十分重视学生的德智体全面发展，校风优良，学习氛围浓厚。就以北外法语系为例，当时的课程设置、教学资源及师资力量都是国家最强的。学子们普遍都有一个奋发学习、将来努力成为一名出色外事工作者的明确学习目的；教师们厚德载物、为人师表、教书育人，辛勤地培育着这些精力充沛、激情满怀的莘莘学子；同学们相互学习、相互帮助、相互关心，亲如兄弟姐妹……在我国，每个时期的高校都印记着不同的时代特点，以上表述的仅是我个人的亲身经历和体会。

您所属的北外65级那批学生毕业去向大概是怎么样的呢？那个年代毕业生的就业情况又如何？就业和继续深造的比例是多少？

当时国家处于一个非常时期，在那个计划经济的时代，大学毕业生都是去基层、去边疆、去最艰苦和祖国最需要的地方。我们母校64、65级两届学子（包括来自北大、北京外贸学院、西安外院、上海外院的少数带薪学习学生）1973年毕业，那时国家人才青黄不接，急需补充新鲜血液，他们中的绝大部分都被分配到国务院的有关部委和在京的一些军事单位。由于“文革”的原因，当时全国各高校65级的学生入学仅8个多月就停课，基本没学到什么东西，之后按国家要求进行毕业分配。到了单位后，根据工作需要，少数人又返校“回炉深造”，但比例很少。

您在自传中写道，在七里湖“干校”农闲时，同学们还坚持过一段外语的“天天练”，当时是怎么练习法语的呢？

自1970年4月至1971年9月，北外的64级、65级学生和全院的教职员工（老弱病残者除外）赴湖北沙洋七里湖五七干校进行“劳动锻炼”。当时，周恩来总理十分关心母校的这两批学子，担心长期在此环境下会荒废他们的学业。于是要求

“工宣队”“军宣队”组织师生在农闲时进行“天天练”。所谓“天天练”就是每天以班级为单位，学习1个小时外语。当时干校的教学条件十分简陋，老师们根据各年级学生的具体情况，艰难而用心地编制各级的新教材。早晨，各班同学自带小板凳，围坐在茅屋宿舍前的空地上，由一名老师授课，那朗朗的读书声至今仍在我耳旁回响……干校的“天天练”对恢复我们的法语基础能力和之后的返京带薪学习起到了十分重要的保障作用。

北外是一所拥有红色基因的学校，请问您在求学的过程中，在这一点上有什么体会呢？

北外于1941年诞生在抗日烽火连天的革命圣地——延安，她一直受党中央和外交部的直接领导，被誉为“中国外交官的摇篮”，“世界上凡是有五星红旗飘扬的地方，就有北外人的身影”。北外是一所具有深厚红色基因的学校。母校十分重视学生德智体的全面发展，在我求学过程中，自始至终贯穿着爱党、爱国、坚定信念、做一名出色外交战士的教育。自1973年被分配到当时的国家体委（今国家体育总局）外事部门至2006年退休，本人一直勤勤恳恳、兢兢业业，默默地为我国的体育外事工作做着无私的奉献。可以说，母校的红色基因影响了我的整个人生，它使我始终不忘初心，牢记使命，坚定信念，努力做一个对国家和社会有用的人。

您在进行国际会议、体育比赛、工程技术等主题的翻译过程中，遇到过哪些印象比较深刻的困难，是怎么去解决的呢？

在我所参加的各项外事活动中，遇到的最大困难是法语专业技术术语问题。如果此方面的词语缺乏或准备不足，就会给工作带来很大的不便。感觉自己犹如热锅上的蚂蚁，急得团团转。记得1997至1999年我在援贝宁体育场技术组工作期间，按计划要进行体育场电子记分牌的技术培训。当讲到该设备的技术原理时，仅靠我当时备用的少量专业术语，远远满足不了那堂课的实际需要，勉强使学员们听懂了中国专家所讲的内容。一年之后，我被派往尼日尔援外（2000—2004年）。行前我在外文书店购得由北京语言大学出版的《汉法科技词典》。当时如获至宝，再次进行上述项目专业讲座时，我就轻松多了。从上述事例足以看出，外语专业技术术语对一名翻译的重要性。为此，我曾在本人主编的《现代英法汉体育大词典》中积极呼吁：“从事外语工作的人员，自工作之日起，尽量能养成一个随时收集专业外语词汇的好习惯。退休后，个人（或与同事合作）力争能编写出一部本语种、所从事专业相关的双向外语词汇手册或词典（如《汉法法汉……词典》），以便对社会和后人做出贡献。”我也将这部词典赠送给了母校。

非常佩服您编辑词典的毅力和决心，这是一项由个人价值延伸扩大至社会价值的持之以恒的工作，我本人也非常有触动，您现在仍然在进行法英汉三语体育词典编辑的后续工作吗？

在三语体育词典出版后，我一直在考虑如何使这部专业工具书的续编和再版能像《新华字典》一样常态化。虽然经过几次努力都未能成功，但我一直没有放弃。“机会总是留给有准备的人”，2017年底，我的好运来了。由北京语言大学承担的“冬奥术语库项目”专家组第一次会议在该校召开，因我所编辑的三语体育词典含有2万多条夏冬奥、夏冬残奥及奥运组织工作等多方面的词汇，我被聘请参与该项目专家组的工作。经过近两年的辛苦努力，“冬奥术语平台”V2版[①]已于2019年12月11日正式交付北京冬奥组委。目前，这一任务尚未结束，至2022年北京冬奥会开幕前，仍需对其继续扩充词汇并进一步提高该平台的多语种质量。

因参加此项意义重大的工作，我产生了两个重要想法：

其一，冬奥术语平台建成后，拟继续增加夏奥会和夏残奥会等方面的词汇，把它扩展为“跨语言体育术语库服务平台”，将来为更多的国际重大体育赛事服务。

其二，准备筹建“全国体育学名词审定委员会”（简称：体育学名词委），它将隶属于全国科学技术名词审定委员会这一机构。该委员会将下设“体育学名词编写委员会”，不仅收集和编辑竞技体育（夏冬季奥运会）方面的术语，而且还将补充大量的体育学名词，争取打造出真正的体育术语百科全书。此外，今后在“体育学名词委”的指导下，通过国家体育总局及其直属单位北京体育大学等，定期召集全国体育系统的相关专家，对新的体育术语进行论证，使其译名规范化。这样，该新委员会可陆续地为上述“跨语言体育术语库服务平台”提供新词汇，使其历久弥新、永不过时，长久地为奥林匹克运动和世界体育事业服务。

① 冬奥术语平台V3版已于2021年11月2日正式交付。

我已就上述两个想法与有关方进行了初步沟通，但要将其付诸实施，尚需时间，仍要继续努力。如果一切如愿，那么，我的三语体育词典的续编和再版的梦想即可在一个十分健全的全国性组织机构的保障下，以高科技电子版的形式得以实现。

您对如今法语学院的人才培养有什么建议呢?

世界在急剧变化，社会在飞速发展。对如今法语学院人才的培养，我只能根据自己的体会谈以下几点建议：

1. 学生们应具有坚定的信念并树立远大的理想，德智体全面发展，经过母校的精心培育和个人的勤奋努力，争取把自己培养成对国家和社会有用的复合型人才；

2. 学生们应利用在北外有限的学习时间，力争打下一个扎实雄厚的法语基础，为将来在工作中的不断提高和发展创造先决条件；

3. 建议老师们能与时俱进，编写出更适合当今学生需要的新教材；

4. 随着人工智能、大数据和机器翻译等新技术的广泛应用，“人机共教”的新格局会逐步出现。因此，母校法语学院的教学方式也应随之不断改变，减少因过多的死记硬背而浪费学生的有限精力和宝贵时间；

5. 学生们一旦确定了个人将来的就业方向，就应随时注意收集整理此方面的法语专业术语和知识，为将来走向工作岗位打下良好基础。

寄语

桃李不言满庭芳，弦歌七秩今又始。让我们衷心地祝愿母校法语学院积历史之厚蕴，再展绚丽宏图，续谱异彩华章!

李东生校友访谈（1965级）

受访者　1973年至2002年先后任职于外贸部二局，中国驻阿尔及利亚、瑞士、塞内加尔和毛里求斯使馆商务参赞处，历任商务参赞、外经贸部外贸管理司副司长、司长、海南省省长助理、副省长。2002年当选中央纪委委员。2002年至2007年任国家工商行政管理总局（今国家市场监督管理总局）副局长。退休后曾任中国广告协会会长。

采访者　沈钰榕

您于1965年9月进入北外学习，请问您为何选择在北外学习法语？

这是55年前的事了。回想起来，当时有一定的偶然性。高中毕业的时候，我填报的志愿是农业和师范专业。填完志愿后，校长把我叫到办公室，告诉我国家现在有包括外语在内的7个重点专业急需培养人才。在她的建议下，我将外语改为第一志愿。可是报什么语种呢？我没想过报英语，但我对其他语种并不了解。正好我们班里有位同学的父亲是法语教授。受到他的影响，我和同学有时会聊起法国文学，而且我也到他家玩过，对法语有了一点点概念。那时中法建交（1964年）不久，北外法语系扩招，同时我对法国也很好奇，于是我就被录取了。

请问您对当时北外的学习和生活环境有什么印象？

回想起来，我觉得当时来到北外就像进入了一个团结友爱的大家庭。刚出火车站，负责接待的校友把我们领到站前广场的北外接待站登记集中，然后我们坐上大客车去学校。经过中南海的时候，领队的北京同学说："毛主席在这里办公呢。"大家非常激动。他又说："毛主席在惦记着你们呢！"我们更加激动，眼泪都快出来了。到了学校，看到学校张贴着"来了就是主人"的标语后，大家就不再忐忑了。一下车，学长以及先到的同学就帮忙登记、找宿舍，带我们去食堂，教我们领饭票……非常体贴。学校里还有政治辅导员和我们个别谈话，不仅解决思想问题，而且在生活问题上给予帮助。张老师第一次与我谈话时语重心长地说，南方和北方、农村和城市的同学可能会因生活习惯不同而产生些小矛盾，但最重要的是搞好团结。虽然当时我们国家经济比较困难，但我们的生活、学习条件相当不错，可以让学生心无旁骛地学外语。只要是家庭有困难的学生，甚至只要是农村来的学生，都有全额的助学金，食宿全包，还给发零花钱。

您能分享一下在学习法语的过程中让您印象深刻的人或事吗？

让我印象深刻的事情很多，比如说刚上法语课的时候，我们的法语老师Madame Gavalier，身材高大，短头发，蓝色大眼睛，为人和蔼。上课时，她大张着嘴，很夸张。她让我们学习她的口型、表情，第一节课向我们问好后，就指着门，说"C'est une porte"，让我们重复，并一个个地指导我们的发音。还有一次她走到门边，把门打开，然后敲敲门，喊“Qui est là”“Qui est là”，我们也就跟着她喊。然后她喊“C'est moi”，我们继续跟着这样喊。以前国内很少见到外国人，电视也没有像现在这样普及，就有同学说：“在我们农村，要在路上见到这样一个外国人的话，要把人吓坏喽！”再如我们64、65级两届学生到干校劳动，有一位郑老师给我们讲莫泊桑的《幸福》。他娓娓道来，大家听得津津有味。在最后，他说了声“Le bonheur”。听到这句法语后，我们都有一种久别重逢的感觉，十分幸福。刚上大学的时候，每天一早，大家听到起床号后立即起床锻炼、学习。早上图书馆里挤满了人，大操场上也有很多人念外语，气氛非常好。

您曾在多个驻外使馆以及政府机关工作，参与了国家发展中的一些重要事件，成就斐然。您觉得是哪些因素促成了个人的发展？

我觉得做得没有那么好，但在各自的工作岗位上都尽责尽力了。现在和老同学回想过去时，大家共同的感觉是问心无愧，无愧于党的事业，不负祖国和人民的嘱托。正如歌曲《不忘初心》所说，我们取得的成绩离不开党的教育和培养，以及母校对我们的谆谆教诲。这一点我们永远忘不了。我们个人的努力是有，但个人努力一旦离开党和学校的教育，就变成了无根之木，成不了大树。母校教会我们外语，教导我们如何做人，奠定了我们走向社会的基础。在学校里，我们要培养正确的价值观、人生观、世界观，这样我们就知道要忠于祖国、忠于人民、忠于党的事业，一辈子往这方面努力。即使我们在工作中遇到一些挫折，但只要有一个基本的信念，这些挫折也就迎刃而解。如果说我们没有这样的信念，我们就可能迷失方向。比如一些同志做出了一些成绩，就觉得自己了不起了。其实大家非常清楚，如果没有这个集体，没有祖国这个大平台，就算我们有再大的本事，也成不了事。个人在集体中的位置摆正了，才能实现自身的价值。

回想起来，之前的一些认识有点儿简单，例如学好外语就可以了，将来为社会服务用的是外语。但步入社会后，我们体会到光有外语是不够的，因为我们的工作也不一定完全是用外语，即便是从事专业外语工作的同学，仅有外语知识也是不够的。比如毕业后从事外语翻译，除了外语，还必须有很多其他的知识。你会碰到新的专业，这些专业你都需要了解。我记得刚进学校的时候，新生集合在大操场上听李副院长讲话。他说除了学外语，还要知识广博，不要求精深。各方面都有涉猎，对将来的工作有好处。当时学校里还办了一种刊物，叫《知识》，不仅涉猎天文地理各种知识，而且回答学生们提出的问题。我觉得它体现了学校的理念和努力的方向：在学校里不但要专门学一门外语，而且要接触各方面的知识。这是正确的。参加工作以后，我给领导当翻译，其中涉及不少新词汇，更多的是外贸领域里的新知识。所以回过头来说，一个人在学校里学外语，更要学知识。另外很重要的一条就是在学校里要培养学习的习惯和学习的兴趣，从学校开始就要有“终身学习”的观念，这一点到了社会上终身受用。比方说我们学的外语属于文科，然而进入社会，同学们从事多个领域的工作。在创办博鳌亚洲论坛这一重要工作的进程中，不仅要了解相关国家的国情和习俗，更要学会抓住机遇，掌握有效的工作方法。有了不断学习的好习惯，就能逐渐适应这一情况。我记得我们班有一位同学毕业后搞水电，他不仅抓紧时间学习，还编了一本水电方面的法汉词典。该词典成为理工领域的工具书，这很不容易。还有位同学成了中华古文字专家，用法语参与国际交流，国际知名度很高……所以学生在学校里在把专业学好的同时，要培养学习的习惯，尽可能拓展知识面。

对于当代的大学生，比如我们，您还有其他建议吗？

学校是学习的地方。学习专业知识和通识很重要，培养终身学习的态度很重要，寻找好的学习方法也很重要，但更重要的是树立正确的人生观、价值观，做一个全面发展的人。在学校的这段时间是我们人生当中最宝贵的，千万不要荒废。如果抓紧了这一段时间，你的一生得益；如果荒废了，要花太多的时间去弥补。我们今天能够在北外、在法语学院学习是很不容易的。全国有多少的年轻人愿意来，但不是所有人都有机会，所以我们一定要珍惜。如果珍惜了，将来在工作中回想起来，会体会到这段日子的重要性，庆幸自己没有辜负它。所以在校期间，我觉得大家一定要努力学习，向书本学，向老师和周围同学学，找到适合自身的学习方法。要心无旁骛，有意识地抵挡各种诱惑，为自己将来一生的工作、生活打好基础。

最后在院庆70周年之际，您有什么想对法语学院说的吗？

我想说的第一句话是感恩。我们老同学在一起时，经常议起这个话题，觉得如果没有当年学校的培养，我们就没有今天。这是我们所有老同学的心声。在学校里我们学了知识，养成了好习惯，还结下了一生的朋友。我们这代人参与了国家改革开放的全过程，能够为祖国、为人民做一点事情，这些都离不开母校的培养。同时我们还想对母校说我们这些同学几十年来都尽自己的能力工作，不管在什么岗位上都有担当、有责任心，没有辜负学校的期望。还要说一句，在那个年代，受过高等教育的人不多，但我们这两届同学里很多人走上了领导岗位，工农兵学商各行各业都有。可以令母校欣慰的是，走上领导岗位的两届同学里没有一个因违纪而被查处。

还想将鼓励了我们一生的两段话转送给年轻的后浪。第一句："世界是你们的，也是我们的，但是归根结底是你们的。你们青年人朝气蓬勃，正在兴旺时期，好像早晨八、九点钟的太阳。希望寄托在你们身上。"第二句："身体好、学习好、工作好。"这两句话都是毛主席说的，已经成为经典。

寄语

衷心祝愿法语学院历久弥新，学生一代更比一代强。

佘协斌 校友访谈（1965级）[①]

受访者　1973年毕业后任铁道部电力机车法语翻译，1983年至1985年曾任联合国志愿人员组织（UNV）法文翻译，在非洲几内亚工作两年。1987年起任长沙铁道学院外语系副主任、主任、外国语学院院长，历任长沙铁道学院、中南大学法语教授，硕士研究生导师，兼任中南林业科技大学、湖南外国语职业学院客座教授。主要学术兼职有：《外语与翻译》杂志常务副主编，中国译协翻译理论与教学委员会委员，中国法国文学研究会理事，中国比较文学学会翻译研究会理事，湖南省译协常务理事、副会长。1992年至1993年赴法国研修，获法国弗朗士-孔泰大学高级法语教师证书。主要研究法国语言文学、翻译理论，并从事翻译实践。曾出版译著：《沼气在几内亚》《汽车交流发电机》《毒蛇在握》《贝洛童话》《苦儿流浪记》《漂亮朋友》及凡尔纳科幻小说《气球上的五星期》《风火岛》《蓓根的五亿法郎》等。主编或参编《雨果抒情散文选》《铁路科技法语》《沈宝基译诗译文选》《中国译学大辞典》（译论百部部分）等；发表论文百余篇。1993年起享受政府特殊津贴，受到国务院表彰。1995年被评为湖南省优秀教育工作者，记二等功。

采访者　刘雨昕

① 佘协斌校友已于2022年5月17日逝世。

您于1965年进入北外法语系学习。请问您当年是出于什么原因选择了北外，选择了法语系呢？

1964年，我高考的前一年，外交界发生了中法建交这一标志着我国同西欧国家关系取得重大突破的大事。这引起我高中时的俄语老师的注意，考后填报志愿时他对我说：“你的语文和俄语成绩好，我建议你报北京外国语学院的法语专业，去年中法刚建交，法语人才将来肯定大有前途。”那时我对法语和法国知之甚少，对北外法语系的了解也只限于招生简章介绍，但我认为老师的话有道理，就填报了北外法语系。哪知这一选择不仅使我领略了“金榜题名时”的喜悦，也从此改变了我这个农家子弟一生的命运。

您现在还能回忆起当年的法语学习生活吗，比如说当时的课程设置、教学资源和您的老师同学？

北外当年就是全国外语界的最高学府，法语系集中了全国当时一流的法语师资，他们都是法语和翻译方面的专家、大家。据不完全统计，我在校期间法语系先后约有40来名老师，他们是：李廷揆、鲍文蔚、谢戊申、唐祖培、郭迪诚、郑福熙、李之朴、周世勋、庄元泳、陈振尧、穆大英、王炳东、沈大力、薛建成、董明慧、张纯理、蔡女良、滕世超、李棣华、程学鑫、廖连迪、史美珍、汪家荣、姜文霞、罗慎仪、罗嘉美、金国芬、庞爱菊、孟心杰、郑龙兴、董纯、张放、杨汝生、宋宝畅、张一德、童佩智、张凤英、韩素兰、孙桂荣、罗国林、吉庆莲、郁馥等老师。他们中有我们的法语启蒙老师、精读课老师、语法课老师、翻译课老师、同级平行班老师、高年级老师、研究生老师，还有编写教材的老师等等。

我出生寒门，资质平平，是母校母系的老师教育我、引导我、激励我，帮助我克服学习中的一个个难关，是他们手把手、一遍遍、一字字，不厌其烦地带读、纠音、改错、解惑，才终于将我们引领进严谨而美丽的法兰西语言新天地。

当时的法语教学实行的是“听说领先法”，课堂上学生不准查字典，不准讲中文，完全用耳、用眼、用嘴、用心，根据老师的嘴型、手势、姿态、语音、语调所给出的语境，去领会法文词汇、短句的中文意义。这和中学阶段传统外语教学法大相径庭，我们开始很不适应。其实“听说领先”教学法是北外的培养目标所决定的，北外被誉为“中国外交官的摇篮”，实行“听说领先法”有利于提高学生的听说交际能力，毕业后能在外交领域纵横驰骋。

我曾写过一首四言小赋，略表年级同学情：

我们法语人，情系法兰西

同学北外，同级同系。同攻法语，同研翻译。
口译笔译，汉法互译。国学西学，中外合璧。
书读千卷，路行万里。毕业之后，为国效力。
或忙外交，风生水起。或为人师，育人子弟。
或做象胥，译坛献艺。舌吐莲花，笔留著译。
学有所成，业建功绩。少壮无悔，老来无愧。
欣逢盛世，中华崛起。家国情怀，满身豪气。
感恩母校，感恩母系。

如果让您对当时读书的自己说一段话，您会说什么？

我们65级都是“百里挑一”才考上北外的。年级中有相当一批工农子弟，其中不少是贫困学子，父母是“面朝黄土背朝天”的穷苦农民。我们进校时“土包子”一个，穿着一身家织布衣，说着一口方言土语，别说学法文，就连普通话也说不标准。通过母校几年教育，毕业时都能说一口流利的法语，用之为国效力。是北外彻底改变了我们的生活与学习条件，是中国共产党、毛主席完全改变了我们的命运。那时我们享受国家助学金，每月15元（用于伙食费，约相当于现在1000元，一年就是一万多呀），困难者18元（其中3元零花，用于购置肥皂、牙膏、牙刷，看露天电影），根据需要还补助棉衣、棉被，真是关怀备至，世界上有哪一个国家做得到呀！

当年的法语专业是5年制，我们1965年入学，本应于1970年毕业。但当时正值“文革”，外交部外语人才青黄不接，周恩来总理决定按时给我们发工资，让我们继续留校进修学习，直至1973年才毕业分配，于是我们成了绝无仅有读了8年的特殊大学生。我们心底无不由衷地感激党和政府，感激毛主席和周总理。

您毕业后在铁道部担任电力机车法语翻译，为什么当时铁道部需要法语翻译？具体做哪些工作？

1973年，我从北外分配到长沙铁道学院刚创办不久的法语专业任教。学校直属铁道部领导，当时国家正在非洲援建坦赞铁路，需要大批外语翻译，于是决定在长沙铁道学院建立一个外语系，开办英语和法语专业，从而开启了在全国理工科院校中创办文科外语系的先河。我记得刚到长沙，铁道部的电报就催我赶到陕西宝鸡，原来国家进口了40台电力机车，法方派来一个技术服务组需要法文翻译。机车成千上万个零部件，我一个都不认识，翻译何其难呀！好在毕业前学校派我们到上海吴淞口海军部队实习了3个月，当时我国援助几内亚几艘护卫艇，几方派了几十名军人来华培训，由我们充当翻译，我才知道口译是这么回事。总之我在宝鸡工作了一年半，每天陪中法技术人员试车、维修、排障，圆满地完成了翻译任务。我从这次经历中获益良多，对我后来带学生到北京丰台做内燃机车口语实习，三进三出十堰二汽做东风雪铁龙技术人员法语培训，笔译出版《汽车交流发电机》等科技著作帮助极大。

后来您在长沙铁道学院、中南大学教授法语。您任教期间都开设了哪些法语课程？采用什么样的教学方法？

毕业后我在大学任教，忝为人师之一员。我曾总结我的法语教学生涯曰："教本科生，教研究生，教专科生，教自考生；教法国语言，教法国文学，教法国文化；教翻译理论，教翻译技巧，教翻译实践；教知识，教能力，教方法，教创新；因材施教，有教无类，教学相长；教书教人，言教身教，千教万教教人求真。"

您觉得在北外学习法语的经历对您之后教授法语有怎样的帮助与启发？

每当我忆及昔日亦步亦趋跟在母系老师后面学习法语的情景，仿佛犹在眼前，历久弥新。他们的高风亮节以及对业务精益求精的精神，对学生无微不至的关爱，是我在后来的执教工作中学习的榜样。总之，我从母系老师那里获益多多。举例说，郑福熙老师编的《法汉翻译基础知识》、庄元泳老师编的《大学法语口译教程》，罗国林老师编的《法译汉理论与技巧》以及当年我们上课用的各种油印活页讲义，对我后来的法语课和翻译课教学帮助很大。我还清楚地记得罗慎仪老师亲赴长沙为我的法语班学生上示范课的动人场景，清楚地记得我在长沙接待后任法语系主任、中国法语教学研究会会长的陈振尧老师召开研讨会的情景。

师亦有师，我的成长离不开老师。我一生执教为师，也深知为师之苦乐。孟子把“得天下英才而教育之”视为人生三乐之一。我认为：为师之乐，乃人生至乐。乐在心灵，乐在精神，才能乐出真趣，乐出境界，乐出人生真谛！

除了担任铁道部电力机车法语翻译和大学教授，您还在非洲几内亚工作过两年，并且翻译出版了多部法国文学作品。您具有如此丰富的工作经验，能否给我们广大学子提一些宝贵的建议？

古人讲“立德、立功、立言”，外语人才的“立言”主要表现在“译”上：口译与笔译，文学翻译与科技翻译。我在这方面做了一些尝试。可以和同学们共享的一点体会是，“译即易，谓换易言语使相解也”。翻译涉及两种语言文字，对我们来说，要译得好，除了法语好外，还要中文好，但由于中文是母语，容易被人忽略。其实译文的高低文雅，很大程度决定于中文的理解与表达。

您对如今法语学院的人才培养有什么建议？

昔日的法语系如今已发展扩充成为“法语语言文化学院”，学院的师资力量、教学设施、培养模式、生源质量等等，都随着时代进步而大为改观。

寄语

值此院庆70华诞，作为一名老校友，我衷心祝愿学院事业兴旺发达，再创辉煌！北外从革命圣地延安走来，有着光荣的革命传统，一定能培养出越来越多的优秀法语人才，优秀人才不仅要专，而且要红。因为“他们的足迹之所在，就是五星红旗之所扬；他们的举止之所在，就是国家形象之所展；他们的声音之所在，就是祖国声誉之所传”。

高玉琛校友访谈（1971级）

受访者

1975年毕业后任北京外国语学院法语系教师。1978年至1981年，任中国援助布隆迪共和国水电组翻译。1981年至1985年，任北京外国语学院法语系教师。1985年至1990年，任中国驻加蓬共和国大使馆三秘、二秘。1990年至1995年，任外交部干部司二秘、一秘、副处长。1995年至1996年，赴法兰西共和国国家行政学院学习。1996年至1998年，任中国驻比利时王国大使馆、驻欧共体使团参赞。1998年至2000年，任中国驻斯特拉斯堡副总领事。2000年至2006年，任外交部外管司参赞。2006年至2009年，任中国驻毛里求斯共和国特命全权大使。2009年至2011年，任中华人民共和国外交部驻香港特别行政区特派员公署副特派员。现仍从事对非工作，担任中国人民银行顾问、西非开发银行（BOAD）中国董事。

采访者

吴波璇

您于1971年进入北外学习，请问您当初是出于什么原因来到北外就读？又是为什么选择了法语？

值此北外法语学院院庆70周年之际，我谨致以衷心的祝贺！我是1971年作为“文化大革命”开始以来第一批工农兵学员进入北外的。那是一个特殊的年代。入学之前，我是成千上万知识青年中的一员，在北大荒的嫩江农场13分场劳动。进入大学学习一直是我的梦想，即使在艰苦的条件下也没放弃学习，在劳动之余温习一些课程。当得知北外老师来农场招生的消息后，我就积极地报了名。北外当时是第一批来我们农场招生的高校，当时我们分场共有5个连队，大概六七百知青，首先每个连队先由知青推荐一名候选人，然后报到分场，再由分场领导在征求各方面意见的基础上，决定参加招生考试的人选。我们分场一共有4名知青参加了面试和笔试。经过层层选拔和考试，能够被录取确实是很幸运、很光荣的。我怀着兴奋、憧憬和强烈的求知欲来到北外。来到学校之后我才知道自己被分配到了法语系。说实话，在那个年代，上大学只能服从分配，自己不能选择学校和专业，服从分配就是我们的选择和志愿。现回头看，我庆幸自己进入北外法语系学习，因为我学到了世界上最美丽动听的语言，有机会更深入了解了法兰西这个伟大的民族及其灿烂的文明和悠久的历史文化，并能用自己所学的法语知识为国家效力。

毕业之后，因品学兼优，您留在了法语系担任教师。您觉得从学生转变为老师后最大的感受是什么？

我于1975年大学毕业，当时中国重返联合国不久，对外交往增多，正是需要外语人才的时候。我们作为“文革”开始后第一批毕业的北外学生，分配方向主要是国家机关和新闻出版机构等，因此当时基本没有学生愿意留校。学校安排我留校是对我的信任和肯定，虽也有些许不情愿，但我一如既往地服从了组织的分配。留校后最大的感受有两点。一是感到自己的知识积淀和业务水平不足，同老教师相比还有较大差距，因此从备课到教学我都虚心向老教师学习，并利用一切机会参加培训和自学。二是感到肩上的责任重了，虽然我当时和学生的年龄相仿，但作为老师必须为人师表，我秉持“育人先育己”的理念，在各个方面严格要求自己，做人做事要正，业务上要拿得起、过得硬，这样才能赢得同学们的尊重和爱戴，才能做好“教书育人”。简单举一个例子，那个时候学生早上起床后都要以班级为单位进行晨跑，我同样也6点起床，然后和同学们一起跑步，一起外语早读。这种做法我坚持了很多年。我和同学们的关系可谓“亦师亦友”，相处融洽。

您曾于1978—1981年担任中国援助布隆迪共和国水电组翻译，据了解，这也是您“非洲情缘”的开始。是什么样的契机让您远赴布隆迪担任翻译工作？此次“出走校园”是否困难重重？请您简单谈一谈此次经历。

的确，我第一次走出校门便是远赴非洲，到中部非洲的布隆迪从事援外工程的翻译工作，我的“非洲情缘”也由此开始。20世纪70年代，我们国家还很穷，但即便如此，我们也没有忘记帮助穷朋友，无私地援助非洲国家，布隆迪穆杰雷水电站项目便是其中一例。因该项目组工作需要，当时的水电部便向北外商借一名老师前去担任翻译，法语系领导研究后推荐了我。当时我国尚未改革开放，出国机会很少，我觉得这对我是一次很好的学习和锻炼的机会，便欣然同意。去了之后才知道，这个项目位于荒山僻壤，在水流不是很大的穆杰雷河上修建水电站，条件相当艰苦。我和广西派去的工程技术人员同吃同住，一起下工地，一起处理问题。当时我们的居住条件很差，住的是铁皮房子，卫生条件也不好，有时晚上睡觉都会感到有老鼠在床边穿过。那个年代的援外人员待遇很低，每月只有40元人民币的补贴。即使这样，大家都很乐观，工作之余打球、下棋、看国产电影等等。我除了给领导当翻译外，还要管理当地工人、对外交涉、外出办事、采购等等。总体来说，工作和生活虽然艰苦，但是很充实快乐，自己各方面得到很大的锻炼。经过几年的努力，水电站建成了。现在几十年过去，这座水电站仍在运行，供应着布隆迪首都布琼布拉相当一部分用电。我作为其中的一名建设者深感欣慰。

您于1985年调任外交部，由此开始了您长达20多年的外交生涯。在北外的学习和工作经历对您的外交工作有哪些帮助？您想对希望或即将进入外交部工作的同学说些什么？

1985年，由于工作的需要和家庭的原因，我调入了外交部，随后就和我爱人一起被派往驻加蓬使馆工作，开启了我的外交生涯，后来我又在多个驻外机构工作，前前后后20多年。北外的学习和工作经历对我后来的外交工作确实有很大帮助，我觉得主要是以下两点。一是打下了一个比较扎实的语言基础。我出使的国家基本上都是法语国家，我在北外学习和教授的是法语，前后十几年，应该说法语功底还是比较好的。熟练地运用驻在国语言非常有利于与人接触、交流和沟通，有利于工作。二是养成了严谨踏实的工作作风。在北外长期的学习和教学培养了我静得下心、坐得下来、钻得进去的良好学习和工作习惯，以及严谨踏实的作风。"外交无小事"，外交工作更需要这种态度和作风，因此我从学校进入外交领域较快适应了工作，北外的经历使我受益良多。

对于希望或即将进入外交部工作的同学，我首先欢迎这些同学加入外交行列，成为一名光荣的外交官。学生的天职是学习，希望同学们在校期间一定要把专业学好，把外语基础打牢，同时扩充自己各方面的知识。现在的外交是全方位、立体式外交，需要的知识也是多方面的，上到天文，下到地理，工作中政治、经济、历史、法律等领域都会涉及，因此一定要下苦功夫学习和掌握各方面知识。与当年相比，现在的外交工作天地更广，锻炼机会更多，也应更有作为。相信法语学院有志从事外交工作的同学们一定会有广阔、美好的前程。另外我还要强调的是，外交工作不仅仅是荣誉和体面，更多的是责任和担当；不仅仅是觥筹交错，更多的是奉献和纪律。我们知道法语国家大部分在非洲，因此学法语的同学要有去非洲常驻的思想准备。我在这里送给同学们周恩来总理对外交工作、外交干部提出的"十六字方针"与大家共勉：站稳立场，掌握政策，熟悉业务，严守纪律。

1985年，您前往驻加蓬共和国大使馆工作；2006年您成为中华人民共和国驻毛里求斯共和国特命全权大使；此后，您也多次率团赴马达加斯加等非洲国家进行访问、考察。我们很多同学都对非洲大陆十分感兴趣，能请您结合实例讲一讲您在非洲，特别是在毛里求斯工作时遇到过的挑战，以及如何解决的吗？

在我的外交生涯中，确实有很大一部分时间在非洲工作。有人说，没去过非洲怕非洲，去过非洲爱非洲，离开非洲想非洲。非洲是一个美丽、传奇、迷人的大陆，又是一个经济相对落后但同时也极具开发潜力的大陆。我们同非洲有着传统的友好关系，双方在政治上平等互信，经济上互利共赢，文化上交流互鉴，在国际事务中相互支持。中非是休戚与共的命运共同体和合作共赢的利益共同体，非洲是我国在国际事务中重要的依靠力量。我在毛里求斯担任过大使，亲身体会到中非、中毛之间的深厚友谊。毛里求斯是东南部非洲一个美丽的岛国，被誉为“天堂原乡”。两国友好关系源远流长，在政治、经济、人文、国际事务等各个领域的友好合作不断深入。前国家主席胡锦涛和习近平总书记都先后访问过毛里求斯，足以体现我国对发展同毛里求斯关系的重视。作为大使，积极推动双边关系的发展是我职责所在。做公共外交和深交广交朋友是我工作中很重要的部分，是一个有力抓手。我利用各种机会介绍我国经济、社会发展的状况，使毛里求斯人民更多地了解中国。当时我每年至少有两次在毛里求斯国家电视台发表讲话，一次是在我国国庆节前夕，另一次是在中国传统节日春节的除夕之夜。这是涉及中国的两个重要节点，通过国家电视台发表讲话，介绍中国改革开放取得的成就，传递中国人民的深情厚谊，增进双方的了解和友谊，应该说影响还是比较大的。

大家知道，我国最高领导人到国外访问是我驻外使领馆的头等大事，我们要根据国内的指示做好周密安排和接待工作。国内对国家最高领导人出访和接待的要求很高、很多、很严，因此准备工作事无巨细，这就需要驻在国给予积极密切的配合。为此使馆要同对方反复磋商、沟通、交涉，有时还要力争。我在毛里求斯任职期间，适逢前国家主席胡锦涛来访，为做好接待工作，当时压力确实很大，从政治会谈到礼宾安排，从安保措施到后勤保障，每一环节都要做好周密的设计和安排，绝不能有丝毫的疏忽和差错。我记得当时几乎每天都要同毛里求斯总理府秘书长进行会谈，逐项落实。这是我国最高领导人首次访毛，毛政府对此访也极为重视和配合，仅举两个例子：毛政府决定在前国家主席胡锦涛访问当天，全国中小学破例放假一天，这在其他国家是很少见的；另外为了保证安全和行车通畅，毛政府决定把从机场到下榻宾馆20多公里路上所有水泥减速带全部铲除，这也是毛方采取的特别措施之一。这次访问取得了圆满成功，把中毛关系提升到一个新的水平。

您于2009年调任外交部驻香港特别行政区特派员公署副特派员，这项工作与驻外大使有何不同？自《国安法》颁布以来，加拿大、澳大利亚、英国、新西兰、德国和法国等西方国家相继中止批准与香港间引渡条约的程序，对此您怎么看？

首先我想简单介绍一下外交部驻香港特派员公署主要职能。我们知道，香港

1997年回归后实行“一国两制”，除了外交、国防归中央管理外，其他制度安排和港人生活方式一律不变。外交大权在中央，国家在香港设立了外交公署，处理涉港外交事务。要问我作为外交部驻香港副特派员与驻外大使的区别，我个人觉得最大的区别是，作为大使我是代表国家在境外的一个国家履职，从事外交工作；而作为驻港外交副特派员则是在自己国家的领土上，在特别行政区内，既要处理外交事务，因为香港有130多个外国驻港总领事馆和名誉领事馆，同时也要同港府和香港各界人士打交道，介绍国家外交政策，做争取民心工作。关于香港《国安法》的颁布，我认为这完全符合我国宪法和香港的《基本法》。香港《基本法》第23条规定，香港回归后要就国家安全进行立法。但香港回归至今，由于香港反对派和外部势力的阻挠和反对，《基本法》第23条迄未执行。从2020年香港的“修例风波”中我们看到，反对派穷凶极恶，一些暴徒无法无天，国外反华势力明里暗里支持与配合，国家到了不得不就国家安全在香港立法的时候了。既然香港无法执行《基本法》的规定，作为最高权力机构的全国人大进行立法理所当然，再正常不过了。只有维护国家安全才能保障国家长治久安和香港的长期繁荣稳定。说到底，香港国安立法是中国自己的事，是中国的内政，丝毫无损“一国两制”。西方一些国家的反应完全是干涉中国内政，对于他们废除或中止与香港的一些条约，我们理所当然地予以反对和反制，采取对等措施。

您的工作经历非常丰富，从教师到外交官，从非洲到香港。从您的角度，您对法语学院人才培养有什么建议吗？

法语学院有着优良的传统和丰富的教学经验，并且在创新的道路上不断开拓进取，学科方向越来越多，学院办得越来越好。由于我离开学院时间较长，对目前情况不甚了解，因此只能谈几点不成熟的想法，不见得合适，仅供参考。

一是优化招生来源。生源对于法语人才的培养十分重要，应在全国各地招收有志向并有兴趣学习法语的优秀学生，在考试方面应加强面试环节。招收学生要有比较合适的男女生比例。二是培养复合型、复语型人才。学生不仅要学好法语，还要掌握各方面的知识，全面发展，因为现在的学生毕业后不论从事何种工作，仅靠一门外语是远远不够的。我特别要强调学习英语的重要性，我因有在毛里求斯和中国香港的工作经历而对此深有体会。英语用途广泛，以后从事任何工作都会用得到。现在的学生英语基础都很好，不能因为读了法语而荒废了英语，要双管齐下，有了良好的英语基础，对学生以后的择业和前途都大有裨益。此外，在学习期间应多给学生创造实习和锻炼的机会，培养学生独立思考的能力。三是提高教师的业务水平。法语学院教师的水平都很高，但语言在不断演进，需要不断学习和提高；要为教师创造更多交流、学习和实践的机会。另外要加强学院的科研水平，不仅书要教得好，研究水平也要随之提高，使之相互促进，相得益彰。我觉得学院还应该根据学生们的不同特点及国家和社会的需要加强“因材施教”这一理念。

寄语

我对北外特别是法语学院有着特殊的感情。我在北外学习、工作了14年，之后又继续在北外校园居住了十几年。北外不仅留下了我青春的岁月和美好的回忆，那里还有许多我尊敬的老师和旧日的同事。法语学院走过了70年不平凡的历程，几乎是伴随着我们中华人民共和国一起成长和发展，为国家培养了大量人才和法语干部，成绩斐然。社会在不断进步，形势在不断变化，衷心祝愿法语学院能紧跟时代步伐，在已有成绩的基础上，不断改革创新，不断发展壮大，在教学、科研上取得更大的成就，迎来更美好、灿烂的明天！

李枫校友访谈（1971级）

受访者

1975年毕业后留校任教。1975年至1977年，赴摩洛哥留学。1977年至1985年，任教于北外法语系。1985年至1990年，任教于北外译训部。1990年赴法国，并取得巴黎第三大学翻译学博士学位。1991年成为AIIC会员。1990年至今为自由职业口译员，服务于联合国教科文组织和其他联合国机构及法国外交部等政府部门、企业。

采访者

梁莉

能否请您谈一下在北外的学习和工作经历？有哪些令您印象深刻的事？在北外的经历给您以后的工作和生活带来了什么样的影响？

我是北外“文化大革命”开始以来的第一批工农兵学员，1971年入校，在北外当时学校所在地湖北学习一年，后来到北京学习3年半。我和北外渊源很深，在上初中的时候就是北外附校的，1964年进入北外附中，1990年离开北外，其间除了两年插队，两年留学，都没有离开北外，和北外感情很深，对北外和法语系都很关注。对北外印象比较深的是，感觉北外学习风气非常好，因为在山西经历过插队之后，觉得学习的机会不容易，十分珍惜，而法语系给我们创造的条件也特别好，专门成立了一个附中班，只有6个人，而且学校给我们配备了一个特别强的师资队伍，包括我的恩师金国芬、郭迪成、罗慎仪、沈大力等先生，3年半的学习都是由这几个老师负责的。不仅是附中班，北外的师资力量普遍都很强，有一大批本身法语底子和教学都非常好的老师，形成了从法语专业来说在全国范围内比较强的师资力量。而当时在北外打下的基础和底子对后来的工作，不管是在北外或其他地方的教学，甚至是后来的专职翻译，都可以说是终身受益的。

可否请您谈谈您是如何成为联合国认证译员、AIIC（国际会议口译员协会）会员的？您在教科文组织工作近40年，是什么让您一直坚持这份工作？

从联合国会议译员、AIIC会员，一直到教科文组织，从1978年第一次在教科文组织做会，到现在已经40多年了。我觉得当时也是学校的一种考虑，在北外上学的时候，附中班口语方面相对来说强一些，我留校以后，系里专门对我在口译方面进行了培养，提供了很多机会，对此我也非常感谢法语系。比如当时留校以后我一边上学，一边陪当时在校的专家，给他们做翻译；另外，当时学校和友谊宾馆（所有外国专家都住在友谊宾馆里）建立了联系，友谊宾馆每周有一次给外国专家放中国电影，这实际上也是一种对中国文化的宣传，每一次的电影都是由北外的老师去活动现场给他们做同传翻译，但当时我没有学过同传，而翻译电影，实际上对我来说是同传的一个最初的启蒙教育。就是从那个时候开始，我慢慢地习惯了同传的工作方式。后来是在1985年的时候，北外的译训部和联合国初步谈好要开办法语的联合国译员培训，我就被调到了译训部，帮助筹备法语的培训，1986年开始，译训部开始正式招收法语学生，一共招收了两届，每一届两个学生，培养了4名联合国译员，有3人通过了联合国的考试，目前为止也都在联合国系统担任同声传译。实际上从那个时候起，我就和联合国系统的翻译以及同声传译结下了缘，从那个时候开始一直从事同传工作。在1985年调到译训部以后，一直到1990年离开北外，我都一直在译训部教书。关于成为AIIC成员，我1979年去联合国教科文组织开会的时候就已经听到了世界上有这么一个协会。当时我没有经过同声传译的专门培训，也是第一次进同传箱做口译。不过那时就埋下了一颗种子——我将来一定要成为AIIC的成员。那个时候还只是一个想法，未敢真正提出申请，后来真正进到AIIC是大概1991年的时候。1990年到了法国以后，因为此前已经有多次在教科文组织做会的经历，所以我的名字已经登入联合国系统的翻译名册，所以1991年的时候提出加入AIIC就顺理成章了。其实加入AIIC的条件也是很清晰的，一是要有两百个小时以上正式进同传箱翻译的经历，同时要有5个介绍人，其中3个必须是自己同箱子的同事（对我来说就是中文箱子的同事），还有一个是b语言（对我来说就是法语）的同事作为推荐人，最后就是你做出来的翻译真正使用的对象，即英文箱子的翻译同事做推荐人，所以在1991年加入了AIIC，也是国内第一批进入AIIC协会的成员。

您曾说“把如履薄冰作为自己的工作常态”，那么“如履薄冰”具体是指什么？能给我们的工作带来什么有益之处呢？

我当时一直是这么认为的，“如履薄冰”应当作为自己的工作常态，尤其是年龄越大、做同传的时间越长，这种感觉就越突出。因为翻译工作，尤其是口译，很难保证每一次都做到百分百的自己满意、客户满意。在工作之前，做充分的准备，并拿出了自己百分百的能力去做，但是到底能够达到什么样的效果，很难去预判，所以我觉得“如履薄冰”是对工作的一种敬畏，也是对工作的谨慎，作为翻译来说就是要特别认真地对待工作。另外，“如履薄冰”这个概念随着年龄、经历的变化，也不太一样，像年轻人初生牛犊不怕虎，基本上什么工作都敢接，而同样的工作，我们就觉得没有那么大的把握和自信，从积极的角度来说是对工作的一种敬畏，因为经历的多，遇到的情况也多，因此也给我们一些提醒，翻译一定要保持严谨，不要把话说满，也不要过高估计自己。但是我觉得对“如履薄冰”也不要产生误解——即小心翼翼的，很缺乏自信。我认为“如履薄冰”

和缺乏自信不是一个概念，“如履薄冰”并不意味着没有自信。在教书过程中我一直和大家说艺高人胆大，这其中也存在一个辩证的关系，“胆大人艺高”，比如我在课堂上要求学生，首先声音要洪亮，做派要非常镇定自如，即使你内心非常紧张。否则就算自己翻译得还不错，但如果因缺乏自信，翻译的时候不敢跟客户有眼神交流，那么客户会对你的翻译产生怀疑。再者，“如履薄冰”也说明了翻译的一个特性，就是它的挑战是在不断变化的，每一次翻译、每一次任务的变数非常大。翻译是一种被动性的交流，并不是我们想说什么就说什么，而是说话人要说什么，我们就要替他表达什么。我记得在写论文的时候曾经看到过一个外国的研究人员写到关于翻译参与语言交流，有一个特别形象的比喻——你好像是在门口，隔着门缝听到什么东西，然后翻译出去。意思是你并不是直接交流的参与者，你只不过要把直接参与交流的双方的想法、想说的话，通过自己的工作语言翻译出来。所以从这方面来说，“如履薄冰”也是翻译人员应当践行的。

您曾陪同法国前总统希拉克、法国前总理拉法兰以及多位外长访华，并参与了法国政府接待我国国家领导人的翻译工作，参与这些重要的翻译活动您是如何进行准备的?

这些确实都是一些很有意思的挑战，在法国外交部，是没有专门的中文科或者翻译室之类的，这种时候，他们就会查找外交部认证的翻译名单，按照过去合作的经历来分配这些工作。在参与这些工作之前，从准备方面来说，我们在国外作为对方的外交部或政府部门工作的翻译人员所能够接触到的资料以及所能做的事先准备，可能不如国内外交部的翻译人员多。在北外教书的时候，我也曾陪同一些部长级领导进行翻译，或者借调到外交部，当时并没有那么深的感觉，因为我们是把翻译当成自己人。但是后来工作时，有一次王毅部长到法国和法方总理法比尤斯会谈，当时是一张长桌子，中方翻译就坐在王毅旁边，而且中方翻译手里有和王毅一样的案文（即要讨论的东西），而我当时手里面什么也没有，并坐在法比尤斯后面，特别深刻地感觉到在国内做翻译和在国外做翻译真的不一样，面临的挑战不一样。这些我觉得都是很有益的一些经历，虽然难度增加了，但对自己的锻炼也更大了。像为这些重大活动做准备，要主动地去要求对方提供文件、发言稿，外方很难提前很长时间把发言稿给你，但是作为翻译有机会就要通过一定的渠道去要稿子，催多了以后对方（礼宾或者总统秘书）也会主动地去帮你，当然我们更要依靠自己去查资料。中方和外方有很大的一个区别，中方领导的讲话稿会很早提供给翻译，使其充分准备，而外方发言稿不会提前提供，比如希拉克要去清华大学做演讲，稿子是在演讲前半个小时礼宾司提供给翻译的，我只有很少的时间看演讲稿。所以对于翻译来说，完成一个翻译任务，最关键的准备不是临时抱佛脚，而是长期的积累和储备。从第一天做翻译起，就应该要建立一个自己的数据库，按照翻译类别，从词汇、背景资料的角度等，分门别类，这样可以随时从自己的数据库里寻找相关资料。你要知道在碰到一个问题的时候，可以去哪里找答案，这非常重要。当然，我们也可以和同事交流沟通进行准备。

您曾多次在采访中提到“有所为，有所不为”的原则，那么您在实际工作中是如何践行这一原则的呢？能否举例说明？

“有所为，有所不为”这个原则我觉得很重要，一个人在做人的过程中时时都会遇到这个问题——哪些是可以做的？哪些是不可以做的？作为翻译来说，翻译人员是服务人员，翻译本身是一个服务的行业，有些人会说既然是服务人员，就应该做到有求必应，怎么还会涉及有所为有所不为呢？我觉得可以举个例子，“艺术是没有国界的，但是艺术家有国界”，作为翻译来说也是如此，翻译这个行当是没有界限的，从原则上来说是什么样的翻译都应该做，但是作为翻译的个体来说，我还是会有所选择的，当然这种选择的余地不大，我碰到的也不多。我们大脑里要永远有一个底线，有一个最低限度。从纯技术的角度来说，从翻译质量来说，作为自由职业者，做一份工作才能挣一份钱，所以可能很少会拒绝工作，但即使是这样，我们也要非常清楚，哪些领域是你能够胜任的，哪些领域涉及的知识是超出你个人的知识储备的，在这种情况下，就应该考虑是否接下这份工作，该说不的时候就要敢于说不。另一方面，涉及职业道德。“有所为，有所不为”，涉及基础层面的译员的能力不是无限的，另外，从职业道德来说，也是有底线的。

在AI技术迅猛发展的今日，您对外语学科的未来发展怎么看？您对法语学院的发展有什么建议？

人工智能给我们提供了很多便利，也带来了很多挑战，尤其是对翻译这个领域来说，有人说人工智能有朝一日会取代翻译。我觉得，要回答这个问题，首先要清楚我们的核心竞争力是什么，我一直认为北外的传统，不管是法语系，还是英语系或是其他的系，一个优势就是语言本身。任何一门外语，从语言的基础、实际应用能力，尤其是口头交流能力，北外可以说在全国是首屈一指的；另外法语系现在已经变成了法语语言文化学院，那么就要加大文化方面的内容，文化是语言的基础，外延的对象，应该加强文化方面的培养。目前，因为离开北外时间较长了，很难就北外发表看法，可以以局外人的眼光来说一说，因为虽然这么长时间没有在北外，但是我一直没有脱离教学，在巴黎的两个高等翻译学院以及上外，每年都会参加法语教学。对于国内的法语学习，我也观察到一些不足，第一就是语言的基本功，和过去相比差了；第二就是表达能力的局限性也比较大，从语言表达的手段、词汇、句型、语感等等，中文式的表达比较突出。针对这些不足，人工智能可以提供一些改变传统学习的模式和方法，尤其我觉得，既然是中国式的表达比较多，学生仅靠学校的学习，法语的语感是比较差的，那么就可以利用人工智能的信息量，它涉及的范围、传播速度以及跨空间跨时间的这些特点，通过充分利用人工智能，来给学生创造更多的语言环境，来改善他们的语感和知识结构。

寄语

我希望法语学院能够继承传统。法语学院有一些好的传统，不管是从语言的功底，还是从语言基础的扎实程度和学习过后的能力，北外的法语学院在全国是位于前列的，希望法语学院能继承好的传统，把北外的优势发扬下去。同时我觉得北外也应该加强和其他学校交流和合作的力度，近年通过在上外教书，我和其他的外语院校如广外、川外等也有所接触，参加过一些交流会等，有时候感到很遗憾的是在这些场合北外的声音并不是很大。但事实上，北外应该是一面旗帜，它有这个能力，有长期以来积累的人力资源、教学资源，优势是很明显的。希望今后北外能够进一步加强和国内其他院校的交流，能够更好地发挥作用。

丁一凡校友访谈（1973级）

受访者　1976年毕业后赴法国学习，获得波尔多第一大学法学院政治学博士学位。曾在美国约翰·霍布金斯大学国际关系研究院做访问学者。国务院发展研究中心世界发展研究所原副所长，中国世界经济学会副会长，中国欧洲学会常务理事、法国分会会长，担任国家多个重要智库的专家。

采访者　陈雯静

您在初中时自学英语，后来进入北外学法语，之后又赴法学习，整个学习过程都是和外语紧密联系的，而且您能够熟练地使用英语、法语工作，请问您对外语、外语学习有什么样的感受和看法呢？

我们这一代是基本没有上中学的一代，我是1966年小学毕业，直到1968年的春天才重新入学，上了一年半初中，1969年就算是初中毕业了。当时时代比较特殊，上课的时候没有教材，老师只能拿一些人民日报的文章来讲语文，英语学了26个字母和一些口号，也没学到什么就下乡了。

下乡之后，知道毛泽东主席说过“大学还是要办的……”，就开始自学课程，包括英语。20世纪70年代初，中国的外交事业特别繁忙：1971年，中国重返联合国；1972年，美国总统尼克松访华。但懂外语的外交人才又奇缺。1973年北外开始招生，当时的背景下外语特别热门。经过工作单位黑龙江生产建设兵团5师54团的推荐，我凭着自学的英语去参加考试，并且给老师留下了比较不错的印象，然后被接纳进北外法语系学习。

英语主要是工作以后学的。因为我在工作中发现它是一门国际交流语言，和很多其他国家的人交流都需要用到英语，所以又学了英语。英语比法语简单，很好学，它的百分之六七十的词汇都是从法语转化过去的，或者和法语一样，只是发音不同。所以对于会法语的人来说，学英语很容易。之后我去美国做访问学者，需要听课、听讲座、参加辩论、用英语做讲座，英语也就这样提高了。另外，在工作中也需要用英语写作，很多人要求我给他们用英语发文章，不停地写不停地说，英语就是在这样边干边学的过程中学会的。在学校学习外语和在社会中学习外语，其实都是一样的。

到现在来说，我们已经进入人工智能的时代，人工智能翻译已经非常好了，是不是学习外语就没有用了呢？其实不是的，学习外语还是非常重要的，外语不仅是个交流工具，外语是让你可以理解别人和别人文化背景的一种工具。总的来说，我们古代的军事思想家孙子说过，知己知彼才能百战不殆。跟外国人交流，你必须了解别人的文化背景，然后才能永远有把握。而在这个基础上，你要理解别人，光靠机器翻译是远远不够的，因为语言学习，是要学习语言背后的文化，通过学习语言去了解别人的文化是一件非常重要的事情，不是那么简单，语言不是机械的。

前两天我在网上读到一篇在四川大学教书的美国人写的文章，写的是这次疫情中，中国防疫抗疫的过程。其中讲到一件非常有意思的事情。前一阵子美国爆发了黑人运动，一个中国学生的英文作文写了关于弗洛伊德（Floyd）之死这件事。大概是使用了翻译机器的缘故，这个学生将名字写为Freud，一位奥地利著名心理学家，两个名字的中文写法相同，但外文拼写不同，让美国老师哭笑不得。这说明机器翻译还是不能完全代替人的，机器是比较机械的，学习外语你需要知道代号背后的含义。学习外语不能单单是为了学习外语，对名字的不理解，体现了对这位世界著名的奥地利心理学家不了解，也体现出我们的学生对外国文化背景的理解不到位。这也证明，在人工智能时代、在机器翻译已经非常发达的时代，学习外语仍然是非常重要的，因为它学习的是外语背后的那一套知识、文化。

您在法语系读书的时候，法语系的整体氛围、课程设置、师资学生是什么样的呢？当时老师怎么训练学生语音的？

当年学习外语的条件当然不能和现在同日而语。那个时代学习外语当然是非常困难，因为无法获得什么法语资料，所以知识学习量是很小的，不像现在这样能接触到非常多的信息和知识。在整个学习过程中，我们只能拼命地在语言上下功夫，有一种要把丢掉的时间追回来的感觉，心底有这样的动力激励着自己。当时每天早上起来背课文，比较长的课文都是能一直念到滚瓜烂熟的。这样一来，对语法掌握得非常好。当时北外的老师都非常认真、负责，把我们语音矫正得很好。当时北外的特点之一就是口语特别好，表现在语音、语法、基础语言上。以至于学完四年法语后，我们刚到法国，法国人都很吃惊，说你们从来都没在法国待过，发音却可以和法国人一样纯正，也没有口音和错误，这就说明当时北外的基础学习和训练还是很扎实的。还有一点区别就是，那个时代的师生关系要比今天紧密得多，因为我们当时除了在学校学习，还需要去学工学农学军，这个过程中师生都是同吃同住同劳动的，接触特别多。所以我们那一代学生毕业出去后都和老师保持着很好的关系，到现在还经常回来看望老师，感情还是比较深厚的。

当时法语系只有一个语音室，这已经很不错了。练习的时候，从字、词到句都要模仿，并且去寻找其中的规律。我们还有专门的语音矫正课，除了法国老师，还有当时法语系语音最好的大罗（罗慎仪）、小罗（罗嘉美）两位老师，这些老师帮我们矫正各种各样的发音问题，所以我们的语音后来拿出去，是让法国人非常佩服的，到今天有时候跟法国人谈起来，他们都很佩服我们的法语教学怎么能把学生的语音教得那么标准、基本功那么好。

总体来说，在外语教学上，中国人总结出了一套自己的方法，而且是非常有效的，比起西方外语教学方法见效更快。中国人很快能够掌握外国语言的特点，有自己的一套外语教学的方法。

本科毕业和工作后，您曾经两次赴法求学最终获得政治学博士。其间您遇到了哪些困难？是怎么克服的？

现在的条件和那时完全不一样。当时我是通过全国选拔，考到了法国政府的奖学金，我们拿的是“文革”后法国政府恢复给中国政府的第一批奖学金。而且当时没有学历对等，需要重新在法国读本科，并不是像现在中国大学的毕业生到法国可以直接开始读研究生，于是我又参加了法国那边的考试，选择了法国的政治学院，获得了进入大学二年级学习的资格。当时是在波尔多上学，波尔多地区在文化上有它的特殊性，它跟巴黎的学术气氛不一样，巴黎的学术与德国联系得更紧，波尔多则跟英国交流得更多，波尔多学派有很深的英国烙印，波尔多的思想文化在法国是独成一派的，所以我在那里也受到了一定的熏陶。

在政治学院的学习过程中，最痛苦的就是要锻炼讲演能力。那时候，每一门大课讲完后，都有一个辅导课，助教会给学生出一些题目来现场演讲，中国学生会比较害羞，刚开始我会拿着讲稿上去念。但老师不允许，最多只能让学生写个提纲，然后上去自由发挥。讲演题目种类很多，五花八门，需要在短时间内尽量掌握很多信息，迅速提炼它们，按照一定的逻辑写成一个提纲，然后上去滔滔不绝。这种训练是非常痛苦的，许多课程都要这么准备，但这也非常锻炼人。我后来分析问题、讲演的能力都跟当时的训练有直接的关系。这套方法还是卓有成效的。

您在成为著名学者后，仍然在多所大学（北大、清华、北外等）教书，教学为您带来了什么呢？在和学生们的接触中，您有什么体会和想法？

除了高校，我曾经在社科院研究生院讲过两个学期。我觉得教学有一个好处就是能够随时和青年学生保持接触，保持密切的接触。一方面你可以知道青年人的想法，了解他们的兴趣，可以发现社会的变化是怎么样的，社会思潮的变化如何体现在青年身上，这能够使人和社会思潮保持同步，教书跟与青年人接触就是强迫自己与时俱进的方法。你不得不跟他们一致，不得不了解他们，不得不回答他们的关切，这就使得我不得不去更新自己的知识。因为我涉猎的方面比较多，所以我在社科院研究生院用中文授课，我在北大教的是国际班，用英语给他们上课。现在的国际交流非常多，接触的面也非常广，知识面也非常广，你需要拿丰富的知识去与这些青年学生碰撞，这很有意思，我在与他们的交往中是非常愉快的。

您在新华社和《光明日报》任职的过程中，采访了众多法国政治界、经济界、学术界人士，您觉得此类重大采访工作有哪些挑战？您是如何应对的？如果有同学有志从事新闻行业，您有何建议？

记者有一个好处，就是你在职位上会接触到各种各样的人。特别是驻外记者，可以接触到当地非常重要的人，因为他们对于外国媒体是比较开放的。我在法国的时候，采访过各种各样的政治人物，特别是一些关键的人物。我曾经写过一本书叫《欧元时代》，这本书里面很多东西不光是书面材料，还有很多我采访的一手资料，有很多具体的故事是我采访当事人得到的。比如为这本书，我采访了法国前总理巴尔（Raymond Barre），他曾担任欧洲委员会副主席，是最早研究欧洲统一货币的人；还采访过雅克·阿塔利（Jacques Attali），他是法国前总统密特朗（François Mitterrand）的特别顾问，是当年欧洲统一货币的条约——《马斯特里赫特条约》的主要设计者。为这本书，我和他谈了一个半小时，所以我的书里有些东西是在其他书里找不到的，它们完全是一手访谈的资料。

在记者生涯中，我也有很多访谈技巧，都是跟一些法国记者学到的。曾经有个非常著名的法国记者，告诉我去采访一个大人物，最好什么东西都不带，比如录音设备、笔记本等等，那些东西会令他不敢与你畅所欲言。采访大人物的秘诀就是跟他们聊天，与他们深入地聊，推心置腹地聊，他们才会愿意毫无保留地把他们经历的那些细节告诉你。然后你要强迫自己用脑子记下来，回去以后马上写下来。当你集中精力与他谈话的时候，你是能够记得住的。我后来也在采访中用到这种方法，屡试不爽。这种谈话会给这些关键人物一种特别放心、作为朋友交流的感觉，他就很愿意把他所知道的事情告诉你，甚至你可以触发他的一些灵感，让他把一些火花说出来。所以我觉得我在采访法国重要人物的时候，往往能产生特别好的效果。比如我采访米歇尔·阿尔贝尔（Michel Albert），他是《资本主义反对资本主义》（*Capitalisme contre capitalisme*）一书的作者，也是法兰西道德与政治科学院的院士。我和他谈了3个小时，他说他从来没有和记者谈过这么长时间。我不是像一般记者去问他几个问题，而是深入地去跟他探讨事情背后的文化、道理。如果你能够通过深入的对话与采访对象建立好的关系，你们甚至都可以成为朋友。比如我和米歇尔·阿尔贝尔后来也变成朋友，我去法国可以约他，我去巴黎也可以约见雅克·阿塔利。

通过采访是可以结交各种各样的朋友的。当年我们跟法国前总统吉斯卡尔·德斯坦（Giscard d'Estaing）也有差不多类似的关系。中欧、中法关系中有什么热点或者有什么难题的时候，我们去采访他，他一定愿意接受我们的采访，一定愿意跟我们谈。这些东西取决于你在采访过程中如何和这些人物达成默契。其实人和人关系都是这样的，如果通过交谈能够让他的思想充分发挥，特别是能够触发他的灵感，使他对这些问题有深入阐述的话，他也会很高兴，他也会愿意继续接受你的采访，愿意跟你谈，这就是我当记者这些年来获得的感想。

建议：首先培养自己的交流能力，特别是语言能力，要让交流没有障碍。当他们觉得跟一个外国人交流没有语言障碍时，他们才会跟你谈得很深。我认为有很多他们跟我谈的问题是他们从来没跟法国记者谈过的，他们会把他们没跟法国记者说的告诉你，你可以知道更多的细节。要掌握好法语这个工具，学会交流技巧，使采访对象放心，让他愿意跟你交流。

您作为嘉宾经常在央视以中英法三语做节目，接受外国媒体的采访，进行在线讲座（收看人数都是10万计），讨论的话题涉及经济、政治、国际关系等多个领域。请问您是如何完成自身知识的积累与扩充以及观点提炼的呢？

我们现在所处的时代是信息时代，这个时代的学习是无止境的，终身学习是这个时代的特点。要保持好奇心。在学校学习的知识是有限的，在大学很重要的一点就是要学会如何去学习。学习掌握信息的这种方法，是非常重要的。要学会如何从信息的海洋里找到有用的信息，把它们拼合成对你有用的论据。在处理紧急问题的时候有一个简单的方法，是笛卡尔提出的三段论，他对人的思维论述有这样一个方法：提出论据—反证—归纳，这种三段论至今仍然是一个特别有用的分析方法。用这个简单的方法，基本能够自圆其说。有一次我跟着中联部到美国访问，和美国的一个社团交流，之后让我做一个讲演。我也没什么准备，讲了中美关系，就用了这个分析方法。讲完后那些美国听众非常兴奋。

您对法语学院的人才培养有什么建议呢？

如今在法语学院学习的学生真是赶上好时代了，你们赶上一个信息时代，而且你们学习法语有各方面的素材。我们当年除了课本很难有其他的东西，当然我们也通过各种途径获得了一些课本之外的法语材料，但都非常困难，学习工具和材料都是非常有限的。对你们来说，互联网有数不尽的信息，你们的问题是，怎么样在信息的海洋里面学会游泳，而不被信息淹没，怎么才能在这个过程中去靠自己的学习掌握有用的信息，这是你们需要掌握的能力。还有一个就是你们赶上百年未有之大变局。这个时代，中国的崛起对世界版图的影响是巨大的，所以别人也愿意倾听中国的声音。学好语言、掌握语言，用它来代表中国、发出中国的声音，现在是一个特别好的时机。我觉得你们赶上了好时代、好时机，又有这么好的条件，努力吧，青年人只要努力一定会有光明的前途。

寄语

努力学习，把自己的利益和国家的利益结合在一起，你们一定会有光明的前途。

刘亚中校友访谈（1973级）

受访者

1976年毕业后作为留校教师公派留学法国。1978年回国后，在北外法语系任教，并取得讲师职称，在北外创办分校时负责法语组的教学工作。1983年初被国家经贸部（现商务部）借调到国际联络局，负责安排和管理双边国际援华项目。1985年调入国家计委（现国家发改委）节能局，随后因机构改革进入华能集团下属的中国（华能）工程技术开发公司任国际合作部经理。1989年因中法节能合作的要求赴法创办华能在法的子公司，并任经理。1992年应聘法国国际能源咨询公司业务经理，主要负责组织安排和实施协调中法和中欧在节能、环保、可持续发展领域的合作项目。2007年应聘到凤凰卫视欧洲台，创建凤凰卫视法国公司，并任总经理。2016年退休。

采访者

李潇文

北外法语学院70周年校庆之际，我们有幸邀请到北外法国校友会会长刘亚中先生，进行了电话专访。与刘亚中会长交谈，如同打开了一本书，封面刻着“与人沟通，服务社会”的金色大字，书中沉淀着他的精彩人生和独特见解。

北外之缘与求学之路

1964年，刘亚中考入北外附校法语班，随后依照组织安排与23名同学一起去山西插队。一开始，大家都怀着满腔热血和各种不切实际的幻想，置身于从小接受教育的“社会主义新农村”，希望通过自己的劳动让祖国一跃跻身世界强国之列，但后来却发现现实没有想象中那么美好：不仅生活条件不尽如人意，生活的艰辛、繁重的劳动让知青们很不适应。在现实与理想之间存在的巨大鸿沟面前，有些同学泄气了，选择了随波逐流、就此消沉，甚至染上一些恶习；但也有一批同学，在认清现实之后仍然想通过自己的奋斗来改变祖国的面貌，刘亚中就是其中的一员。在做好本职工作的同时，他等待着、期盼着能有一个机会，能够发挥自己的所长，真正为祖国做出贡献。

1971年，北外恢复招生，刘亚中所在的县也设置了招生点。招生老师希望尽可能多地招到北外附校的学生，以便进一步开展教学工作，而刘亚中自己也希望能够继续学习法语，发挥自己的特长。由于政审的原因，经过一番波折，直到1973年他才如愿通过审核，得以进入北外法语系学习。

在北外的学习之路也不是一帆风顺的。20世纪70年代初，“文化大革命”在思想领域的影响仍然存在，极左思潮较为严重，学校个别人对认真学习的同学颇有微词，认为学习好就是坏人，是“白专”，一些想学习的同学甚至受到了公开批判。在这样的压力下，学生们都得偷偷学，不能太明目张胆地学。在那样生活条件相对艰苦、学习环境较为严峻的情况下，刘亚中是如何克服这些困难来学习知识的呢？实际上，在那个时代，作为像刘亚中一样进入大学的一批“工农兵大学生”，大部分人在先前的实践和锻炼中，都积累了相当丰富的社会经验，而且都怀有一种对学习的纯真渴望。虽然遇到很多不公平的待遇，但毕竟在社会上磨炼过，所以能够比较从容地应对这种局面。困境中，学生之间的关系是比较和睦的，人都是淳朴而简单的，没有过多的想法，与大环境相反，同学之间很少存在勾心斗角。在有些同学挨整之后，刘亚中还会主动地去陪伴和开导，在这样的环境下，友情给予了彼此坚持下去的温暖和力量，不怕吃苦、勤奋刻苦的精神让同学们能够在逆境中孜孜以求，学有所成。总体上，大家都比较愉快和谐地度过了这段学习时光。

在北外法语系的学习和训练，让刘亚中具备了高水平的语言技能和出色的沟通与组织能力，这为他波澜壮阔的职业生涯，为他服务社会的光荣之路打下了坚实的基础。

创办分校与回顾历史

1978年，刘亚中留学归国，开始在北外法语系任教。也是在这一年，我国展开了“文革”结束后的第二次全国招生。当时有5万左右的学生，他们中有像刘亚中一样曾经在农村插过队的知青，或是当过兵，或是工厂的技术骨干，通过刻苦的自学参加高考，成绩达到了分数线，但由于学校能接受的学生名额有限，没办法进入大学。数万名家长联名给当时的北京市委书记林乎加写信，信中写道：“我们这些孩子，如果在今年再上不了学，可能他们这一辈子就失去了上大学的机会。”林乎加书记对此事非常重视，召集所有在京高校的校长们开会研究扩招事宜。会议提出，希望在京的各大院校均开办分校，分校的校址、分校的管理和服务人员全由北京市教育局负责，高校只负责提供教师。在这种情况下，所有的高校都表示愿意开办。

1979年，北外分校建立。时任法语系主任庄元泳老师找到了刘亚中，要求他挑起组建分校法语组的重担。创办分校是破天荒第一次，大家都没经验。庄老师告诉刘亚中，系里支持他，让他根据自己的想法随便选择老师，这给他了一剂放手去干的强心针。他首先找了经验丰富的金国芬老师，金老师表示很支持，只是提出不担任组长。在金老师这面大旗下，凭着自己出色的组织能力和工作效率，他很快说服了汪秀华、王修文、陈丽瑜和解小棉等一众刚留校的年轻教员，一起组成了分校的法语组，负责两个普通班和一个附中班的教学。刘亚中和外教Mme Souffoulet负责附中班。在北外分校，当时的教学环境是空前开放和宽松的，鼓励创新，打破固有僵化的教学模式。金老师带领着年轻的教师大胆创新，想出了各种各样新的教学方式。脱离原有教材，自己新编教材，增加趣味性。同时在课堂上采取灵活的教学方法，以游戏的形式营造轻松快乐的学习氛围，提高了学生的积极性和学习效率。一个学期后，刘亚中提议让系里的6名外教到分校里的法语课堂评估教学质量，外教听完课后得出了一致结论：分校的教学质量比本校的还要好。这让分校的教师感到特别兴奋。尔后，这批年轻教师调回了本校，成了法语系一年级的教学骨干。而吉庆莲、孙桂荣、童佩智、张放等优秀的中年教师又来到了分校，北外分校的法语组就这样创办下来。

分校培养出了一批非常优秀的学生，这些学生对分校所有的老师都表示特别尊重和感激，得益于这些老师，得益于分校，他们的人生完全改变了航向，驶向了更加光明的远方。分校从最初甘家口的北京市华侨补校到后来的白堆子，只持续了一届，后来就合并到了北京师范大学。创办分校的这段历史是一段被人遗忘的历史，但对刘亚中以及那批为之奋斗过的老师来说，这是一段值得怀念的、光辉的历史，他们在分校里展现出了自己的才能，得到了系里的高度评价认可，并培养了一批险些与高校无缘的优秀学子。

沉淀岁月与高光时刻

在刘亚中看来，学外语，意味着先掌握工具，再进入专业，所以语言学子具有一个很大的优势：获取专业知识的途径和范围更广。我们能突破语言的限制，不仅可以从国内，还可以从国外的专家和资料中学习专业知识，同时视野更开阔，眼界更高远，学习起来更容易。刘亚中凭借这个优势，经过不断地提升与沉淀，创造出了属于自己的高光时刻。

20世纪70—80年代初，我国经历了从拒绝外援、接受外援到争取外援的转变，经贸部要求学校提供一些同时擅长法语研习经济专业的人才。刘亚中被借调进了经贸部（今商务部），负责安排和管理双边国际援助项目。加拿大、日本、比利时、澳大利亚以及欧共体等国家和国际组织对华提供援助资金，由中国来具体选择项目。只有了解各行各业的情况，才能做出正确的判断和选择，在这个过程中，刘亚中获得了许多学习机会。1985年，刘亚中由经贸部转到掌管全国经济规划运行的国家计委（今国家发改委）。他凭借语言和专业知识，积极联系，参与谈判促成法国能源控制署与国家计委签订节能合作协议，那是国家计委同西方国家签订的第一个合作协议。在发改委的工作和学习，是他自我提升与积累沉淀最多的一段时间，这段经历与此后一系列工作的顺利开展密不可分。

1992年，刘亚中应聘到法国国际能源咨询公司工作，主要负责组织安排和实施协调中法和中欧在节能、环保、可持续发展领域的合作项目。1999年，法国政府希望在建筑节能方面进行合作，作为法方选定的专家组副组长，刘亚中接住了国家发改委抛出的“硬骨头”——率先在黑龙江省示范。高寒地区，气候恶劣，资金有限，实施建筑节能非常困难。黑龙江省当地的主管部门，对此特别支持，双方共同选定了泰海小区作为试验点。开发商田在玮总经理，最初对此将信将疑，根据嵩山小区的经验，实施建筑节能将增加12%的成本。由于泰海小区是全国第二批试点的经济适用房，按照哈尔滨市政府与开发商签订的协议，房价已经定好，不能涨价。为减轻开发商的风险，法方免费提供专家参与并在整个建筑期间提供帮助和少量资金。

中国1986年就颁布了第一个建筑节能标准，即《北方民用建筑节能设计标准》，节能率为30%。1995年修订后又提高到50%，这个目标也十分具有挑战性。由于各省市的气候、经济发展水平和可供使用的建筑材料有很大区别，国家标准只能确定一个总体目标，具体采取什么手段与措施达到这个目标，还需要因地制宜，制定出地方配套的实施细则。经过中法双方专家组对泰海小区的详细测算，决定改变国内“只考虑墙体保温”的单一做法，而从建筑设计、墙体材料和供暖系统3个方面着手，实现国家规定的节能50%目标。经过中法专家组的认真测算，超投资部分不会超过5%，比之前的12%要小得多。2000年在泰海一期30万平方米住宅进行了试点，当年竣工并经过一个采暖期测试，超投资部分不到5%，节能效果超过了50%，这让大家特别兴奋。

次年项目进一步把示范区扩大到了泰海二期130万平方米。同时，在北京的天通东苑二区开展了30万平方米法式组团的试点。在设计上，增加了楼体的长度和进深，从而减少了建筑外墙的面积，降低了造价。经过一个采暖区的测试，天通东苑二区法式组团节能率超过50%，而总体造价几乎没有增加。

2001年黑龙江省建设委员会指定了中法专家组，以泰海小区一期示范工程采取的措施为基础，开展该省建筑节能技术与措施的课题研究，为该省编制建筑节能实施细则提供完整而可靠的依据。一年后，中法专家组完成的此项软课题研究项目成果，经过黑龙江省科委评审，破天荒获得了科技进步研究二等奖。

中法在黑龙江省的建筑节能合作中的资金投入并不多，但一直受到省领导的高度重视。刘亚中所在的法方代表团屡次受到黑龙江省市各级领导的接见，被给予高度的肯定和支持。黑龙江二期示范工程后，除了建筑节能改造的继续实施，在最低气温能达到零下50度的黑河市，又进行了既有住宅节能和农村节能住房示范工程。这些项目的成功，离不开地方政府的大力支持，也离不开刘亚中及其团队攻坚克难的精神和不懈的尝试与探索，他们的努力，为黑龙江省最终能够按照建筑部的要求，在全省大规模地推行节能建筑起到了积极作用，也为全国的节能建设提供了有益的经验。

2008年汶川大地震后，法国政府决定通过法国国际开发署，为中国灾后重建提供两亿美元的无息贷款和三百万欧元的技术援助。尽管刘亚中已经离开了原来的公司，法国开发署仍然力邀刘亚中参加法方援助四川灾区重建领导小组。地震一个月后，余震依然不断，为了确定援助资金用于哪些方面，刘亚中同其他法国专家一道前往灾区进行考察。房屋摇摇欲坠，断裂层触目惊心，废墟遍地，满目疮痍。

经过实地考察，专家组看到许多农民家里的沼气灶毁坏严重，无法继续使用，极大地影响了他们的生活和农作，最终确定无偿援助的资金主要用于为灾区农民提供新沼气灶，解决灾民的生活自救问题。为了帮助当地主管部门及早将沼气灶发放到灾区农民家里，法方专家组指定刘亚中留下来，与中方专家一起编制法方提供的灾后重建资金使用指南，确保每笔资金都能在双方的监督下，迅速使用到双方选定的重建项目中。资金使用指南使得双方所有相关部门有章可依，避免不必要的扯皮，为四川灾后的重建、改善受灾民众的生活，起到了积极作用。

这些只是刘亚中人生之书的一小部分，他在工作中、在项目的实施中不断与人沟通，促成了许多次中法的友好合作。当他回望过去，当他回忆起自己做过的有益于国家、社会和人民的好事，他的心中总会生起欣慰之感、自豪之情，他会觉得自己这一生，活出了价值。

使命与精神

刘亚中认为，学外语的人，注定要与人沟通，肩负着传递思想和信息的使命，要让对话双方能够明白彼此的想法。1984年经贸部推荐将陕西苹果栽培技术中心纳入欧共体援华项目中，利用陕北地区自然优势推广种植高品质苹果树，帮助当地农民脱贫。当时欧共体选派的意大利专家到当地考察时，向中方提出了一个问题：中方是否实行每周六天、每天八小时工作制，我方的同志面面相觑，不明白欧方专家为什么提这么一个简单的问题，是否有其他的意图。我方专家组思虑良久，长篇大论地回答了很长时间。而欧方觉得明明一个很简单的问题，偏偏费了这么多口舌，以为我方是在刻意隐瞒着什么。讨论了一个小时，误会越来越深，刘亚中见状不佳，急忙与我方专家组沟通，劝解中方专家，对简单的问题简单回答，不要去捉摸对方会有其他想法，只需回答是或不是，我方同志才恍然大悟。这样，误会才得以解除，后面的谈判工作得以顺利进行。这件事深深地印刻在刘亚中的脑海里。每当中法双方会谈时，他总要时时提醒中方明确回答问题不要去揣测对方是否有其他意图，并且也劝告法方，提问题要简单明了，无须阐述一大堆理由。良好的沟通在跨文化背景下十分重要。在沟通时，要注意多为对方考虑，既要明确自己的立场，又要站在对方的角度去思考，理解差异，尽量避免误会，有误会及时化解。

刘亚中多次变换工作岗位，完成了许多次华丽的转型，在多个领域成就斐然。工作的更换，迫使他重新学习不同的知识，同时，在翻译的过程中又能接触到形形色色的人，在与他们的交流中能汲取各门各类的专业知识。这样，保持着终身学习和进取的精神，不断地积累，不断地发展，让他能够掌握各种专业知识，并达到触类旁通的境界。

校友会与新挑战

在法国期间，原北外副校长、时任中国驻法使馆教育处公参马燕生，要求刘亚中担负起组建北外法国校友会的工作，加之他在北外的经历最长、资历最老，后来自然地就被选为会长。校友会的凝聚力很强，许多校友都有积极的奉献精神，承担了很多工作。在大家的努力下，北外校友会在法国社会中产生了较大的影响力，同时校友会在推动中法群众的文化交流中也发挥着积极的作用。2019年，正逢《凡尔赛和约》签订100周年，由校友会联合在法的其他5所中国高校校友会主办的“凡尔赛和约和中国近代史”论坛在巴黎成功举办。论坛邀请到了社科院的专家、当年报道过一战华工命运的巴黎记者和法国的历史学家，向到场嘉宾讲述中国近代史中鲜为人知的故事，重温百年前那段激情燃烧的岁月，探索人类和平发展之路。此次圆桌会议，使中法群众对于历史的认知进一步地加深与交融。

但校友会也面临着种种挑战。一是组织活动较难展开，外语学者、文科学者一般有自己的圈子，活动范围较广，对于校友会组织的活动不是很积极；相比而言，平常埋头钻研的理工科群体，对外联系比较少，一旦校友会组织活动，都会愿意参加。二是资金问题，在法国是很难拉到赞助的，除了教育处的有限支持、收会费外，资金来源十分有限。比如上文提到过的关于一战的历史论坛，虽然举办得很成功，但延办下去却受到了资金的限制。校友会目前工作的开展似乎进入了瓶颈期，这不仅需要学校更大力度的支持，也需要学院、师生共同思考对策和建议。

谆谆寄语与殷殷期盼

刘亚中会长在采访中多次强调，选择外语专业，也就选择了善与人沟通、喜与人交流、服务社会的道路。在待人接物时，我们有着比其他人更高的要求，须做到以诚待人、以德服人，而“德”包括品德，也包括严谨的知识学德。大家都知道圣经里Tour de Babel（通天塔）的故事。故事讲的是，人类经历过巨大的水灾之后，来到了一个广阔的平原，这些讲着同样语言的人们决定创建一个巨大城市和一个高耸入天的通天塔。上帝听到后，惊恐异常，立即把人类分散到世界各地，并且每人讲一种不同的语言，从而无法沟通，人类的美好愿望也随即化为泡影。这个故事展示了沟通的重要意义。今天在母校研习上百种语言的学子们，义无反顾地承担起人类沟通的重担。沟通是建设人类共同命运通天塔的基石。

无论是在北外法语系学习，在分校开展教学工作，在国家部委投身于外交事业，在国际公司促成中外合作，还是在电视台和校友会推动文化交流，改变的是角色和职业，不变的是使命和精神。刘亚中校友一生都在与人沟通，为社会服务，发挥着自己的光与热，为国家、为社会添上了一抹鲜艳的红色。

吕才校友访谈（1973级）

受访者 1968年入陆军服役，1970年入空军第十二航空学院学习飞行。1973年入读北京外国语学院法语系。1977年毕业留校工作，历任法语系辅导员、助教、讲师、副教授、党总支副书记。1980年至1982年，任中国驻扎伊尔［刚果（金）］农业专家组总部翻译。1988年至1993年任中国驻意大利大使馆二等秘书、教育处负责人。1993年至2002年，任北外组织部副部长、部长、校党委委员。2002年至2012年，任北外国际交流学院和中文学院党总支书记、副院长，其间出任比利时布鲁塞尔孔子学院首任中方院长2年。2012年退休后，任北外关工委理事、北外老教授协会副会长。主要研究方向为法国语言文学、高等教育管理和近代史。主要出版物有：专著《北京外国语大学组织史》《弱国外长陆徵祥——纪念辛亥革命一百周年》《风雨兼程六十载——北京外国语大学》（1941～2001），编著《坚实的步履》、党员教育电视专题片《根》（策划、撰稿并任制片人）。发表论文30余篇。

采访者 卞艺文

吕才：我是幸运的人

谈及如何与法语结缘，吕才口中出现得最多的便是“幸运”。他中学毕业后入陆军服役，后来又幸运地通过极为严格的体检、政审和外调，入航校学习飞行3年多。1973年经推荐考试，又幸运地被分配到北外法语系学习4年。40多年后再谈这段经历，吕才老师还是很激动。

其实哪有那么多的幸运，都是努力在堆砌。

接到北外录取通知书后，吕才怀着感恩的心告别部队。坐在北上的列车上，回望来路，憧憬未来，他暗下决心，上大学后一定要“潜心学问、踏实做事、低调做人”。此后，他也的确践行了这句话。1977年毕业留校后，同时负责教学与行政工作，前后带过十几届法语系学生。工作岗位虽不断变化，但如今的吕才仍很谦虚。

主动适应，自觉改变

从入伍从军到成为法语专业的学生，从留校工作到驻外使馆官员，从校机关部门领导到中文学院书记、副院长。面对工作岗位的不断变化，他深有体会地说，工作变动和角色转换是人生中常有的事，最好的应对办法就是主动改变自己，不断地去学习，努力使自己尽快适应这种变化。

法语专业毕业的吕才老师，被国家教委调到意大利使馆工作，其实是一个偶然的机会。他原本准备到中国驻法国使馆工作，但国家教委临时决定，派他去意大利使馆工作。他临危受命，突击学习了两个月的意大利语便匆匆踏上了前往意大利的征途。考虑到使馆教育处情况特殊，他又做了很多教育领域的功课，包括对象国的基本国情、教育体制、重点大学概况、对外交流的政策等。吕才老师用“恶补”一词来形容他这段经历。

虽然阴差阳错地来到意大利工作，但吕才在意大利的努力和收获颇丰。他在意5年中，凡有留学生的地方都去过。每逢重要节庆日，特别是圣诞节和寒暑假，他都开车（后备箱装有电影机、录像机、慰问品）去慰问留意学生和学者，几乎走遍了整个亚平宁半岛。其间，他特别有针对性地为留意学生做过30余场形势报告和政策宣讲，发表了两篇与意大利教育有关的科研论文，还编写了一部15万字的《意大利留学指南》。

要有自己的优势

说到学校新时期的人才培养，吕才认为，学校应该有自己的品牌和自己的优势，要根据国家和社会的需要，培养具有家国情怀、国际视野、社会责任感和较强业务能力的外向型人才。在吕才看来，北外的学生在校期间应当注重思想素质和意志品质培养，注重语言基本功和第二外语的训练，注重文化修养和综合能力的提高。这是吕才老师给出的建议。

那他本人的优势在哪？就在“不做无准备功”的信念里，在一次次笔头的记录里。

在去扎伊尔［刚果（金）］工作前，他做了很多准备工作，全面地了解了非洲的习俗文化。其间，他为大使馆翻译了10余万字的《扎伊尔劳动法》，撰写了一万余字的《扎伊尔农业农村调查》（此文在中国驻扎使馆宣读，并由后者报告给了外交部和当时的农牧渔业部）；去意大利之前他“恶补”欧洲国情和意大利语；在去比利时孔子学院任职前又强化了自己在对外汉语教学方面的知识和技能。5年的意大利工作经历让他编写出一部15万字的《意大利留学指南》并发表两篇论文；在北外任职的40年里，他撰写了《北京外国语大学组织史》，最近又完成了50余万字的北外史。谈及法语学院的历任教师、历届学生，吕才总能快速解锁与之有关的记忆。工作前做好万全准备，工作时认真记录，结束后耐心回想，这样他才能在做好本职工作的同时，几十年笔耕不辍。

寄语

积70年之厚运，创未来之辉煌。中兴业，须人杰。正值法语学院70年华诞之际，吕才老师特别送上对法语学院师生的祝福，同时也表达了对历届校友的祝福：愿在读的你和毕业的我承前启后，奋发图强，继续谱写无愧于时代的新篇章。

吴泽献校友访谈（1973级）

受访者　1978年至2006年间三次在中国驻法使馆任职，两度在外交部西欧司任职，历任副处长、处长、参赞。2007年至2013年先后任驻刚果（金）、黎巴嫩大使。

采访者　庄泽楠

您于1973年进入北外法语系学习。请问您当年是出于什么原因选择了北外，选择了法语系呢？

这个说来话长，你们这一代年轻人可能想不到。实际上，北外根本不是我“选”的，我自己也不敢“选”北京的高校。

当时尚在“文化大革命”期间 。我的祖籍是江苏，原来参加高考时的愿望就是在江苏上个大学，心里的目标是南大或者南工（今天的东南大学），而且我的志向是理工科。我们上中学的时候就流行一句话，“学好数理化，走遍天下都不怕”。我没有想到能上北京的高校，也没有想到要学外语，虽然我中学时学过两年俄语。

后来是什么机会让我上了北外呢？考完试以后，北外的招生老师主动找到我面试，并说北外有优先招生权，问我愿不愿意上北外。对于我这样一个江苏的年轻人来讲，能到北京上学，当然是喜出望外，于是我立刻就表示愿意。我还记得当时来招生的是俄语系的周圣老师，所以我以为自己会被俄语系录取。但实际上，我在开学报到的时候才得知自己是分配在法语系，当时也很高兴。在那个年代，年轻人有机会上大学就已经非常非常开心了。

您现在还能回忆起当年的法语学习生活吗？比如说当时的课程设置、教学资源和您的老师们？

那当然，印象太深了！我来到北外学习之前，在农村插队了5年。那是改革开放之前的年代，中国的农村还很落后。从在农村插队5年的年轻人，一跃成为北京高等院校的学生，这个转变是非常大的，所以我对北外这段生活的印象相当深刻。

尤其是北外的老师们，个个都非常敬业、和善、耐心。我插队5年，文化基础比较弱，而且像我这样只学过两年俄语、没有任何法语基础的学生，在当时很普遍。我们那届同学中，只有少数人曾经在中学学过一点法语，绝大多数同学都是零起点。考虑到这个情况，老师们就非常耐心地教我们。

那时候的物质条件和教学手段都不如今天。练听力用的是台式磁带录音机，不像今天用电脑、用大屏幕。不过台式磁带录音机在那个时候已经很先进、很了不起了。阅读材料也是有限的，不像现在，我们都能轻易接触到外媒。那个时候主要有《北京周报》《中国建设》这些国内的外宣刊物，以及法国的《红色人道报》。另外，当时学生也没有参加外语大赛这样的锻炼机会。国内高等教育当时才刚刚开始回到正轨，还没有跨院校的、甚至是面向全国高校的各类外语大赛活动。

在北外期间，来自五湖四海的同学们都很珍惜这个学习机会，老师们又很和善，我们的师生相处得非常融洽。我现在还对曾经教过我的老师印象深刻，像薛建成老师、董明慧老师、庄元泳老师、王炳东老师、周洵强老师……他们都早已退休了，你们可能都不认识了。

1978年是中国改革开放的开始之年，中国从此大步走向世界。此时，您刚从北外毕业，作为中华人民共和国驻法兰西共和国大使馆的一员，成为当年历史风云际会的见证者和参与者。请问您可否与我们分享一下您初到法兰西时的感受？

你这个问题问得太好了。我在这方面感受非常深。我刚才说过：我之前先在农村插队5年，有机会到北京的高校上学，本身就已经是一个很大的飞跃；然后，1976年外交部在北外招录了一批学生去法国学习两年，我又有幸被选中，一下子又被派到一个西方发达国家继续学业。

20世纪70年代我国的经济发展水平和法国这样高度工业化国家的发展水平差距非常大，这给我的冲击很强烈。我心里就暗暗地想：我们国家什么时候能赶上人家的经济发展水平？我们有优越的社会体制，为什么我们的经济仍然很落后？

的确，我们的基础很薄弱。1840年鸦片战争以来，我们一直饱受内忧外患之苦，积贫积弱。1949年新中国成立以后，取得了非常了不起的建设成果，然而，我们依然和发达国家相距甚远。1958年的时候，我们曾经提出要“超英赶美”，但是到20世纪70年代了，这个目标还远远没有实现，这是1976年我初到法国时最大的感受。我当时一直在想：我们什么时候能追上人家？

说实话，我那时候真没想到，改革开放短短几十年，中国现在已经成为世界第二大经济体了，中国是世界上工业门类最齐全的国家，这真是了不起！今天，中国的城市建设和发达国家已经没有任何差别，很多地方甚至超过了他们。而我们的农村，说实话，目前和发达国家的农村相比还有差距，但是我前年回到插队的村子里去看过，中国农村的面貌也已经焕然一新。插队时，我住的那个小破房子就是一个茅草房，墙是石头垒的，但房顶是茅草盖的，下雨天漏雨。现在，这种房子已经没有了，农民住的都是后来建的两层三层的楼房。镇里新建的中学很漂亮，和城市里的中学一样。

我们在教育方面投入很大，我们整体的现代化水平正迅速接近发达国家，城市里很多地方已经超过他们了。现在就看乡村（现在关键在农村），我们目前的发展战略包括“扶贫”和“乡村振兴”。习近平总书记也是插队过多年的，所以他很重视这两个发展战略的重点。

您刚刚都是从国家的角度来谈。那么从个人角度来看，您刚到国外工作是否也有一个比较艰难的适应期？

这是肯定的。当然，今天的同学们学习外语的语言环境和我们那时候又不一样。现在大家能接触到大量外媒的素材，而我们那个时候没有。所以1976年我刚到法国的时候，听晚上8点的晚间新闻，基本上听不懂，好在很快就适应了。

学外语，关键在于语言环境。我是江苏人，而且在江苏搬过好几次家，江苏这个地方的方言，恨不得隔几十里地就不一样，差别很大。我有一个感受，就是学习一个地方的方言，一到这个语言环境里，就学得很快。

我刚才说初到法国时我连晚间新闻都听不懂，但是也就经过几个月，语感和词汇量就跟上来了。所以同学们放心，你们出国学习或工作，不要担心有什么特别大的挑战，可能一开始会有点困难，但是过几个月就好多了。当然你自己要用心，我那时候坚持天天看晚间新闻。

您在这之后将近30年的驻法期间里有哪些深刻的体验？

太多了。你们可能也知道，法国是西方大国里第一个和中国建立大使级外交关系的国家，这是个很全面的表述。有些国家20世纪50年代初就和新中国建立了大使级的外交关系，包括北欧一些国家，包括瑞士这样的国家，但是它们还不能被称为“西方大国”；还有英国，20世纪50年代就和中国建立了代办级的外交关系，但是没有到大使级。所以说第一个和中国建立大使级外交关系的西方大国就是法国，这一点，我们每次谈到中法关系的时候都会强调。从戴高乐时期开始，法国在外交政策方面有其特点——强调民族独立。所以法国在1964年就承认新中国也不是偶然的。

我在驻法使馆工作，也感受到法国对中法关系的重视。我们1978年实行了改革开放政策，向全世界全面开放，包括对发达国家开放，引进外资、引进技术、开展合作。所以，改革开放政策出台以后，中法双边外交非常活跃，表现在很多方面。

第一，高层互访。“高访”对双边关系各个方面的推动都非常大。因为中法关系的特殊性，我们历任领导人都访问过法国，历任法国领导人也都到访中国，有的还不止一次。在我参加工作以后，一方面曾在驻法使馆工作；另一方面，在外交部西欧司（现在叫欧洲司）工作时，主要承担的也是中法双边关系事务，所以我有幸参加过多次“高访”准备工作。一直到退休以后，我依然很关注双方高访，比方说习主席在2014年中法建交50周年的时候访问了法国，去年中法建交55周年时又第二次访问法国。在中法外交关系方面，我印象最深的首先是高访。

第二，务实合作。中法之间有不少务实合作的好项目。例如核能合作，我们在广东建的第一个核电站——大亚湾核电站——就是中法合作的成果。今天我们自己的核电事业在迅速地发展，同时中法在核能合作方面已经从双边合作扩展到第三方市场合作。现在中国可以和法国一道在第三方市场——英国——建核电站。中法要在英国建三个核电站，第一个已经启动，第二个和第三个在准备阶段，这是很了不起的事情。还有航空领域的合作，最大的、最有代表性的项目，是在天津的空客A320组装厂。除了这两个例子之外，中法在很多领域都有很好的合作。许多都是我在工作中亲身经历过的，印象很深。

还有一件事也应该提一下：中法之间不是有很多“第一”吗？刚才提到法国是第一个和中国建立大使级外交关系的西方大国，此外，法国也是第一个和中国建立战略对话机制的西方大国，即双方每年都举行一次战略磋商，这也体现了双方关系的重要性。

详细说起来还有很多，说来话长，我就举这几个例子。

驻外使馆人员在这其中扮演的角色是什么样的？主要是联络、沟通、促进交流吗？

外交部，不论是在国内还是在驻外使馆，当然要承担你刚才说的联络、沟通、交流，但实际上还有很多实质性的工作。外交部的工作不仅仅是技术性的，更多的是政策性的。比方说，中法之间如果要发表一个联合声明，或者是双方高层互访需要准备材料，包括谈话口径、背景等，这些都需要外交部起草。所以平时要做大量的调研工作、笔头工作，工作量是很大的。相对而言，你刚才说到的技术性的工作其实还都只是外围的工作，更核心的工作是要付出艰辛的脑力劳动的——搞调研、起草文字材料、提出政策建议等等。这些都需要在工作中慢慢积累经验，才能把事情做得越来越好。

2006年，您成为中华人民共和国驻刚果民主共和国大使馆大使；2011年，您调任中华人民共和国驻黎巴嫩共和国大使馆大使。非洲和中东都是地缘政治形势复杂的地区，这两次任职分别给您带来了什么挑战？您是如何面对的？

当时能有机会去非洲和中东工作，我是喜出望外。这点你们可能不太明白：为什么要喜出望外？很多人可能会说："我愿意去发达国家工作""像你啊老吴，三十年同法国打交道，长时间在驻法使馆工作，在国内又管中法关系事务，你很有运气……"

但是我不完全这么想。我觉得学外语，或者从事外交工作，最好能让自己的接触面更广，能有机会接触世界上更多的地方，这才是好运气。所以我去非洲非常开心，而且我到了那儿以后确实感觉眼界大大拓宽了。发达国家和发展中国家是完全不同的两个世界。你一下就接触到了完全不同的世界，接触的人和事都很新鲜，担负的任务、工作，其具体内容也完全不一样了，觉得视野一下开阔了很多。

比方说我刚才提到，当年同法国的经贸合作主要是招商引资，为中国引进资金、技术。到了非洲则相反，人家希望我们到他们那儿去投资。我们要思考：那里有哪些优势？怎么才能吸引中国企业去投资？双方怎么才能深度地开展互利合作？……

中刚政治关系很好，但合作并不仅仅意味着政治上双方观点接近、在国际事务中相互支持。经贸方面也应当有合作成果。我到刚果（金）后，关键是考虑怎么同刚果（金）这样一个发展相对滞后的国家开展深度的经贸合作。我积极地推动双方企业间的交流，并保持与对方的高层沟通、与我们国内沟通。我经常与先行在那里探索的中国企业商讨中刚互利合作事宜，因为那时一些大型国企也开始走出国门，探索怎么和第三世界的发展中国家开展互利合作。那几年我的主要精力就是推动经贸互利合作。不谦虚地说，在刚果（金）这几年，还是有一点工作成果、有点成就感的，所以我自己还是很开心的。

后来到黎巴嫩，完全又是另一个世界了。我同样很开心，因为这又能极大地开阔我的眼界。我这人就是喜欢看陌生的世界。我到黎巴嫩的时候，“阿拉伯之春”刚爆发，整个地区局势进入了一个全新的、不确定的状态。这也涉及我们中国如何看待这个地区的形势变化、怎么处理和这个地区不同政治力量的关系。

中黎之间的经贸合作没太大问题。为什么呢？黎巴嫩是一个商业国家，黎巴嫩商人很出色，全世界到处跑，对华贸易也不少，主要是从中国进口产品，不光面向黎巴嫩市场，而且面向整个阿拉伯地区，甚至面向全世界，他们很厉害。所以经贸方面倒不是我的工作重点。我当时的主要关切就是在当地政局激烈动荡的大背景下如何处理好中黎关系，以及与黎内部形同水火的各派政治力量的关系。

黎巴嫩不同的政治派别和政治势力对中国都很友好。我们和他们也有着长期的友好关系，但是他们之间因为“阿拉伯之春”矛盾激化。从外交角度来讲，我们不会在各派之间选边站队，但又要避免人家产生疑虑，所以必须向各方讲清楚：我们反对域外势力在中东地区搅局，但我们不干涉本地区任何一国的内政，我们希望黎巴嫩人民和好、团结，希望黎巴嫩和平、发展。我那两年工作重点就是跟各方——官方、民间、不同的政治派别、各方的媒体——多做友好的解释、联络和沟通工作，让中黎关系不受“阿拉伯之春”的影响。最终我离任的时候，黎方给了我一个勋章，我还是感到很自豪的。和离开刚果（金）时一样，离开黎巴嫩的时候我也是有点成就感的。

经过这么多年的风风雨雨，再回顾当年在北外的生活，您觉得除了语言技能以外，在北外的学习经历为您之后的外交生涯带来了什么帮助？

帮助太大了。我刚才说了，整个学校的氛围给我留下的印象是非常深刻的，特别是师生团结和睦，这在精神上给予我很大的支持。驻外的时候容易想家、想国内，一想到北外，就会感到很亲切。

另外，我们当时学语言用的材料——《北京周报》《中国建设》《红色人道报》本身涉及的面很宽，不仅仅是语言本身，也涉及时政，所以北外的学习经历对我们后来的工作帮助很大。

如果我们的学生将来想从事外交工作，那么在大学期间应该做哪些准备呢？

第一，语言要过关，否则你在国外与人交流很别扭很困难，你自己很难受；

相反，如果语言流畅过关，你自己会觉得很舒服，人家听了也会觉得很舒服。我刚才提到了我自己的情况。我觉得，现在的孩子（条件上）比我们那时候优越得多，我也注意到了现在的孩子们在学习上仍然是很努力的，这点非常非常重要。不要有小聪明，觉得“我自己很聪明”“我能考上北外就了不起了”，然后就放松学习。一定要认真刻苦学习。

但是只有语言还不够，还要扩充知识面。尤其是将来有志于从事外交工作的孩子，一定要有比较宽的知识面。这个知识面不仅是指国际关系、不仅是对国际上的大事有所了解，还要对中国的国情有比较详尽的了解。不了解农村情况可能是现在这些孩子们的短板。为什么呢？改革开放以后，国家各方面条件都很好，尤其是城市的孩子，看到城里到处都挺好，觉得我们和发达国家没什么区别，感觉不怎么需要更多地了解中国农村的情况。但我刚才说到了，习近平总书记很重视扶贫和乡村振兴，这些也是我们国情的一部分。国情还包括许多其他部分，特别是我们的领先项目，比如说我们的两弹一星当年在那么艰苦的条件下自力更生造出来，再比如我们的北斗刚刚组网成功。

要充分了解这些国情。以后在对外交往的过程中，你心里就非常有谱，跟别人聊起这些事，你就非常清楚。这对如何给自己的国家定位、如何处理好和对方的关系、如何理解外方对中国的看法，都有很大的帮助。

所以一定要扩充自己的知识面，包括国际关系和中国国情两个方面。

您经常受邀参加CGTN法语频道的访谈节目，讨论的话题涉及经济、国防、国际关系等多个领域。请问您是如何完成自身知识的积累和扩充呢？您是如何能够在百忙之中实现知识储备的呢？

说实话，我退休以后就谈不上“百忙”了，退休以后的生活真的很惬意，大部分情况下早晨可以睡到自然醒，这个在工作期间是不可能的，工作时不仅不能睡到自然醒，晚上还得经常加班。

话说回来，知识储备其实很简单，但这是一个长期积累的过程。说实话，我去央视做的这些访谈，只是延续了我原来在岗工作期间的一部分内容。为什么呢？驻外期间，你经常要跟人打交道，跟官方、民间、媒体都要打交道，打交道的话题涉及各个方面，对方都对中国很感兴趣。中国是世界第二大经济体，所有国家的人一见到中国的外交官都很想知道：你们怎么发展到今天这个地步，怎么发展得那么快？人家感兴趣，所以你要跟人介绍。

另外，重大国际问题，比如说我刚才提到的“阿拉伯之春”，内容非常广泛，不仅涉及地区国家的关系，还涉及地区以外国家的干预，这些都要看到，所以平常就得关注这些事。通过长时间的积累，就会把问题看得越来越清楚。

我退休以后对这些事仍然感兴趣。出于原来的职业习惯，我基本上每天都会看两个主要的网站：一个是我们单位的网站，我总是兴致勃勃，一定要看国家领导人的重要对外活动、他们的表态，以及部委领导的主要活动。另外，也必看外交部发言人的答问，内容很丰富，特别是把内外媒体最关切的问题做了回应。我们不用大海捞针般地到处去看各个网站，看一下外交部网站，就能了解到你最关心的事，也花不了多长时间。我必看的第二个网站是新华网，了解国内外大事，可择重点打开看主要内容，看看详情。此外，其他一些主流网站也要不时有针对性地浏览一下。通过这样的日积月累，知识面就会越来越广。

您目前在法语学院开设了一门法语新闻听译的课程。请问是什么契机使您决定重返北外、走上讲台呢？

外交部每年会在一些高校进行小语种学生的遴选，一般是选拔二年级有志于从事外交部工作，并且语言能力、各方面前景都比较好的孩子。当时我从国外离任回来退休，承蒙车琳老师和戴冬梅老师的信任，她们说学院这些有意参加遴选的孩子，需要强化一下，让他们有更强的实力参加遴选考试。我说这是个好主意啊，况且我本人天性喜欢小孩，看见年轻人就开心，所以立刻就欣然上岗了。

我觉得，学外语最关键的是听力，如果听不懂的话，哪怕你掌握了很多词汇，你也没法跟别人交流，所以我觉得新闻听译课可以对学生们有很大帮助。第一，可以练听力；第二，常规的外语教学可能不太接触这些新闻方面的词汇；第三，语言之外，重大新闻涉及的一些事件的背景也值得大家关注。所以我就每周开心地和孩子们一块做做听力游戏，聊聊天，这是我退休生活中的一大乐趣。我也感谢法语学院对我的信任。

同学们给您留下了什么印象？

长江后浪推前浪。现在的孩子，比我那时候厉害多了，一是语言能力强，二是知识面比我们那时候宽多了。我对这几届孩子的印象都非常好，所以我每学期期末都会打比较高的分，因为我真心觉得这些孩子都非常优秀。

不过我刚才也强调了，出色没问题，但是要认真，不要以为自己很聪明、很出色，进了北外就不用功了，目前我还没有注意到有这样的孩子。我觉得孩子们都还是很用功的，我很赞赏这一点。再聪明的人，不用功肯定是不行的。尤其是语言，就是靠大量实践才能做到熟练掌握。

您对如今法语学院的人才培养有什么建议？

我觉得法语学院做得非常好啦。除了传统的教学以外，法语学院还组织一些外语能力比赛，也邀请我旁听过一些比赛并做点评。孩子们主动参加比赛，表现出来的语言能力让我十分欣赏。除了学院内多种形式的教学活动之外，我还知道我们的孩子会去参加北外这个层面的比赛以及全国高校层面的外语大赛，比如模拟联合国。我认识的孩子里面就有在全国性比赛中获奖的，都很棒。我觉得现在的孩子比我们那时候强多了，我那时候要是去参加一个全国性的比赛肯定拿不到奖。

寄语

祝法语学院锦上添花，越办越红火，为国家培养更多新秀。

张国斌校友访谈（1973级）

受访者　　1977年毕业后入职外交部，曾任外交部钓鱼台国宾馆管理局副局长、中国驻法国斯特拉斯堡总领事、中国驻法国海外省留尼旺圣但尼首任总领事、察哈尔学会全国理事会副理事长。在非洲常驻8年、法国常驻11年，曾出访140多个国家。最值得惊叹的外交事迹莫过于曾出访140多个国家的经历。出版专著:《礼赢天下》。

采访者　　姚艾

您于1973年进入北外法语系学习。请问您当年是出于什么原因选择了北外，选择了法语系呢？

选择北外是因为当时希望能够走出山里，见识更广阔的天空，正好北外招生，于是通过单位推荐和考试成功来到北外读书。

学习法语专业是当时学校根据需要调剂分配的。当然，对于我来说，虽然初学法语充满挑战，但也很快热爱上这门外语，并让自己的人生与法语结下了不解之缘，通过法语为祖国的外交事业作出了一些贡献。

您认为大学应该如何度过？比如如何协调学习、生活、社团、假期？如何做出更好的安排？

大学应该如何度过，我觉得应该是在保证学习质量的前提下，与每个人的实际情况相结合。人生未来的发展之路，很大程度上取决于大学期间的努力、方向与规划，所以要利用大学时光充分锻炼自己，不要虚度光阴。学习扎实投入，生活积极健康，社团拓展能力，假期提升自我。既发挥年轻人的活力，也要劳逸结合，多做有意义的事情。

1977年您毕业后进入外交部，请问您当时是如何做出这样的工作选择呢？您对现在希望选择外交方面工作的同学有哪些建议吗？

外交事业在我心中一直是光荣而伟大的，我一直希望能够进入外交部工作，但是当时对毕业时能否进外交部心里并无把握，最后幸运地走上这条路，所以也把自己的全部身心精力投入其中。

现在我们国家正值快速发展时期，越来越多地参与国际事务，因此对外交人才需求还是很大的。希望我们的同学无论在任何领域工作，始终要有家国情怀，爱祖国爱人民既是我们的最高准则，也是我们的根本底线。至于外交领域的具体工作，要结合个人能力、性格等多方面综合考虑。我相信，只要大家踏实努力，在未来一定会在外交事业中做出成绩的。

回顾您的学习和工作、生活，您遇到过哪些困难，是如何克服的？可以举例跟大家分享一下吗？

刚来到北外的时候，因为是从山里出来的，见识不如同学多，普通话不如同学标准，法语学习也充满挑战。不过既然能够来到这里，我始终坚信自己是没问题的，于是充分利用各种时间和机会学习、锻炼自己，而且同学都是一群志同道合的年轻人，彼此之间互帮互助，所以逐渐就把自己的各方面能力提高上来了。心得就是任何情况下都要相信自己，找准方向和方法，踏实地坚持下去，不怕吃苦，就一定会有改变。

据悉，您已经有近40年的外交工作经验，足迹遍布世界140多个国家和地区。可否给我们讲述一些对您来说有趣又难忘的经历呢？

这个就太多了，比较惊心动魄的是，我有一次因公务前往非洲一个国家，刚下飞机就赶上政变。飞机还没停靠稳，就听见机场外的枪炮声不断，后来使馆同事开车来接我去使馆，路上也见到一些弹坑弹壳和伤亡人员，还分别遇到了政府军与反政府武装设立的哨卡。当时我们的车上悬挂着五星红旗，其间把车停在反政府武装的哨卡前，我下车与对方头目交涉。因为我之前已经在驻非洲使领馆工作多年，所以对非洲人的礼仪文化有一定了解，用非洲人的礼仪和对方打招呼，所以后来安全抵达使馆。

还有一些其他的亲历故事，我也都有整理，包括亲历香港回归、申办上海世博会等，可以关注我创立的公众号“外交官说事儿”，包括我还有其他外交官亲历的故事，都在这个公众号上面有分享。

我们了解到您现在担任着察哈尔学会全国理事会副理事长一职，察哈尔学会始终致力于公共外交、和平学领域的研究，您能跟我们分享一下您是如何为察哈尔学会的发展贡献力量的吗？

这个形式也有很多种，比如组织学会研究员与其他国内外专家进行会议研讨，就一些热点问题进行交流；也会组织带领一些学会专家组团赴国外开展公共外交交流活动；另外我本人也经常会代表学会在国内外参加一些国际论坛和会议，分享我们的观点和主张等。

您在法语系65周年系庆之际曾向法语系捐赠了您自己的著作《礼赢天下》，也做客了当时的校友系列讲座，可见您十分关注以及支持法语系的发展，不知道您对如今法语学院的人才培养有什么建议？

建议：人才培养德智结合，文化素养内外结合。既要提升同学们法语学习的专业能力，也要让大家意识到你们这一代年轻人担负的历史使命。既要打开视野充分了解外国的历史文化，更要继承和发扬我们民族自己的优秀文化精髓，扎实自己的根，才能结出丰硕的果。

寄语

希望北外法语学院在新时期继往开来，培养更多的精英栋梁，在民族复兴的关键时期把握机遇，绽放不一样的精彩。

郁序忠校友访谈（1974级）

受访者　1978年至1985年，任职于中华人民共和国北京外交人员服务局。1985年至1989年，任中国驻法国大使馆随员、三秘。1989年至1991年，任外交部西欧司三秘、二秘。1991年至1992年，赴法国南锡第二大学进修。1992年至1993年，任外交部西欧司二秘。1993年至1996年，任中国驻比利时大使馆二秘、一秘。1996年至2000年，任外交部西欧司一秘、副处长、处长。2000年至2004年，任中国驻比利时王国大使馆参赞。2004年至2007年，任中国驻欧盟使团参赞、公使衔参赞。2007年至2010年，任外交部外事管理司副司长。2010年至2015年，任中华人民共和国驻布隆迪共和国大使。

采访者　罗允中

您在1974年进入北外学习法语，请问您当年为什么选择了北外，并选择学习法语呢？

这可能是一种机缘巧合吧。我中学是在南京外国语学校上的，小学毕业我考进了初一法语班，听说法语是世界上最美的语言，自己颇感庆幸。当时有一位瑞士外教教我们法语单词发音，我觉得很新奇，就喜欢上了法语。记得当时南外教学楼里有一条醒目的横幅，上面写着“外语是人生斗争的武器——卡尔·马克思”，感觉特别励志！可惜受“文革”影响，我法语没有学多少就去当兵了，退伍后我回到了南京煤气公司当工人，但是一直没有放弃自学法语。1974年北外来南京招生，我也慕名报名。当时我的面试考题是读一篇法语课文《南京长江大桥》，由于我一直在坚持自学，所以读得还算流利，于是就被录取了。上大学终于梦想成真，我当时激动得彻夜难眠。

您是否可以讲述一下自己的大学生活？当年在校学习时，有没有令您印象深刻的人或事呢？

我们当时入校是“文革”后期第三批工农兵学员入学。作为工农兵学员能进入北外学习，我倍感珍惜。中学时因为“文革”的大环境，法语并没有学多少，能进入北外法语系系统学习，真是天赐良机。那时，我们学习外语的时间被挤压得很厉害，所以只要有一点时间，我们都争分夺秒学习法语。我们主要在朗读、听力、阅读上下功夫。当时每天一早就要出操，坚持晨读。我当时特别重视语音语调，因为想到中央国际广播电台当法语播音。我们那时除了下午有一点时间进行体育活动，其他时间不是在教室，就是在图书馆，下午还会去阅览室阅读法文的新华电讯稿、外媒电讯稿和《北京周报》期刊，熟悉国际国内时事政治的法语词汇与表述。晚饭后到教室里戴着耳机围着电子管录放机进行听力练习。晚上睡觉前会对着墙背诵动词变位，一直练到口干舌燥。熄灯以后还会在床上戴着耳机收听外媒法语广播。总之当时就是千方百计都要进行“听说读写译”方面的练习。给我印象深刻的是董纯老师，她特别强调：学习外语的实践性很强，光理解语法现象是不够的，要不怕犯错不断地去说，要练到像条件反射那样脱口而出。我们还经常对着镜子练习口唇操，组成互帮学习小组，每周利用晚自习时间开展口语对话。也许正是因此，北外的外语口语优势明显，成为一大特色。我们当时的课程相对较单一，主要就是外语课，比如法语精读、泛读、听力、口语、中译法、法译中等等，有汉语等知识课，但缺少国际政治、国际法、国际商务这方面知识的课程。

1985年您前往法国任职，之后也在法国南锡大学进修，请问您在法国时有没有什么印象深刻的事？

1978年夏毕业后，我被分配到外交人员服务局瑞士驻华使馆担任中秘，1985年被外交部派到中国驻法国使馆工件，那是第一次在外常驻。我先后在巴黎常驻四年，然后在法国留学一年。后来在布鲁塞尔中国驻欧盟使团工作了两任，将近有九年半。最后一任是在布隆迪四年半，所以加起来在外常驻将近二十年。

八十年代中期我去法国时负责外勤工作，在外面跟各个部门打交道，接触较多。当时令我印象较深的是：法国等西欧国家确实很发达，高速公路、立交桥四通八达，巴黎的地铁线纵横交错，还有大的超市，商品琳琅满目，路边上停满了私人轿车。但随着时间的推移，我们也见证了自己国家经历改革开放后实现的跨越式发展。当年西欧国家发达的基础设施和市场经济，我们国家不久后也都有了。现在，我们在某些方面甚至比西欧国家更方便，比如移动支付、共享单车、手机微信等。祖国的这些巨大变化，我们作为见证者，印象特别深刻。

还有给我印象深刻的是要善于跨文化交流。因为中西方文化存在很大差异，不仅要学会说外语，更要了解对方的社会与文化。比如我当时在法国进修，在大学城经常和法国的同学见面打招呼。有一次见到一群法国同学，他们行贴面礼，但是我很不习惯，于是伸出手去握手，其中有个法国女生就表现出很不高兴的样子，让我十分尴尬。还有在南锡大学学习的时候，我和一个突尼斯的男生特别谈得来，我们俩经常约着一块学习，但却引来班里女同学们异样的目光，她们怀疑我们是否有“HOMO”的倾向。

还有一个例子，记得我在布鲁塞尔中国驻欧盟使团工作时，有一次使馆宴请东盟国家驻欧盟使节，菜单上有一道菜叫“佛跳墙”。当时坐在我旁边的是缅甸大使的夫人，她看了法语翻译中有bouddha一词后就拒绝用这道菜。她说我们是信佛的，不能吃自己崇拜的神。我明白了，立即向她做了解释并表示歉意，并给她换了一道素菜汤。以后我们请东南亚等国的使节时，“佛跳墙”的汤名统统改译为“海鲜盅”了。

以上经历说明社会文化背景和风俗习惯不同，思维方式也会存在差异。所以我们学习法语，不光是要学会说法语，更要了解对方的历史文化、宗教信仰和风俗习惯，这样才能懂得如何得体地表达，更好地进行跨文化交流。

您认为北外的大学生活给您后来近40年外交生涯带来了什么帮助？另外，对现在有志于从事外交工作的同学们，您有什么宝贵的经验可以传授吗，在未来学习、工作方面应注意哪些事项以及做好哪些准备？

北外的学习阶段，应该是打基础的过程，就像盖大楼一样，基础不牢地动山摇。在国外留学的时候，我发现凡是学外语科班出身的，在学习社会科学专业方面，听课效果好，学习进步比较快，但是有一些外语基础没有打好的人，他们的学习效果就大打折扣。我觉得我的法语水平迅速提高的阶段还是在法国常驻期间，相当于是完全浸润在法语语言环境中。我负责外勤工作，就利用各种机会和不同社会阶层的法国人交谈。在外办事，遇上堵车，我就在车里收听各种法语广播节目。在法国留学期间就更不用说了，大学里非常注重诵读原文和做résumé，这对提高阅读理解和口语表述能力非常重要。

我觉得外语基础一定要打好，但也不能仅靠外语单项“一招鲜”，知识面也要广。从事外交工作要了解其他方面知识，比如国际政治、外交学还有国际法等。比如我在南锡大学欧洲研究中心进修欧盟法（研究生阶段）时，由于我的本科没有学过法律，所以听课理解相当吃力，连一些法律基础概念都没有，所以只能自己课后恶补。外交部需要的是复合型“万金油”式的干部，要能各个方面知识都懂一点。还有就是政治素质和组织协调能力。作为外交官，政治素质和思想品质是核心要素，这在大学里需要培养和检验。比如外交部来北外招收新干部，十分看重和考查学生的政治思想素质，如是否是学生干部或中共党员。不要认为当学生干部就是占用了自己的学习时间，实际上也是一种能力的锻炼。是中共党员，说明其本人政治上积极要求上进，愿意为党的事业做出奉献，对自己也能高标准、严要求，有较强的自我约束能力。在外交部工作特别强调要遵守外事纪律。

2010至2015年，您曾任中华人民共和国驻布隆迪共和国大使。任职期间您面临过什么挑战？您是如何应对的？

能去布隆迪共和国担任大使，我感觉责任重大，肩负国家和人民的重托，因此在任期间自己也是不敢懈怠。因为我长期在欧洲发达国家工作，所以对非洲的工作经验和布隆迪的国情了解不多，有一个尽快适应工作环境和了解工作对象的问题，所以当时我在调查研究上下了功夫。

布隆迪国内长期矛盾主要是部族之间的冲突，在矛盾中间我们如何从自己国家利益角度出发，处理好各方面的关系是非常重要的。只有对对象国的国情和需求有深入的了解，才能向国内提出扩大和深化合作的一些有针对性的建议，才能取得好的效果。我任职期间，也发生过叛乱分子发动的恐怖袭击，但是基本上属于可控范围，相对比较平稳。

我觉得在布隆迪任职期间，如何积极开展公共外交工作，是一个不小的挑战。和过去的对外宣传不同，我们现在对于驻外大使的公共外交能力要求很高，使馆工作不仅要面向政府，还要面向社会各界各层面，包括地方政府、民间组织等，都要宣传我们的对外政策，讲好中国故事。我在任期间还是做出过一些努力的，包括上国家广播电视台接受视频采访，到布隆迪大学举行讲座，接受当地主流媒体专访，对于一些重大热点问题举行新闻发布会，为当地主流媒体撰稿发表署名文章。公共外交能力，对于外交官是综合能力的检验：首先你的法语要好，口头表达能力要强；其次，对内外政策的把握要好；再次，要有随机应变，应对各种提问的能力；最后，还要用当地老百姓喜闻乐见的方式来讲述，这样效果才好。这个能力，需要平时在政策学习、外语实践中下功夫，不断积累，厚积薄发。

再则，提高处理突发事件的能力很重要。比如在当地中资企业被抢劫，我们都要第一时间和军警部门交涉协助破案，维护中资企业和中国公民的人身财产安全和合法权益。现在驻外使领馆在海外领事保护任务日益繁重，努力做好这项工作，也是体现了新形势下外交为民的宗旨。

此外，我们学外语搞外交的工作者，往往对语言对象国了解比较多，但是对本国的国情了解不多，要补齐这一弱项。所以还需要注重关注和了解我们国内的实地发展情况和政策措施，这样才能在对外工作中做到知己知彼。

现在的中国正飞速发展，在国际舞台的大国地位日益显著。在全球化大背景下，我院不断有优秀校友毕业后选择去非洲工作。您认为我院毕业生在非发展前景如何，在未来可选择的领域和方向有哪些？

我大部分时间是在欧工作，主要从事欧盟研究工作，在非洲的任职可以说是最后一站，但是这四年半，给我的印象太深刻了。我感觉反差太大。我在欧洲的时候，经常跟欧盟机构打交道，还经常到欧洲议会和政客交锋。但是非洲却不一样，不论是政府，还是老百姓，都对我们非常友好。现在中国和非洲的关系发展得越来越好，国际社会也意识到非洲是21世纪最有发展潜力的大陆，中国在这其中起到了非常重要的作用。中非全方位的合作，潜力非常大。我们帮助非洲，实际上也就是帮助自己。比如说华为，它也是先在非洲发展起来的。我们的产能合作与非洲国家发展的实际需求十分契合。所以我觉得学法语的毕业生，有很大概率要去非洲，因为非洲的法语国家占很大一部分。我在布隆迪任职时，感觉我们的中资企业的法语翻译非常稀缺，比如我们援建的布隆迪水电站，就只有一个法语翻译。应该说在非洲不论是在中资企业也好，还是在孔子学院或在使馆，对一个人的锻炼都很大。因此我觉得对在非洲国家工作的毕业生来说，也需要学习一些工商管理、经济合同法的知识，了解非洲政治经济历史文化。总之，学法语，就要有去非洲锻炼和发展的思想准备。国内大部分人总是觉得，非洲有战乱、疾病很可怕，其实我觉得非洲并不如此。比如，我常驻的布隆迪有“非洲的瑞士”之美誉，那里山清水秀，环境优美，人民友好，双边关系很好。去了非洲你就会喜欢上非洲，没有去非洲的经历，可以说是一种缺憾！

您对法语人才培养有何建议？值我院70周年院庆之际，您能说一两句对法语学院学生和老师的寄语吗？

原先我觉得，外语院校偏重语言文化，这是特色也是优势，但现在看来未免有些单一。我认为，一是未来法语人才培养应该走“法语+”的模式，即法语能力加某方面的专业知识，如法律、商贸……文化传播方面的知识也不可缺少。这对本科毕业后出国读研帮助会很大。二是要提升跨文化交流的能力，我们对外交往，实际就是一种跨文化的交流。就像我之前讲的贴面礼、“佛跳墙”等故事，这也涉及对象国文化以及宗教文化的知识，如果缺乏认知，就会露怯甚至闹出笑话。再比如说西方文化里的vendredi 13，我们就不能在这天邀请别人参加聚会。三是要教学与科研并举，重视并发挥智库作用。法语学院已建立的法语国家和地区高端论坛的国际交流平台，就是有益的尝试。四是重视培养法英双语人才，法语学院在这方面应有一定优势。掌握法英双语，对学生未来更多参与国际组织活动和应聘国际组织官员岗位十分必要。

寄语

衷心希望我们的母校北外和法语学院能越办越红火，不负众望，为实现中华民族伟大复兴的中国梦，不断为国家培养出更多法语精、专业强、政策素质高的实用型高端人才。

许镜湖校友访谈（1975级）

受访者　1979年毕业后入职外交部。1979年至1985年，任外交部非洲司科员、随员。1985年至1990年，任中国驻加蓬共和国大使馆三秘、二秘。1990年至1999年，任外交部非洲司二秘、副处长、处长、参赞。1999年至2001年，任外交部非洲司副司长。2001年至2004年，任中国驻马达加斯加共和国特命全权大使。2004年至2009年，任外交部非洲司司长。2009年至2013年，任中国驻摩洛哥王国特命全权大使。2013年至2016年，任中国驻瑞士联邦特命全权大使。2016至今，任中国政府非洲事务特别代表。

采访者　李佳赟

您是在1975年进入北外法语系学习的。请问您当年是出于什么原因选择了北外，又选择了法语系呢?

1975年我幸运地进入北外学习，这是我心仪的大学。学习一门外语是我中学时代的梦想。我的求学过程充满波折。1966年小学毕业准备升入中学时，“文化大革命”爆发，被迫停课在家两年。1968年进入中学后，受当时社会思潮影响，学业也很难正常。但我家乡江南历来有崇文重教的好传统，老师们克服困难，尽可能予以学生们规范的教育，还给我们开设了英语课，我一下子喜欢上了英语，成绩也不错。但1973年高中毕业后我下乡了，失去了继续学习的机会。我内心一直期待着有朝一日重返校园，并为此悄悄地做着准备。劳动之余，我不忘学习，坚持每天收听上海人民广播电台的英语课程。终于命运垂青，1975年我有机会进入北外学习。但当时学习什么语种，个人并不能选择。我在北京站下了火车，坐上了北外迎接新生的大客车，才知道自己被安排学习法语。对我来说，能上北外已是梦想成真，喜出望外，所以具体学习什么语种似乎也就不是那么重要了。再说，我也知道法语是世界上最美丽动听、优雅严谨的语言，能学习法语我也很高兴。从此我与法语结下了不解之缘。我总觉得，学习法语是因为我与法语有缘。

您现在还能回忆起当年在法语系学习的情形吗？有没有令您印象特别深刻的事情?

当时能上大学实属机会难得。同学们都曾在工厂、农村或部队经受过锻炼、吃过苦，所以都特别珍惜这来之不易的学习机会，都憋着一口气，要掌握好这门语言。但由于学生们的教育背景、文化水平、语言天赋、兴趣爱好存在差异，学习成绩也是参差不齐。我记得，当时有的同学为了跟上学习进度，晚上熄灯后躲到厕所里继续学习。为了不让一位同学掉队，系里还组织老师和高年级的同学轮流在晚自习时给我们进行辅导。记得有一位姓唐的老教授，70多岁，步履蹒跚，还每周都来给我们做辅导。我很喜欢高年级学长们的辅导，前外交部黄海事务大使、前驻吉布提大使王晓渡当时是73级的学姐，她就曾辅导过我，我对此印象特别深刻。法语系是一个学习氛围好、充满爱的集体，学校生活给我后来的工作打下了比较扎实的基础，使我受益终身。

您在1979年从北外毕业后就进入外交部工作了。时值改革开放初期，对于中国外交来说正是一个非常重要的时间节点，中国慢慢加快了走上国际舞台的步伐。您当时对于外交工作的认识和理解是什么样的呢？经过了这么多年的工作之后，您的这些认识有了怎样的变化？

1978年12月，党的十一届三中全会确定了我国开始实行对内改革、对外开放的政策。我于1979年初从北外毕业进入外交部工作。可以说，我是迎着扑面而来的改革开放春风踏上外交工作岗位的，是伴随改革开放成长起来的外交官，有幸见证和参与了改革开放40多年来我国的蓬勃建设和飞速发展，见证和参与了中国外交走过的波澜壮阔的历程，见证和参与了我国一步一步走近世界舞台中央 的伟大辉煌。

外交工作是一个不太为别人所了解的职业。外人看外交，更多看到的只是表面的风光和体面，而不了解其中的艰辛、压力、奉献和有时面临风险的另一面。当初入部，我对外交工作同样知之甚少。我对这项工作的认识和理解是在实践中不断完善和加深的。真正接触外交工作后，我才体会到外人看起来高大上的外交工作，其实是由很多平凡的、不起眼的、甚至是琐碎的事情积累起来、成就起来的，更多的工作是幕后的、默默无闻的、外人看不到的。我们常说外交无小事。再小的事情，也需要占有一手的信息和资料，需要做认真的研究和分析，需要权衡各个方面的因素，才能得出一个符合实际的、可操作的解决办法。所以，搞外交工作必须塌下心来，甘于寂寞，乐于从小事做起，从基础起步。我刚入部那些年，中国的国际环境还不是那么好，重要外事活动不多，出国机会很少，信息来源也很有限。搞外交调研分析需要很多积累，我从一把剪子、一瓶糨糊入手，收集剪报、积攒资料、广泛阅读、精心提炼，慢慢地丰富和充实自己，逐渐入门。

几十年的外交生涯使我深刻地认识到，外交工作不是一个简单的职业，而是一项崇高的事业。我们日常所做的看似普通的事情，却与国家发展、民族复兴、人民福祉、人类进步紧密相连。一想到这些，我总是倍感自豪，在工作中，使命感和责任感也会油然而生。

您的外交生涯可以说是和非洲紧密相连。您现在所了解的非洲和您最开始对非洲的印象有什么不同吗？作为中国政府非洲事务特别代表，您的主要工作内容是什么？

我的外交生涯迄今41年，其中38年从事的是对非洲的工作。有一些外国朋友称我是“非洲女士”。38年的对非工作，使我对非洲越来越了解，感情越来越深。非洲就是这么一块神奇的土地，尽管它还不发达，有的地方还很落后，有疾病、有风险，但它有独特的魅力和吸引力。只要是你在非洲工作过，你就会有解不开的浓浓的“非洲情结”。

我年轻的时候不乏离开非洲工作的机会，但我因为喜欢而选择了坚守。非洲离我们很远，没有去过非洲的人主要通过新闻报道来认识和了解非洲。由于对非洲的报道往往缺乏客观和全面，人们对非洲的认知因此会受到误导。我第一次踏上非洲是1985年，工作6年后被派往加蓬常驻。由于了解有限，去之前无论发挥怎么样的想象力，也想象不出加蓬的样子。因此，我在行前做了充分的思想准备。当我怀着忐忑不安的心情抵达加蓬走出机舱时，除了一股热浪扑面而来，提醒我已到达炎热的非洲，映入眼帘的是红土地上的一片葱绿和整齐的建筑、平坦的马路。加蓬是石油生产国，当时的国家建设和发展水平远远超过中国。真是百闻不如一见，初来乍到就改变了我对非洲的印象。当然，从整个非洲来看，当时的非洲还是一个非常年轻的大陆，大多数非洲国家赢得独立才20多年，非洲还没有完成非殖民化进程，其中纳米比亚还没有独立，南非尚处于种族隔离状态。由于长期遭受殖民统治等历史原因，不少非洲国家政局还不太稳定，政变、动乱时有发生，经济命脉仍掌握在宗主国手中，经济发展比较落后。

时代在发展，世界在变化，如今非洲也已发生很多的变化。首先从政治安全上看，近年来非洲总体保持稳定局面，一些传统的热点问题都有所降温，有的国家有时会出现动荡，如最近马里发生军人政变，但非洲形势总体上可控，出现的问题最终也都能通过非洲人特有的、能够接受的方式得到解决。从经济发展上看，如果不是因为新冠疫情，非洲经济自2000年以来一直稳定增长，连续多年超过5%，一度曾是全球经济增速最快的地区之一。从区域合作上看，非洲联合自强的步伐走得也很稳，特别是2019年非洲大陆自贸区正式成立，成为非洲一体化进程的重要里程碑。目前非洲各国正积极实施2015年非盟通过的引领非洲发展的《2063年议程》，努力实现工业和农业现代化。非洲资源丰富，发展潜力巨大。非洲各国都把国家发展放在优先位置。尽管在前进道路上还会遇到这样那样的困难，但非洲发展的势头是不可阻挡的。

中非关系传统友好，基础扎实。2000年中非合作论坛成立，中非关系进入新的大发展阶段。目前中非关系正处于历史最好时期。中非人民之间的交往日益密切。近年来，中国百姓对非洲越来越感兴趣，去非洲开展合作、旅游观光的中国人不断增多。我在出差非洲时看到，埃塞俄比亚航空公司往返北京—亚的斯亚贝巴的航班上，大多数乘客都是中国公民，在亚的斯亚贝巴机场中转的乘客大约1/4是中国人。非洲来华经商学习的人也很多，非洲年轻人学习中文已成为新的时尚，学会了中文往往很容易就能找到工作。作为一位对非工作者，看到中非民间交往的繁荣景象，我深感欣慰。

我自2016年8月起担任中国政府非洲事务特别代表。我的工作主要是代表中方执行一些使命，特别是参与推动解决非洲热点问题、促进非洲和平和安全的事务，也根据需要出席一些国际性、地区性的涉非多边会议和双边活动。

外交工作其实涵盖了非常多的领域，包括政治、经济、文化、法律等。您从北外法语系毕业之后，是如何在掌握外语的同时又对其他这么多领域都有所了解甚至精通的呢？对于北外法语学子来说，如果想要在毕业后从事外交工作，您认为在校时应该做好哪些准备呢？

外交人员除了外交业务本身以外，还应该成为一名杂家，什么都要了解一些，因为在外交工作中你会经常遇到其他领域的问题，也很难预料你的工作对象或谈判对手会谈些什么，所以掌握知识多多益善，有备无患。我在大学时主要学的是法语，上述其他领域知识虽也学习，但不深不精。参加工作后，特别是在走上不同领导岗位后，自己就很有紧迫感。因为受工作和当时条件所限，无法坐在课堂里系统地脱产学习，所以，我主要以自学为主。一是养成良好的学习习惯，再忙每天都要挤出一定学习时间，开卷有益，什么都看，读过的东西说不定哪天就用上了。二是在工作中学，做有心人，加强积累，积少成多。三是有针对性地学，缺什么学什么。四是突击学，有时需要专业知识来应对某一个专题，就只好临时抱佛脚进行恶补。渐渐地，自己的知识面就不断拓宽，在工作上基本上能够应付裕如。

对于北外法语学子，如果有意在毕业后从事外交工作，建议提前就确定好目标。一是思想上做好准备。外交工作其实是一件苦差事，奉献很多，报酬不丰，还要离乡背井，出国常驻，其中不乏非洲这样的艰苦地区。外交人员作为文装解放军，组织纪律也很严格。同学们要对外交人员的工作性质有全面了解，并早做准备。二是增强政治意识，思想上政治上严格要求自己，与党中央保持一致，要了解国家的大政方针。外交人员与外方打交道代表的是国家，不是自己，必须时时绷紧政治这根弦。三是除了精通自己的专业，要广泛涉猎其他有关知识，做好知识储备，包括政治、经济、金融、国际关系、国际政治、新闻、法律。四是中文基础一定要扎实，要有良好的中文写作水平，因为平时工作中用中文比法文要多，还要有意识地培养自己分析问题和文字表达的能力。五是除法语之外，英语最好也要具备独立应付一般工作的能力。

您曾在马达加斯加、摩洛哥、瑞士三个不同国家担任过大使。您觉得这三段经历有什么异同？

我曾在这三国担任大使，这是我外交生涯中三段难忘的经历。马达加斯加是撒哈拉沙漠以南非洲最不发达国家之一，是我首次手执国书出使的国家。当时我还比较年轻，46岁。我在任期间遇到马政局发生前所未有的复杂危机，双边关系也经历了考验，任内倍感责任重大。任满回国后，我担任了外交部非洲司司长，有了更多的工作积累。5年后我出使摩洛哥，虽辗转到了北非阿拉伯地区，不是我所熟悉的撒哈拉沙漠以南非洲，但毕竟还是在非洲，摩洛哥又是我国传统友好国家，所以工作上虽面临一些新的挑战，但总的感觉压力没有当首任大使时大。从摩洛哥我奉命直接调任瑞士履新。欧洲对于我是个全新的领域，我面临的工作重点与前两个国家有所不同。我坚信不同地区的对外工作都是相通的，人心也是相通的，只要我牢记国家重托，为推动双边关系殚精竭虑工作，就没有克服不了的困难。确实，国家不同，工作侧重点也会有所不同，但促进同驻在国友好合作关系的工作目标是相同的。身为大使，要善于根据不同国家特点，有针对性地去开展工作，为促进两国关系多做实实在在的事情。我在三个国家都较好地完成了国家赋予我的使命。

许多人在提到您时会称您为“中国驻外女大使”。那么您觉得女性在外交工作、尤其是驻外工作中是否会面临更多的困难与挑战？又是否会具有一些男性外交官们所不具备的优势呢？

作为新中国的女大使，使命光荣，责任重大。女外交官在外交工作中，确实面临更多的挑战。一般人也都会认为，外交主要是男人的舞台，女人要取得成功，需要更多的付出。另外，作为女儿、妻子和母亲，女外交官无疑注定会有更多的牵挂，这也意味着更多的牺牲，特别是常驻在外时。比如说，我1985年去加蓬常驻时，儿子才3岁多。那时驻外还不允许带孩子，通信又不发达，不可能经常联系家里，孩子的声音都难得听到，更别说看到影像。5年任期内我只回国休假过一次。1990年我任满回国，儿子已经8岁，上了小学三年级。这5年时间，我只是在休假期间跟他在一起不到两个月。对儿子这个时期的模样，我记忆里几乎是个空白。同样，没有母亲陪伴，对儿子的童年也是一个难以弥补的缺失，一定程度上对他的成长是有影响的，所以我至今一直心存内疚。对父母亲，我作为女儿也难尽孝心。

至于在工作上，特别是作为女大使，与男性大使相比，我认为我们面临的困难和挑战是一样的。我个人体会，工作中女大使倒是还有一些独特的优势。因为作为大使，我和男大使们有一样的授权，男大使们能做的我都能做。由于各国外交使团中女大使相对少一些，工作中女大使会受到更多关注，工作机会也就更多一些。此外，工作中我还可以同驻在国领导人或工作对象的夫人们交上朋友，更容易拉近双方感情，增加亲近感，这对开展工作也颇有助益。

您对于法语学院的人才培养有什么建议？

从之前的北外法语系到如今的法语学院，70年来都为国家培养了大量的法语人才，他们为国家建设，特别是为促进中外交流作出了非常重要的贡献。随着我国对外开放不断扩大，对法语人才的需要也在增加。当前国际形势更加复杂，我国在国际事务中的地位和作用更加重要和突出，对人才素质和能力的要求也更高了。希望法语学院培养出更多适应新形势需要的高素质、复合型人才。欢迎法语学子加入外交队伍。我想特别指出的是，除几个发达的法语国家以外，非洲有20多个法语国家，是使用法语最多的一个地区。法语人才在非洲大有可为。希望法语学院和法语学子们多关注非洲。

寄语

在法语学院院庆70周年之际，我谨对此表示衷心的祝贺。过去的70年，法语学院教书育人，硕果累累，法语人才辈出，学子满天下。展望未来，相信法语学院在建院70周年的新起点上必将再创新的辉煌！

曲星校友访谈（1978级）

受访者 1982年本科毕业于北京外国语学院，获文学学士学位。1985年研究生毕业于外交学院，获历史学硕士学位。1985年至2006年，任教于外交学院，历任中国对外关系教研室主任、外交学系副主任、外交学院院长助理和外交学院副院长，教授，博士生导师。1986年至1992年，赴法国巴黎政治学院留学，分别于1988年和1992年获得政治学硕士和政治学博士学位。2006年至2009年，任中国驻法国大使馆公使、首席馆员。2010年1月，任中国国际问题研究所所长。2014年6月，中国国际问题研究所更名为中国国际问题研究院，出任国研院首任院长。2015年，任中华人民共和国驻比利时王国特命全权大使。2018年3月，任全国政协委员。2018年6月至今，任联合国教科文组织副总干事。著有《中国外交50年》等多部学术著作、《试论毛泽东关于中法关系的战略思想》等多篇学术论文，并发表大量国际政治时评。曾担任外交部外交政策咨询委员会委员、外交部公共外交咨询委员会委员、中国中央电视台评论员、中国国际关系学会副会长、中国国际法学会副会长、中华美国学会副会长、中国裁军与军控协会会长、中国欧洲学会法国研究分会会长等多项社会兼职，于国家行政学院、中央社会主义学院、国家高级教育行政学院、法国巴黎南大学等多校做兼职教授。

采访者 熊晓

您当年是出于什么原因选择北外和法语专业？大学生活有什么印象深刻的事情？

为什么选择北外？北外是全国外语教学的最高殿堂，能到北外学习外语是每一个有志于了解外部世界的年轻学子的梦想。我从中学开始，就向往能进入北外学习。高中毕业时没有报考大学的机会，但我在下乡当知青、进厂当工人的几年中，在艰苦的条件下从来没有放弃英语学习。高考制度恢复后，我毫不犹豫地选择了北外作为我报考大学的第一志愿，实现了自己的梦想。

为什么选择法语专业？主要有两方面的原因，一是受法国文学的影响，从小就憧憬着掌握这门“世界上最优美、最严谨、最高雅的语言”，法语因为其特有的小舌音和鼻化元音，听法语就像听歌剧一样优美；法语因其严谨，直到现在仍是许多国际条约除签约双方文字之外的副本语言；法语因其高雅，说一口纯正的法语曾是欧洲多国宫廷上流社会的时髦，我们从托尔斯泰的《战争与和平》中可以多次看到俄罗斯宫廷生活的类似场景。二是认为自己英语已经有了一定基础，可以继续自学，既然报考北外花四年时间专门学习外语，就应该从零开始另学一门语言，将来可以掌握两门外语。

大学四年生活中印象最深刻的是北外校园的学习氛围。1978年入校的两届学生，大部分都经历了“文革”，深感学习机会“失而复得”的可贵，大家除了学习几乎不想别的。那时候没有网络，没有复读机，每个班只有一台老式的磁带录音机，学习条件与现在不可同日而语。同学们只能靠苦读来掌握一门新的语言。每天清晨、傍晚，在北外校园的每一个角落，都有同学在朗读外语。冬天在室外朗读，每读一句嘴里就呼出一团热气。早上出来，从校园各处的花前树后，楼角墙边传出的琅琅书声和飘出的团团白气给我留下了深刻的印象，那个场景至今仍历历在目。

您与法国非常有缘分，巴黎政治学院留学、担任驻法国大使馆公使、联合国教科文组织副总干事，您3次在巴黎长期生活，能否说说3次经历分别给您带来了什么？

我3次长居法国，每次都以不同的身份，每次都有不同的感受，每次也都有不同的收获。

第一次是作为留学生长居法国。1986年初到法国，最强烈的感受是中法两国经济社会发展的巨大差距，最大的收获是学到了法国大学现代化教学的理念和方式。

中国当时改革开放不久，社会发展水平还很低，而法国已经是成熟的发达国家。我感触最深的是与老百姓日常生活密切相关的三个领域：一是地铁，当时巴黎地铁和轻轨有十几条线，人一进地铁就像进入了一个地下城市，从市中心分成五圈向外辐射，纵横交错的线路可以方便地把你送到地面任何地点，地铁票包含着极其复杂的信息，单次票、天票、周票、月票、年票不同时效，乘坐距离从一圈到五圈几十公里外不同距离，从地铁到轻轨不同车型，学生票、老年票不同的优惠，所有的信息都包含在那个小小的磁条中，自动验票进站。而中国当时只有首都北京有一条半地铁线路（环线尚未贯通），人工验票入站，完全谈不上自动化。二是电话，巴黎满街都是自动电话亭，买一张磁卡插进去即可拨通世界各地，包括中国。而中国当时电话是权贵的象征，不到相当级别的干部，家里根本不可能安装电话，更谈不上街头的自动电话亭。要打长途，就必须去北京长途电话局，先排队交费，再排队等候，等营业台拨通受话方后再到指定电话间通话。三是商店，法国大街小巷超市遍布，消费者走进琳琅满目的货架随意挑选，而当时中国根本没有“超市”的概念，百货店里，售货员隔着柜台问顾客想买什么，然后从并不丰富的货架上取下商品让顾客看，如果顾客连看三个都不满意，就要看售货员的脸色了。到法国后才知道，“原来东西可以这样买”。当时中国发展水平与法国真可以说是天壤之别。

谈到第一次长居法国的收获，留学法国最大的收获是从巴黎政治学院的课堂上学到了互动式教学和自主型研究的理念，成为我回国后在大学任教和学术研究的重要方式，也是我的课堂教学受到学生好评、学术研究产生一定影响的重要原因。

我第二次是以高级外交官的身份常驻法国，最大的感受是中国高速发展对法国人的心理冲击，最大的收获是学会了如何在充满矛盾的复杂环境中捍卫国家利益。

2006年我被任命为中国驻法国大使馆公使，首席馆员。当时中国改革开放已经给中国社会带来了巨大变化，中国经济每年以两位数的速度增长，中国与西方发达国家发展水平的差距迅速缩小。中国在一个与西方国家迥然不同的政治制度的治理下，经济社会发展却取得了全球瞩目的成果，中国公司和民众大踏步走向世界，中国经济在世界排名地位不断跃升。这种新的发展模式对西方社会产生了强烈的心理冲击，法国政界商界学术界经常举行有关中国的研讨会，电视电台经常组织关于中国的辩论，报纸上经常是关于中国的长篇报道。我作为驻法国使馆公使，多次应邀到这些研讨会介绍中国的发展情况。记得曾经到法国军事学院、参议院、法国国立路桥学院、巴黎高等商学院、巴黎政治学院、巴黎南大学（今巴黎第十一大学）等单位做专题报告。印象深刻的一次是中非合作论坛首次会议在北京举行时，法国一家著名的杂志总编请我餐叙，他说："注意到了吗？这两天晚8点的电视新闻的第一条都是中非合作论坛，这在法国的新闻节目中是异乎寻常的。几十个非洲国家元首首脑齐聚北京，这种风光应该是我们法国所习惯享有的，中国从什么时候开始也具有了如此影响！要知道你们抢了我们的风头。"

作为高级外交官常驻法国，我最大的收获是学会了如何在复杂的环境中捍卫国家利益。2008年北京奥运前夕，"藏独"势力在西藏制造事端，并在国际上掀起反华浪潮，甚至鼓动国际社会抵制北京奥运，奥运火炬在巴黎的传递遇到了巨大干扰，法国领导人以国家总统和欧盟轮值主席的双重身份会见达赖，中法关系受到了严重冲击。在法国媒体铺天盖地攻击中国时，我在法国主要的电视台、电台多次与法国政要辩论。在辩论中，主持人理论上应该是中立的，但事实并非如此。在法国电视二台的一次辩论中，对方邀请了5个人对我进行围攻，主持人还不断打断我的回答。我当时的感觉是这就像一场拳击比赛，我一个人打5个人，自己被绑着一条胳膊，裁判还偏心眼。事后我收到了若干法国普通观众写来的信，表示对中国的理解，对法国电视台如此组织辩论不满。电视二台的主持人事后也给我写来信，说我在困难的情况下发出了中国的声音，希望以后能在更愉快的议题上与我合作。欧洲一号电台和法国议会电视台的主持人在主持辩论后也对我说，"我们都说出了我们想说的话"。

在中法关系受到严重冲击的情况下，使馆有义务促使中法关系在符合两国关系基本原则的基础上获得转圜。作为使馆公使，我参加了与法方的艰难谈判，每天白天与法方谈，晚上回来逐词逐句地分析法方的立场文本，第二天再打出我们的反建议，经过20多个回合的反复，终于达成协议，2009年4月1日双方发表《中法新闻公报》，法方明确了拒绝支持任何形式的"西藏独立"的基本立场，为此后中法关系健康发展排除了障碍。在这个过程中，我更深入地理解了国家关系博弈的本质。

我第三次长居法国是以高级国际职员的身份，担任联合国教科文组织副总干事。最大的感受是国际社会对中国期望值的增加，最大的收获是学会了跨文化团队的管理。

中国人能够被任命为联合国教科文组织副总干事，这个事实本身就是国际社会对中国期望值增高的表现。作为教科文组织的二号人物，我到任后立即感到了教科文组织各部门与中国合作的热情，也感到了中国各省市自治区及各类企业团体与教科文组织合作的愿望。教科文组织总干事每年都去中国访问。习近平主席2014年也访问了教科文组织总部并发表演讲，这是中国国家元首首次访问教科文组织总部。彭丽媛教授还担任联合国教科文组织促进妇女和女童教育特使，体现了中国对联合国教科文组织事业的高度重视。中国作为历史文明大国，目前拥有的世界遗产数占全球第一，教科文组织在中国的研究中心数目也居全球第一。我在岗位上经常接待国内来的各种团组，穿针引线，帮助他们与教科文各部门发展合作关系，促成了教科文组织与中国更深入的理解与合作。

在副总干事的岗位上，最大的收获是学会了跨文化团队的管理。教科文组织目前有193个成员国，总部和外派机构4000多个职员来自170多个国家，不同的国家背景，不同的文化习惯，不同的工作方式，不同的心理状态，在管理时如果不充分考虑这些因素，很容易引起误会而影响团队工作状态。而如果掌握好跨文化管理的艺术，则可以充分发挥多元文化团队的聚合优势。我到任后负责教科文组织的战略变革工作，这是一项很有挑战的任务。但我充分注意同事们的文化背景，既推进改革，又维护舒适度，与各位同事的关系都非常融洽，我为此感到欣慰。

您2005年在巴黎出版了《猜忌的岁月——1949—1955年的中法关系》法文专著，您觉得中法关系从1949年至今可以分为几个阶段？分别有哪些特点？

中华人民共和国成立以来，中法关系可以分为四个阶段，1949—1964年是第一阶段，双方没有正式建交，双方在相互猜忌中试探建交的条件。1964—1994是第二个阶段，1964年中法建交。在法方明确接受一个中国原则的情况下，为方便法方决策，中方同意以内部默契的方式处理台湾问题，在建交公报中仅提及双方建立大使级外交关系并尽快互派大使。法国成为第一个与新中国建立大使级外交关系的西方大国，中法关系走在了西方世界对华关系的前列。1994—2009是第三阶段，20世纪90年代初期，在苏联解体、东欧剧变，中国国内发生政治风波的背景下，法国向中国台湾地区出售战斗机和军舰，对中法关系造成了严重冲击。经艰难谈判，双方于1994年1月12日发表联合公报，法方公开确认台湾是中国领土不可分割的一部分，实际上是公开确认了建交时法方的内部承诺，法方还承诺今后将不批准法国企业参与武装台湾地区，为中法关系的健康发展扫除了一个障碍。2009至今是第四个阶段，2008年法国总统与达赖见面，导致中法关系陷入了低谷，正如我前面所提到的，我亲身经历了这一过程，并参与了问题的处理。2009年4月达成的协议，从法律上澄清了法国在涉藏问题上的立场，排除了中法关系的另一个障碍。此后双边关系进入了良性发展的轨道，法国成为中国在欧盟的主要合作伙伴，给双方民众带来了实惠。

您的职业履历十分丰富，您是如何看待自己作为老师、学者、外交官、国际职员的角色转变？您在繁忙工作之余也经常发表时评，您是如何做到如此高效的时间管理的呢？

我在几十年职业生涯中确实经历了数次角色转换，我觉得每次转换都使我能充分发挥前一种角色的积累。作为老师，在课堂上的侃侃而谈和与学生的互动讨论造就了外交场合所必不可少的交流能力。作为学者，我研究的是中国外交和国际政治，为我在高级外交官的岗位上捍卫国家利益提供了丰厚的理论积淀。我在外交实践中多次受益于教学和研究的学术积累，例如2006年我与农业农村部合作负责中国在世界动物卫生组织恢复席位的谈判时，最关键的是台湾问题。该组织的主席和秘书长提出美国不会同意我方的措辞方案，我脑海中立即浮现中美建交的系列谈判案例，我当场给对方背出一段中美《上海公报》和《建交公报》的关键条文，对方又说英国有不同意见，我立即又当场背出了《中英建交声明》的内容，以证明这些国家没有理由不同意中方的立场，我建议他们拿这些条文去与美英接触，并建议凡是有国家在台湾问题上对中方方案有不同意见的，就让他们去读读本国与中国签订的建交声明。世界动物卫生组织最终完全接受了中方立场，在会员大会上表决时也获得了压倒性多数，中国席位在非常有利的条件下得以恢复。教师角色铸就的交流能力，学者角色奠定的理论基础，外交官角色培养的博弈思维都为我担任国际组织管理者奠定了基础。这些角色都是相辅相成的。我很幸运能够有机会在不同的角色岗位上服务于国家，服务于世界。

如何高效管理时间？我当教师和学者时，每年差不多要接受1000次采访，这确实需要一个高效的时间管理。国际形势瞬息万变，国际社会随时都可能发生大事，媒体会随时打来电话，就刚刚发生的国际事件提出问题。要应对这样的挑战，最重要的是要把自己保持在与国际形势同步的巅峰状态，随时关注国际形势，形成足够的积累。有时候媒体打来电话要求就某个刚刚发生的大事发表看法时，自己也从媒体的问题中才知道发生了什么事件，但由于平时有积累，自己有足够的分析元素，哪怕刚刚知道一件事情的发生，立刻就能形成初步判断，而只要就一个专题有了第一次采访，其他媒体就同一件事提出的问题就很容易回答了，而且分析会越来越深入，思路会越来越清晰。这是一个举一反三的过程，也是一个高效管理时间的过程。

您是如何当选联合国教科文组织副总干事的？工作中有哪些挑战？您是如何应对的？

教科文组织副总干事是该组织的二号人物，也是该组织的最高国际职员。按联合国的规定，该岗位必须按程序进行全球公开招聘。竞聘者首先要上网报名，阐明自己对竞聘岗位的理解和工作理念。联合国系统高级官员的竞聘竞争非常激烈，教科文组织副总干事的岗位招聘时，全球约有400人报名竞聘，但其中大部分在书面阶段就被计算机淘汰了。进入面试的要用教科文的英法两种工作语言回答问题，5个评委轮番发问，一个用英文，另一个就用法文，周而复始近一个小时。形成短名单后，还要由总干事直接再次面试，也是用两种语言。我能够被选中，首先当然是因为国际社会对中国期望值的增加，中国人担任这个职位是大势所趋。其次自己要具备该岗位规定的各项基本条件。我在大学工作20多年，有教科文领域中“教”的经历，我在研究院进行科研工作5年，有教科文领域中“科”的经历，我在公使、大使的岗位上工作近8年，推动国家间文化交往是我工作的重要内容，所以我又有了教科文领域中“文”的经历。加上我在法国培养政治精英的巴黎政治学院获得博士学位，在教师、学者、外交官的岗位上积累的与媒体打交道经验、掌握的面试技巧等，在我为中国竞聘这一岗位时都发挥了作用。

教科文组织的力量，主要体现在其国际会议召集能力、国际议程设置能力、国际理念建设能力、国际规范制定能力和国际公约发起能力上。教科文组织面临的挑战，主要在于如何凝聚国际社会的共识，如何争取国际社会的支持，如何提高治理机构的决策效率和行政机构的运行效率，如何防止组织因陷入国别政治争论而偏离其职责轨道等等。我目前负责的教科文组织战略变革，就是要解决这些问题。至于我作为副总干事个人面临的挑战，主要是如何进行跨文化管理。我在前面已经谈了这个问题，在此不赘述。

您对希望从事外交工作或进入国际组织工作的法语学子有何建议？

外交或国际组织工作对人才的要求非常高，除了对自己国家的忠诚这一基本条件外，语言能力、交流能力、历史知识、文学知识、法律知识、经济知识积累越多，工作起来就越得心应手。当然这也是所有精英职业所要求的素质。但外交和国际组织工作还有一条与别的职业也许不同的地方，就是外交官必须学会站在对方立场来想问题，进行分析，吃透对方，“穿一穿对方的鞋子，才知道问题在哪里”，不是为了满足对方，而是为了对付对方，帮助对方接受我方立场。大学4年一晃就过去了，进校的时候大家水平都差不多，但出校时水平差别就出来了。我在大学工作了20多年，这样的情况见过很多。为什么会有这样的差别，关键就是怎样利用在大学的4年时光。因此同学们一定要充分利用大学时光，尽可能多地吸收上述领域的知识，尽可能地充实自己。具体说来，有这样几个要点：

1. 一定要把法语学精学透。目前会一点外语的人很多，非外语专业的毕业生外语一般交流能力都不错，但真正过关的并不多。如果外语院校毕业生外语水平不实质性地胜过非外语专业毕业生一筹，而仅仅满足于可以交流，那在就业市场或职业发展方面就没有任何优势可言。目前外交外事领域的法语人才总体还是处于短缺状态，高水平法语人才更是捉襟见肘。如果你学好了法语，不愁找不着工作，而如果你找不着工作，那一定是你的法语水平达不到用人单位的要求。

2. 要在国际组织工作，一门外语显然是不够的。我在教科文组织内经常碰到可以流利说3—4门外语的职员。当然中文与欧洲语言的差别是欧洲语言之间的差别所无法比拟的，东方人要掌握3—4门外语不太现实。但学好两门外语是有可能的。因此一定要把英语学好，要真正做到双语流利表达很不容易，但现在的学习条件很好，语言学习软件很多，只要肯下功夫，掌握英法两门外语是完全有可能的。

3. 语言之外，还最好要熟悉国际政治、经济金融、国际法律等一门专业知识。

您对法语专业的人才培养有什么建议？

我在教科文组织多次担任高级职务的招聘委员会主席，感觉国际组织招聘职员有几个关键得分项，即双语、复合、高学历、多元。因此法语学院在培养后备人才时，可以从这几个方面下手：

一是双语，即法英两门外语，中国学生与欧美的学生相比，知识面、分析能力都不差，但表达差一些。因此学院在课程设计时，可以增加外语演讲、辩论的内容。

二是复合，外语说到底还是交流的工具，但是交流的内容要靠一门专业的知识来充实。外交和国际组织研究和处理的问题，大部分还是在国际政治、国际法、国际经济等范畴，因此高年级课程设置中可加大用法语讲授这些课程的比例。

三是高学历，国际组织重视学历，一般岗位都要求硕士以上学位，高级岗位直接要求具有博士学位，因此应该鼓励有意愿到国际组织中工作的学生至少要拥有硕士学位，而且最好是复合型学科的硕士学位。

四是多元，我在审阅教科文组织竞聘者报考表格时，发现外国学生的学历很丰富，接受多元教育，往往都有3个以上的不同国家的大学学历和学位，而中国学生这一栏就相对单一，劣势很明显。因此学院应该尽可能多地与外国名校建立学生互换、学历互认、联合培养的交流关系，还要尽可能地派学生进入国际组织实习。联合国系统各机构都有实习报名系统，学院应该指定专人跟踪研究各国际组织实习名额发布情况并及时指导学生申请。

寄语

积70年之底蕴，育法语界之精英。

尹卓校友访谈（1978级研究生）

受访者　1964年10月赴法国留学。1968年3月入伍，历任陆军第28军战士、班长、排长、连代指导员，军作训处参谋，海军东海舰队训练基地教研室主任，海军装备论证研究中心情报室主任，海军军事学术研究所副所长，海军装备研究院综合所所长、院科技委副主任。1964年至1968年，本科毕业于法国巴黎大学、格勒诺布尔大学。1978年9月至1981年2月，研究生毕业于北京外国语大学。1980年10月至1982年3月，于海军指挥学院合成指挥班毕业。1987年10月至1988年5月，赴大连水面舰艇学院进修。1988年8月至1989年12月，毕业于法国军事学院海军系、法国合成军高级班。曾任海军信息化专家咨询委员会主任，博士后导师组组长，第十一、十二届全国政协委员。

采访者　姚艾

您在1964年就赴法留学，在1968年又入伍，那您当初是出于什么原因选择来到北外继续学习呢？

我到北外学习，是出于一些偶然因素。其实，我从小的志向就是当兵，我的父母亲都是老一辈的革命军人。所以，去法国留学之前，我填报的志愿其实是哈尔滨军工。结果组织给我下达了出国的任务，也找我谈过几次话，因此最后就去了法国留学，但是我从军的梦想一直存在。

回国之后，正是“文革”时期，当时我们这些1968年的留学生不好分配，我就应征入伍当义务兵了。我觉得在基层部队工作很好，开始在陆军，后来被调到海军，都很顺利。在海军部队工作了一段时间，因为“白专”道路，我受到了批判，最后我就想离开部队。

离开部队之后刚好“文化大革命”刚结束，研究生恢复招生，所以我说这也是个巧合。考试前两星期我决定报考研究生，因为之前在法国学习法国文学、地理、历史和国际法，最后就报考了北外法语系的研究生。研究生读完之后我又回部队了，因为部队找我谈话，还去学校找我，让我回去。我到北外学习是想改换门庭，脱离部队，但最后也没走成，就是这样一个过程。

那在法语系学习期间，有没有什么人或事给您留下特别深的印象？当时法语系的整体氛围是什么样呢？

谈到留下深刻印象，当然是法语系的同学了，我们同学感情都非常好。这些同学们都是社会的精英，所谓精英，并不是说在社会上地位如何高、如何出人头地、如何挣钱多，他们在“文革”前都是学校的尖子生。1964年，我高中时参加北京市的数学竞赛、物理竞赛，都获奖了，我学理工科就是想为国防科技做贡献。我的同学们都是各个学校的尖子生，他们经过10年“文化大革命”，耽误了工作和学习。

人尽其才，学校就把这批人作为研究生招来了，这也是他们改变人生命运的机遇。所以那一届研究生可以说都是社会的精英，包括现亚投行行长金立群就是当时英语系的学生。大家学习成绩都很好，经过“文化大革命”的磨炼和基层的锻炼，人生观世界观都很成熟，都拥护党，拥护社会主义。这样的一批人被招进学校当研究生，成为高级的知识阶层，可以说那时候招的研究生很成功。大家关系都很好，都经历过基层的锻炼，都在基层摸爬滚打过十年，所以惺惺相惜。

还有学校的老师也让我印象深刻，像我的班主任陈振尧老师，后来有一次他生病，我还去看过他。陈振尧老师对我们非常负责任，不但在学业上帮助我们，而且在生活上很关照我们。他在很多方面对我们进行指导，比如学习方法，分享学习体会，教我们如何处理与外教的关系，还教我们如何从外教那里学到更多的知识。当时有3位外教教我们，中国老师教授的课程很少。老师还帮我们联系法国大使馆的文化处，那里有一个大图书馆，我们每周都能去看法国电影，所以我们对陈振尧老师十分敬仰。古话说，一日为师，终身为父，正所谓师父，我们的确是把老师当作最尊敬的长辈来看待。

当时北外的学风很好，学习氛围特别好。在北外学习期间，没有学术造假之类的事情，大家都是实打实、非常公平地在竞争。大家也相互借鉴，交流经验，高年级给低年级的同学传授一些经验，不同院系的研究生也互相来往。整个学校的学风十分好，没有那么多功利主义。因为我们想的就是如何在学校这两三年抓紧学习，打好基础，今后能更多地做点事。

我们了解到您曾担任中央电视台新闻频道《军情连连看》的主持人，这档节目融知识性、专业性、趣味性、观赏性为一体，受众广泛。您是出于什么契机去参与到这档节目中的呢？节目非常成功，您知识丰富，思维敏捷，表达清晰、幽默，您是如何做到的？

这也是一些偶发事件引起的。1999年爆发科索沃战争，当时军事频道已经成立了，和农业频道合在一起。每天晚上都有新闻，并对科索沃战争的进程进行点评，比如双方战况如何，有什么下一步的行动，战果如何，战争向什么方向发展，对欧洲地区安全的影响等，对这些方面做一些分析。当时他们就找到了我，希望我来做一些点评，当时的上级领导也同意了。所以我就在科索沃战争期间，每天晚上七点，在军事新闻里做大概20分钟的点评。科索沃战争持续了大概70多天，我当时就做了大概一个月的节目。中央军委副主席迟浩田还给我们栏目组写了贺信，说这个节目影响很好，还写了一句致敬，对我们栏目组和几位点评嘉宾进行了表扬。这就是我第一次触“电”，当时还算是一个直播节目。

后来新闻频道的军事部要专门搞一档军事栏目，向军事爱好者讲国防知识。

因为之前的节目，大家就对我有印象，中央电视台对这个节目也很看重，就直接找到我，希望我来做嘉宾主持，跟主持人李文静搭档，这样就做了几年的《军情连连看》。以后就发展到军事频道、《今日关注》、中央13台的《环球视线》等等新闻性的直播节目，主要是看当天关于国际关系、国家安全、军事演习的一些新闻，对国际上发生的大事进行讨论。中央电视台成立了军事频道之后，有两档节目，一个是《军事制高点》，另一个是《防务新观察》。我就以央视特约评论员和常备外宣专家的名义持续十几年在电视直播节目里完成组织上的外宣任务。

因为我在陆军待过，又在海军工作过几十年。陆军时的经历为我打下深厚的基础，我是从战士成长起来的，从战士、班长、排长到代指导员，这样一级一级提升起来，再到军处当参谋，然后再调到海军。基础的这一套我都熟悉，而且我对武器也很熟悉。另外部队经常搞演习，对陆军的装备，对装甲特性和如何反装甲都很清楚。后来到了研究机关，当时我被划分去搞装备研究，主要是对外国的装备、国防科技进行研究，那时候就积累了一些经验。同时，在海军指挥学院上学期间，我在合成指挥班学了将近两年的时间。我们有很多技术课，研究国防科技、军事装备以及装备的战术运用，我们从经典战术到合成战术一级一级地学，基础打得很牢。

在进行讲评、做节目的时候，我都是做自己业务范围之内的内容，当然驾轻就熟。而且我有一个原则，凡是不懂的，不是我专长领域的，我一律不涉及。千万不能当“万金油”，什么都去说一点，那样很容易犯错。要对观众负责，特别是要对外宣任务负责。因为军队有政治评价，这是一个政治纪律。胡说八道会误解观众，尤其是年轻学生。他们很多见了我，都说：“我从小都是看您的节目长大的。”那就说明我们当时做的节目还是有影响力，所以我们必须要有社会责任感，这不是个人的事情，我也从来不把这些事当作出风头的事业，而是当成自己在完成党的外宣任务。

您出版了《现代美国海军》《世界舰船年鉴》《美国海军装备手册》《俄罗斯海军装备手册》《法国海军装备手册》等专著和工具书，发表学术论文百余篇、百余万字。您是如何完成知识积累的？您遇到过哪些困难，又是如何克服的？可以举例跟我们分享一下吗？

写这些书对我来说不是非常困难的事情，但写论文是有一定难度的，我们写的论文都是内部机密，对世界形势的看法，那可以想说什么就说什么，只要在政治大原则下，就有学术自由，可以尽情发表自己的学术观点。

写书本身不困难，困难就在于如何既保持趣味性、可读性，同时又不涉密。有些书籍是公开出版物，要把一些保密的内容和一些敏感的学术观点抽掉。比如对美国的分析，对战争、地区形势的分析，跟邻国的关系，不能什么都往书上写，否则是容易犯错的。而且我们出版的书一定要经过专业的审查，政治审查、保密审查。因为我从事的职业是涉密比较深的，一些内部重要的机密会议我都参加，但可不能把这些东西往外写。显示自己知道得多，什么都往书里写，这就是犯错，所以保密是十分重要的。另外还有一些政治原则不能违反。

所以我是不怎么愿意写书了。近来，约稿的非常多，但我不愿写了，因为（尺度）太难拿捏。我只写了几本公开出版物，现在国家给我的工资已经不低了，我已经很满足了，我不想通过写书来赚取稿费。我的一些学术观点，内部很多人都知道，包括我的领导、军委总部和海军的领导都知道，我没有必要再到社会上讲。但是去年我退休了，我准备写回忆录，已经写好初稿，还要慢慢再润色，可能还有些涉密的东西要删除。虽然是自己的自传，但工作生涯参加了很多有机密的工作，还有一些学术成果不能放在回忆录里，所以还是要慢慢斟酌。

北外是一所拥有红色基因的学校，请问您当年在北外求学的过程中，在这一点上有什么体会呢？

北外的办学宗旨是很明确的，因为一些优秀的学生都是要被外交部和一些其他外事部门挑去的，这些职位虽然不是特别需要保密的工作，但也是很敏感的。周总理讲“外交无小事”，周总理为什么对北外这么重视，就是因为北外是培养外事干部非常重要的学校，除了外交学院就是北外。外交学院是培养干部的地方，北外就是培养干部加专业干部。我们很多大使都是翻译出身的，北外校庆的时候有很多大使和领导参加。

北外有非常好的传统。首先，政治立场非常明确，在几次大的运动里，北外没有走错路，所以“文革”一结束我们就去北外上研究生。当时最重要的就是肃清“文化大革命”的一些错误思想，我们北外师生对这点是非常坚定的，肃清一些极左的思想，尽快把大家的思维转到生产建设、提高科技水平、提高文化水平上来，尽量全国“热气腾腾”地搞建设，经济建设和科技发展。另外，我们摒弃

“文化大革命”期间的派性，平复“文革”的一些纷争，大家一心一意向前看。此外，我们学习期间，也非常关注时事，比如“文革”期间国际上的一些大事，国际安全的一些大事，我们都是实时跟踪的，因为今后要做外事干部，这些专业知识都是必不可少的。同时，同学之间，我们的组织生活是非常严肃的，我们的党组织关系都转到了学校。所以总体来讲，在北外，一个具有红色基因传统的学校，我们不但继承了北外的红色基因，同时也在不断地发展，一代一代学生的入校离校，体现了我们北外的红色基因不断发展。

“文化大革命”的拨乱反正，使国家进入正常的经济发展轨道，以经济建设为中心。大家在北外学习期间，班风非常正，我们系的政治立场很坚定，而且风气很正，是紧跟党中央、紧跟邓小平同志改革开放路线的。

您求学、工作经历十分丰富，令人佩服，是什么驱使您一直努力学习、提升自己呢？

对我的人生来说，从小学、中学、出国留学、回国读研究生到军事院校的学习，我觉得最主要的还是人要有信仰。我的一生，说不上顺利，我也遭受了很多批判，但与此同时，这些批判又加深了我的信仰。因为从小我就向往当一个革命军人，做一个共产党员，一辈子就信仰马克思主义。

社会上有多种信仰，佛教、道教等，我觉得共产党员只需要信仰马克思主义。马克思主义是科学的，是真理，它揭示了人类社会发展的基本规律。我们学习马克思主义哲学，分析判断国际上发生的事。共产党的信仰是自觉的，你觉得它科学，才会去信仰它。一旦有了这个信仰，就要为这个信仰而奋斗。我现在能对这个世界纷繁复杂的战略格局的变化、各个地区的战略形势作出分析判断，我可以毫不夸张地说，我没有犯过大的错误，分析判断都是符合实际的，甚至几年以后、十几年以后，经过时间的检验，这些判断都是正确的。为什么呢？因为我的分析判断都遵循马克思主义的辩证唯物主义、历史唯物主义。

我去北外讲过课，我这些判断都是遵循马克思主义哲学的，当然还要自己结合实际去运用它，但基本原理是不会变化的。这种信仰对我的支撑是非常强烈的，并且有这样的支撑，我感觉心里特别有底，特别自豪，我信仰这个，我不会犯大错误，我还会跟着历史潮流一块走，我想这对我的人生是非常重要的。我现在已经70多岁了，加入共产党也有50多年了，我认为我这条道路选得非常正确。

您对如今法语学院的人才培养有什么建议？

人才培养的第一条就是德育，爱国是根本。我觉得在我学习期间，学校里的氛围是非常爱国的，我觉得这是北外非常好的传统。知识越强，学习越好的学生，如果德育上走错道路，对社会危害就会越大。所以首先是德育，爱国是根本。即使不入党，也要爱国，至少要做爱国知识分子。我想我们北外首先要做到，引领学生爱党、爱祖国、爱人民，热爱我们社会主义制度，这都是最基本的东西，因为爱国不是空的，爱国就要拥护社会主义。现在网上很容易出现一些其他观点，通过各种段子、小视频，西方不断给我们输入一些错误的思想，我们一定要抵制。

寄语

我希望法语学院能够继承和发扬北外的光荣传统，特别是北外的红色基因，能够把北外打造成一个最好的为国家培养外事干部的人才基地，同时也是坚持马克思主义信仰、坚持社会主义信仰的红色基地。

喇培康校友访谈（1979级）

受访者 2005年至2007年，任中国电影合作制片公司总经理。2007年至2008年，任中影集团董事、副总经理。2008年7月至2014年1月，任国家新闻出版广电总局电影局副局长。2014年1月至2019年8月，任中国电影股份有限公司董事长。2017年4月13日，荣获法国电影联盟颁发的“法国电影奖”。2019年8月至今，任中国电影家协会副主席。喇培康长期致力于中国电影的对外传播和中外电影交流，在国际电影市场运作和国际合作、电影产业的经营管理等方面经验丰富。对欧洲电影制片、发行、放映、电影法律、电影税制、政府对电影的扶持政策、电影经营管理、实际操作方式等有全面了解和深入研究。

采访者 王静漪

您于1979年进入北外法语系学习。请问您当年是出于什么原因选择了北外，选择了法语系呢？

我是1979年参加高考的。那时候国家刚实行改革开放政策，正式对外开放不久。因为中国需要改革、需要开放、需要跟国外交流，所以全社会学外语的人特别多，学外语在当时是一件特别“高大上”的事情。我记得当时最热门的外语是英语，其次是日语。高考之前在选择专业的时候，我考虑了很久，觉得还是应该顺应时代潮流，就决定报考外语专业。报考外语专业肯定是首选北外，因为北外是全国学习外语的最高学府。那么，来北外学哪门外语？当时我一共有3个选项。我在中学五年时间学了3门外语。初中3年学的俄语，高中两年学的英语，这些属于学校规定的课程。记得在1977年，北京人民广播电台开办了法语广播讲座，我就到新华书店买了课本，每天晚上跟着广播学法语，学了两年。学到高考前夕的时候，我一共能说3门外语，当然都是初级水平。最后，由于家庭的原因，我还是选择了法语。因为我父亲会说法语，他从小在上海法租界长大，从小学一年级开始就在法租界的法国学校上学，所以法国对我父亲的影响很大。由于受到父亲的影响和熏陶，我最终在这3门外语当中选择了法语。我参加高考的外语考试，考的就是法语。应该说我运气还可以，最终被北外法语系录取。我记得我第一志愿是北外法语系，第二志愿是北大西语系法语专业，最后被第一志愿录取了。

您现在还能回忆起当年的法语学习生活吗？在法语系学习期间有哪些令您印象深刻的事？

应该说还有一定的印象，毕竟过去了这么多年。我记得在北外的时候，我们的人际关系非常简单，同学跟同学之间、同学跟老师之间的关系特别淳朴，大家心里没有别的杂念，就是一门心思想把外语学好。那个时候不像现在，没有太多的竞争压力。所以在北外法语系的4年时间，是我生命中非常轻松愉快的一段时光，尽管那时候的条件和现在比起来确实相当艰苦。除了课本以外，我们基本上没什么其他的法语课外读物，每个班只有一台老式的录音机供大家练习听力，听录音大家要排队，挺不容易的。现在回想起来当时条件确实比较艰苦，不像现在我们打开手机就可以听法语广播。现在我用的手机可以听几乎所有的法国电台，比如France Info、France Inter、France Culture等等，还可以看法国电影、法国的电视节目等等，非常方便，学习材料随处可得。那个时候学习条件这么艰苦，我们依然掌握了一门外语，这都得归功于我们的老师。现在回想起来，所有教过我们的老师，他们都非常和蔼可亲，法语水平都非常高，发音标准、功底深厚、教学态度严谨，我现在真的非常思念他们。我们这些79级的学生，现在平均年龄都在60岁左右，很多同学都已经退休了，我们当时的老师们现在应该在七八十岁以上了。现在回想起来，他们的模样仍然历历在目。我记得宋宝畅老师、王修文老师、张放老师、高玉琛老师、徐伟民老师，他们真的很棒。还有当时我们的系主任庄元泳，他的巴黎口音简直太纯正了，完全可以跟电视台主持人相比，我们都是他的粉丝。最权威的当属陈振尧老师，他主编的《法汉大辞典》我现在都在用。我们当时的学习生活和我们的这些老师都非常令人难忘。

您毕业之后曾经在巴黎居住多年，能否请您分享一下当初为什么选择出国发展？您初到巴黎之时，遇到了哪些机遇与挑战？

我当时是公派出国。1983年从北外毕业之后，我就被分配到文化部（今文化和旅游部）所属的中影公司，全称“中国电影发行放映公司”。我一入职，就负责中国对法国和其他法语国家的电影进出口工作。当然，法国是电影大国，其他法语国家基本上没什么电影，所以我的工作主要还是跟法国人打交道。我参加工作不久，就开始经常出差，锻炼法语的机会非常多。一是国内出差，因为我们要向国外宣传、推广、销售中国电影，所以经常会邀请国外的一些片商、电影买主到中国来，给他们播放影片，向他们推介中国电影；还会带他们去上海、西安、杭州等城市参观游览，推广宣传中国文化。二是到国外出差，经常要去法国、意大利、德国、英国等地参加国际电影节和了解国际电影市场，去选购法国电影。我是负责法国业务的，当然还有其他同事负责选购德国、英国等国家的电影，我们各有分工。当时出差很多，工作很忙、很充实。1986年，公司就派我去巴黎工作了。我们公司在巴黎有代表处，我在那里工作了两个任期，加起来有9年时间。在巴黎我也是做电影进出口，相当于我把办公室从北京搬到了法国。我们工作的地方在巴黎的La Défense的中心区域，非常现代化。在巴黎的那段时间，我们除了在法国开展工作以外，也经常出差，除了去德国、意大利、荷兰、英国、比利时这些周边国家，远一点的还会去北非国家，比如摩洛哥、突尼斯、阿尔及利亚，我们去参加那里的电影节、电影展。再远一点去过东非和西非的一些国家，最远去过毛里求斯和马达加斯加，我们到那里主要是推广中国电影。现在想想我们的工作真的挺辛苦，有时还挺危险的，但是感觉特别有意义。每当我们能够推销或者在国外展映一部中国影片，并且获得对方的专家、买主、记者和观众好评的时候，我们都觉得特别有成就感。

2017年您荣获法国电影联盟颁发的“法国电影奖”，以表彰您为促进中法电影交流和合作做出的重要贡献。作为世界上第三位获此殊荣的国际电影人，您长期致力于中国电影的对外传播和中外电影交流，积极构建中外制片人合作的平台。请问出于什么原因您选择从事与电影以及文化交流有关的事业呢？

应该说这都是我的本职工作吧。我从1983年走出北外参加工作，到现在已经有37年的时间。这37年里2/3的时间，我都在从事与对外电影交流合作有关的工作，比如说我为中国观众、中国市场引进过大量的法国影片，我也曾经向欧洲（主要是法国）出口过大量的中国影片，经常在法国或其他国家举办中国电影周、电影展等宣传推广中国电影的活动，另外我也为中国和法国的电影制片人牵线搭桥，帮助他们最终完成了不少中外、特别是中法合作拍摄的电影。法国电影联盟颁给我的这样一个奖项，与其说是对我个人工作的认可，不如说是对中法电影交流合作所取得的成果的一种肯定。现在中法两国关系发展得非常好、非常平稳，随着时间的推移，我认为中法两国的文化交流、电影交流一定会有更大的发展。

您觉得在北外的学习经历为您的事业发展带来了什么帮助？另外，就您的经验而言，作为一名优秀的文化交流者需要具备哪些素质？对于大学生来说应该如何提升自己以具备这些素质？

我觉得在北外这4年学习生活不光对我，对所有的北外毕业生来说，都是非常重要的，因为这是我们在进入社会、进入职场之前极其重要的打基础的阶段。虽然我们在上小学、中学时都是在打基础，但在北外打的基础相比之下更加关键。首先，我们在北外学会了两门外语，一门主要的外语和一门第二外语。其次，随着对一个国家语言的学习，我们对这个国家的历史、文化、政治、经济等情况也会有所学习和了解。当我们进入社会参加工作时，光靠语言交流是不够的，还需要有大量的知识。我们在北外不但掌握了语言，还学到了和这个国家有关的知识。最后一点更重要，就是通过在北外4年的学习，我们开阔了眼界，站位更高了，有了国际化的视野和思维方式，我觉得这是最关键的。所以无论如何，在北外的4年学习都是我们人生中极其重要的经历，对我们日后在职场、在社会上打拼，都是至关重要的。

作为一个从事对外文化交流的工作者，我认为他需要具备这样几个素质：第一个素质就是要会一两门外语，当然越多越好，因为外语是中国人和外国人交流的一把钥匙，没有这把钥匙交流起来就很不方便。当然，通过一个翻译交流也不是不可以，但最好是直接交流，我觉得如果需要翻译和别人交流就好比戴着手套和别人握手，是体会不到别人手掌的温度的，这样交流的效果是不够好的，最好还是要掌握对方的语言。第二个素质就是知识面要广，要对你交流对象的国家有充分的了解，要对这个国家的政治、经济、文化、教育、外交、法律制度，包括风土人情、百姓的日常生活等等，有尽可能多的涉猎。这样你在和他们交往的时候，能够拉近彼此之间的距离，有一种亲近感。同时，我们还要对本国的情况有足够的掌握，比如我们要对中国的历史文化、国家政策、中国现代化建设所取得的成就等等都要有所了解。因为我们在跟外国友人的交流中，不仅限于文化层面，它涉及的面可能会非常广，老外会问你各种各样的问题，你必须有足够的知识储备。如果你稍微有一个问题回答不上来，或者提供的信息不准确，就会带来很大的遗憾，甚至会出现很大的问题。第三个素质是无论学习还是工作，都要有激情。如果没有激情，你的精气神儿就没有了。你有激情，遇到困难就能克服，遇到失败就能重新站立起来。即便你外语再好、知识面再宽，没有激情就没有动力。所以激情非常重要，它可以让你百折不挠，可以让你取得成功之后劲头更足。第四个素质，就是要有正确的工作方法。尤其是我们学外语的大部分同学将来是要跟老外打交道的，这就要求我们一定要具备国际化的思维，而不能用中国思维跟老外打交道。如果你不做外事，单纯在中国跟中国人打交道，那么用中国的思维没问题，因为双方都是中国人，你表达的一切大家都能理解，沟通上没有障碍。但如果你拿纯中国思维和老外打交道，沟通理解上就有可能经常出现一些问题，会出现他不理解你或你不理解他这样的局面，导致很难沟通下去。所以，我觉得掌握正确的工作方法是非常重要的。那么作为一个大学生，如何提升自己的这些素质呢？毕业以后进入职场、进入社会，怎么样把工作做好？我觉得没有捷径可走，就是多学习、多看书、多观察、多体会、多实践，勤学苦练。一定要刻苦努力，除了吃饭睡觉，就是学习。当然也可以去旅游，旅游本身也是一种学习，是学习的另外一种方式，是课堂以外的学习。所以我们的人生应当永远是在学习的。周总理不是有一句话吗？叫“活到老学到老”。尤其你们现在是大学生，在这个阶段更应该努力学习。

您对如今法语学院的人才培养有什么建议？

北外可以说是全国乃至全世界最好的教授外语、学习外语的学校。70年来，北外培养了大量优秀外语人才，北外有她光荣的教学传统，好的传统应该坚持。我觉得学外语，跟学游泳是一个道理。学游泳，我们讲究“在游泳中学游泳”。对于学外语，也应该有一个恰当的学习环境，这是非常重要的。如果总是在教室里死记硬背，是挺枯燥的。如果我们有一个恰当的学习环境、好的学习方法，你就会发现学习外语会变得非常轻松愉快，而且学习效果非常好，不怎么费劲，就把单词和句子都给记住了。北外这么多年来形成了一套学院派的教学经验和教学方法，如果学院派的教学方法，能够跟来自生活、来自实践的方法结合起来，效果可能会更好一些。

寄语

最后，衷心希望北外法语学院越办越好；衷心希望北外法语学院为中国同法国和其他法语国家全方位、多层次的交流合作培养更多合格人才；也衷心希望北外法语学院在研究法国和其他法语国家的语言、文学、文化、政治、经济、外交等方方面面都能够取得更多的科研成果和学术成果。

辛少英校友访谈（1979级）

受访者　1983年毕业后入职中央电视台对外部翻译组，1984年调入对外部国际组。1987年任央视对外部国际组组长，负责节目为《世界各地》和《外国文艺》。1990年创建《正大综艺》，担任总导演。1996年赴法国留学。1998年调入体育部，创建中国版《城市之间》并担任总导演制片人。2000年负责《悉尼猜想》《球迷世界杯》《豪门盛宴》等直播节目。2013年组织并直播大型赛事节目《谁是球王》等。

采访者　熊晓

您于1979年考入北外法语系，这是出于什么原因做出的选择呢？您在大学最大的收获是什么？

1979年是改革开放的第二年，那个时候，大家都特别想了解外面的世界。尽管我高考的分数是可以报北大的，但我一门心思要上北外，所以填的每个志愿都是“北京外国语大学外语系”，我非常感谢法语系的老师能够选择我并带我进入缤纷的法语世界。我是英语的考生，学习法语是从字母开始的，当时我们班已经有学过法语的同学，从上第一节课起，我们的老师就用法语教课。我懵懵懂懂地，看见旁边的同学起立，我也起立，看见其他同学翻书，我也跟着翻书。这样的全法语的教学很快培养出我们的语感。北外法语系的教学特别注重口语，这一点在我工作后感觉非常重要，当我们说着一口纯正的巴黎音，很容易进入法国的上流社会。很多法国人都带着赞许的眼光问我是从哪学的法语，我总是自豪地回答：“在北外。”法语初级阶段的学习结束后，就开始了高强度的训练，包括笔译和同声传译，这些训练让我们进步非常快。法语的严谨性逐渐培养了我们认真细致的作风。法国文化中的创新与包容也渐渐地融入我们的思想。学校每周组织看一部法国电影，潜移默化中培养了我对影视的热爱，也让我感受到法国人对艺术的追求。这对我日后的工作产生了重要的影响，我在做每一档节目时都追求创新，可以说是与北外全方位的教育分不开的。在北外，我还参加了许多文艺活动，我曾用法语表演《茶花女》，曾因学电影《简·爱》的配音引起过不小的轰动，后来老师在上课直接将我的名字换成了“简·爱”。就是这些文艺演出让老师看到了我在文艺方面的潜能，在国际广播电台来招生时，推荐我去报考。所以我特别感谢法语系的老师们，他们不仅带给我们最好的教学，还能挖掘我们的潜能，把我们推荐到合适的工作岗位。我发自内心地感谢母校！

与您作为法语学生时对法国的认知相比，您在法国留学时对法国的认识有什么很令您印象深刻的变化吗？您认为这段经历给您带来了什么？

做学生时，我想象的法国是一个充满浪漫气息、具有人文情怀的国度。我第一次去法国是工作10年后，1993年，体育部借调我去转播法国网球公开赛。在罗兰·加洛斯网球场，我看到了很多热爱网球的人。那期间，整座巴黎城都沉浸在网球的氛围中，各式各样的广告设计得那么浪漫和富有创意。2002年我带队首次向中国转播环法自行车大赛（Tour de France），法国人的那种热情与浪漫体现到了极致，沿途全是给运动员加油的法国人，他们热烈地欢呼着，兴高采烈地就像过节一般，我深深地被他们的热情所震撼。所以，在去了法国后，我对法国人的浪漫、包容与创新有了更深的理解，由此我联想到为什么很多世界大赛是由法国人创办的，比如奥运会、世界杯、达喀尔汽车拉力赛、环法自行车大赛等，包括大型趣味体育的游戏节目《城市之间》。这类赛事都是很难操作的，但法国人却办得得心应手。这与法国文化有直接的关系。

在法国留学的经历让我将多年未用的法语又捡了起来，也结交了很多的法国朋友，但也让我切身感到法国人对中国有很多的偏见。一定要让法国人更多地了解中国！正是抱着这样的愿望，我向联合国教科文组织提议并促成了由中国政府和法国政府共同在巴黎主办"中国文化周"。那是在我即将结束留学回国的时候，我到联合国教科文组织参观，副总干事长雅尼克（Daniel Janicot）接见我，规定只有20分钟的会面，我也没有想到能做什么。雅尼克先生对着墙上的那些照片向我介绍他们的活动，他提到了很多，但就是没有中国的，我心中突然涌出一股怨气，脱口而出："为什么不给我们中国做活动呢?"我意识到打断别人的说话是很不礼貌的举动，雅尼克先生尽管有些不高兴，但还是问："你说举办什么活动?"我脑子飞快地思考，想到两年后将迎来我们共和国的50周年，于是，我回答："中国为世界和平做出了巨大贡献，能不能在中华人民共和国50周年的时候在联合国教科文总部举办中国文化周?"我本以为这事就这么过去了，甚至对自己打断别人讲话的鲁莽而感到不安。但是，几天后他给我电话，让我再去一趟他的办公室，我当时就预感会有大事发生。的确，我去了以后他就递给我一封签好字的信，那是一封写给我们国家主席的信，表明联合国教科文组织完全同意这一请求，并将为中国免费开放所有大厅……后来，这项活动的成功举办极大地促进了中法友谊，提升了中国在国际上的影响力。为此，我感到特别地高兴。

您在做直播节目和录播节目时有什么不同的感受吗?

1987年，引进并直播《维也纳新年音乐会》是我第一次的直播。在这次直播中因卫星信号中断出现了大段的空白，幸亏我提前做了充分的准备，对音乐会的历史、指挥家以及演奏曲目都收集了许多材料，在这时候就派上了用场。我真正操作的直播节目是2000年在悉尼奥运会期间每天直播的《悉尼猜想》。这是一档很复杂的综艺节目，既要与电视机前观众互动，又有嘉宾表演和访谈。直播这样的节目我原来是不敢想象的，因为每一期《正大综艺》都要录制2—3个小时的素材，才能编辑出60分钟的成片。所以在直播前几天我紧张得睡不着觉。但当奥运会开幕后，我们很快进入状态，一切都很顺畅，所有节目时长都达到了零秒的误差。我感觉直播与录播最大的不同是直播可以与观众一起创作，可以根据观众的期望，及时改变节目的内容。记得在一次《悉尼猜想》中，我们请到了刚从前方归来的中国男女体操队员。因为中国男子体操队首次夺得团体冠军，小伙子们特别受欢迎，人气指数一直居高不下。以刘璇为主的女子体操队员突然提出要跳一段恰恰舞，我果断地甩掉原来的文案，让女队员上前表演，当时我们甚至没有准备音乐，刘璇她们跳得也不整齐，我猛然想到有一段访谈的音乐，就是这段舒缓的音乐让刘璇她们调整了步伐，展现了一段优美的舞蹈，一下子拉高了女队的人气指数。男队的李小鹏不服气，又带领男队员表演托马斯全旋……此刻，我看着观众的点击率，不断地调整着节目。就这样，作为总导演的我指挥着这支有创意又灵动的制作团队完美地直播了一档档文化娱乐节目，粗算起来大约近300场。我认为直播就是要寻找和挖掘兴奋点，在充分准备好的基础上，即兴地注入活的灵魂，能够与观众共同创作，是电视工作者的最高境界。

成为电视人需要具备什么样的品质？如果有学生想要未来在这个行业工作，您会给他一些什么样的建议？

想要当一个好的传媒人，要有开阔的胸怀、广博的知识，要具有创新意识，还要有团队精神，要学会理解和包容别人，要有海纳百川的能力。因为电视是大兵团作战，特别是直播，每一次都像是一场战役，几百人同时作战，必须协调好，步调一致才能做出好节目。比如，在世界杯期间，我们连续33天直播足球文化节目《豪门盛宴》，就需要有广阔的视野和开放的思路，我们用文学、绘画、戏剧、电影、音乐、建筑与哲学等多角度解读世界杯。有了赵忠祥解说的“动物世界杯”和各国大使津津乐道的“舌尖上的世界杯”等版块，受到了观众的热烈欢迎。我们为西班牙大使和荷兰大使设计了“当梵高遇上毕加索”的小专题，试图用两位著名画家的绘画风格诠释荷兰“全攻全守”与西班牙“Tiki-taka”的足球战术。用《蓝精灵》和《丁丁历险记》表现比利时队那些首次参加世界杯大赛的年轻球员。阿丘来了，正好用他主持的《客从何处来》探究那些外援球员的来历。巴西队百场那天，王铮亮演唱《时间都去哪儿了》贴切地回忆了巴西队在世界杯赛场上的百场经典……我们不仅要有广阔的知识面，对当下流行的文化也要了解，还要机动灵活，遇到问题，要马上想出解决办法，当然还要果敢，口令要清楚。学习是终身的，不只是在学校里。我做的第一个节目是关于第二次世界大战历史的纪录片，我到图书馆连看了一周的二战史，之后，写出了解说词，编辑出来的节目受到了中央最高领导的表扬，观众也是好评如潮。当我做30集讲述电影史的专题节目《世界电影之林》时，我也是扎到片库中看片、在图书馆中看了许多的书才能够编辑出来的。所以年轻人不要怕，要勇于挑起重担，不会就学，学无止境。当然在学校时就应该广泛涉猎各种书籍，充实自己。

从翻译到编导再到总导演，从国际部到自己当时完全不了解的体育部，您在不断踏入未知的领域，迎接新的挑战。您是怎样看待自己的这种跨界的？

其实每个人都会害怕进入未知领域。我最开始的工作在翻译组，舒适而熟悉，我非常满足，完全没想过要转行去做编导。但让我从翻译进入编导的跨界是由于我平时下意识的一个动作，就是这个动作改变了我的命运。那时候每天上午10点到10点20分是工间操时间，只要到10点20分，不论办公室的同事们是否在聊天，我都回到我的座位上翻译。我的这个举动让一位《动物世界》组的同事看到了，觉得我是一位踏实的女孩，就向领导推荐了我，当领导突然通知我调入编导组工作时，我被吓哭了，我说我完全不懂编辑，怎么工作呀？但我还是服从了组织的安排，硬着头皮去了编导组。别人下班了，我到机房去学习编辑。我做的第一部片子是讲述第二次世界大战的大型纪录片《人民必胜》，这部片子的巨大成功，让我觉得我真的走对了路。随着多年的摸爬滚打，我也逐渐在编导领域中游刃有余，做出了许多重要的节目。我从国际部到体育部的转身也不是我设计的。在我留学前，体育部主任马国力让我在法国帮着寻找一档能够吸引大众的体育节目，当我发现《城市之间》并将它介绍给体育部后，我以为我就完成了任务。没想到马主任说："你不来体育部，我们就不做这个节目。"可以说，我是被迫来到了体育部。我原以为我不懂体育，也就做做边缘的全民健身的娱乐节目。在悉尼奥运会的策划会上，我不经意地提到是否能做一档综艺型的奥运节目时，马国力主任马上拍板"这事就这么定了，你负责"，这才有了悉尼奥运会期间每天直播的《悉尼猜想》。两年后，在韩日世界杯，我们成功地推出了由球迷参与的连续直播的娱乐节目《球迷世界杯》。之后就一发不可收，在体育频道最重要的两大赛事中，我们承担起最重要的综合性节目，我也成了最懂体育的人，甚至在日后我们自己制定适合电视的体育竞赛规则，组织起全国百姓参与《谁是球王》乒乓球、羽毛球、足球、少年足球、围棋和广场舞的大赛。所以，通过我的经历，我想说：年轻人要有勇气去面对未知，不去尝试，你不知道自己的潜力在哪里。要用知识把自己武装好，当机会来临，你一定要担得起来。但一切都要从踏踏实实做好自己的本职工作开始，命运会垂怜于认真的人。

疫情期间，同学们的抗疫视频在卢森堡电视台相关报道中播出，鼓励全世界的人们积极抗疫。请问这件事是如何促成的，您可以给我们讲讲这其中的过程吗？

我和LUXE TV的Jean Stock台长是多年的好友，他原来是法国电视台的台长和欧广联的秘书长。疫情期间他对我们很关心，在中国控制住疫情而国外开始暴发时，他问我能不能向他们介绍中国的抗疫经验。我觉得这是讲中国故事的好机会，于是我就和北外法语学院戴院长联系，后来这个提议也获得了校领导的大力支持，于是促成了LUXE TV与北外的合作。同学们的视频做得非常好，让台长也很满意，特意安排在武汉解封的那个重要日子播出。LUXE TV是设立在卢森堡的面向全球播出的媒体，同学们的视频是面向全世界播放的。通过这次在世界的亮相，很好地展示了同学们的法语水平，也把中国年轻人积极乐观的精神传递了出去。以后还会有很多机会，我现在正在和法国TV5 Monde合作春晚和纪录片，《城市之间》也在筹划新的国际版。我非常希望得到法语学院的支持，同学们也可以有更多的实践机会，发挥我们的外语优势，到国际上宣传中国。

寄语

语言和传媒都是桥梁，当我们掌握这两者并且将其有机地联系在一起时，真的会产生一种奇妙的效应。比如法国名牌栏目《城市之间》来到中国，带来了法国的文化、法式的幽默以及法国人的创意。在中国播出时，我们将中国文化融入其中，受到了观众的欢迎。中青报在采访我时，就把我的一句比喻写成标题“《城市之间》是用法国布料做成的中国旗袍”。当我与各国电视台一起制作国际版《城市之间》时，中国的文化、中国人的拼搏精神通过这个载体传播到了世界各地，因为这档节目在各国都是黄金时段播出的重点节目。很多中国城市也通过这个节目与外国的城市结为友好城市，中外城市间增进了友好交往。而要驾驭这样的国际大制作，必须有外语做支撑。因为一旦开始录制，各国制片人都要用外语快速地沟通，有时甚至要争吵，没有流利的外语，根本无法推进节目。所以我衷心地希望我们的学生一定要学好外语，在学好外语的同时还要学好中文，将来在国际上创办出带有中国特色的节目，讲好中国故事，做有理想、有文化、有勇气、有担当的中国青年。

熊伟校友访谈（1979级）

受访者　1983年毕业后入职中国国际广播电台，担任记者、主持和翻译工作。1993年至1996年任职于国际台驻巴黎记者站；2007年获得中国国际广播电台法语首席播音员的称号，同年荣获“中国播音主持金话筒奖”。2011年被选为石景山区人大代表。现任中国国际广播电台播音指导、法语首席播音员。

采访者　张清硕

您1983年毕业于北外法语系，您的记忆里80年代的北外法语学院是一副怎样的光景呢？学生时代有没有什么印象深刻的人或事？

那是41年前了，我1979年入校。那时学校没有现在这么多绿树和鲜花，图书馆也没有现在这样高级漂亮，体育场地也没有现在这么好的设施。教室比较小，一个班十几个学生，每个教室里配备一台开盘式录音机。宿舍是一个屋4个人，我们女生宿舍在5号楼，楼前对着大操场。夏天时周末操场上放电影，同学们拿着凳子三五成群地坐在一起看电影。那个时候交际舞方兴未艾，我们这些不爱去图书馆的同学经常是在教室里放上音乐，跟着“有经验”的同学学跳三四步，校学生会也经常举办舞会。我们79级和78级的学生形成了鲜明的对比：78级的同学勤奋好学，白天晚上教室里都是安安静静的，大家都在看书学习；而79级的同学活泼好动，教室里经常是莺歌燕舞，好不热闹（因为太吵，遭到嫌弃）。但是逢年过节要演节目或是举办体育比赛，那我们79级可是主力军！记得那年号称世纪大战的排球赛是法语系和英语系争夺冠亚军，队员们奋力拼搏，我们啦啦队（自发的）也毫不示弱，敲鼓的、吹号的、叫喊的声音震耳欲聋，最后法语系夺得冠军！球队队员们是很辛苦，而啦啦队吹号的同学第二天嘴肿得老高，嗓子也喊哑了！就是那个排球场在冬天不能打排球了，学校就把球场的地上泼水冻冰后变成了滑冰场，我们就是在这样的滑冰场学会了滑冰！

您为什么选择北外法语系呢？之后又如何选择了到中国国际广播电台法语部工作呢？您如何理解“分配”一词？

当时就想学外语（我非常喜欢英语），其实当年高考的分数可以报北大，但是我认为要学外语的话北外是最好的学校，就报了北外。但是年幼无知，报志愿时也不和家长老师商量，就以为外语就是英语，不知道还有其他语系，第一志愿就报的是北外外语系，以为外语系就是英语系！阴差阳错地分到了法语系，刚开始学的时候很抵触，觉得法语不好听，说起来又拗口，很长一段时间就连26个字母都还按照英语发音，后来慢慢渐入佳境，越来越喜欢法语，老师同学都夸我语音语调好听，才逐渐有了自信。

大二时，当时的班主任张一德老师说我们国家有个电台叫中国国际广播电台，用外语播节目，我语音语调比较好可以去那里当法语播音员。当时也没多想。我在中学时就是学校广播站的广播员，那可是实打实的直播呀，机器一开，拿稿子就念（有一次笑场，怎么也收不住，把老师气坏了！）。毕业时国际台法语部的老师真来学校招人了！系里老师推荐了七八个同学，国际台的老师让我们每人念了段法语，老师录音后拿回去和中外专家们讨论再做决定。那时候有毕业分配一说，学校根据用人单位提供的分配名额公布给毕业生，我们可以填3个志愿。当时我就一门心思想去国际台当播音员，别的单位都没有考虑（也不知道给自己留个后路，万一呢！）所幸的是国际台录取了我，我觉得我很幸运，一毕业就找到了喜欢的工作。

当时的分配制有利有弊吧。有利的是不用我们自己去找工作，当时我们几乎没有实习，接触社会的机会少，所以没有资源更没有人脉。不利的是分配的工作不一定是你喜欢的工作，基本上是按照你填的志愿分配，但有冲突的情况下就有所变动。当时改革开放没几年，机会不是很多，尤其是想和自己所学的法语专业有关系的工作不是很多。有的同学不得不改行，用不上法语专业。但是塞翁失马，焉知非福？语言本来就是个工具，有的同学在其他领域做出了优异成绩，可喜可贺！

在中国国际广播电台工作时，您遇到过什么样的挑战？是如何克服的呢？您取得过像“金话筒奖”“广播播音员一等奖”这样许多优秀的成绩，您工作一定非常努力，您工作的动力是什么？

我很高兴能到国际台工作。可是一到了单位傻眼了：国际台法语部的前辈个个法语都很厉害，有归国华侨，有在法国土生土长的华裔，有法国留学数年的高才生，有从小就在外语学校学法语的法语高手，我就在大学学了4年法语，相形见绌！而且大家都很忙，新来的大学生叫干什么就干什么，业务上自己学，没有专门的人带你教你。当时年轻人少，没有翻译培训、播音培训，别说出国留学，就是外出陪个团都得从前辈开始轮，轮到我的机会渺茫。一切自己学，从打字开始学起。那时没有电脑，翻译稿子全靠手动打字机。学翻新闻稿，翻专题稿，学播音，学录音，学制作，学采访，因为录音员不懂外语，操作起来不方便，所有的录音员技术员撤销，都由我们自己制作。所以我们的工作是翻译、播音、记者、制作节目（混音、剪辑、配乐、配音、片头片尾等等），倒是全方位地锻炼了自己。没有捷径可走，就是虚心学习虚心求教，少说多做。每天拿个法语稿子在楼道尽头朗读（怕打扰别人），觉得可以进机房了就录音后让专家们听，他们满意通过了才可以正式作为播音员录节目。作为记者要外出采访，要与不同的人打交道，最后要想尽一切办法采访到要采访的人，在记者招待会上抢到提问的机会。记得1988年我和同事去非洲采访，计划采访毛里塔尼亚、多哥和科特迪瓦三个国家的总统或部长。到了毛里塔尼亚惊呆了：当时这个国家正在闹蝗灾，下了飞机开车前往住处的路上蝗虫铺天盖地地朝我们的车飞过来，霎时车窗上洒满了蝗虫的血肉（螳臂挡车，不自量力！）。下了车走在路上，蝗虫就往我们身上跳，我们也跟着跳，为了躲避它们。路边的矮树丛光秃秃的，没有一点绿叶，走近一看已经密密麻麻布满了蝗虫！路边的羊没的可吃，饿得吃起了地上的塑料袋！当时很多国家援助毛里塔尼亚抗灾，中国也提供了很多抗灾物资。我们去采访国际抗灾会议，许多国家的代表在一起商讨怎样抗击蝗虫灾害，蝗虫就在会议室里飞来飞去，好似在示威。我们还去了离首都不太远的撒哈拉大沙漠，那里没有蝗虫，但也没有人烟。面对一望无际的大沙漠，心里莫名产生对大自然的敬畏。虽然条件艰苦，但我们采访到了毛里塔尼亚总统，顺利地完成了任务。这次非洲之行是一次历练，终身难忘。作为记者，肯定会遇到突发事件或是重大事件，我们还有在危险地区的常驻记者，在中东、阿富汗等地，可以说是出生入死，但是记者使命感和责任感驱使我们心中只有一个信念：认真努力地完成好每一项工作，其他都置之度外。作为一名记者要不断提高自身的素养和业务水平，勇于吃苦，勇于实践。我工作的动力首先来源于我的热爱，前面说了，我非常幸运，我喜欢播音，喜欢法语，而我的工作就是用法语播音，我太喜欢我的工作了！尽管当时条件不如人意，待遇也不如其他台好，在国内也不会有名气（我们是墙内开花墙外香），但是我喜欢。干一行爱一行，而且要干就一定要干好！我平时生活中大大咧咧，丢三落四的，但是在工作中真的是全身心地投入，百分之百的认真。虽然中途有犹豫的时候，别的单位也发来了调函，但是最后还是坚持了下来，还是出于对这份工作的热爱，也经常想到那些听众的来信。我们也去过法国和非洲国家与听众见面，去摩洛哥时由于没时间来参加我们的听众见面会，临走时几个小伙子特意跑到机场与我们见面；在北京也组织过几场听众联谊会，他们愿意了解中国，喜欢中国文化，想了解中国普通老百姓的日常生活。我们的节目就像连接世界的空中桥梁，我们的宗旨就是“向世界介绍中国，向中国介绍世界，向世界报道世界，增进中国人民与世界人民之间的了解和友谊”，我希望通过我的工作让世界上更多的人了解中国，了解中国人，了解中国文化。用甘心情愿的态度，全力以赴去做每一件事，结果自然会让你意外惊喜。

您的学生生涯中有哪些好的方法和习惯，给您的法语学习和此后的工作生涯带来了什么样的影响，可以举例说明一下吗？

我很惭愧的是在年轻的时候没有太用功学习，我很后悔当时为什么不多背些法语的诗和文章，多读些法文的书。其实无非是多读、多听、多背、多写、多记。“好脑子不如烂笔头”，在看书看文章时遇到的单词短语和好句子赶紧记下来。另外好的词组记在单词卡片上，携带方便，没事时拿出来背一背，记单词不要孤立地记，最好记词组。这样在翻译稿子的时候有很多词汇量可以选择。多看外文原文，多掌握法国人的表达方式，避免中国式的法语。不能按照中文生硬地翻译。比如中国的“说曹操曹操就到”，法语里没有曹操，但是有相应的proverbe，“Quand on parle du loup, on en voit la queue.”。中文的“众口难调，各有所好”，“Des goûts et des couleurs, il ne faut pas discuter.”。中文说“抽二手烟”，法语就不能说fumer une cigarette de seconde main，而是le tabagisme passif。中文的“双重标准”，一听有“双重”就马上想到double，有人用double critère，但是我觉得Deux poids deux mesures更地道。在播音方面，多听、多模仿、多朗读。我们没有学过播音专业，一切靠自己去学去练，像一些绕口令和发音练习是要经常念的，就像一个舞者每天都要练功一样。哪里有什么老天的眷顾，所谓的幸运和成功都源自你自身的努力和付出。当然还要清楚自己的优势和短板，明白自己适合做什么，扬长避短，清楚自己想要的是什么。比如我知道我的模仿能力比较强，我喜欢唱歌，嗓音比较好，语音语调比较好，比较适合做法语播音员，我也非常喜欢做播音主持，所以就义无反顾地选择了这个工作。

作为从北外走出去的媒体人，您是如何“讲好中国故事”，传播中国声音的？在这一领域，您觉得还可以做哪些工作？您对有志于此的法语学院同学有何建议？

加强国际传播能力建设，让世界更好地读懂中国，提升中华文化国际影响力，加强文化自信，已成为新时代对外宣传工作的重要举措。随着中国的综合国力日益提升，讲好中国故事，传播好中国声音，向世界展现真实、立体、全面的中国，是我们每个媒体人义不容辞的责任。具体到我们做的节目，从文化到经济到旅游到新闻，从方方面面介绍中国，但是要了解受众到底想要听什么内容的节目，避免空洞的说教，比如我们做了很多关于脱贫的节目，还有怎样抗击疫情的节目，到实地采访第一手资料，都是真实生动的故事和人物。要知己知彼，了解受众的审美、习惯、心理等，用他们喜闻乐见的方式传播我们的内容，这就要求我们要有过硬的业务能力，除了提高法语，还要多看书，多了解对象国的政治文化和风土人情，还要广交朋友，经常与他们沟通，在聊天的过程中聊聊中国的发展变化，中国的传统文化、风土人情。有一位法国朋友弗朗索瓦被外研社请到北京来编字典，他也是我们的听众，很喜欢我主持的学中文节目。我请他和夫人到我家做客，和我的先生孩子一起吃饭聊天，夫妇俩很高兴。我们后来去巴黎举办听众见面会，他们住在巴黎郊区很远的地方，但是也赶来和我们见面。他们有三个孙子一个孙女，他们给四个子孙留下的遗产之一，就是中国四大名著改编的电视剧的光盘：《红楼梦》送给唯一的孙女，《水浒》《三国演义》和《西游记》分别送给三个孙子。弗朗索瓦高兴地告诉我在北京的时候还买到了孙悟空的金箍棒和面具，他的孙子很喜欢！有这样的听众也是我们努力做好节目的动力！

作为一名媒体人除了提高自身的素养和业务水平外，还要有吃苦耐劳的精神。我们的工作经常是节假日都要上班，还要上晚班。驻外记者远离亲人，有的还是危险地区。还要处理好人与人之间的关系，与不同的人打交道。多参加课外活动，主动承担一些社会工作。我从小学到大学都是学生干部，经常在学校主持大会，在全校师生面前发言，所以工作后在大众面前敢于说话，不怯场。我们需要的是复合型人才，法语好，中文更要好！因为要写中文通稿，特别是驻外记者要写中文的新闻稿和专稿或评论。既能播音主持，又能翻译写文章，既能外出采访，又能剪辑制作，既能拍视频，又能做编辑。总之，技不压身，业务过硬，才能游刃有余。

在生活中，您多才多艺。前段时间您也和法语地区的名人共同演唱了法语版《天使的身影》。不知您是如何培养自己的兴趣的？

过奖了，多才多艺不敢当。我从小就喜欢唱歌、跳舞、听音乐，如果不参加高考，也许就去做艺人了，哈哈，开个玩笑。不过当时真有考北京电影学院的念头，也想去参军当个文艺兵。我们小时候没有兴趣班，我爱画画，也不知道去哪里学，否则我可以学室内设计专业。小时候家长都忙，孩子又多，基本上是放羊式管教，我们的兴趣爱好基本被忽视。我在学校经常参加文艺演出，唱歌、唱样板戏（现代京剧）、诗朗诵、演话剧，在单位参加合唱团、乒乓球赛、排球比赛。我喜欢学英语，当时家里有个特大的收音机，可以听短波，我用来听BBC的英语教学节目。被选为英语课代表，英语老师说我的语音语调比他好，索性让我替他带大家朗读英语课文，我学英语就更带劲儿了！我的兴趣都是我的爱好，没有刻意培养，不过唱歌的确对播音有相辅相成的作用，可以学会怎样发声，怎样用嗓，怎样调节呼吸，怎样控制节奏。“兴趣是最好的老师”，而爱好产生兴趣，不喜欢的事情就不要勉强自己，遵从自己的内心。但是一旦认定的事情就要坚持，就要努力做到最好。

寄语

时光飞逝，我从北外毕业，在国际台工作已经37年了！回忆往事，除了感慨就是感恩，感恩北外的老师教会我知识，培育我成长；感恩国际台给了我机会，给了我荣誉。感恩老师的教导，感恩同学的情谊，感恩，无论何时心系母校，感恩，美好回忆不会忘记。祝北外法语学院70周年生日快乐！愿法语学院人才辈出，桃李满天下，越来越好！我为自己是北外人而骄傲，为自己是法语学院人而自豪！我特别喜欢这几句话：热爱是一种力量，坚持是一种品格，认真是一种态度，努力是一种习惯。学无止境。终身成长的年代，必须终身学习。快乐生活，认真工作，真诚待人。与同学们共勉！

P.S. 我们现在三台合并（中国国际广播电台、中央电视台、中央人民广播电台），全称为中央广播电视总台。我们需要新鲜的血液，欢迎有识之士加入我们的行列！

周晓幸校友访谈（1984级）

受访者 1988年7月本科毕业于北京外国语大学法语系，获得文学学士学位。1991年3月于研究生毕业于北京外国语大学法语系，获得文学硕士学位。1997年6月于法国弗朗士-孔泰大学应用语言培训中心获法语教学和教师培训资格证书和文凭。2001年7月于法国拉罗舍尔大学语言文学历史及艺术学院学习，获得“国际商务”专业DESS文凭。现任教于对外经济贸易大学外语学院法语系，副教授，硕士生导师。主要教授课程：中法关系研究、中法经贸关系研究、基础法语、强化法语、二外法语、法语视听说、法语阅读、法国经济等。代表性学术论文：《中经欧贸关系概述》《外国语言文学及国别研究》。译著：《经济全球化》《跨文化管理》。

采访者 赵艺玮

结缘法语　求学北外

周晓幸进入法语世界是一种阴差阳错的注定。

“当时北外是我自己选的，”周晓幸笑着回忆当时的故事，带着一份老师特有的从容，“结果法语系挑中了我，这就是法语和我的缘分。”

和现在的同学们一样，她一入学就被法语系的严谨学风深深震撼。二十世纪八十年代，同学们都一门心思沉浸在学习中。一周上六天课，每天上午都有法语课，每天主要的时间都用在法语学习上了。当然少不了雷打不动的早读，她告诉我们：“每到七点钟，校园里就充满了各个语种的晨读声。”

除此之外，当时法语系的学生还有一个特殊的活动。周晓幸说：“每天下午四点半，柳老师或者解老师就会来到教室，进行一个小时的一对一纠音，系里给每班配的大盘录音机和自己的砖头录音机是永远珍贵的回忆。”等到学生们通过了入门阶段的语音练习，老师们就会额外补充听写练习。一字一句，一音一调，法语的精准和细致就这样慢慢培养起来了。

周晓幸回忆道，法语系的校友们有一种“互认”感，靠的是一口纯正的法语语音。这背后是北外法语系扎实的基本功练习。正是这份外语教学的优秀和严谨，让北外的校友们在自己的工作中如鱼得水。

继续研读　执教贸大

八十年代的学生们，一般可以在毕业之后由学校分配工作，进入各个部委，所以考研的人并不多。但是周晓幸并不想直接就业，于是决定踏踏实实地备考研究生。法语系本科和硕士阶段的学习让她对法语和法语背后的历史、文学、文化有了更深的了解。毕业后，外语能力过硬的她渴望在新的领域大展宏图。

周晓幸一直有个当老师的梦想，1991年硕士研究生毕业后，对外经济贸易大学正好在招聘法语教师，于是她拥有了一份自己喜欢的工作，开启了一生的教育生涯。

“当老师真的是很幸福的职业，你会一直拥有一颗年轻的心。”她谈到讲台，目光闪亮，“你需要和学生们保持沟通，他们会教给你他们学到的新知识，这样老师也可以一直学习和进步，跟上新潮的思想。我特别喜欢我的学生们。”

外经贸的法语教学和北外的法语教学有什么异同呢？很多人都会问这样一个问题。周晓幸说，外经贸和北外法语学习的共同点就是非常注重基本功的扎实。北外的听说读写能力培养是贯穿整个培养计划的，我们和每一届校友一样，通过反复的听写和变位练习感受着法语的严谨；外经贸法语系也非常注重学生基本功的练习，大一大二专注听说读写，一直到大四的上学期都有精读、翻译及报刊文选等课程。

不同的是，外经贸作为一所卓越的财经类大学，法语系到大三后就有经贸方向的法语课程，如商务法语、经贸文章选读（法）、经贸应用文（法）等，以提高学生的专业外语的阅读和写作能力。同时，学生们可以选择辅修，很多学生会选择进行法律、经贸、金融、管理等领域的相关学习。这样同学们不仅掌握了一门外语，还拥有了一门经管类的专业，是复合型人才，有了更广阔的发展空间。就像北外法语学院的辅修或双学位，也是这样的人才培养方向。

寄语青年 放眼未来

谈及给在校同学们的学习寄语，她娓娓道来，带着平实的力量。在人工智能高速发展的今天，外语教育也随时代的发展而有所变化。周晓幸告诉我们，她希望同学们一定要保证高水平听说能力，这是北外法语系一个非常好的传统。只有拥有顺手的语言工具，才能乘风破浪，看到新世界。

其次，就是拓展学习其他专业的理论和知识，当一个“杂家”。的确，有些同学会将语言当作研究的对象，但是更多的同学还是会把语言当作一个工具，所以她希望同学们在掌握一门语言之余，也拓展其他专业的学习。“现在中国的外交官有很大一部分都是语言专业出身，在国际外交中，语言技能很重要，但是只会语言也是不够的。中国要掌握国际话语权，仍然需要更多专业的复合型人才。”她祝愿北外法语学院的同学们发扬听说优势，磨炼读写技能，结合专业知识，做复合型、复语型的国际化人才。

从学生到老师，周晓幸的人生一直在吸收、学习和运用着法语这门美丽的语言，她穿梭在语言、经贸与文化的时空中，成就着一届届学子。在这里，我们由衷感谢周晓幸校友抽出宝贵的时间接受采访，也祝她工作顺利，桃李满园！

在采访的最后，周老师为法语学院送上了诚挚的祝福。她祝愿学院发展得越来越好，不断培养出更多杰出的法语人才，为祖国建设添砖加瓦，做出贡献。

王蔚校友访谈（1986级）

受访者 1990年毕业于北京外国语大学法语系，获法国语言文学学士学位。首都经济贸易大学经济法硕士，曾在法国斯特拉斯堡国际知识产权研究中心（CEIPI）和爱尔兰圣三一学院法律系研修。长期在国家工商总局从事知识产权工作，曾任商标局法律处副处长，专门负责商标的国际注册申请和有关商标的国际交流与合作。现担任法国香槟酒行业委员会中国代表，长期致力于在中国推广传播香槟酒文化，用法律保护“香槟”原产地名称。

采访者 沈钰榕

您于1986年进入北外学习。请问您当初为什么选择来北外学习？您又为何选择了法语？

当初看了日本电视剧《血疑》，其中有主人公在巴黎的镜头，镜头中的巴黎优美迷人。法语的美丽让我为之倾倒，我非常希望能说一口流利法语，行走在巴黎的街头，所以毕业时就选择了北外，选择了法语。

在法语系学习期间，有没有什么让您印象深刻的人或事？

记得刚上法语课的时候，我们的老师汪秀华手里拿着自己做的卡片，让我们一个个的重复地念，就像给幼儿班的孩子上课。每次想到北外，脑海中就浮现出这个画面。

您觉得北外的学习给您带来了什么？另外，从今天来看，在大学期间应该为以后的工作做什么样的准备？

北外的学习不仅使我熟练地掌握了一门外语，还使我为今后的工作做好了准备。学习期间，我积极参加课外活动，还当选为系团组织的领导成员，为今后参加工作做了准备。

您曾经长达16年从事知识产权保护法律工作，然而2006年您选择了在法国香槟协会（CIVC）工作，步入葡萄酒行业。为什么您在这个时候选择踏入葡萄酒行业？您又是怎样做到的？

进入葡萄酒行业实在是机缘巧合。当时，CIVC在挑选人员，我会讲法语，同时又懂知识产权，所以就被选上了。后来知道还要会喝酒，好在我也爱喝，所以就没问题。

法语系的学习对您的工作是否有帮助？为什么？工作中有哪些困难？您是如何应对的？

法语系的学习使我可以熟练地使用法语，这正是我的工作所需要的。选择CIVC的工作，就是选择法语作为日常用语，每天都用法语跟法国总部沟通。工作中的困难肯定是有的，比如，中国的葡萄酒标准与国外的标准不一样，所以就需要在修订时加入有关“香槟”的内容，让它与国际接轨。

中欧双方签订《中欧地理标志保护与合作协定》，法国香槟被列入首批地理标志保护清单。您觉得这对您的工作有什么意义？

“香槟”是法国的地理标志，在法国有较长的保护历史。目前中欧签订了保护地理标志的双边协议，把“香槟”列入保护清单，一方面说明“香槟”对法国的重要性，另一方面说明开放的中国在迎接“香槟”的到来，保护好“香槟”不仅使法国的生产者放心，同时也为中国消费者护航，保证他们喝到正宗的产品。这真是太有意义了。

您在香槟协会工作至今，为香槟的发展付出了巨大的努力。那么您觉得香槟在您的生活中意味着什么？

“香槟”对于我而言，就是生活中的必备。无论是忧伤，还是欢心，都时刻需要一瓶香槟。当胜利时，用香槟庆祝。当挫败时，需要香槟的鼓励。香槟与我已经分不开了。

最后您对法语学院以及法语学院的学生们有什么想说的话吗？

祝北外法语学院70周年生日愉快！祝北外的同学们，尤其是法语学院的同学们，能够珍惜机会，好好学习，为将来的工作做好准备。

龚俊川校友访谈（1988级）

受访者　1992年毕业后入职国家外文局属下的北京周报社法文部，从事翻译及编辑工作。1996年赴美国留学，先后在华盛顿特区和纽约生活学习。1998年至2000年，就读纽约市大学布鲁克商学院学习市场管理专业，获工商管理硕士（MBA）学位。2000年10月回到中国，任职于阳光卫视北京办公室，担任市场经理职务。2002年加入维亚康姆（Viacom）旗下的全球音乐电视台（MTV）北京办事处，担任市场总监职务。2003年到中国香港定居，并继续服务于阳光卫视香港总部，先后出任市场总监及集团副总裁。2007年协助家人创办投资公司，担任宝枫有限公司董事至今。近几年组建北京外国语大学香港校友会，并出任校友会会长。

采访者　罗允中

您于1988年进入北外学习，请问您当时为什么选择了北外法语系？4年的外语学习是否符合您最初的设想？在北外的学习经历给您带来了哪些收获？

回答这个问题，要从我的中学时代说起。20世纪80年代的中国，因为刚改革开放，我在中学时期受我的一个英语老师的影响，跟一个美国的中学生建立起了笔友关系，然后我们进行了长达两年的通信。在这期间，不仅我的英语水平得到了提升，而且我也了解到了大洋彼岸中学生的一些日常。从那之后，我就对不同国家的文化背景产生兴趣，开始把外语专业锁定为自己的升学目标。之所以选择法语，是因为我从小就喜欢法国文学，中学阶段也读了法国大文豪们的大量作品，对法国的文化艺术充满了向往，于是高考就毅然报考了北外法语系。值得庆幸的是，我当时的高考成绩不错，以当地文科状元的身份成功被录取。4年的大学生活，对我来说是快乐且充实的，4年期间不仅接受了老师们的教诲，也跟同学们建立了深厚的友谊，同时还收获了爱情。现在回想起来，北外的4年时光对我的人生是至关重要的，这也是我对母校感情深厚的原因。

您可不可以讲述一下自己的大学生活？在大学时期，请问您有没有印象深刻的人或事分享给我们呢？

大学时期生活是多姿多彩的，我最喜欢上的课是外教的口语课，还有看法语电影。那时候我的很多老师都是留学法国回来的，他们不仅法语水平一流，而且会分享很多在法生活趣事。我印象最深刻的是丁一凡老师，他对中法两国关系以及国际政治有着非常独到的见解。同学们也非常优秀，我记得当年刚进大学时，我们举办时装表演、校园歌手大赛之类的活动。业余时间，我也会和室友出去郊游，去逛街，晚上畅谈，这些都给我留下很深的印象。到现在，尽管现在遍布在全球各地，我们同学之间都保持着联系，情谊依然深厚。我想说在大学4年时间里，大家一定要好好珍惜，将会给你未来的人生打下非常坚实的基础，积累下宝贵的财富。

1988年正好是改革开放十周年，作为改革开放早期的外语学习先行者，您认为当时的外语学习氛围和现在有什么不同？

我觉得我们的确是赶上了一个好时代，在我们上学和就业那几年，国家改革开放，对外语工作者的需求是非常大的，毕业后基本每个同学都有好几个工作机会。大部分同学会选择去外交部、经贸部等部委，以及一些和外语对口的机关单位，还有中国银行、人保等不错的企业部门。那时对外贸易开始发展起来，有些同学也进到了外贸公司工作。我那时选择去国家外文局做了编辑和翻译工作，后来和我先生一起去美国留学，读了MBA。再后来回国到香港工作，再到北京进入媒体工作。但因为家庭原因，2003年我随先生定居香港一直到现在。总的来说，在我们那个年代，作为外语工作者，社会给我们选择工作的机会有很多。这些人生的经验经历，我认为都是很宝贵的。当然和现在的年轻人相比，可能他们的家庭条件要好一点，但是后来的机会可能也没我们多了。一个时代有一个时代的特点，不必说哪个时代更优，这很难去比较，但是每一代人都有着属于他们的成长经历和人生轨迹，给自己的人生树立一个目标并为之奋斗，我相信功夫一定不负有心人。

您担任北外香港校友会会长的初衷是什么？对于这份工作，您是如何理解它的作用和意义的呢？

前面我也提到，我是2003年定居香港的。刚到香港，我们就联络身边的一些北外校友，他们基本是从83届到90届这样跨度的校友们。我因为个人比较热心，再加上有一定的活动组织能力，所以就经常组织聚餐之类的联谊活动。有微信之后，我们就组建了这样的一个老友群，叫“北外香港老友群”，那时差不多有三四十个人。到2015年，我们有个校友就跟我提到母校要在深圳组织一个香港校友会的成立大会，需要找一些校友参加。于是我就组织了一些校友过去，当时见到了很多老领导们，感觉很兴奋很开心。回来之后，大家就推举我当会长，我想着因为自己赋闲在家，就义务给大家做一些服务。后来我也联系上了一些2000年后毕业在香港工作生活的校友，他们也建立了一个群，我就想着把两个群合并，这样大家就建立起联系了。我也去做了一些注册包括组织建制工作，这几年校友会就慢慢做起来了，现在我们这个群的规模已经壮大到近400人，还有校友在不断加入进来。每年我们都保证组织一次活动，初衷就是想搭建这样的一个平台，方便大家沟通交流，互帮互助，同时也搭建起一个同母校沟通的桥梁。本着这个宗旨，这几年我们在不断摸索前进，希望未来跟其他校友会进行互动保持联系，互相学习。今年年初我们就和深圳校友会合办了粤港澳地区的校友年会，效果还是非常好的。

对于我们学院内部的校友工作，您有着怎样的看法与期待，您可不可以提出一些对于学院校友工作发展的宝贵建议，可否举例说明？

我觉得法语学院校友会，可以有针对性地加强校友的交流和联通，发挥更大作用。因为大家都属于同专业，在毕业时对于就业方向上也可以提出更有针对性的建议。我的一个同学目前也发起了一个法语学院校友群，我觉得我们可以以此为基础，建立院校友会联系，我可以出面来进行沟通搭建桥梁，能够帮助到大家。比如以后举办一些讲座，请一些资深校友来给大家答疑解惑，包括实习机会、就业方向等，都可以给大家有针对性的帮助。

现在的学生在大学里也有着丰富的学生工作与活动，但有时会与繁重学业相冲突，您认为怎样才能在大学期间平衡好学生工作与学习的关系，在时间统筹规划问题上您有什么看法？

每个人的时间其实都是有限的，无论是在学校还是以后工作中都是如此。每个人身上都有自己的责任还有时间安排，这是大家都需要面对的。我的人生经验告诉我，劳逸结合非常重要。再一个就是分清主次，在人生的不同阶段，你偏重的重心是不同的。比如你现在是学生，那么现在偏重的就该是学业；走向工作岗位了，偏重的就该是工作。先做好自己分内的事情，讲究priorité，面对其他的人或事就应该有一个取舍和排序，选择让自己比较舒服的圈子，选择与让自己比较舒服的人相处，做对人生有意义的事。每个人都应该想明白自己未来的路该怎么走。如果你想毕业后继续学习深造，那么最基本的学习就该过关；如果你想进入社会，你可能就需要参加一些社会活动，承担学生工作。鱼和熊掌永远不能兼得，想清楚了自己的目标，就要排除干扰，对自己的选择负责。一定要坚持走下去，才会有结果。

寄语

北外作为我和我先生共同的母校，承载了我人生最美好的回忆和最不可割舍的情感。1988年我从偏远的四川大巴山区，凭借优异的高考成绩考入了北外这所我心目中最理想的高等学府。

怀揣着对外部世界极大的好奇心、强烈的求知欲以及对未来人生的无限憧憬，我平生第一次走出家门迈进了中国最好的外语学院。在北外老师们的谆谆教诲之下，我不仅掌握了过硬的专业知识，还打开了眼界，树立起了全新的世界观和人生观。在北外4年的学习和生活，给我未来的人生铺下了一条坚实的道路。更让我刻骨铭心的是，在北外我结识了我的人生伴侣，度过了青春岁月最美好的一段时光。

大学毕业后的每份工作和人生的转折点，母校的声誉和给我的教育都帮助我达成了一个又一个人生目标。虽然如今年纪已近半百，游历世界各国，积累了丰富的人生感悟和体验，但母校在我心中的地位永远是崇高而神圣的。我对母校的深刻情感是永远难以割舍的。虽然已经定居香港多年，但我一直心系母校，凭借一腔热情和服务精神，多年前组建了北外香港的校友老友会，并在四年前赢得校友和校方领导们的信任和认可，出任香港北外校友会的会长至今。其间，我做了大量的工作，组织各类大大小小的校友活动，极大地加强了香港校友会的凝聚力，校友会人数也从当初的几十个人成长壮大到近400人。出任香港校友会会长期间，我积极配合母校校友总会老师们的各项工作，致力于发展壮大校友会的力量，加强校友会的凝聚力，无条件地为在港校友们做好服务！希望今后能在母校老师领导们的进一步指导下，更多更好地发挥香港校友会的作用，为母校的长足发展作出更大的贡献。

彭未校友访谈（1988级）

受访者　　1992年毕业后入职中国银行，先后任职于北京总行和巴黎分行，其中在巴黎分行工作时间累计近20年。工作期间，曾负责国际结算、财会、风险管理、运营、信科等多种业务。现任中国银行巴黎分行副行长。

采访者　　庄泽楠

您于1988年进入北外法语系学习。请问您当年出于什么原因选择了北外、选择了法语系呢？

20世纪80年代跟现在可能还是不太一样。那个年代，我们国家还相对比较落后，经济不是很发达，老百姓的生活水平不是很高，当时国外的经济、文化、科技等等很多领域确实比我国先进得多。所以我当时觉得学外语能贴近先进的东西、能多学一点外国人的长处，国家也的确需要这方面的人才。从个人角度来看，当时觉得学外语可能更有前途。那时候改革开放也已经有段时间了，大家都能感受到开放带来的一些红利。所以学外语在当时也是一个挺热门的专业。

学外语当然最好的是北外，毫无疑问。但是为什么学法语呢？我学法语确实是有点机缘巧合。我从小很喜欢文学，外国文学作品看得比较多。那时候外国经典名著主要有几个国家的：英国、法国、俄罗斯。我不是特别想学俄语。至于英语，当时年轻，比较"狂妄"，觉得自己英语水平也不错了，那就再学一门新的吧。所以那时候就选了法语。况且中学的时候读了很多雨果、巴尔扎克这些作家的作品，对法国的印象还真是挺好的，就这么误打误撞地上了这条船。

您现在还能回忆起当年的法语学习生活吗？比如说当时的课程设置、教学资源和您的老师们？

印象太深刻了。对我来说，大学生活真的仿佛是昨天的事。

专业课方面，咱们法语系的老师都非常棒，专业课都上得很好，现在我还能想起很多老师当时上课的模样。其中印象最深的是徐伟民老师，当时他给我们上翻译课。在这之前，大家都在比谁的外语好，直到上了翻译课——法译汉的时候，我们才发现自己的中文太烂了，尤其是古汉语的功底很差，觉得书到用时方恨少。这件事对我触动很大：一个人的外语水平取决于他的母语水平，母语的水平是天花板，外语学得再好也不可能超过母语的水平。

不过回忆起来，我印象最深的还不是专业课，而是几门公共课。有些公共课估计老师自己都没什么印象了，但它们对我后来的职业生涯甚至整个人生都有很大的启发和帮助。

当时有一门公共课叫"国际金融"，请的是人大的老师，一个特别有名的金融学家。那个年代，金融还很“小众”，很少有人会讲金融课。这门课在北外是万人空巷，各个系、各个年级的人都去听，阶梯教室挤得满满的，老师讲得特别好，从那时起我才知道什么叫金融，才开始对金融有了一个粗浅的概念。

还有一门公共课，叫“国际主流经济学派”，上课的是位女老师，那是我第一次比较系统地接触经济学。我到现在还记得当时讲的几个主要学派：马克思主义、凯恩斯主义、自由主义、货币学派等等，才知道这个世界有这么复杂的事情。当时只是浅尝辄止，但是打下了一个很好的基础。

另外还有一门比较边缘的公共课，当时是选修课，选的人很少，叫“中西文化交流史”，对一些学生来说是用来混学分的那种课，但当时老师本身治学很严谨，讲的很多东西我到现在还记得特别清楚，比如茶的英文为什么是tea，瓷器为什么是china等等。打那时候就能感觉到，中国和外国并不是截然分开的，中西之间有很多很多血肉相连的东西。

这三门课让我当时眼界大开、脑洞大开，仿佛换了一个大脑。我觉得最大的改变在这儿，对我后来真的很有帮助。

请问您在大学期间有没有自己在课外学数学？是否很早就已经开始接触经济学、金融学领域的知识，或是有志于将来从事这些方面的工作？

我们那时候有这么几个选项：出国留学；国内就业，包括从政、从商、搞学术。出国留学的人努力考托福；从政的以后到政府机关工作；搞学术研究的基本上就是走外语、翻译、文学这几条路；剩下的人从商，从商其实路也很宽。

我上大学的时候，并没有确定自己将来会从事金融，都不一定从事经济，甚至在这四个大方向上都没有特别明确的选择。上学的时候还是在摸索、在看，到底哪个领域更适合自己。我那时候涉猎的东西真的很杂，各个方向的课都去听：哲学的、文学的、政治的、文化的……学了很多东西。其实一直到大四毕业，我也没有决定以后要干什么。

我毕业的时候，首选单位是经贸部，而且去参加了经贸部的考试，又“临阵脱逃”，跑到中国银行。但是我当时并没有一门心思想去搞金融，而且那时候金融并不是很热门的东西，百姓对金融也没有一个特别明确的概念，许多人都觉得所谓银行职位就是柜台数钱的。老实说我自己当时进中国银行，也有这个思想准备，就是到柜台数钱去。

至于数学，有好的数学底子对从事金融行业肯定有帮助，但我并不认为数学是非常关键的一个问题。金融像任何生意一样，关键点还是和人打交道，金融不是一个完全脱离人的存在，离不开人和人之间的交往。金融最根本的一点是信用，是人和人之间的信用关系，所以我觉得在这个行业里，其实文科比理科有优势。我见到人的失败不少，见到数学模型的失败也有。模型不是万能的。

当然，每个行业情况都不同，以上只是我自己的感觉。

1992年是中国经济改革的分水岭，而您恰好在这一年从北外毕业，进入中国银行工作。您刚刚入职时，是否也能切身感受到当时中国经济改革的风起云涌？

岂止是刚刚入职。应该说，在中国银行的30年，真的亲眼目睹了整个改革开放的历程。要把整个30年压缩下来说也有点难度，我就挑改革刚开始和我们今天这两个时间点来说一说。

改革之前，中国银行就是一个政府机关，行章还是带国徽的，现在早就不带国徽了。我毕业入行的时候，中国银行刚刚成为一个准政府机关。后来没多久又进行了改革，中国银行成了“企业化管理的事业单位”，还不完全是企业。到了今天，中国银行已经是世界前几大银行之一，国际化程度相当高，甚至是世界上国际化程度最高的银行之一，规模也很大，各方面的实力都有很大的提升。现在业界都公认中国银行是一家很不错的银行，不能说最好，但是肯定是最好的之一。

八九十年代的时候我们是被人瞧不起的。我们中国银行，真的是“咸鱼翻身”，这种感觉特别明显。当时国外同业不认为我们有资格去谈金融、谈经济；但是到今天，人家很尊重我们，不光是在人格上尊重我们，在业务上也尊重我们。

这是中国银行一个凤凰涅槃的过程。更不用说我们的客户，很多客户从20世纪90年代开始，亦步亦趋，大家相互陪伴着一起走过来，走到今天。他们的变化也非常大，应该说真是天壤之别。

我自己也感到非常幸运，跟我同龄的校友也有类似的感受，在各行各业都能感受到这样的变化。

您能和我们简单谈一下在中国银行总行工作期间经历过哪些岗位的变动和工作重心的变化吗？

人挪活，树挪死。别指望自己将来一个岗位做到底，在一条线上走到头。要经常换岗——这是我给后辈们的一个建议。表面上看，换岗对职业生涯是不利的。在任何一个单位，人家都希望你一条直线往上走，这样好像提拔得快。但是其实换岗是好的，因为在换的过程中我们可以开拓眼界，可以多看到很多东西；水平的提高不是数量级的，而是指数级的。换了两个、三个岗，知识不是乘二、乘三，而是二次方、三次方。

我觉得自己特别幸运的一点就在这：在很多不同的领域工作过，我现在能数出来的岗位就有十几个了。每一次转岗的具体挑战说起来真的是太细了，每个岗位的情况都不一样，但是有共性：换到一个新的岗位，一开始肯定摸不着门道；但是转岗的次数越多，摸不着门道的时间就越短。人有自我调节、适应的能力，我觉得这个能力特别重要。

我们年轻的学弟学妹将来走上工作岗位，不可能老在一个岗位待着，绝对要调动，哪怕只是往上提拔，提拔本身也是一种挑战。要尽快去适应新的岗位、新的工作任务、新的专业领域、新的要求，不停地挑战自己、不停地变。

从这个角度来说，我觉得知识不是最关键的。知识当然很重要，人接触一门新的东西，肯定要去学习。但这个过程相对来说会比较长，例如我自己都干了十几年了，还有好多东西不懂，这也不是多奇怪的事。但关键是，在新的岗位上，要能够和上下左右所有人融合到一起，要能够互相理解互相支持——我觉得这是最大的挑战。

在我工作这么多年间，中国银行经历了逐渐和国际接轨的过程，这是一个比较艰难和痛苦的过程。我们行业从最开始比较封闭自我的做法逐步转向开放，引入国际上比较通用的理念、做法和模型，这个过程要求我们打破固化的思维，接受新事物，这是一个很大的挑战。而且，改变自己已经很难，要改变别人就更难了。一个人当了领导以后，还需要带着自己的团队去适应。所以我觉得工作上最大的挑战其实是改变别人。

您在总行工作期间还有机会用到法语吗？

有。我在总行工作的时候有过几次比较偶然的机会用到法语，都是比较特殊的场合，除此之外基本用不上。其实我刚毕业的时候也有这个困惑，甚至很长时间我都觉得自己大学4年几乎白学了，辛辛苦苦学的法语有什么用啊。那时还没有外派到巴黎分行工作，觉得外语学了没什么用。即使现在，我在巴黎分行工作，虽然需要法语，但我主要的工作语言仍然是中文。但是我是觉得大学4年没白过。为什么呢？

这里我想说一点：为什么学外语的人在各个单位各个行业都是受欢迎的？并不是要我们把语言当成一个工具去用，尤其是现在，IT、人工智能这么发达，翻译的事情都可以让机器去做，不需要人做。那为什么学外语的人还是很受欢迎？我觉得关键的一点在于，学外语的人眼界比较开阔。我相信大家能同意我的看法。我们在上学的时候，为了学好这门语言，不得不去琢磨它，所以要读很多东西，要去理解外国人是如何想问题的——他的文化根源在哪儿，他相信什么，他不相信什么。要想学好一门语言，我们就必须保持一个开放的思维。久而久之，这就成了习惯。所以我们的优势是，当我们到达一个新的工作环境时，我们能用最短的时间理解别人在说的事情。我能理解对方，所以我就能跟他沟通，我就能跟他产生互动，我就能很快地进入角色。

当然不是说人人都这样，我们好多学外语的人有时候头脑也不一定很开放，也有相对比较封闭的。但是我觉得学这个专业可以带来这种优势和便利。所以话说回来，我们现在还是应该好好把外语学好。我们的外语学得越好，进入角色的速度就越快。打个比方，我们和法国人约一个时间见面、开会或者吃饭，咱们中国人的习惯是，为了尊重对方，绝对不能晚到，往往是早到，我们会提前几分钟。但是法国人的习惯是，为了尊重你，他要晚到，他最多准时到，绝对不会早到。这种情况下就产生了一个差异。如果没有一个有开放性思维的人在中间协调的话，双方就会产生一些误会，甚至是不愉快。这只是一个非常小的例子，但类似的案例太多了。

用一个IT的词来说，我们学外语的人的“兼容性”很好，开放性也很好，这是我们的优势。

您在银行业工作期间，从事过国际结算、财会、风险管理、运营、信科等多种不同专业。请问您是如何做到在百忙之中依然能够不断扩充自己的知识储备，使自己在每一次进入新领域时都游刃有余？

不能说“游刃有余”，每次换工种的时候我其实都挺狼狈的，一开始经常干一些特别初级的活儿，犯一些错误，但是我们能在工作中慢慢学习、改进，这很重要。以前有人说过，学校里只能学到工作需要的三成，在工作中还要学七成。

我觉得这个比例不对，我觉得已经到了一九开了：学校只能教我们一成，绝大部分东西还要在工作中学习。

知识储备怎么去扩充，其实也还是那几项做法。首先，自己要多读书。如果要去干这方面的事，自己就要多去读这方面的书。其次，自己要多请教、多问。第三，就是要在工作中学，跟着老同志学，看人家是怎么处理的。慢慢地就会感受到，其实这些不是很难，因为知识本身是相通的。比如说我上学时候的那几门公开课，都属于比较基础性的知识。不同的工种之间可以融会贯通，掌握了基本原理，底子就有了；而且换的工种越多，底子就越厚，再去掌握一个新的知识点，难度就要小很多，这是一方面。

另一方面，外语好是一个很大的优势。我们经常看一些监管的文件、法律的文件，有时候看中文译文还不如看英文原文，中文也不能说人家写得不对，但是读起来总是特别别扭，看英文反而更能理解他想表达和定义的东西。译文甚至会跑偏，徐伟民老师在第一堂翻译课上就跟我们说“Traduction, c'est la trahison.”，这句话我印象深刻。当时就觉得，怎么可能呢？翻译的目的不就是要把原文的意思表达出来吗？后来自己开始动手翻译的时候才发现，真难。看别人翻译的东西就会觉得，中文和原文根本不是一回事。所以多看原文真的很有帮助。

再有一个很重要的，就是实践。学的这些东西一定要在实践中检验，而且不要怕失败。我知道很多人是怕失败的，不敢试。其实没关系，哪怕一个人行走江湖多年，他也会有失败的时候。“失败乃成功之母”，这话是有道理的。一个人失败了，才知道自己的问题到底出在哪。一个人关在屋子里推理是很难推出来的。

根据您的亲身感受和工作经验，外语专业的学生在进入经济或金融相关行业时有哪些优势和短板？

我觉得通常学外语的学生情商高。我认识的，尤其是北外的学生，一般情商都特别高，我们很容易就能跟他相处得很好，也能产生熟悉的感觉、信任的关系，这是很厉害的，在生意圈特别重要。因为在生意圈，有时候最后比拼的就是人际关系。

外语系学生的短板，可能是有时候做事情不够扎实，可能会浮于表面、流于形式，不是特别严谨。但是这个我真的觉得是因人而异，不见得说所有人都是这样，确实各人有各人的特点。只能说这是比较常见的一个弱点。

在您看来，一名理想的国际金融从业者应该具备什么样的素质？

很重要的是“全面”，每一方面的素质都不能太差。而且这跟我从事的行业没关系，我觉得无论做什么行业都是如此。

金融业对人的素质是不是有特别的要求？我觉得它是数量上的差异，不是质量上的差异。这个问题我想了很久，但是我不知道对不对，只是一点个人的感觉。我觉得金融业可能需要有一个更大的前瞻性。从事金融业的人要是看不远，肯定要吃大亏。

我们必须要看准，如果看不准，损失会很大。刚刚提到数学的问题，其实数学最主要是用在这方面。但是数学也是人做出来的，也是建立在人的判断和经验的基础上的。更何况，在金融业，尤其是投资界，基本上还是靠人去判断。那人如果看不准，就有可能满盘皆输。因此前瞻性是金融从业者非常关键的一个素质。

当然也有很多其他因素，就像刚才我说的，要善于和人打交道，善于总结归纳、善于分析判断、善于管理等等，这些都很重要。

您对如今法语学院的人才培养有什么建议？

肯定是希望法语学院越办越好，也希望咱们法语学院的学弟学妹将来有大展宏图的机会。

寄语

给学弟学妹的寄语：在学校期间，一定要学好自己的专业，另一方面也要尽可能拓展知识面。我送两个词：自信、谦虚。这两个词看似有点矛盾，但是我觉得这两种品质都很重要，对自己未来的职业生涯非常重要。

最后，再回到我一直在讲的理念，我用这样一句话去总结：我希望大家用一个博大的胸怀去拥抱这个多变的世界。

马迪校友访谈（1989级）

受访者　1993年入职中国银行总行，先后在营业部、国际业务部、金融机构部工作。2001年至2002年，公派留学法国，获法国克莱蒙费朗第一大学经济政策管理硕士学位。2015年至今，外派加拿大多伦多工作，现任中国银行（加拿大）副行长。

采访者　余秋璇

当初您上大学的时候为什么会选择北外法语系？您觉得北外法语系对您最大的帮助是什么？

学生时代一直希望有机会从事国际经济交流类工作，并认为优秀的外语水平是未来做好涉外经济金融工作的核心实力之一。北京外国语学院是全国最好的外语类大学，也是我高考第一志愿。选择法语，是因为对法国文学艺术和文化很憧憬，希望有机会深度领略它。

回想北外法语系4年学习生活，无论是精益求精的专业法语学习，还是博采众长的选修课程，乃至法语系博学笃实的学风，都在我的人生中留下深刻印记，也为我的职业发展打下坚实基础。在北外，你可以把异域语言从一无所知转化成交流自如，这个过程有些痛苦，但更有收获，它给予你的是战无不胜的学习能力。更可贵的是北外培养了我们多元的文化底蕴和探索世界的热情，在北外学习，每天感受不同文化的共存，视野更为全球化，也更具包容性。

您还记得在北外的生活吗？

我1989年入学北外法语系，当年与你们的车老师、戴老师、魏老师[①]、邵老师是同学。北外4年是非常充实的4年。在法语系的学习生活很简单，但积极向上，学习气氛很浓厚。我们大多是第一次接触法语，从简单字母学起，学习压力还是挺大的。我们几乎每晚都会光顾学校语音室，宿舍里也是每人抱着个小录音机，抓紧一切时间练听力。法语系集中了一大批学识精湛、阅历丰富的好老师，与学生有课上的授业解惑，也有很多课下的经历分享，我们不仅学习了一门新的语言，更是打开了一扇望向世界的窗户。同学间关系也很友好。我们那一届两个班30人左右，大家学习、生活都在一起，周末还不时会一起骑车到远郊公园。这是一段虽不轻松但很快乐的时光，毕业30年了，一想到大学生活还是感觉很温暖、很励志。当时的同窗已成为多年的挚友，彼此的相识相知随年龄绵绵延延。即使有同学多年未能谋面，一旦有机会相聚，那种亲切和自然也似乎从未消失。

① 魏怡老师，现为北京外国语大学欧洲语言文化学院意大利语教师。

您在学法语的时候认为最困难的地方是什么？针对法语学院复合专业的学生，您认为学习国际关系专业知识是否会影响到法语的学习？

4年把一门全新语言学好学精确实不是易事，第一年学法语会觉得困难更多，一是很多的输入型记忆，二是既往英语发音习惯对法语语音纯正性的干扰。建议大一先暂放英语学习，集中精力专攻法语，反复听读，学习新语言需要久久为功。

国家对国际化、复合型人才的需求是大势所趋，法语学院给同学们提供复合专业学习计划可以帮助大家提升竞争力。不要把法语和国关看得太对立，随着语言水平的提升，法语可以帮助你掌握第一手国际关系专业信息，对国际社会关系的深刻理解也会带给你更多精通法语的动力，它们是相辅相成的。

您是如何选择职业方向的？可以分享一下您在中国银行工作的经历和体会吗？

我从高中开始对经济贸易、国际金融感兴趣，大学期间在法语专业之外也有意识地选修过经济金融类的课程，毕业时更多关注经济类工作方向。中国银行是国际化程度最高的中资银行，在全球几十个国家设有分支机构，中行每年校园招聘都设有小语种人才招聘计划，主要是为银行的国际化业务发展储备人才。欢迎感兴趣的法语系同学关注这个招聘计划。

我在中行工作20多年，从柜台做起，曾在总行多个岗位从事国际业务拓展，最近五年主要是负责加拿大中国银行的经营管理。不同岗位有不同要求，持续学习很重要。大学期间获得的语言知识技能只是职业发展的门槛，工作后外语更多是获取信息的工具。未来大家会在不同的领域工作，会不断面临陌生的知识结构和新的技能需求，在资讯发达的时代要保持终身学习的意愿，才能把路越走越宽。

您在工作期间为什么想到要去攻读硕士呢？您觉得国内外的教育有什么不同呢？

银行工作的深度和广度都让我认识到需要有更系统的管理和经济理论基础做支撑，所以选择在职攻读MBA，后来又公派法国攻读经济管理专业。比较国内外经济类专业研究生阶段教育模式，国内大学更多系统的理论教育，案例教学注重提供最佳解决方案，有助于学生打下坚实的理论基础；国外大学更侧重建模技能培训和数理分析，采用案例教学鼓励学生自主尝试不同解决方案，更注重学生研究能力的培养。

您对于北外法语系的发展有何建议？对于法语学院在读的同学们有什么建议？

北外法语系在保持外语教学专业化优势的基础上，也在不断走向国际化和多元化，我看到很多学生在大学期间就有机会到法语国家交流深造，学生们在精通法语之外，也增加了其他专业背景，相信如此培养出的毕业生会有更强的语言实力和适应能力。

给予同学们的建议：一是学好法语，这是你的专业，也是未来深造、求职所依赖的门槛；二是积极参与社会实践，找找实习，参加学生会、社团活动，做做志愿者，青春很美好，要不断丰富人生阅历，不要只局限在课堂；三是找寻兴趣点，明确职业发展目标。外语专业在职业选择上空间大，时间上也有缓冲。如果说高中时代忙于高考，不能明确自己的兴趣所在和发展方向，大学期间就应该多找找实习，多与学长们沟通，主动了解不同的工作环境和专业方向，然后将你的兴趣和能力与之匹配，找到适合自己并愿意为之努力的目标。生活的精彩多种多样，大家的起点同是法语，走出的道路则是精彩不同，祝福同学们学有所成。

王秀丽校友访谈（1989级研究生）

受访者　1991年硕士毕业于北京外国语大学，2004年语言科学博士毕业于法国索邦大学（巴黎三大），曾在中国社会科学院语言所、法国高等社会科学院东亚语言研究所做过研究工作，现任北京语言大学外国语学院法语系主任、教授、博士生导师，教育部高等教育指导委员会法语分委会委员（2007—2021届），中国法语教学研究会理事。

采访者　舒畅

您是否可以讲述一下当年在北外法语系攻读研究生的情形？

首先要祝贺北京外国语大学法语学院成立暨法语系建系70周年，法语系优秀校友遍布世界各地，群星璀璨，我只不过是法语教学领域中的一个代表，与大家分享一下我与法语学院的情缘。我1989年考入北外法语系攻读硕士研究生，研究方向是“翻译理论与实践”，师从当时法语系主任陈振尧教授，1991年秋季毕业。3年不长，但在我的求学经历中起到了承前启后的作用，前接本科，后接博士，可见其重要性。

北外作为当时外语学习最负盛名的高校，它给了我三个方面深刻的沉浸，其一就是让我能够接触到一批来自全国各地十分优秀的同学，他们当中有总参、海军的翻译，有像我一样在高校工作的老师，也有外企中的商务精英；其二就是让我接受了当时一批国内顶尖的研究生导师授课，我的指导老师陈振尧教授的翻译笔译课，金国芬教授的法语语音学课，罗慎仪、张学斌教授的法语语言学课，薛建成教授的法国政治课，丁一凡教授的国际关系课，庄元泳教授的翻译口译课，至今有些术语还耳熟能详。当时法语系课程设置的系统性、教授们的学识和严谨的学风一直影响着我，这样“豪华”的研究生导师团队在当时或是拿到现在都是名副其实的一流；其三是北外图书馆、法语系资料室丰富的藏书，那些无课时在整洁充满阳光的阅读室阅读的时光也塑造了今天的我，有些学术资料、经典图书一直用到现在。北外还有一个让我印象深刻的地方，那就是食堂了，难以忘怀的就是学生食堂午餐的清香凉菜和晚餐的茴香馅饺子。

您曾经在中国社会科学院语言所、法国高等社会科学院东亚语言研究所做过研究工作，但是您为什么没有选择只做科研，而是一直在高校任教？您认为讲台的魅力有哪些？

实际上教学和科研并不是对立的，研究所的高级职称也是需要带学生的，同样大学老师也需要做科研。法国大学老师一般就被称为enseignant-chercheur，我在加拿大访学时，了解过那里大学老师，也分为两类：教低年级的是maître（有师傅的意思），教高年级的是教授，后者一定是做科研的。只不过在研究所要以科研为主，大学要以教学为主。

我的幸运是，当时我选择进社科院虽说是机缘巧合，但是让我有机会与国内乃至世界一流的学者近距离接触，他们对人的温良恭俭让，他们对学术的心无旁骛都影响了我日后为人为学的态度。只不过后来我发现在研究所法语用途不大，反而需要补充很多古代汉语、近代汉语和方言之类的知识。而自己打小建立起了对外语课的兴趣，4年大学，3年研究生，无疑加深了对法语语言文学文化的兴趣，所以最后还是选择做一名法语教师。为了精进业务，深耕基础的语法，最后比较专研的是法语语言学，走得深入一些，但是外语学院打的根基一直在，教基础法语应该还是得心应手，通透娴熟。

我始终认为，从事一门职业还是要相当专业化的。法语教师能最大限度地使用自己专业所学，感觉比较安全，比较自由，我个人对于未触及的专业领域还是心有余悸的。除此之外家父也是大学老师，对我影响很深，同时我的性格也很适合教师这个职业，因为喜欢分享、给予和付出。

您于2004年取得法国索邦大学（巴黎三大）语言科学博士学位，之后您一直在语言学领域笔耕不辍，颇有建树。您为什么选择了语言学？该学科中的什么吸引了您？

实际上还是兴趣和性格使然，我比较不受外界物理影响，而一直受控于内在的心理。我在本科生阶段学习了法语听、说、读、写基本语言能力；硕士研究生阶段学会了探讨翻译理论与实践方向的基本论题，研究了语用学视角下的“语境、词义、翻译”问题；博士阶段，已经是北语的法语老师了，自然选择了语言学中的篇章分析作为自己的研究方向，篇章分析既能提高自己教高年级精读课文的水平，又能加强对文本翻译的认识，毕竟语言产出的最终目的都应该归结为篇章或话语。

至于为什么选择语言学，很好理解，语言学是言语活动最直接的形而上的学问，是对零碎具体的语言知识最直接的抽象认识。如果我只停留在语言的听、说、读、写基本的程序性、自动化本能上，那么水平至高是把法语说得和法国人一样好，但是这样的人在法国大街上到处都有，幼儿园大班的法语水平绝对还不是学问，不是学者。碎片化的知识与技能，需要语言学这样的学科系统化，需要理性分析，通过对日常衣食住行的法语进行分类、范畴化，进而使一个人的思考有文化，有因果理性的分析，当然别的学科也能达到此目的。如果只学好法语，我们只能做语言“师傅”，但是作为学科的语言学的造诣可以让我们成为博士生导师、学者。我选择语言学，实际是一种忠实，忠实于语言，忠实于我的母语、忠实于我的专业——法语，语言学是对语言经验最直接的归纳与类推。

再者，语言学是语言活动的理论升华，是“知其所以然”阶段。会“说”，并且知道为什么这样“说”是不是更通透了呢？况且，由于我们使用法语，学习学科化知识，法语就会进入到较高级阶段，就能看懂理论著作，就能交流较专业的学术法语，摆脱普通人的本能法语阶段。有人会说，语言学不实用，这等同于还在说“读书无用”，专业教育是形成的过程（formation），是手段，不能与社会化结果——工作相提并论。

您编写的《法语语言学教程》荣获“普通高等教育十一五国家级规划教材”称号。据了解，这本教材您投入了巨大的精力，整整做了十年，而且是在当年出版社并不看好纯学术教材的背景下完成的，您当时遇到的困难还有哪些，是如何克服或面对的？

首先容我更正一下，“普通高等教育十一五国家级规划教材”并不是一个奖项，只是被列入国家规划教材而已。谈到教材的出版，首先要感谢当时北京语言大学法语专业负责人袁树仁和乔承伟老师安排我给大四学生上“语言学导论”这门课，也要感谢北语教务处一路的经费支持。同时，也非常感谢外研社邹畠白编辑的大力支持。事实上，我自己只是付出了时间和精力。当时工作上一边读博一边教书一边编教材，三管齐下还是很有压力，生活中也是处在上有老下有小阶段，时间蛮紧张。虽说时间对每个人在物理上是恒定的量，但是对时间的内在开发和分配上是可以自由支配的。如果在同样的时间里做出了比别人多或与别人不一样的成果，那就意味他的时间支配安排一定与别人不一样，一定牺牲了些东西，这后面支撑的大概是知识分子的那点虚荣、那点责任义务吧，这是出于伦理，不是法律的强迫。

在繁忙的教学之余，您还出版和发表了多部学术专著和多篇学术文章，为国内的篇章研究界引入了新的分析视角，请问您是如果做到兼顾学术研究与教学工作，并且都能做到如此完美的呢？

谢谢赞美。实际并没有引入新的视角，只是把在法国学到的语言科学方法论引入国内。我始终认为，教学一定是老师最根本的工作，一名老师一定要常站讲台、站住讲台、站稳讲台、站好讲台。同时，我也始终认为，老师不搞科学研究，教学水平也高不到哪里去，因为高度会制约视野。如果说教学是个基点，那么科研就是个是制高点。制高点一定建立在基点之上，可以俯视基点，两者缺一不可。如果我们有能力爬到山顶，为什么满足于山脚下的洞穴呢？科研需要严格的培养，需要追踪前沿，需要生产知识，而这些是培养学生科学研究素养、思辨能力的最好途径。一个老师如果自己都不做或不会做科研，怎么能教出有创新、思辨能力的学生呢？我自己要分享的一个经验和目标就是“活到老，学到老，研到老”，教学与科研并行，传授与创造接轨，教学要有方，科研要得法。况且在数字化时代，随着信息传递方式、传递时间的改变，虽然教授知识在一定时间内还被需要，但创造、革新一定会更重要 。

寄语

我和北外的傅荣教授合作较多，也希望戴冬梅教授领导的法语学院继续支持北语法语系的工作，祝北外法语团队再创辉煌！

吉春校友访谈（1999级）

受访者　2006年入职中国进出口银行，2006年至2018年，从事对非洲贷款工作。2018年外派法国，在中国进出口银行巴黎分行工作至今。

采访者　万思妤

您当初是如何来到北外的，又为什么选择了法语呢？

我上中学时英语相对好一些，英语老师鼓励我考北外。有一次老师在我的英语试卷上批完分数又批了几个字——“争取上北外”。北外在外语类院校中是金字招牌。

当年（1999年）北约轰炸南联盟大使馆事件十分轰动，其中两位遇难记者是我们北外的校友。这个事件之后，老百姓群情激奋，社会对外交官也有了更多了解，也能感觉外交官这个职业十分神圣，北外作为“外交官的摇篮”，贡献很大。

至于法语，只是因为中学学过英语，不想再重复，而且法国是发达国家。现在回忆起来，这个选择也很不错。

法语毕业生（比如您的同学们）现在都在做什么工作？

第一类：政府机关，如外交部、商务部、央行等。

第二类：企业，从事“走出去”业务的国企和民企，如中国建筑、中交集团、华为、中兴等。我2003年毕业，赶上国家加速推动走出去战略，正好赶上这个时机。

第三类：其他事业单位，如学校、央视等。

第四类：在法国定居。

感受：不管走到哪里都经常遇到校友系友，在非洲遇到很多大使参赞都是法语系校友学长。“有五星红旗升起的地方，就有北外人的身影”，对此我确实体会很深。

您和田妮娜老师共同出版过《法语流行口语极短句844个》，这844个极短句背后有什么您想分享的故事吗？

搜集法语表达法很有乐趣，我对法语expression很感兴趣。这些年工作之余也在陆陆续续收集法语地道的表达，我还有个小本子，在这个本子上经常请法国老师、朋友写下表达，还挺有乐趣。老师写下一句话，是缪塞的，“Qu’importe le flacon, pourvu qu’on ait l’ivresse.”，大概意思是瓶子不重要，只要能够醉人。我还记得当时老师跟我说这句话的时候的场景——当时flacon对于我还是生词，老师跟我说这个是装香水的瓶子。我感觉有点像咱们中文讲的“室雅何须大，花香不在多”，有时候记录到这样的句子就觉得很有意思，可以打通文化之路。还有一个前两天一位法国同事跟我说的Je peux mettre mes mains à couper，意思是如果事情办砸了，你可以砍掉我的手，有点像中文立军令状。所以从学法语里能体会到很多乐趣。

上学的时候也跟妮娜老师共同翻译过几本书，后来也都出版了。一个是一套两本的拉鲁斯的儿童读物，讲的是西班牙建筑师高迪的故事。研究生班的同学还一起翻译过一本明清家具的大部头。这些工作经济报酬很低，但当时我们也是很有热情做，现在想起来也很有意义。

巴黎分行是中国进出口银行第一家海外分行，也是唯一一家海外营业性分支机构，您在工作之余是如何完成自身知识的积累和扩充的呢？

终身学习。工作之余确实比较重视学习，自己也花了很多时间在上面。我自己是认为还学得不够多。我的主要做法，第一是结合自己的工作，边干边学。因为工作中总是会遇到新的问题。比如我到巴黎工作，接触到一种新的业务——银团贷款。这一类在国内接触相对比较少。

第二是结合热点学，比如前两年金融科技、区块链讨论比较多，学起来也容易一些。

另外自己也要积极参加单位组织的培训。总的来说，要保持学习的意识，保持好奇心，保持学习的习惯，培养自己学习的能力，学习确实是一件终身的事情。

在巴黎分行和国际客户交流的过程中，有什么令您印象深刻的人和事吗？

说两个小例子吧，都跟当地律师有关系。有一次分行领导同事到当地一家律所去，律师协助我们完成协议签署手续，当天从早上9点签到凌晨4点，非常辛苦。当时律师跟他们讲，最长的一次连续工作3天，基本没有休息吃饭。

最近我本人也跟一个律师团队在打交道，发现经常工作到很晚，甚至凌晨1点。我们原来以为法国人周末都不工作，后来发现也不是。原来我们谈到法国，经常对法国人有些刻板印象。到法国之后，我也想跟法语学院的同学们交流，我们可不能只看到法国人“懒”的一面，只想到法国人的浪漫小资，这样并不全面。法国之所以到现在还是发达国家，一个原因也是很多法国人在十分努力地工作。

法语系的学习和训练对您后来的工作有哪些帮助？您对希望投身金融行业的同学有什么建议？

第一个，语言当然很重要了。因为工作中就需要直接使用语言。语言之外的收获也非常多。当时在学校也学过一些翻译，包括理论和实务。个人体会，当时学的东西有不少方面对我现在的工作也挺有指导意义。举个例子，第一堂翻译课时，老师就请我起来回答：什么是翻译。现在我经常会想起来那个瞬间，也会运用（它教会我的工作方法）。因为我们在工作中会遇到有的单位和部门提一些要求，但没有具体的定义，特别泛，导致落实起来比较困难。我就会提议把它定义清楚。

再举个例子，当时学翻译理论的时候，有个词叫“译者的隐身”，用法语说叫invisibilité。如果你翻译一篇文章，让大家感觉译者无处不在，都是你的译腔，那还是一个很好的译者吗？译者要有这样的意识，不能过多地突出自己，不能走到前台来。在国内工作的时候，我分管一个小团队，当时也在思考，我怎么隐身。当时我就在团队设立一些规章制度，使得不管我人在不在，团队的运转是一如既往的。

另外，除了翻译，当时在学校沈大力老师跟我们说要记住4个字，周总理讲的“不卑不亢”，这个提醒我一直铭记在心。工作前期我一直跟非洲人打交道，后面跟法国人打交道。跟他们打交道的时候，不管是法国人还是非洲人，都保持不卑不亢的态度，既真诚相待，在必要的时候也据理力争，这些年效果还是很不错的。

在北外的学习，语言是一方面，语言之外也学到了很多。老师们传授了很多，这些在日后的工作中对我帮助非常大。对现在法语学院准备投身金融界的学弟学妹的建议，首先把自己的专业学好，不要好高骛远。我们学法语就先把法语学好，在学翻译就把翻译学好，在学国际政治就把国际政治学好。因为学习，当你达到一定深度，能够给你带来一些认知，培养我们综合的能力，帮助我们解决今后遇到的一些问题。

第二个是如果有志于投身金融行业，可以进行基础的学习，可以选修一些相关课程，略做一些准备当然更好。但是要处理好“专”和“兼”的关系——“专”就是我们的专业，“兼”就是选修金融方面学习的知识。我在法国，法国社会非常重视实习，企业都会招聘实习生。法国的实习制度还是比较规范的。像他们很多研究生在校来实习的时候，简历上都会写他们考了什么证。我注意到很多都考过了CFA一级二级，还是挺普遍的。其中也有很多中国的本科阶段学习法语的学生。

第三个建议就是，可以有些社会实践。我记得我当年在学校的时候，参加了不少社会实践，跟法国人打交道。参加工作之后，跟外国人打交道就不怵了。这点跟非外语专业的同学比起来，好像是有些优势的。法国社会大部分的专业都有实习要求，可能长达9个月，甚至1年。有的人实习2—3个月之后，出具实习报告，成功通过后才可以毕业。据我了解，不做实习的人在法国是很难找到工作的。

从法语到进出口银行，从语言专业学生到金融领域，您是怎样适应的呢？中间有遇到过什么困难，您又是怎么克服的呢？

当然是有不少困难。比方刚才讲的经济金融方面的知识，要对国家宏观经济情况进行分析，或者对企业的财报进行分析，这些都是拦路虎。这些金融术语，一开始接触会比较困难。解决也没有捷径，就是通过自己学习，向身边领导同事请教，我们银行也组织大量培训。

问题里问是怎么克服的，其实困难一直在克服之中。但是我觉得不要有另一个误区，就是过分夸大困难，把语言专业和金融视作完全两个世界。比如说，进入金融领域，从事的具体工作是涉外的，一个人没有良好的外语水平，没有良好的沟通水平，没有一定的国际视野，那么仅仅有金融知识也绝对不够。

我们在学校所学的不仅是外语知识，大家还积累了一定的文化知识。像刚才介绍沈老师提醒我们“不卑不亢”，因为外语学习者代表了国家形象。在北外学到的不仅是外语，我们北外的英语名字叫Beijing Foreign Studies University，它是外国研究大学。金融领域也是非常大的概念，即便你是金融专业，进入一家机构从事实务工作的时候，也需要大量学习。

很能体会学外语的同学的感受，对于想去金融机构工作的同学，可能心里有些不安。我想说其实不管你是什么专业，到了工作岗位的时候，到了具体的机构，分到具体的部门，你从事的都是实务工作，大家都需要学习。在学校学的金融知识也好，外语知识也好，都是做好工作的必要条件，不是充分条件。不是说某某大学金融系的同学进了金融机构工作之后，从第一天开始就能很好地胜任工作。他们跟我们学外语专业的同学一样，也需要付出努力，解决遇到的问题。

寄语

其实前几年我们银行派我回到母校参加“就业力大赛”的活动，实不相瞒，当时感觉挺震撼、挺吃惊的。当时看到登台学生的外语水平、表达能力、应变能力、综合能力都非常突出，我觉得学生的水平越来越高了。我本人这一代学生，出生刚刚好赶上改革开放，大学毕业又赶上中国加入世贸组织，真的感觉这一代人个人的命运和国家的命运是紧紧地连在一起的。我们国家一直在加大对外开放，政府也表明对外开放的大门只会越开越大，提出了“一带一路”倡议，坚持多边主义，提出推动构建人类命运共同体，所以我觉得学外语、从事外国研究的学生，大家将来一定有非常广阔的舞台。我也祝愿大家，学习更加丰富的知识，锻炼更加强健的体魄，培养健康的精神，为将来走出学校、走入社会做准备。

十分感谢法语学院过去对我的培养，也很荣幸有这样一个机会跟同学们进行交流。值此法语学院70周年之际，我衷心地祝愿法语学院越办越好，蒸蒸日上，再谱华章，衷心地祝愿法语学院桃李满天下，为国家培养更多优秀的人才！

戴盈校友访谈（2000级）

受访者　2004年毕业后入职新华社对外部编辑部法文室。2005年，任职于新华社陕西分社，深入基层参与地方新闻报道。2008年通过两轮国际选拔考试，被选派至法国国家行政学院进修。2009年负责新华社法文室的采访报道业务统筹，同时在北大新闻与传播学院学习新闻传播学，后获传播学硕士。2014年转向法律学习，以高分考取法律职业资格证。现进入北京德和衡律师事务所竞争与反垄断业务部门，任职高级法律顾问。

采访者　陈雯静

您于2000年进入北外学习，当初为什么来到北外，为什么选择了法语呢？

纯属意外。我们当年高考是先估分然后填志愿的，但是最后证明估的分比较保守，后来出来的成绩或许可以去北大。当初也想学新闻，也想学法律，新闻本来想报的是南开大学，而我父亲认为北京是氛围更好的城市；学法律，家人又担心要和犯罪分子打交道。最后全家坐下来开了一个圆桌会议，商量的结果就是决定学外语，因为我的英语也还可以，听说读写大概也都有所掌握，所以就选择学一门新的语言——法语，被都德的《最后一课》“哄”来的。

您能讲述一下当时大学的学习生活吗？比如课程、老师、同学、个人感受等方面。

我来北外报到时，才发现法语系学霸太多，当时睡在我斜上铺的女生就是陕西省外语类的状元，我们班还有一个男生是江苏省前十名。大学的时候学法语，我觉得自己没有特别高的天赋，第二点是可能也没有那么用功，不过去图书馆读书、占个座儿都是班上同学的“潮流”，我也不例外。我对张煦智老师印象最深，他的听力课很恐怖，课上听写法语数字，几百万这么多位数，每一个数字都不同，这样来考我们。每周一下午第一节是张煦志老师的课，那时候我们宿舍中午吃完饭一定会回到宿舍，互相dicter（听写）数字，听完了以后还必须都要午睡，保证精神饱满地去听张煦智老师的课。

回过头来看，发现北外学生生活非常简单，大家还是像高中时一样很单纯地在学习，当然我自己还去做了学校学生会的一些工作。在校学生会的时候，也认识了很多不同系的好朋友，英语系、日语系、俄语系等等，今天大家还保持联系，时不时聚餐，这样的友谊在未来人生中都是一笔宝贵的财富。

总体而言，北外的法语教学质量非常高。教过我的有包括像编写全国法语教材的柳利老师、马晓宏老师，都是大神级别的人物。

唯独有一点就是2000年的时候，大一大二的教材还是比较陈旧的教材，书里讲的内容好像就是20世纪80年代末90年代初的事儿，甚至还讲到IC卡电话机，那时候我们都已经开始用手机了。所以说，当时的教材没有与时俱进是一个遗憾。到大三，精读课就是老师打印材料了，相对要好一点。

很感谢北外，在整个大学阶段给我打了一个坚实的法语基础，阅读*Le Monde*

(《世界报》)、*Le Figaro*(《费加罗报》)之类的报刊都是比较容易的。需要一提的是，与生活脱节是我们那个年代教学的“通病”，不是一种场景式的教学。2008年，我刚到法国的时候发现，虽然我本科学了4年的法语，工作中也一直在用，但是在巴黎餐馆里不会点菜，到超市买东西只能看样子挑东西，不知道这个词怎么说。不知道教学模式是不是在后来有改进？当然，今天的同学们获得的法语资源也比我们那时候好太多，我们那时候还早起听广播，现在其实大家可能都在听喜马拉雅，看看“法语法国”“沪江法语”这些公号。

如果关于北外学习生活给师弟师妹分享几句心里话，那就是学习应该是一个终身的事情，学法语应该有和生活接轨的意识，从一开始就可以朝这个方向去努力。

在法语系的学习和训练对您后来的工作起到了哪些作用？您在工作之后发现有哪些不足，或者说是可以在大学期间更好地进行准备的？

我一毕业就进入新华社对外部法文室工作，大部分时间是在做编译，也经常采访法国人、非洲人，所以工作和专业是非常对口的。有一句话叫“书到用时方恨少”，我觉得一定要在大学打下一个良好的语法基础，比如我大学四年虚拟时态就特别薄弱，虽然毕业了以后用得很少，但是到用的时候就觉得不灵光。再就是扩大阅读量，我自己大学时把很多的精力都放在课文上，没有找到特别合适的课外读物。当然，这对于零起点的学生确实比较难，因为大一大二的时候阅读能力是有限的，能匹配的读物是很少的。

是什么契机促使您决定投身新闻行业的呢？后来您转向法律学习，也即将开启法律行业工作生涯，从新闻记者到法律顾问，为什么会做出这样的转变呢？

你觉得语言是一个工具吗？这是我们在北外经常会问自己的一个问题，因为语言在出来工作的时候看上去不像是一个专业。其实，谈不上我是如何选择新闻专业的，而是新闻“先动手的”。对我们来说，大四最难的事情就是就业，那时候我没有去面试外交部，主要是担心自己生性散漫，不太适合做外交官。当时也去考了商务部，对经济比较感兴趣，但没有考上。后来去新华社考试，经过笔试、面试、实习等环节就通过了，我是我们那一届唯一去新华社的。我对这个工作挺满意的，因为我高中时是想学新闻做记者的，结果很偶然地学了法语，又很偶然地找到了新华社的工作。但是，进来以后发现，大部分同事主要从事编译工作，把英文新闻翻译成法文新闻，跟我的想象有点差距。所以我刚工作时就想尽各种办法去采访，包括一些在前辈们看起来很无聊的活动，比如一个法国的演出或者是一个很小众的发布会。从最简单的几百字的消息写起，到慢慢可以写两三千字的通讯稿、特稿，这肯定是一个量变到质变的过程，需要时间去磨砺。新华社这个舞台很大，可以是百姓的田间地头，也可以是国际精英荟萃的殿堂，这段经历是别的工作岗位很难拥有的。

再讲工作10多年以后为什么要去切换赛道。实际上，法语在新华社还是小语种，工作压力并不会很大，因此我就利用闲暇时间去读了新闻学的硕士，后来为了读新闻法的博士，我就去准备司法考试。结果，在准备司法考试的过程接触了法律。其实，我工作这么多年，我也一直在问自己，什么才是我真正喜欢的？可以做新闻，做新闻非常有意思、有社会价值。但是我学了法律以后才发现，原来法律才是我真正想要终身追求的一件事情。能找到一件自己真正想做的事情，并且去实现它，我觉得很幸福。

作为非法律科班出身的“老阿姨”，通过司法考试是非常艰难，我整整考了4年。可能在大学之前，会觉得考上一个好大学，是上半生努力的目标，但实际上等进入大学，去就业，才会发现，人生并不会像直线一样的发展，可能即便找到了工作，都不能确定这个是不是这一辈子想要做的事情。所以，要一直保持追问的姿态。

您在2008年被选派至法国国家行政学院进修，您说在去法国之前，以为考进ENA（法国国家行政学院）是最难的事，后来到法国后，遇到的最大的挑战是什么，您是如何应对的呢？

考上ENA本身在我人生中是一个很难得的机缘。ENA国际生一直是全球海选，中国这边的候选人有几十人，但都很强，有来自外交部、商务部的公务员。最后，我们这一届有4个人一起去，其中有两个是外交部的，一个是文化部的，还有就是我。和他们不一样的就是他们3位都有驻外的经历，而我是第一次出国。这时候，就会遇到像我之前谈到的课本知识和生活脱节的问题。

另一方面，在ENA课堂上，刚去会发现听不懂。为什么？说的虽然是法语，但课堂讲的是法国的政体，有很多机构的缩写、架构，专业术语；而且班上有一半都是来自非洲法语国家的公务员，所以老师上来就认为你懂，他不是在教一个对这方面知识缺乏的人，这对我产生了巨大的文化和心理的冲击。一开始，我在班上非常没有存在感，上课喜欢坐在最后一排，也不会主动发言。甚至有一天已经达到了觉得整节课都听不懂的程度，我自己就非常非常生气，上到一半儿就翘课跑回家睡了一觉。后来，想着来都来了，不能就这么混过去。所以到第二天，整个人就换了一个精神状态，接下来总是坐在头两排，能发言就会发言，有时候还问得老师都下不来台，可能有一点记者病。说这么多其实就是一个意思：当你的心态准备好了，你努力想去做一件事情，也许刚开始也不会那么顺畅，但是你就不停地去尝试，就会越来越适应，听懂的也就越多。

生活上，基本就跟其他人的感受是一样的，即便是这一届有4个中国人，也不算很多，整体感觉还是相对孤单的。所幸的是，ENA有一个优点，它比较注重实际教学，除了有国际谈判课以外，还有两次实习期，其中有一次为期两个月，全班大部分同学都会选去巴黎，我也是。最初，我是想去法新社，但那时候法国正在进行行政改革，最后我去了卢浮宫，也是一个非常完美的结果吧，免费逛两个月卢浮宫，还帮助卢浮宫中文网站上线，一切都是机缘巧合。

巴黎的生活肯定比斯特拉斯堡的生活要更活跃，因为我们本身是北外毕业的，有很多同届的、上一届的同学在巴黎，大家春节还可以一起聚会、看春晚。那时候最奇特的感受是有时差，大白天看春晚倒计时，但是也蛮高兴的，因为同学们聚在一起还可以包饺子，笑谈人生。

现在，回过头来看就好像是在梦里发生过的事情一样，有一种不真实的感觉。最实际的效果就是我的法语突飞猛进，跟法国人交流起来就更自信了，而且有ENA这一层的身份，回国以后去采访，法国很多大使和官员其实就是这个学校毕业的，所以绝对是一个超级获益的过程。可能跟大学交换留学不一样，我们这个国际班上的同学有一半来自非洲，还有一些来自美国、加拿大，大家都是已经有工作经验的人，我是全班最小的一个，同学们就拿我当小妹妹，而且他们的想法会跟我的碰撞出很多的火花。可以了解到整个世界或者是francophonie（法语国家与地区）的世界，他们是怎么来看待一些中国的问题，一些世界发展趋势，他们都是我的良师益友。

您曾经做了不少中法关系的报道，与法国大使馆、欧盟、非洲外交使团等国际机构有着丰富的交往经验，您在涉外报道第一线工作的这段经历中，有什么印象特别深刻的事情吗？另外，对于希望投身新闻行业的法语专业同学，您有什么建议？

学了外语以后，可能你的学习、工作都迫使你不得不去跟很多不同肤色、不同国家的人打交道，最后你会回归到一个本质的认识，就是大家首先都是人。有时候，这个看法会在现实生活中迷失，比如你看到老师的时候，你会认为他是某某老师，而不是一个要和柴米油盐打交道的凡人。我们新闻工作中有一个好处，大家说是无冕之王，其实是站在一个比较超然的第三方的位置上。报道得越多，采访的人越多，这个感受就越深刻。他可能是一个很普通的人，做了很伟大的事；他也可能是一个大人物，也会有一些奇怪的爱好，或者是和普通人一样的烦恼。这是新闻带给我世界观的改变。

另外，我觉得学法语有一个好处，就是可能你会在英美或者是英文的这个大的语境之外，打开一扇新的窗户，拥有一种不一样的思考方式。始终不要把它仅仅当作是一门语言，它应该是一种对周围世界、对表达的一种重塑，对不同思想的一种理解。

真的想做一件事，不管是新闻或者什么其他事情也好，我觉得应该是有一个规划的。如果有志于新闻，可以从现在就开始看一些*Le Monde*（《世界报》）、新华网法语频道等等媒体报道，一定是小步地、循序渐进地靠近它。这个前提是你有一个极其明确的目标，就可以从现在开始做准备，但是如果没有的话也没有关系，大学本科阶段你就正常地去学习法语，正常地去了解这个世界就好了，当然也可以去关注一些有意思的公号，多汲取一些信息，在这个时代，信息始终是一个最关键、最核心的元素。

王波涛校友访谈（2000级）

受访者　北京外国语大学法语系2004届毕业生，当年加入中央电视台，参与创建央视西法频道，并成为频道第一批新闻主播。2008年成为央视驻法记者，其间采访足迹遍布四大洲20多个国家，参与过海地地震、戛纳G20等重要事件的报道。2011年重返法语频道，创办央视重点栏目《CCTV法语大赛》，并担任四届法语大赛的制片人和总导演。2020年创办法语国际新闻评论品牌《塞纳听涛》，担任撰稿人和评论员。曾作为发言嘉宾受邀出席2018年第三届中法文化论坛和2020年第五届中法人文交流海淀论坛。2022年起担任中央广播电视总台CGTN法语部副主任。

采访者　吴波璇

您于2000年进入北外法语系学习。请问您当初为什么选择北外，又为什么选择了法语？

我觉得选择大学和专业肯定和很多人都一样，一方面是个人兴趣，另一方面还有很多的机缘巧合。个人而言，我在高中的时候比较喜欢外语，可能很多外语学院的学生都比较像，都是在中学时代比较热爱外语，所以在上大学的时候就想选择一个外语方面的专业。说实话当时我还在北外和上外之间犹豫过，因为这两所学校都是中国一流的语言类院校。但是由于我小时候和家人来过北京，对首都的印象非常好，非常喜欢这座城市，所以就选择了北京和北外。至于为什么选择法语，其实我在很多场合经常讲到。比如前年的时候我参加了一个中法文化论坛，在其中的一个青年分论坛做发言嘉宾的时候就讲到了这么一个故事：我选择学习法语有一些非常个人化的原因，在2000年上大学的时候，我是一个足球迷，法国国家足球队刚好在1998年获得了世界杯的冠军，然后在2000年又获得了欧洲杯冠军，可以说当时的法国国家足球队是世界上最顶尖的、甚至是排名第一的球队。所以当时出于对足球的热爱，我就阴差阳错地选择了法语，来到了北外法语系。

在法语系学习期间，您有什么印象特别深刻的人或事吗？

我觉得我们那代人上学的时候校园生活还是比较简单的，现在如果回忆起大学时代的生活，尤其是在学习方面可能印象最深的还是老师。那个时候教我们高年级的老师，比如张煦智老师、马晓宏老师，这些老师在当时的法语界都是非常传奇的人物。然后在我们刚入校的时候，我们的启蒙老师，教低年级的戴冬梅老师、车琳老师，她们现在应该也都已经成了中流砥柱。从某种程度上说，她们也正在成为新一代的传奇。所以说大学时代，法语系这些老师给我留下的印象是最深刻的，因为他们非常敬业也非常专业。时至今日，当同学们在一起聚会时，我们都认为这些老师带给我们满满的回忆。我们当时也觉得非常地幸运，老师们水平都那么高，同时还很有亲和力，他们的教导给我们今后的学习打下了非常坚实的基础。所以至今我对他们都心存感激。而且每当我们回学校时，他们即使再忙也会跟我们坐下来聊聊天，他们无论从专业还是师德方面都非常值得我们尊敬。

您曾担任驻法记者3年，其间中法关系有波折，也有缓和。身在法国的您对于当时的中法关系有何切身体会，能结合实例来谈一谈吗？

我是在2008年至2011年长达3年半的时间内担任驻法记者。回忆起驻外的这段时光，我还是有很多非常难忘的记忆的。我确实见证了许多非常重大的历史事件。我记得非常清楚，当我到达法国，第一次出去报道的时候，遇到了时任驻法大使孔泉。我是2008年4月过去的，而孔大使当时也才刚刚递交国书不到一个月。他刚好碰到奥运圣火在巴黎传递受到“藏独”分子阻挠一事，忙得焦头烂额。但是当我到达法国时，事态得到了一些平息，所以当孔大使见到我，得知我是央视新派来的驻外记者，就对我开玩笑地说：“你怎么现在才过来，我们最需要你的时候你在哪里？”所以说我其实错过了中法关系最最困难的时期。但是不管怎么说，2008年的春天确实是几十年里中法关系的一个冰点、低谷。后来两国也通过一些方式进行了沟通，然后关系发展趋于正常化，后来不论是在奥朗德时代，还是马克龙时代，中法关系一直比较稳定、良好。我记得在2008年，闹得最厉害的时候，北京这边还有很多人抵制家乐福，然后在法国那边也有人声称抵制北京奥运会。但在8月8日，北京奥运会开幕时，萨科齐总统作为他们的国家元首还是来出席了。我觉得，中法两国的高层还是非常珍惜这份来之不易的友好关系，并不会因为这一两次的历史事件、插曲或是意外而扰乱大局。而且我还有一个观察，法国无论是左派、右派还是中间派政党执政，国家和政府的领导都是非常理智的，他们会排除一些干扰，始终把与中国的关系放在一个很高的位置。我觉得在这个方面法国人做得还不错，尤其是一些政治家相对来说是比较务实的。但是，最难的一部分其实是媒体，对中国最不友好的其实还是媒体人，他们可以说在很多中法关系不好的时候都扮演了不是很光彩的角色。这其实就需要我们这些做国际传播的中国的媒体同行来多和他们进行沟通，然后尽量化解他们对我们武断、歪曲的报道，在这方面我们任重而道远。尤其是在现在，在中美双方产生了一定摩擦的环境下，法国包括欧盟始终都是中国外交需要争取的一部分力量，这是我的理解。所以我觉得，我们这些从事中法交流的人，应该始终朝着这个方向去努力，即使我们有很多不同、差异，并且对对方缺乏了解，但总体上我们应增强了解，然后将双方关系建设得更好。

作为CGTN法语频道的一名主播，您是联系中外的桥梁，身上肩负着向世界传递中国声音的重担。面对历史文化背景、政治制度、经贸发展水平、人民生活习惯和思维方式等各方面都与中国十分迥异的法国及其他法语国家，您如何讲好中国故事？

我国的对外传播工作已经进行了好几十年，随着中国的崛起、国际社会的变化，我们整体话语体系的建设在过去的几十年间发生着潜移默化的转变。同样，我们的工作方式也在不断地进行调整。其中最大的变化体现在我们的工作定义上。在刚入职的时候，我们每个人用的词都是“外宣”，即“对外宣传”，也就是说大家都把自己定位为中国外宣战线上的一名工作人员。但是在西方使用“宣传”二字会给他们一种不好的感受，所以我们现在有一个非常明确的定义的转变，不再使用“外宣”两个字，取而代之的是“国际传播”。“传播”这个词对于我们工作的描述更加准确，也更加符合时代潮流，即我们代表中国来做国际传播，将中国声音传达给全世界。我们承担的责任就是用自己学习的外语将中国故事传达出去，那怎么讲好中国故事呢？我觉得对于那些单纯地是因为无知而产生偏见的人来说，我们应该用自己的专业课堂和媒体工具，讲一些他们以前所不知道的事实，提供更多的角度来让他们了解到中国的现实。而对于一些无端抹黑、恶意中伤中国的人，比如一些政客和媒体，我们要做的工作则是要敢于亮剑，要敢于在舆论场上和他们做斗争。诚然，我们的工作也有很多不易，尤其是我们的媒体都还比较弱势，再加上我们中国人用外语来做节目本身也有难度。毕竟西方的一些媒体都是在自己的领域工作，所以对于我们来说挑战确实很大。我们现在在北京总部工作的人绝大部分是语言专业出身，在刚刚入职的时候并不具备新闻媒体传播的实践，所以在这方面就更加有难度。但是我觉得，这也是国家非常重要的一个工作，像我从2004年毕业就来到了这里，然后一直干了这么多年，能参与到国家的国际话语权建设的宏大工程中来，我感到非常骄傲。同时，国家的发展壮大和进步崛起让我们从事的职业影响力越来越大，也让我们自己从职业中获得更多的成就感和满足感。

您是CGTN法语大赛的制片人，请问您制作这项赛事的初衷是什么？

在2013年的时候，我们央视外语这边的领导觉得一些小语种，包括西班牙语、俄语、阿拉伯语，目前在国内的影响力比较小，很多人都不知道有我们的存在，但是我们的事业发展还需要更多的人才，所以我们大家决定要举办一些大型的活动来扩大我们在国内的影响力，尤其是在外语学习者当中的影响力，同时希望借此招募一些人才，我当时就是在这样的背景下提出举办语言大赛的。后来这项提议得到了领导的认可，然后我们就正式成立了这样一个项目组。从2013年到2019年，我们隔一年办一次，一共举办了4届法语大赛，而我在其中一直担任着制片人和总导演的角色。我们也发现这项赛事不论是在国内的法语学习者当中，还是在国外的媒体同行当中都具有一定的影响力。而且从目前来看，我们扩大影响力和招募人才的目的都得到了很好的实现，比如很多当时参加大赛的选手和我们建立了很好的联系，我们也认为他们具有很大的潜力，所以有很多人都加入了我们国际传播的队伍当中，成了我们中的一员，和我们并肩战斗，并肩工作。而且法语大赛在2015年和2017年时作为中法之间交流的一个活动，两次被纳入了中法高级别人文交流机制。2015年的时候，我们的活动在钓鱼台国宾馆，由国务院副总理进行揭幕，2017年也是在钓鱼台国宾馆进行的颁奖，2019年的时候，我们的冠军被邀请到中法高级别人文交流机制的活动中去发言，我们这个节目办到现在，得到了包括中国驻法使馆、驻加拿大使馆、驻魁北克总领馆的支持，大家都认为这是中国与法语国家交流的一个很重要的纽带，也是促进人文交流的一个很重要的品牌，我自己也感到非常骄傲。

您见证了无数选手的风采，那么在您看来，北外的同学在赛场上有哪些优势，又有哪些不足？

首先我想借这个机会感谢一下母校，也感谢一下法语系，包括戴冬梅老师、车琳老师、王鲲老师在内的许多老师在过去这么多年里，在我做法语大赛这个项目期间，都给予了我非常多的支持。包括前期的宣发、比赛的初选以及规则的制定，事关大赛许多相关的事项都得到了许多老师的支持与帮助。系里面给我们提供了很多评委老师，同时也输送了许多非常优秀的选手。我觉得北外的学生在所有的法语语言竞赛当中都具有非常大的优势，在我近20年的工作中也感触很深，很多时候在法语环境中说得最好的都是北外的。这一点我觉得很值得骄傲，我们法语系的水平在全国应该是数一数二的。因此在央视法语大赛中北外的学生具有很大的优势，而且很多优秀的选手都出自北外，比如说2017年的冠军张碧思和去年的第三名刘欣怡。至于劣势，我觉得在法语学习上，北外的学生找不出什么不足，在语言上的优势是北外学生最大的一个优势，这也是我们需要继续保持和发扬的。

您在CGTN工作了10余年，现在已经是一名资深的记者、主播和制片人，请问在北外的学习经历给您的工作带来了哪些帮助？

如果说我在工作岗位上取得了一些小小的成就，那么我认为很大程度上都是在北外的学习给我打下了坚实的基础。很多人毕业之后都没有从事与专业相关的工作，但我从毕业到现在都没有离开过法语圈，没有脱离过中法交流。不论是做驻外记者，由法国向中国发回关于法国的报道，还是现在做的外语国际传播，把中国故事讲给世界，我几乎还没有离开过法语。由于北外给我打下了坚实的基础，让我的语言水平非常扎实。也是由于较好的语言能力，我在当时选拔新闻主播的时候，成了第一批法语新闻主播。可以说我的整个职业生涯都是北外给我打下的基础，如果没有在北外法语系的这些年，甚至可以说没有我今天的一切。

从记者、主播到制片人，您在传媒领域的工作经验非常丰富。从您的角度，您对于法语学院的人才培养有哪些建议？

我的感受一直没有变，我们法语系需要坚持扎实的语言能力建设，因为这是我们的核心竞争力。我们扎实的语言基础就是我们在就业市场上最核心的竞争力，也是我们最不应该放弃的。至于其他方面，我也只能够谈谈与我相关的，比如说从事新闻、外交和国际传播领域的一些建议。有志于从事这方面工作的学生在校期间除了学好专业知识之外，应该多关注新闻时事，而且要多对自己进行一些通识教育，不能够只专注于语言学习而不关心这个世界。语言是一个基础，不能单纯地只会遣词造句，但是言之无物，脑中无物。我参加过很多的招聘会，在招聘会上也面对了很多来自全国各地优秀的法语毕业生，我有的时候能感觉到北外的学生关于语言本身的能力很强，但是谈到国际政治、国际关系和新闻时事时显得稍弱，反而是一些外交学院的学生在这方面显得更强一些，我觉得这很大一部分也和学校的培养有关。新闻、外交或国际传播领域的工作需要非常广的知识面，只会使用语言是不够的，所以就需要进行一些通识教育。从学校的角度来讲，我也希望北外能够多提供这样的机会和选择，让有这方面意向的同学在选择的时候有这方面的师资和选修课或旁听课，让学生的视野变得更宽广。我也看到一个招生宣传视频，就是说很多北外的学生都能拥有海外的留学经历，我觉得这一点能做到的话，一定对学生有很大的帮助。因为从我个人经历来看，我在法国驻外的这段时间，对于我个人的成长帮助很大，因为在当地说所学语言的机会更多，而且对当地文化、社会会有更多的了解。还有就是希望课程的设置更加多元化一些，让学生们不用走出北外就能够学习到多元化的知识，希望学校能够提供这样更全面的选择。而且我觉得现在大学生的学习环境和我们20年前是不太一样的，我们那个年代学习法语使用的一些材料和工具，现在的孩子可能都不怎么用了，比如说随身听、短波收音机等非常原始的东西，那个年代获取学习资源的条件和现在相比可以说是天壤之别。我觉得现在的学生如果想学好一门语言，条件是更好的。在过去互联网没有那么发达的年代，学校和师资对于一个学生的学习是非常重要的，因此北外拥有这么多优秀的老师就显得非常非常棒。但是到了今天你会发现世界变了，因为教育更加扁平化了，资源更加唾手可得了，我们现在可以非常方便地接入全世界的法语学习资源，我们可以看到很多原汁原味的法语学习课程，甚至有的比我们很多中国的老师水平还要高。从这个角度来看，未来语言学习更多地需要依靠个人，学院和师资给你带来的优势就变得小了。我就常常感慨，很庆幸自己早毕业了这么多年，因为现在如果只拿法语这样一门语言工具到就业市场上去是没有那么大的竞争力的。尤其是随着人工智能日新月异的发展，语言的工具性会变得越来越强，单纯把语言本身作为一个敲门砖来找到工作，将来也会变得越来越难，这对学校人才培养以及学生自我完善这些方面都提出了更大的挑战。并不是说将来国家就不应该设置外语相关专业了，因为只要语言存在，那么学习别国语言的这种需求是会永远存在的，但是说依靠语言找到工作，获得就业岗位就会变得越来越困难。总的来说，学习外语是有好处的，他能给我们打开更多不同的世界，我们比那些不掌握外语的人，能更容易地拥有更广阔的世界，虽然人工智能能够帮我们解决许许多多的问题，但是像我们这样专业掌握外语的人，能和别人进行更加深入的沟通和深层次的文化交流，这些方面，我觉得人工智能是永远无法取代人类的智慧的。

寄语

在北外法语系70华诞之际，我想向法语系献上我最诚挚的祝愿，祝愿法语系站在新的起点，创造更大的辉煌，继续为祖国的外交、外宣、外贸等各条战线培养更多的优秀人才。法语系加油！好运！Bon courage ! Bonne chance !

赵翠云校友访谈（2000级）

受访者 2004年毕业后入职中央电视台法语频道。2009—2011年在央视驻布鲁塞尔记者站工作。2012—2015年加入法语频道采访组。2016年组建法语频道纪录片组，主要负责纪录片制作及相关国际合作项目，制作《中法大学影像志》《留法百年》《云朵上的民族》《丝路新纽带：中欧班列》《非洲人在少林》等纪录片。2022年，开办法语频道首档原创纪录片栏目《纪事东八区》。

采访者 舒畅

您于2000年进入北外法语系学习。请问您当年是出于什么原因选择了北外，选择了法语系呢？

我接受高三班主任的建议选择法语专业。进入法语系之后，我发现这是一个特别正确的决定。法语系的老师都特别有气质，说着美丽的语言，有学识，有见地，让我很着迷，一下子就来到一个新的世界。大一时候的两位带班老师戴冬梅和李书红给我很多启发和鼓励，帮我打下扎实的基础。还有傅荣老师，谦谦君子，是我的偶像。

毕业之后，您为什么选择就职于中央广播电视台，您是如何来到央视法语频道的呢？

毕业后，刚好赶上央视成立法语频道，正在大规模招人。2004年毕业的好几位同学都在法语频道工作。2016年12月31日，频道更名为CGTN法语频道。

您觉得法语系的学习和训练为您之后的工作带来了什么帮助？另外，就您的经验而言，如果学生们希望以后从事这方面工作，在大学期间需要做好哪些方面的准备？

法语是我进入法语频道的敲门砖，频道绝大部分同事都是法语专业或法国留学归来的，都可以讲比较流利的法语。如果想要进入法语频道工作，第一，法语好是基础。对于大多数北外法语系毕业的同学，以北外严谨的教学和严格训练，这是没有问题的。

第二，系统地学习积累新闻专业的知识，要特别注意学习讲故事、讲好故事的技巧和手法。现在的国际传播很注重讲故事，提倡讲好中国故事。中国故事的范围很大很广，哪些是好故事？怎么讲别人能听？怎么讲能够入耳入心？这些都是值得好好琢磨的问题。

第三，学习逻辑学。大家大部分是文科专业，不重视逻辑学习，导致我们在输出信息时，习惯性地堆砌，武断下结论，缺乏逻辑推理过程，得出的结论就难以让人信服。

第四，多看国外的优秀电影、电视、纪录片作品，学习他们的叙事方法。

第五，锻炼好身体。记者或编导都是消耗脑力和体力的工作，好身体是革命的本钱。

第六，学会打扮自己。在这个泛视频、全民记者的时代，有网红潜质的同学会有更多出位的机会。

在许许多多的国际会议中，前方记者掌握的信息并不全面，却仍然需要做实时播报与现场采访。这些会议的规模宏大，报道和采访的重要人物多，观看人数多，在如此大的压力下，您是如何做到从容不迫、坦然以对的呢？

第一，做好前期调研。所谓台上一分钟，台下十年功。对于记者，现场报道一分钟，背后要准备几天几夜的背景信息。对于重大国际会议也是一样，领导人重大会面之前，很多前期工作都应准备好。如果你一直关注这个领域，与这个领域的专家学者交流，就会基本掌握会议过程及结果。第二，多与专家学者、媒体同行接触学习。曾经有人说，一名好记者必须是“八卦”大王。这是有一定道理的。“八卦”是信息的传递，记者也是信息的传递者，当然记者提供的信息一定要真实、准确。

作为法语国际频道的记者，法语一直都陪伴您左右。离开课堂后，您在平时的工作生活中又是如何练习与提升法语水平的呢？

法语频道的节目都是用法语制作的，所以工作中需要经常用到法语。我没有刻意练习。多看看法国本土的电视节目，一方面是提升语言，另一方面，熟悉法国的传播语态。这很重要，一定不要满足于中式法语。

国际频道的记者通常像空中飞人一样奔走在各国，加班加点，在这么多年工作的奔波辗转中，有没有让您印象最为深刻的一瞬间或者一件事，可否和我们讲讲？

我在频道主要制作专题纪实类节目，一次拍摄经常持续2—3周，时间比较长。摄制组是临时搭建，各个工种的人聚在一起要在短时间内从不认识到认识，还要一起紧密合作完成拍摄任务。当摄制组中有外国人的时候，情况会更复杂一些。每次出发都是新的开始，有新的挑战，有新的乐趣，有新的收获。不同的采访对象也会带给我不同的感动。面对他们的真诚与执着，我会觉得有责任有义务把他们的故事讲好。

您对如今法语学院的人才培养有什么建议？

培养复合型人才，一专多能，除了语言过硬，还要再培养至少一门专业和增加社会实践。

寄语

我记得教室里老师们儒雅地侃侃而谈的样子，我记得装在铁皮柜里可以播放TV5 MONDE节目的电视机，我记得晨读时的魔鬼式复读，我记得在操场上周而复始地跑圈，我还记得非典时期的免费饭票……太多太多的青葱记忆。

法语学院为我打开世界的门，给我走向社会的一技之长。我特别感谢各位老师在我人生关键期所给予的指导。老师是一个神圣的职业，是我一直向往却没有机会从事的职业。

在院庆70周年之际，向所有的老师们致敬，是你们的谆谆教导和身体力行成就了一届届学生的精彩人生，是你们给了我们扬帆远航的能力和勇气。愿你们桃李天下，向世界输送更多用美丽的法语讲述美好故事的人才。

刘华帧校友访谈（2002级）

受访者　　2006年毕业后入职中国国际广播电台法语部，承担播音、编辑、采访等工作。2011年至2014年，外派驻比利时布鲁塞尔担任驻欧盟记者。2014年，作为特派记者报道巴西世界杯。2014年至今，回到中国国际广播电台（现为中央广播电视总台）法语部工作，先后负责制作直播脱口秀节目、与法国BFM Business电视台的合作节目，曾于2016年赴欧盟参与为期3个月的口译培训项目。现阶段负责以网络短视频为主要产品的桢话工作室，承担策划、出镜、剪辑、运维等工作。

采访者　　李亭萱

您2006年从北外毕业。请问您当初为什么选择北外，选择法语专业呢？

我一直喜欢外语，你想学语言哪儿能比北外更好呢，自然就选择了北外。至于法语专业，我是理科生，而且是统招统分，可选专业除了英语之外只有法语、德语、日语。受都德《最后一课》的影响，我也想学一学这“世界上最美的语言”，就这样选了法语。

如今您回顾自己的大学学生时代，您还记得当年的学习、生活是怎样的吗？ 可以大致说一下吗？

现在的新冠疫情使我想起了我上大学时遇到的非典。那时，北外也采取封闭式管理，为了保持教学进度，所有的主修专业课一直照常进行。学校给每个宿舍发放跳绳、毽子、羽毛球拍等，鼓励大家加强体育锻炼。各种社团协会举行丰富的活动，印象最深的是电影协会在文化广场放映露天电影。

非典期间，我还养成了规律晨读的习惯，每天早晨出声朗读当天要学的课文，这对于我的法语学习产生了非常深远的影响。除了法语学习，在大学期间我也曾听过经济双学位的课程。其实大学里的很多教育是属于通识教育的范围，学习这些课程并不代表未来一定要从事相关的职业，我认为它是综合素质的一部分，有利于改变我们思维的方式和看待问题的角度。

您一毕业就进入中国国际广播电台法语部工作。请问进入电台工作是您一直的梦想吗？有想过进入外交部或者从事其他职业吗？

我并不是有一个“电台梦”，只是以平常心参加了当年国际广播电台的招聘。当我参加完第一轮笔试后，当年国际广播电台法语部的领导就给我打电话说：“我们很满意你的成绩，你如果愿意来，我们一定要你！”我喜欢说法语，希望能够开口表达自己的想法，而不是每天从事文字翻译的工作，而国际台正好给我提供了这样一个机会，所以我就这样开始了在中国国际广播电台的工作。

我读到一篇文章，讲述了中华人民共和国成立70周年庆祝活动上您进行法语解说的幕后故事。法语国家的来宾赞不绝口，还特意打听是不是法国人在直播。可见您发音纯正，在语音方面十分出众，您能给学弟学妹们一些法语学习上的建议吗？

大学基础十分重要。在语音方面，一旦养成发音习惯，就很难改变既已形成的肌肉记忆。从第一节法语课开始，就要把每一个元音和辅音尽量发到位。第一次发不到位，第二次、第三次甚至到第一百次都不一定到位，但一定要朝着这个方向努力。多听地道的法语，尽量模仿法语母语者的发音，观察他们的口型，勤加练习。其实大学四年真正给语言打基础的只有两年，一定要把握住大一大二。要想发音纯正，一定要多出声朗读，不能把发音停留在脑子里想，你读出来就会发现很多时候和你想的并不一样。你以为你会发、你能发好，但实际上常常是有偏差的。我认为借助录音就是一个发现问题的好途径。反复听自己的录音，你就能发现很多自认为发得没有问题其实没有发清楚、没有发到位的音，就会知道如何进一步改善。

2011年—2014年您被派驻比利时布鲁塞尔担任驻欧盟记者。这样一段外派的经历，给当时、现在甚至未来的您怎样的影响？那段时光有什么令您难忘的事吗？工作上生活上有了怎样不同的认识和体会？

改变人的想法和让人有所感悟的更多的是那些鸡毛蒜皮的小事，在某一个地点、某一个时刻就忽然有了新的体会，生活中并没有那么多惊心动魄的大事。在驻外之前，我没有出国留学的经历，而用一段相对长的时间以不同的角度看世界是非常重要的。古人云："读万卷书，行万里路。"走过的路多了，自然你的人生观、价值观，你的眼界和想法都会随之改变。驻外对我而言是我人生中最重要的阶段之一。所以我建议学弟学妹们，未来无论是出国留学，还是出国工作，去看一看外面的世界，一定会有截然不同的感悟。在比利时的那段时间，我就深刻体会到中国人和比利时人在生活态度上的差异。我们中国人非常敬业，大量的时间都用于工作，而比利时人则是时刻不忘追求生活品质，工作只是为了更好地生活。这样一个小的现象就可能会使人突然反思自己是否在一些不值得的事情上投入了过多的精力，自己是不是需要腾出一定的时间享受生活。我想这也是我在比利时获得的感悟之一。

“没溜儿法语”是您从2017年开始正式运营的微信公众号。请问您创办这个公众号的初衷是什么？您平时的工作压力已经不小，您认为什么是您做公众号的动力？会继续坚持下去吗？有进一步宣传推广这个微信公众号的打算吗？

我当初创办这个公众号最主要的目的是敦促自己学习。驻外回国后，我发现在国内，如果我不主动寻求法语环境，自己就不容易保持法语的感觉。这个公众号的内容是围绕法语的口语和俚语，主要是因为到比利时后，我突然发现自己在学校和台里工作中遇到的法语都离生活太过遥远。还记得刚到那儿时，我找déboucheur疏通下水管道，他问我有chiffon吗，我一下子蒙了，chiffon是什么，后来他解释了一下我才明白原来是抹布，但我却不知道。那个时候我学法语已经很多年了，我可以和别人毫无压力地谈几个小时的经济、政治，却被一块小小的抹布难住了。这样类似的小打击也是我创办公众号的一个契机。

我这个人，喜欢和法国朋友聊天时拿着手机边听边记，记录下一些有趣的表达。我想把这些表达分享给大家，既是自己不断复习和学习的过程，也是希望更多的人学到课本中学不到的口语表达。

这个公众号里的绝大多数推送内容和排版都是由我自己来完成，对于最初的我而言一切都是从零开始，所以运营这个公众号也是一个学习的过程。我喜欢新鲜的事物和掌握新的技能，所谓艺多不压身，我享受学习的过程和学习带给我的快乐。我很想努力把这个公众号做下去，一方面是因为之前已投入的大量精力，另一方面是很多关注的老师给予了我很大的鼓励。

您觉得在北外的学习经历为您之后的职业生涯带来了什么帮助？就您的经验而言，如果学生们希望以后从事新闻媒体工作，在大学期间需要做好哪些准备？您毕业后主要承担播音、编辑、采访等工作，2014年回国后负责制作、直播节目，如今您又承担策划、出镜、剪辑、运维，您一直在提升完善自己的工作技能，这些技能都是大学时没有学过的，如今北外也在一直倡导培养复合型、复语型、高层次的外语人才，在您看来，法语学院的学生如何才能更好地适应社会，如何解决大学和职场脱节的现实问题，怎么看待法语与工作的关系？

北外对于我最大的影响首先就是语言过硬。作为一个法语热爱者、一个与法语密切相关的从业者，法语水平是最重要的基础，其他的技能都可以现场学。所以学弟学妹们首先就是要保证自己有一个过硬的语言基础。

其次是精益求精的态度。北外教会我做任何事情都要追求尽善尽美，在精力允许的范围内尽自己所能做到最好。刚毕业时，我有些遗憾，怎么自己除了语言其他什么都不会，但后来我慢慢发现，我所掌握的语言是别人很难学会的，而在文科范围内，其他的很多技能在学习和实践中是可以逐渐掌握的。

如果同学们学有余力且明确有进入新闻媒体领域工作的职业规划，我建议一是要多看时政新闻；二是主动参加主持、报刊编辑等与新闻媒体有相通性的社团组织活动，积累经验，同时可以发现自己是否真的适合或喜欢新闻媒体行业；三是找实习，争取锻炼机会。

进入社会，除了知识的储备，还要保持好奇心，保证自己的稀缺性，具备持续学习的能力。社会在进步，即使你一直在做同一份工作，也是需要不断学习的。就拿销售为例，一直从事销售工作的人，在不同时代所针对的客户群体以及客户的需求肯定是不一样的。

另外，如果没有明确的目标，那就多多培养自己的兴趣。兴趣不仅有可能在未来的工作中对你有所帮助，更能够提升你生活的幸福感。越早发现自己的兴趣所在，就越少走弯路，因为有些兴趣是可以转化为你未来的职业方向的，多多尝试，才能有更有针对性的发展。当然，也不要害怕弯路，弯路上也有别样的风景，职业规划很重要，但也不要畏惧，所谓人生就是不断修正前进方向的一段路。我是一个法语爱好者，我的工作要每天与法语打交道，但法语专业的学生从事像我这种职业的人可能并不会很多，我觉得这在于个人的选择。进入工作岗位后，培养除语言外的能力十分重要。拿与人沟通为例，在我看来语音语调不是最重要的，最重要的是与人沟通的能力，关键在于脑子里有没有实质的内容。

寄语

首先感谢当年的法语系、现在的法语学院给我提供了一个踏实学习法语的机会。如果没有法语系对我的培养，我今天所取得的任何一点小小的成绩都是无法实现的。北外是一个学术氛围浓厚的学校，感谢北外让我遇到这么多思想纯净、一心只想把教学工作做好的老师！我想套用一个特别老的句式，今天我为北外而自豪，希望明天北外能够因我而骄傲！在这里，祝福法语学院将来能够培养出越来越多在各行各业令法语学院、北外感到骄傲的校友！我也希望学弟学妹们将来能够成为令法语学院、北外感到骄傲的校友！

赵志瑾校友访谈（2005级）

受访者 本科毕业后入职中央广播电视总台法语频道，担任新闻播音员、综艺节目主持人。曾主持傅雷翻译奖颁奖典礼，2015年主持《不惑之交——见证中欧建交40载》布鲁塞尔首映仪式，2018年12月参加中央电视台《综艺盛典》栏目，2019年主持中央广播电视总台法语频道2019法语大赛的半决赛和决赛。

采访者 梁莉

您在北外学习时是否参加主持过一些活动？现在回想起来，您觉得北外的学习经历对自己后来的工作和生活有什么样的影响？

原来在学校的时候，性格真的是和现在非常不一样。我记得我当时是一个非常害羞的人，而且话不多，不管参加什么活动都挺羞怯的。所以，挺遗憾的就是我在北外没有参加那么多的社团活动。但是，比较幸运的一点是，大三的时候，恰恰就在大家纷纷要退出社团的时候，我终于鼓足勇气报名北外广播站，当时叫北外广播站，现在可能叫北外广播台了。报名之后，我做了一个综艺节目的一个主持人，当时那个节目叫《新鲜启程》。所以，就是从大三开始才参加了广播站的选拔，成了广播站的播音员。那个时候每周六、日要录节目，固定每周四会播出我的节目。这可能是我在整个求学生涯当中跟主持人比较接近的一个经历了。

在大家都纷纷开始退社团的大三，我加入社团，大家都已经停止社团工作的大四，我还在继续担任播音员的工作，而且还做了综艺组的组长。所以，大三、大四对于我来说，是非常美好的记忆。做主持人播音员这个经历，可能也培养了我后续对这个行业的喜欢和好奇。我来到这个工作岗位后，想去试镜，想去参加播音工作，可能都是这个原因。

您在毕业后就进入中央电视台担任中央广播电视总台法语频道新闻的主持人，请问您当时为什么会选择走主持这条道路呢？

很多人以为我毕业后直接成了主持人，其实并不是这样的。我2009年毕业，当时面试了不少岗位，也经历了多次希望和失望，最终幸运地进入了中央电视台。但最早我是按照做驻外记者被招进来的。直到2013年的下半年，在同事的推荐下，我才有了试镜的机会。通过试镜，成了主持人，这样回想起来，其实并不是自己选择走上主持人这条道路的，还是有很多机缘巧合在里面的。

您曾主持过傅雷翻译奖颁奖典礼、《中欧建交四十载》布鲁塞尔首映仪式等众多大型活动，在参加这些重大活动之前您是如何准备的？

得益于央视这个大平台，我们有机会接触到一些级别比较高的活动，有全台级别的，有的甚至可能是国家级的涉外活动。所以对于我们这些年轻的播音员主持人来说，既是机会，也是挑战。虽然每一次活动准备过程都不一样，但也有一些共同点。当时《中欧建交四十载》的首映式是在布鲁塞尔举行的，我那时候初出茅庐。像这么大的活动，一般情况下主持人不可能参加所有的前期采访、剪辑等工作。《中欧建交四十载》这个纪录片更多的是其他同事的劳动成果。我没有参与整个拍摄所以了解也就比较有限。因而要去主持这样一个活动，就需要做很多背景知识的研究、调查、积累等等。所以我觉得最重要的一点是，虽然主持人不见得能从一开始了解每一个项目，但一定要在活动之前做充足的背景知识调研。除此之外，可能非常重要的另一点，就是一定要跟主办单位反复核对主持词。主持人就是这样一个行业，因为不了解一个活动的全部所以第一版主持词可能都不是你撰写的，你没有办法左右这句话可以说什么，不可以说什么。但是，我觉得一个好的主持人必须要在登台之前，按照主办方的主持词来做个人化改造，按照自己的口语习惯、个人感受还有个人特色去做一些微调。同时，主持人手卡一定要自己准备。很多人就是觉得主持人这个行业，只要人漂漂亮亮的，会说话就行了。但是，我觉得这个行业更多的工夫是在登台之前，是在活动流程之前的，这也是这个行业的挑战和魅力所在。

您有着丰富的主持经历，那么在这些年的主持生涯中，您遇到过什么令自己印象深刻的人或事，又从中获得了哪些感悟？

作为一个主持人，令我印象深刻的人或事真的很多。在这个行业中，会接触到各行各业的人，也会接触到同行前辈。对于我来说，印象最深刻的事，恰恰是令我很尴尬的一件事。可能很多人都是这样，真正光荣的时刻可能恰恰没有记得那么清楚，但是出丑、露怯、被大家嘲笑、有嘘声的时刻，你可能很难忘记。

在布鲁塞尔的首映仪式，我当时初出茅庐，但是出席那场活动的嘉宾级别都很高。中方是时任副总理刘延东，外方是欧洲理事会的官员。但令我们非常吃惊的是，欧洲的工作方式比较随意，到最后一分钟都没有确定嘉宾名单。作为主持人，我需要介绍出席嘉宾，但直到登台都没有拿到这个名单，记得我当时处理得非常尴尬。中方名单是很早就给我了，但欧方一直没有，因为没有一个对等的名单，所以当时我真是又紧张又尴尬，甚至紧张到整个人哆哆嗦嗦，一张纸都拿不住了。我记得当时，中方介绍了很多嘉宾，但是欧方因为我们没有把握谁到了谁没到，所以介绍的嘉宾非常少，在台上也就只能糊弄过去了。但是在第一个环节结束的时候，刘延东副总理的一位秘书悄悄过来跟我说：麻烦你把欧方的嘉宾再次核实一下，并且郑重地介绍，这样才符合外交上的对等礼仪。我当时真的觉得我这职业生涯可能完了，因为作为一个主持人处理得这么尴尬、这么不专业，让刘延东副总理都直接听出纰漏了。虽然这个事情客观来说不完全是我的原因，毕竟我们确实没有拿到最确切的信息，但我仍然觉得作为主持人，我处理得不够好，不够大方、准确和恰当。所以，在往后的职业生涯中，这件事对我产生了特别大的影响。从那以后，我初生牛犊不怕虎的那种猛劲冲劲、稚气会少一点，会想得更周到，比如在活动开始之前会反复跟主办方核实嘉宾身份，做好充足的预案。在我看来，职业生涯中一定会碰到很多的贵人，很多行业上的前辈榜样，会有非常多的事情令你印象深刻，但真正到现在都让我印象深刻的，就是初出茅庐时的这么一件糗事。其实不管是自己的成绩或者曾经出的丑，只要能从中吸取经验教训，都是值得回忆和珍藏的。

您法语学习成绩优秀，请问您在法语学习方面有什么样的窍门，对于现在法语学院的学弟学妹们有什么建议?

我其实一直觉得自己的法语成绩一般，从来不是出类拔萃的那种。但令我高兴的是，从大一到大四，成绩一直在稳步提升。在我看来，很有语言天赋的人毕竟是少数，但是勤能补拙，不断累积小的进步，也是很好的事情。法语学习方面我并没有很好的窍门能给大家，但我始终觉得学习任何一个学科都必须有恒心，不要介意短期的不顺利。很多人认为，你到了每天都用法语的岗位，比别人说法语的机会多，那就意味着你比其他人法语学得更好。我觉得因果关系恰恰是反过来的，是机缘巧合让我还在用法语，还在不断磨炼之前学习的东西，所以也还在提升。有很多人当时法语学得比我好得多，入门快，语音更标准，整个进步速度也很快。我这个笨鸟先飞的小故事能给人的启发也许就是，对很多人来说，学法语都是很难的，你真的不要介意挫折和困难，那真的没关系，慢慢学就会有很大的进步，天长日久，坚持下来的人，就会获得持续的进步。每个人天赋不同，但不要放弃，也不要畏于一时的困难，北外的法语确实是一个优势学科，老师也都是一流的，很耐心、专业，语音很标准，在北外读书是很幸运的，所以我希望学弟学妹们都能够珍惜这么好的资源，不要浪费时光。

寄语

我希望法语学院所有的学弟学妹都能珍惜这么好的学习环境，快乐学习，能够真正找到自己的热爱和方向，并前程似锦。法语学院一直是我心中的娘家，也是我在北京的第二个家，我也能从北外和法语学院获得很多力量，希望我们这个大家庭变得更大、更加团结，希望法语学院能够发展得越来越好。70周年只是一个开始，我相信法语学院，还有我们自己，都有很好的未来。

倪叙伦校友访谈（2007级）

受访者　2011年毕业后赴法国欧洲高等商学院（ESCP）研读金融硕士，2013年至2015年，在中国进出口银行巴黎分行、Alstom上海分公司、华安证券上海分公司等单位实习。2016年入职中国人民银行国际司，2019年借调至欧洲复兴开发银行北京团队。2021年9月，任职于伦敦欧洲复兴开发银行，担任中方代表。

采访者　杨沛晴

您能给我们分享一下您在北外法语学院学习的4年间对北外的印象，讲讲您的学习经历吗？

我在北外的日子是2007年至2011年。

首先同学素质都非常高，少部分是外校保送生，大部分则是各省市高考的佼佼者，都是当地排名非常高的精英。老师方面则更不用赘述，我们系的师资储备在全国范围内都是首屈一指的，行业大牛比比皆是。当时我有幸听过张敏、田妮娜、柳利、陈丽瑜等老师的主课，以及车琳、戴冬梅、张煦智等老师的文学、听力、口语课程。这些名字拿出去随便一个都能让其他法语院校学生垂涎不已。

在自身方面，我的大学经历可能和其他受访校友比较不同。我在系里时不是一名优秀的学生，我的4年经历也是一个赶超的过程。虽然到最后也没有超，但的确是一直从低谷往上追赶。我是保送生，高三最后一学期没有在学校，大一入学后也没有及时调整，导致学习状态很糟糕，考试成绩也很不理想。当时压力很大，也十分沮丧。即使在老师的一直督促下，仍然是学得踉踉跄跄。大二时我有幸遇到柳利老师，在她的悉心帮助下才慢慢有了起色。大三大四仍在追，虽然与优秀同学的差距已经没法弥补了，但不至于掉队了。我至今非常感谢四年中每一位鼓励过我、帮助过我的老师。今天松懈一分，日后就要多花十分去追赶，而且还不一定追得上。这里也希望各位学弟学妹们引以为戒。

再讲一点毕业后的感受。在之后求学及工作中也会遇到一些其他院校或机构的法语人，可以明显感觉到，虽然自己在北外算不上高水平，但和他们一比，不管是发音、语法还是流利度等方面往往都有较明显的优势。所以说当我们从北外法语系毕业之时，职场的起点就已经高出绝大部分同行了。

您的本科在北外学习法语，而后则于法国ESCP研读金融硕士，您在研究生阶段为什么选择了金融？

第一，上面提到我的法语水平远称不上优秀，所以如果同样以语言去做敲门砖的话，我是没有优势的；第二，学了法语不去法国看看，总觉得少了些什么；第三，我们常说语言是一种工具，可以凭此获得一份不错的工作，但在职场中能够完全靠语言来吃饭的人还是非常少的。所以我觉得学语言的我们或早或迟，终究要考虑一个转型的问题。以我本身为例，在研究生的时候学了金融，那么在就业中就拥有“外语+金融”的复合背景，在某些岗位的竞争中就很有优势；其他一些同学，他们以法语作为敲门砖进入了部委或者企业，在岗位上还是会主动或被动地转型。

在研究生的时候转入了一个新的领域，您刚开始学习的感受是怎样的？有哪些困难？

当时的研究生项目其实也是为我这样零基础背景的学生准备的。两年制中的第一年是给我们“补课”的，所有金融经济课程都是从头开始学，所以排课非常密集。第一年几乎是从早到晚，一周中只有周三下午是没有课的，再加三天的晚课，恍恍惚惚好像又回到了高中。但毕竟是半路改道，所以这种辛苦也是应该的。有些同学从本科就是金融或经济专业，一开始自然是轻松很多，不过毕业的时候也就没什么差距了。

结合当下的社会发展情况，就业竞争也越来越激烈，您觉得我们在学校期间能够为自己未来的发展做哪些准备呢，您对在读的学生们有什么建议吗？

第一，我觉得既然选择了法语系，一切还是以学习法语为主。当时有位同学对学法语很抗拒，来北外也只是志愿填报的结果。但毕业很多年后他又告诉我，非常后悔当时没有好好学，以至于毕业以后走了非常多的弯路，吃了很多的亏，花了好几倍的功夫才弥补过来。再结合我自己的类似经验，好的开始是成功的一半。第一年牢牢地打好基础以后，不管是在大二、大三、大四的继续学习过程中，还是在工作以后都是非常重要的。回过头看，大一时候认真学习的同学，后面几年往往不费太多力气还是名列前茅。

第二，关于大学生就业的问题，我觉得我能给的建议是尽早考虑、提前准备。如果能够较早开始思考这个问题，以及进行相应准备的话，那你和同龄人相比竞争优势会非常大。当时有一位同学，梦想就是做外交官，所以他大一的时候就开始了解情况、做行测练习，后来的确成了那一届唯一被外交部录取的男生。又比如说我后来去参加法国商校的五校联考，其实也是一个比较匆忙的决定，虽然幸运被录取但没有得到奖学金。反观同考的另一位同学很早就开始做计划，做了不少针对性准备，不仅申请到了学校的奖学金，还获得了其他机构的额外奖学金，对她在法国的学业和生活都提供了非常大的帮助。因此，当你有明确计划的时候，就可以更好、更全面、更有针对性地准备，更早发现并解决一些问题或者隐患，不至于最后火烧眉毛了才急急忙忙地想办法，往往还得不到满意的结果。

所以要趁早考虑人生的方向。想不清楚是正常的，但只有开始考虑这个问题才算是真正为自己活。学生时代时间精力较充裕，不仅可以多跟老师学长学姐交流，还有很多试错的机会。其实从大学到研究生，我做得最好的一点就是社会经历非常丰富，这些就是很珍贵的试错过程。我很难从短短几个月中真正学到多少，但足够去了解单位/部门运作模式、行业规则、岗位职责以及是否适合或喜欢。当我后来真正开始就业的时候，就省掉很多功夫，因为工作中犯错的代价比考砸一次大多了，跳槽的成本也比找一份实习工作高多了。所以我建议学弟学妹们，在寒暑假或大三、大四空闲时多做一些社会实践或者实习。哪怕是一周的社会实践，也比听十场职场讲座有用。留学中也深切感受到，中国学生的学习能力是谁也比不上的，但社会阅历却是远不及他国同龄人。如果出校门时还是白纸一张，那进了职场肯定会有阵痛期。

您曾经在中国进出口银行巴黎分行实习过，当时有没有考虑过留在国外工作，最后又为什么选择了回国就业？

肯定是有的，应该说当时留学的同学基本上都有过这个想法。有些是想长期定居的，大部分是像我这样考虑毕业以后在国外工作几年。第一是因为拿着外国文凭直接回国找工作也比较麻烦；第二是学校文凭在当地还是比较有竞争力的。最终回国也是个综合性的考虑，比如欧洲慢慢走下坡路国内却是蒸蒸日上，比如独在异乡为异客的感觉，比如一些显性、隐性的歧视，比如对家人朋友的记挂等等。我现在也不知道如果当时选择留下，会不会是一个更好或者更不好的选择。但我那届同学绝大部分也都选择了回国就业，也是侧面验证了我的观点。

您的法语能力为您在现在的工作领域提供了哪些优势？

我大部分工作经历还是在人民银行里，供职的部门是国际司，顾名思义就是处理央行国际业务。这个部门跟其他部门相比，不仅要求对经济金融有知识储备，还要求有相当的外语水平，所以前面提到的复合优势也体现在这里。后来一位领导也说了，他们比较愿意招学语言出身的人，因为我们一般文字表达能力强，而在部委里，日常工作还是以写文为主，对文笔要求很高。另外我分到的处室分管非洲，所以不管是处理和非洲国家金融监管机构的邮件往来、接待来访非洲外宾、以及偶尔去非洲出差，我都能发挥重要作用。实际上在整个部门里，除了英语以外，法语已经是第二大语种了。

寄语

毕业典礼上时任系主任傅荣老师说过，希望我们聚是一团火，散是满天星，这句话毕业多年后我仍然念念不忘。在后来的工作学习中，也时不时在各种场合遇见北外人，每次都能让我有一种油然而生的亲切感和自豪感。所以我衷心祝愿北外（特别特别是法语系）全体师生，不管是否相识，不论身处何方，希望你们生活顺顺利利，事业蒸蒸日上，完成自己的梦想，实现自己的人生价值，不负自己，不负韶华，也不负北外。

孔繁潇校友访谈（2008级）

受访者　　2012年至2015年在北京外国语大学法语系修读研究生，其间于2013年前往摩洛哥交流学习一年。2015年入职中国人民银行。2019年至2021年，借调至泛美开发银行。

采访者　　刘泓霖

您于2008年进入北外法语系作为本科生学习，本科毕业后您选择了继续在北外法语系深造。请问您是出于什么原因选择了北外、选择了法语系进行本科学习，又出于什么原因在研究生阶段仍然选择了这里呢？

本科的时候我们有一个特别的机制，叫做保送。不知道现在还有没有。就是高中的时候，在各地外国语学校上学的同学可以不通过高考就进入北外。当时走的是这个机制。我是济南外国语学校的保送生。为什么选了法语呢？因为当时我们可以从5种语言中选择：英、法、日、德、俄，应该是这五种。我当时粗略地想了一下，英语我已经会用了，法、日、德、俄，相比起来，我觉得法语的用途最广，它覆盖的地理范围最大。所以就选择了法语，也没有什么特别的理由。

研究生的时候为什么又选北外呢？最重要的原因当然是喜欢北外了，所以才想要留下。经过四年的学习，我觉得我非常喜欢法语这门语言，以及其背后的法语国家和地区的文化。另外，我非常喜欢北外法语系的老师。同时，我觉得经过四年的学习，跟其他同学比起来我是相对有优势的，那么我感觉如果继续深造的话，我可以把这个优势发挥得更强一些。所以我想继续在这条路上走下去，我觉得我是合适的。还有一个比较现实的原因就是，我大三去巴黎政治学院交流了，回来后立马就面临着毕业去向的选择，当时是真的比较仓促，所以我就顺势而为，在仓促的情况下做了这个选择。

您现在还能回忆起当年的法语学习生活吗，比如说当时的课程设置、教学资源，还有和老师们有关的故事？

当然了，虽然已经过去10年了，但是确实还是印象非常深刻。在北外7年的学习生活当中，我觉得印象比较深的大概有这么三四件事情吧。

一个就是基础学习阶段，也就是大一、大二的时候，大家真的都非常刻苦。我的感觉是，好像是高三。我自己没有经历过高三，却在这儿有了比高中任何时候都辛苦、压力都大的感觉，因为大家都是从全国各地非常优秀的学校选上来的，到了这儿以后大家谁都是不甘示弱，非常刻苦地打下法语的基础。而且当时的课程是非常密集的，每天早上都是4个小时，周一到周五。大家下午热火朝天地复习，晚上就开始预习第二天的课，就是这样周而复始。还有我们当时每周考试，做听写，考完排名，心里也跟着排名上上下下。大一、大二，整整两年都是这样的，这个让我印象非常深刻。你们这学期因疫情在家，没有别人这么“折磨”你们，也可以自己折磨折磨自己，哈哈，还是挺重要的。我后来接触到其他学校学法语的同学，他们没有在基础阶段强度这么大的，但也是因为我们强度这么大，所以我们可能基础方面会比别人牢固一些，这个以后你们接触的人多了，自己也会有这个感觉。所以你们以后会觉得现在做的都是值得的。

另一件事情是，我觉得北外给了我们非常多体验不同文化的机会。我自己从中受益很多。我是大三的时候去巴黎政治学院交流了一年，研究生的时候又有机会参加另一个项目到了摩洛哥。我觉得这两年在不同的国家、不同的文化背景下，有机会去上课、去跟当地的人交流，这对法语学习帮助非常大，毕竟我们是学语言的，在那种语言环境和文化环境下去切身体会非常重要。北外能给我们这么多机会，这是我非常感激的。

此外，我觉得，在北外学习会给我们比较大的自由去做社会实践。我记得在大四时，因为我很早就保研了，所以除了写论文之外就会有很多的时间，我那时开始做第一次交传，出去帮当时一些非洲官员的培训班翻译课程，每次是一两个小时，老师讲一段我讲一段。我觉得从这种实践经历中收获非常大，知道了这个行业如果专注于法语的话大概是什么样的，我自己大概是什么样的工作状态。其实研究生的时候也是一样的，虽然我出去了一年，但回来之后我也继续在做这个事情。所以非常感谢北外法语系，除了教我们基础知识、给我们留学机会之外，还给我们很大的空间去自己实践，把学到的东西用到实践当中，这个也是非常重要的。

最后一个印象比较深的，当然就是老师们了。我觉得对我影响比较大的两位老师，第一位就是戴冬梅老师，她也是我研究生阶段的论文导师。为什么对这位老师印象深刻呢？因为她说法语真的太好听了，我大二的时候第一次上她的课，当时我们所有人听到都是震惊的状态，（在那之前）没有听过中国老师说法语好听到这种地步。当时心里就想“我也想要这样，我也想说得这么好听”。我的第一印象就是这样的。然后还有一个原因就是，戴老师她知识非常丰富，我们觉得她其实是无所不知的，任何一个话题说起来她都知道很细节的东西，但是即使她知道这么多东西，她还是特别地谦逊，就给人一种特别舒服的气场，她还特别严谨，她不仅对自己要求严谨，她也这样要求我们。她对很多问题的把握都是深入细节的。她这种学术精神还有谦逊的态度，让我们觉得非常舒服，我们也都希望成为她这样的人，她可以说是我们的好榜样。而且戴老师对我的帮助也非常大，因为她是我的导师。当时做研究生的时候我是我们那届唯一一个去摩洛哥的，其他同学则要么还在北京，要么去了法国交流。我当时有很多的焦虑、对未来的不确定，我不知道就这样选择去摩洛哥一年会不会耽误什么事情，也确实不知道未来应该怎么办，包括当时回来，到研三的时候都非常焦虑。戴老师给了我很多鼓励，也用心地指导我写论文，这一点对我帮助非常大。我一直非常感谢戴冬梅老师。另一位老师就是邵炜老师，她当时教的是翻译课。我觉得她不仅教给了我们怎么做翻译，而且从更深的层次上教给了我们怎么样去思考、怎么样去表达，接触到整段整段大量的信息时怎么去把最重要的点抽出来，脑子里有大段大段的东西想要传达的时候怎么去说才能让别人尽可能多地接受，她在教给我们这个。我觉得她教给我们的这些方法，不仅适用于翻译，任何工作到后来，不论你付出了多少努力，可能到最后，别人对你工作能力的评价都取决于你把多少有效的东西用有效的方式呈现给别人了。她教会了我们不仅要努力，而且要聪明地努力。这两位老师对我影响非常大，直到现在都是。

我了解到您的学术经历与摩洛哥关系密切，您曾参加过海外民族志工作坊，研究题目是《摩洛哥：从法语的地位看西方文化的地位》，您的硕士毕业论文题为《摩洛哥媒体上的中国》，还曾在摩洛哥留学。可以和我们分享一下摩洛哥的魅力，以及您是如何与摩洛哥结缘的吗？

好的。其实参加那个海外民族志工作坊算是一个小小的插曲。你看到的这个研究题目《摩洛哥：从法语的地位看西方文化的地位》其实是我去摩洛哥之前想要做的硕士阶段论文的题目。但是我到那边后才发现这个东西不太可行。因为其实从立场来看，我作为一个中国人到那边看人家法语的地位、看西方文化的地位，其实我不太有这个立场。然后还有一个原因就是资料比较难找。那边其实是一个阿拉伯国家，他们大量的文献资料全都是阿语的，所以我试着去找了一些东西，但是找到的非常少。后来我放弃了这个方向，然后转到了《摩洛哥媒体上的中国》。一是因为我有立场，我有兴趣，然后还因为这个主题法语的资料比较好找，因为法语媒体比较多。

至于怎么跟摩洛哥结缘的，这个也是机缘巧合吧。因为当时研究生阶段有一个政府间交换留学的项目，可以让我们这边的学生去他们那边、他们那边的学生来我们这边，两国政府给补助，这样一个公费留学项目。我当时的想法是，因为我们研究生阶段的课在研一就基本上结束了，研二、研三就是实践和做学术、做论文，我觉得，一是论文，去哪儿做都是做，去那儿我也能写，也能研究，而且我可以获得一手的资料，我的方向也是法语国家与地区研究，所以非常对口。另一个原因就是当时摩洛哥不是像现在这样对中国的护照是免签进入的，当时散客都是进不去的，只有跟特定的旅游团才能去，非常少的中国人去过摩洛哥，而且当时摩洛哥基本没有人说英语。很少中国人有这样的经历，我觉得如果能够有这样的经历，我会非常特别。所以就是这样两个原因，让我决定去了，就是这样结下缘分。

说到摩洛哥的魅力，我觉得在于它的多元化。因为这个国家在地理上处于非洲和欧洲交界的地方，又在地中海的周边，这个位置让它从古至今都是文化交流的一个必经的点。它现在是阿拉伯国家，其实在历史上它被西班牙和法国占领过，它们都在那边留下了很强的殖民的文化印记，在那些人文景观中体现得非常明显，还有古罗马帝国时期留下的一些遗迹。我看到这些东西就觉得挺好的，非常多元，而且，还算比较开放，跟我对阿拉伯国家的刻板印象不太一样。还有，它的魅力还在于自然景观也是非常多元的，它北边是地中海，有着地中海沿岸的景观，例如橄榄树、橘子、海岸，中部又有很多的雪山，南部又是撒哈拉沙漠，这样多元的景观集中在这么一个小小的国家里，让我在那一年都看了个遍。这让我直到现在都觉得它非常有魅力。此外，当地的人民非常友好。因为他们当时见过的中国人非常少，可能是出于好奇，对我特别有兴趣，让我有很多的机会去跟很多人谈心，而且他们对我非常有耐心，我就有很多的机会去跟各种各样的人进行交流。这不仅对我法语的提高帮助非常大，而且对我理解他们背后整个的文化，作用都是非常大的。我觉得人民友好而耐心这一点，在其他地方，包括在法国、在欧洲，可能都并不一样。

了解到您毕业后就职于中国人民银行，而您本科到硕士都是法语专业，这样的转变还是挺大的，挺好奇您现在的工作内容是什么呢？在北外法语系的学习、训练经历给您带来了怎样的帮助？

我是从2015年开始工作的，2015年到2019年在人民银行工作。主要的工作内容会有一些外事交往，比如说跟其他国家的央行有一些交流和合作，还跟人民银行对口的国际组织有些交流合作，还会根据实时的情况做一些研究，涉及非常广泛的主题。

在人民银行工作期间，在北外的经历给了我什么样的帮助呢？我觉得最重要的一点是，北外是非常好的一个学校，北外给了我非常好的法语基础。这样的经历成了我进入人民银行这样一个专业部门的“敲门砖”。如果不是因为北外、不是因为非常牢固的法语基础，我觉得我可能没有机会进入这么好的平台、跟经济金融专业的非常优秀的同事们共事，所以法语、北外给了我非常好的一个“敲门砖”。

从2019年4月到现在，我借调在美国华盛顿常驻，这边有一个国际组织叫做泛美开发银行（IDB），我在这边一个部门做项目投后评估，就是投资之后去搜集它每年的执行情况，包括执行效果、产生的影响等，对此做一个评估。

我觉得在这个阶段，北外的经历给我的帮助，其实能看得更明显一些。首先，我记得在北外我们经常需要做很多的口头演讲（exposé），密度非常大，每门课可能一学期内都要做两三次。这个经历对我现在的帮助就是，在国际组织当中，它会要求每个人都特别明确地、有效地表达自己，我现在大概知道当需要把一个事情讲明白的时候我应该准备些什么，然后我应该从哪儿开始才能让所有人都明白我在说什么，我应该怎么去进行才能让他们跟着我的节奏，我需要怎么引出结论才能让他们同意我的想法。因为国际组织的结构相对扁平化，需要用非常强大的逻辑去说服所有人同意你，他们才会按你说的去做。所以把一件事情说明白、去做口头演讲这个能力非常重要，我也从北外的学习、训练中受益很多。

然后就是以前在北外的时候，如前面提到的那样，我有过很多的社会实践经历，尤其是做交传，给很多的培训班翻过课。这种翻译的经历其实训练了我临场应变的能力，就是当场怎么样才能把不是很清楚的东西用比较好的逻辑说出来，即使非常不淡定也要假装非常淡定，这也是非常重要的。因为我觉得在国际组织里，口头交流非常重要，所有的协调沟通几乎都是口头的，都是用开会的方式进行的，你需要在很短的时间内把观点理清楚，别人刚给你一些什么信息你马上就要给他反馈，临场应变的能力非常重要。所以翻译的实践经历帮了我很多。

其实，我想说的是北外的学习、训练经历给我的帮助不仅仅体现在工作方面，有的东西可能现在我还没法明确地看出来，可能还需要时间我才能知道我的背景到底给了我怎样的优势，我现在还不是特别清楚。但是我非常清楚的一点在于，作为学习外语专业的人，我们其实会有种直觉，就是站在别人的立场去思考问题，这是我们“天生”的立场，或者经过长期训练就会有这样的想法，我们要做我们和别人的桥梁，所以必须要知道别人听到了什么大概会怎么想，别人会有什么不知道的，就是站在别人的立场想问题这个思维方式我觉得是我们独有的。我在工作中接触到很多的专业人士，他们在专业的领域造诣非常深厚，但是，他们经常不能有效地让所有人都听懂他们想表达的内容。我们因为是学外语的，所以我们知道别人有可能是不懂的，而且我发现这样的假设往往是正确的。所以，在说一件事情的时候必须给别人背景，必须要深入浅出地、慢慢地引导他们，他们才知道你在说什么，但很多人都会忘记站在别人的立场想问题。这种思维方式也跟北外的培养有很大关系。

此外，您是如何完成这样的转变成为一名公务员的呢？您当初是辅修了，或者选择了双学位，自学了相关知识吗？就您的经验而言，如果北外法语学院的同学们希望以后从事这方面的工作，在大学期间需要做好哪些方面的准备？

我并不是从很早就计划好了后面要有这样的转变，我其实只是碰巧有了这样一个机会去进入这样一个行业。我之前从来没有想过我会去做与经济金融有关的东西，不是计划好的。但是我当时有计划的是，我想要我的工作和法语有关，因为我当时已经学了7年的法语，我也非常喜欢，所以我希望让我的长处有用武之地。另一个想法是希望我的工作稳定、给我很大的安全感。这是我自己想要的东西，不是所有人都这样，但我是这样的。此外，我还想要尽量有机会去有一些丰富的经历。所以当时人民银行这个工作呢，它跟法语有关，又很稳定，还可以让我接触到很多的人和事，所以我觉得这就是机缘巧合，跟我的想法非常匹配，于是我就去了。

我不敢说我现在已经完成了转变。我其实还一直在转变当中。自从2019年来美国常驻之后，我开始系统地学习经济金融知识，我觉得非常有帮助。有些在我们这个行业里人人都懂的常识，我是直到现在才明白。我觉得，现在明白也不算晚，总比永远都不明白要好。非常开心我开始了这个转变。不知道什么时候才能完成，才能去赶上别人那么多年的专业学习，但我觉得只要开始了，我就可以一直这样进行下去。

你刚才提到，如果有同学希望从事这方面的工作需要做哪些准备，其实我非常羡慕那种能提前有一个方向的同学，因为我自己本身是不太有清楚的方向的。如果他们能够早早地有这样的方向，我相信他们已经开始准备了。如果说我从现在回头去看，当时如果我做到什么会更好的话，我想给他们的建议就是：第一，当然是学好你的法语专业，因为你都来北外法语系了，你把这个东西学好了，它会是一个利器，即使你不是很喜欢，但它可以是你一个很好的“敲门砖”。如果你学得好，又会别的专业，你就会有更多的机会去进入你想去的那个平台，而且这个平台可以尽量得高。如果你没有这个法语专业，你是没法达到这样的效果的，所以学好专业是非常重要的。第二，如果确实是提前想从事经济金融的行业，那我建议要开始学我现在才开始学的这些东西——微观经济学、宏观经济学、国际贸易、货币政策理论、统计计量，这些都是需要系统性地打基础，长期努力才能学会的东西。现在如果有时间的话应该提前开始。双学位也好，去别的地方学也好，就是需要学的，这些是基础。第三，如果是这样的话，其实可以早开始准备，比如按照你规划好的未来的想法，读一个相关专业的研究生，这样你不仅有法语，还有专业方面的认证。如果我可以再来一遍我会这样做。还有比较重要的一点，可能不仅对这个行业而言重要，那就是我们需要有更宽阔的国际视野，不能因为我们学法语，我们就只关心法国，只关心欧洲，只关心非洲国家，这是不够的。因为在很多领域，名列前茅的国家不是这些国家，我们不能忽视美国，也不能忽视加拿大，不能忽视拉美。这些地方我们都要关心到，要有一个全局、国际的视野。而且英语也是非常重要的。在很多领域法语是公认的非常重要的语言，在文化、体育运动等方面，法语都非常重要，但是在其他领域，在金融、经济等方面，通用语言其实是英语，且大大超过法语的地位。我们还是要学好英语，这样方便我们有更宽广的国际视野、更好地接触到全面的信息。英语是不能丢掉的。

那么您觉得您本科阶段时在英语课堂上学到的知识对您现在的英语水平贡献大吗？

不是很大，因为当时其实是一个基本要求，没有那个学分就毕不了业。其实我们都知道，语言怎么学的呢，语言从来都不是上课别人教你，你就学到了那些东西。语言是一个工具，怎么才能学会用工具？就是要去使用它，用它去听、去看、去翻译，去挣钱也好，总归是要用才行。我们上课，我觉得不是最重要的，法语也是这样。课上的东西，老师教给所有人的都是一样的，但为什么结果每个人到最后效果都不一样，因为大家在以不同的方式用它。用得多的人，肯定掌握得熟练，这个就是熟能生巧，没有其他的窍门。

您现在在工作中是英法两个语言都用吗？

现在我只用英语，用不到法语。因为我现在在泛美开发银行，它的官方语言是西班牙语，第二官方语言是英语。我虽然没学过西班牙语，但是法语和西班牙语写起来非常像，如果是熟悉的主题，我们甚至可以读懂80%，这也是法语帮到我的地方。无论如何，英语才是大多数国际组织通用的官方语言，所以学好英语也很重要。

据您了解，和您同一届的法语本科、硕士毕业生都从事什么工作？硕士学位是否如大众预期，会带来更好的工作机会？

我们那一届本科毕业就工作的人不是特别多。大部分的人选择了继续读书，在国内、在北外继续读研究生，或者是去其他的院校读其他专业的研究生，或者去法国读他们想读的专业，大部分人是选择继续读书的。选择去工作的同学，大部分人我记得是去了非洲，做一些通信相关的，华为、中兴等等，或者是建筑行业。

硕士阶段的同学，就我们那一届而言，去银行的非常多，去建行、农行、工行的都有，还有一些人是去外交部，或者其他部委从事专门的翻译岗位，也有去当法语教师的。其实我觉得如果是法语硕士毕业再去工作的话，不一定工作机会更好，但是，找到的工作跟法语相关的概率会大很多。因为很多专业的领域它需要对法语有更多更好的把握，比如说当老师，本科的学习可能还是不够，需要经过硕士阶段的训练才能达到，或者是做职业的翻译，都是需要经过更长时间的训练才能达到的水平。所以，硕士毕业再去找工作，就是找到的工作跟法语相关的机会会大得多。

其实，什么叫更好的工作机会呢，我觉得每个人对这个事情都有不同的定义，没有什么工作是对所有人都更好的。但我觉得大家普遍都同意的观点，是去一个更好的平台，去一个不一定是级别更高，但是在那个平台上它会给你很多的机会，会让你跟优秀的人共事，这就是好的平台。我觉得去一个好的平台，尤其是在刚毕业的时候，会比去一个比较小的，或者在那个平台上你是最好的那种情况，要让我们更受益。好的平台可能对我们刚毕业的同学来说是一个好的机会，后期能够在好的平台上找到自己更适合的岗位。因为有些岗位，是需要人在很短的时间内去适应很广泛的东西，然后马上给出自己的解决方式，这样的就会适合一部分人，但是有一些岗位又需要人长时间地专注非常细小的事情，慢慢地做得深入做得持久，不用很广泛，只需要在一个小的领域钻研得尽可能深，这样的岗位又适合另一部分人，他们性子可能会比较慢但是持久力比较强。我觉得我可能是更偏向后者。不同的人会适合不同的岗位，但是我相信好的平台的评价标准，对所有人都是适用的。

您对今后法语学院的人才培养有什么建议？

我到现在都非常感谢法语学院对我的培养。我觉得以我个人的经历来说，法语学院在语言、文化方面的教育非常专业，能带给我们的机会，不管是留学、社会实践还是工作机会，都是国内顶级的。

如果说能有什么让法语学院更好的话，我希望的是法语学院能更多地鼓励学生或者引导学生去尽早找到一个喜欢的方向，尽早地接触一些专业的技能、系统地学习，因为毕竟毕业了之后只有非常少的人是做只和法语相关的事情的，大家都需要用到其他的专业技能，如果能更早开始系统地学习，会让大家在之后跟其他院校或专业的学生竞争的时候更有优势。

周菁华校友访谈（2008级）

受访者 2012年本科毕业后，赴美国乔治华盛顿大学读研。2014年硕士毕业后正式入职世界银行，工作至今。

采访者 刘雨昕

您于2008年进入北外法语系学习。请问您当时是出于什么原因选择了北外，选择了法语系呢？

我初高中就读于石家庄外国语学校，该学校具有推荐保送生的资格。从小到大我对语言都非常有兴趣，也逐渐发掘了自己在这方面的天赋。所以我当时上高中的时候目标就很明确，我想学语言，那么学语言最好的地方就是北外。我初高中学的都是英语，想在英语学习之余了解一门其他的语言，于是就在可供选择的5个专业中选择了法语。

您能否回忆一下当年的法语学习生活，比如说当时的课程设置、教学资源和您的老师、同学？大学期间有什么令您印象深刻的人或事？

在北外4年非常充实和快乐，非常感激在北外度过了这样4年的时光。我大一是法语3班，班主任是张迎旋老师，跟张迎旋老师一起教我们法语的是李书红老师，两位老师对我们就像对待自己的孩子一样。张迎旋老师是非常非常温柔的一位老师，可能是我这辈子见过的最温柔的老师，她经常把我们比作两三岁牙牙学语的小宝宝，对我们非常耐心。李书红老师也是兢兢业业，给每个人挨个抠嘴型、抠语音，我印象特别深的是，大一时大家都围成一圈坐在教室里，轮流发同一个音，李书红老师一个人一个人地看过去。我自己是北方人，北方人说话的时候嘴型比较松散，每次她纠正别的同学都是让他们把嘴巴再张大一点儿，唯独到了我这，是让我嘴巴小一点，所以我每次都要特别注意。还有老师对于清浊辅音的纠正，到现在我自己在读法语的时候遇到清浊辅音，我可能还会再回去读第二遍，去想有没有达到李书红老师的要求，当时她还跟我说："唉，你这个法语怎么读得这么像英语呢？"所以我直到现在还是非常在意自己的语音语调，也是得益于老师当年的悉心教导。当时每周五都要表演一个小短剧，我们班当时是每个宿舍为一组，方便彩排，最后逐渐演变成每个宿舍都有自己的连续剧，每周演的内容都和上一周有关联，每个人都有固定的名字、固定的人设，然后演这个星期又发生了什么。我觉得特别美好。

大二的时候，印象最深的就是张煦智老师的听力课。张老师非常严格，到听力教室之后，他最先做的一件事情，就是非常快地读10组9位数的数字，让同学把这些数字全都写下来。同学们一开始真的是非常崩溃，没有一个人可以全部记下来，于是课后大家经常互相出题做练习，一个学期之后，基本上所有人听写10组9位数都没有问题了。等到专四、专八考试时，凡是听力中出现数字，大家都觉得没有任何难度。

大三我在巴黎政治学院交流了一年，这一年对我来说既意味着法语的突飞猛进，又承受了精神和肉体上的巨大考验。当时只学了两年的法语，到了巴政之后需要用法语学习对我来说很晦涩的社科课程。班上的法国学生都用电脑记笔记，刚开始上课的时候只要听到大家飞快地敲键盘，我就心慌。因为我会想他们都在记什么，我好像还没有听懂多少，他们已经记了那么多了。每星期还有很多的exposé，对我来说是很大的挑战，每天都花很长时间学习，以至于我在法国学习了一年并没有感受到法国“浪漫之都”的那一面。反倒是我工作之后，经常出差经过巴黎，才发现巴黎原来这么好，我当时上学的时候怎么没察觉。但是当时真的是学习压力比较大，没有精力去欣赏城市的风光。

大四我回到北外完成大学学业，印象比较深刻的是戴冬梅老师和邵炜老师的课，两位老师是我们班同学心目中当之无愧的女神。我觉得戴冬梅老师法语说得比法国人还优雅，最重要的是她教会了我一种方法。因为她每次上课前会让我们准备某一个主题的语料，让我觉得即使进入一个完全陌生的领域，我也有办法在很短的时间内掌握这个领域所有的常用词汇，包括现在工作中也是，比如我要接触一个新的项目，跟客户谈的时候我从来不会很慌张。戴冬梅老师教给我的这种方法非常有用，可以说是让我受益终身。邵炜老师的翻译课也是干货满满，传授给我们中法翻译的方法技巧。但是我也要说，当时上邵炜老师的课非常紧张并有挑战性，但是越有挑战性的课，进步就越快。如果说上某一堂课你感觉非常舒服的话，那么进步可能就不太明显。

所以大学4年，真的非常感谢这些老师们。虽然学的是法语，但是老师们教的方法可以运用在学习生活中的方方面面，方法非常重要。

如果让您对当时读书的自己说一段话，您会说什么？

工作之后我发现，学习是这个世界上最简单的一件事，而且是回报率最高的一件事。只要认真地学，就一定会有收获，一定能学得好。一定要珍惜这4年的学习时光，工作之后很难再有这样整块的时间心无旁骛地学习。上大学时的烦恼现在回头看什么都不是，所以没有什么可烦恼的，认真学习，享受青春，享受每一天。

2012—2014年您在美国乔治华盛顿大学读研，具体就读什么专业？

我读的是国际关系下的国际发展（International development）方向。都说北外是外交官的摇篮，我当时读这个专业也是希望将来能够从事国际事务、公共政策相关的工作。在最后选学校选专业的问题上，王鲲老师和辅导员胡毅老师也给了我非常大的帮助和宝贵的指导意见。

法语学院有不少同学毕业后会选择去法国读研，您为什么会想到要另辟蹊径去美国读研呢？

一方面是因为我大三去过法国一年了，我觉得我已经体验过在法国的学习生活，想要体验一下在其他地方学习是什么感觉；另一方面，因为我从小上的是外国语学校，氛围受英美文化影响更多，也接触了很多美国电影、电视剧，被这种美式生活方式所吸引，就一直想去美国看看。

很多人都会说："唉你为什么要去美国？那你这法语不是白学了吗？"我嘴上说不会，其实自己心里也很慌，也会不断地质疑自己。自从我决定要去美国学习之后，大四一年，我经常会梦到有人突然让我上台说法语，给我一个麦克风，我不会说。其实我潜意识里也很害怕我到了美国，没有这样的语言环境，法语荒废了怎么办。所以到美国之后，也可能是环境比较新鲜，精神比较亢奋，我每天早上6∶30就起床，听半个小时的RFI，然后自己再学半个小时。假装自己给自己上课，找一篇文章，查生词，复习固定搭配。一直到现在，我还是有很深的顾虑，偶尔仍然会做那样的梦。

我们都知道申请美国大学对英语要求很高，您在本科期间是如何平衡英语和法语学习的？

我印象中大一是不让学英语的，因为怕我们混淆，我觉得这是非常正确的。因为英语法语确实容易混淆，我到现在也会混淆。但是法语基础打扎实之后，这两个语言是相辅相成的，因为英语中的很多单词是从法语中过来的，法语学好了反倒能扩充英语的词汇量。

我们在学语言的时候当然要把发音发得尽善尽美，像法国人一样。但其实在实际运用中，发音固然重要，但更重要的是要把意思表达清楚，要敢说。我有很多同事法语说得跟英语一模一样，人家照样能去和法语国家的人谈判，只要敢说，就没有任何问题。

您现在在国际组织工作，工作中使用英语和法语的比重大概是多少？

肯定还是英语用得更多。比重大概是英语70%，法语30%。我现在所在的部门是面向全球的，在中国、欧洲、非洲都有项目，像在塞内加尔、毛里塔尼亚、马里、乍得、突尼斯这些国家都是要用到法语的。在世界银行这种地方，要是不会说法语都不好意思跟人打招呼。像我说英语、法语、中文3种语言，在我们同事中真的不算什么，会多种外语不是一个特长，反倒是一个必备技能。

您是如何进入世界银行工作的，具体担任什么职位，做哪些工作？

美国的研究生一共两年，第二年下学期，我上的一门课是要帮助客户做项目。当时我们这个课上20个人，教授把我们分成4组，选了4个客户。我被分到了世界银行这一组，要帮助世界银行其中一个部门做关于南苏丹社会发展的项目。南苏丹是战后国家，退役军人回归社会心理上会有不适应，我们就要帮助南苏丹完成战后重建工作。我当时已经快毕业了，非常努力地在那个项目上工作，也是希望能通过这个项目进入世行工作。等到课程快结束的时候，项目经理就向我抛出了橄榄枝，我就这样进入了世行。很幸运的是我研究生和工作是无缝衔接的，毕业典礼一周之后我就去南苏丹出差了。因为南苏丹是非常危险的国家，所以去之前要先去肯尼亚进行安全训练，训练内容就是被绑架了怎么办、车被炸了怎么办，穿着防弹服模拟被绑架的情景，头上套个袋子，让人跪下等等。当时心里也挺害怕的。

我担任的职位是世界银行能源局石油、天然气和矿业部门分析师，主要负责石油、天然气、矿业的开发、投资和技术援助。比如说某个国家发现自己有一个非常大的天然气田，但是这个国家不具备足够的资金和经验，世界银行就去给他提供贷款、技术援助，告诉他如何与私人公司谈判、如何最有效地开发利用、如何进行基础设施建设增加就业。世界银行的贷款主要针对国家政府，分为赠款、无息贷款、有息贷款，根据国家的发展水平而定，比如像中国这样发展得比较好的国家就是有息贷款。

能否和我们分享一下您工作中最难忘的经历？

我入职的时候刚刚研究生毕业，在世界银行里算是比较年轻的。但是出差谈判面对的客户都是政府部长级的人物，尤其是像非洲一些战后国家，这些部长级人物以前可能是参与过战争的，是非常男性化的形象，对方会觉得一个年轻女性凭什么来告诉自己发展得不好，我为什么要相信你。社会上仍然会有一些成见，人们会希望更有经验、更年长、更男性化的角色来提供建议。研究生那门课的老师跟我说："你要把自己打扮得更成熟。我觉得你应该把头发剪短，短头发、戴框架眼镜，给人一种成熟感，你要隐藏你的年龄。"我当时听了这个老师的话，一毕业就去剪了头发，然后去南苏丹出差。出差的时候，当地人问我多大，我说你猜，然后那个人说我猜你35。我当时内心是崩溃的，因为我当时只有24岁，但是我说好啊你说我多大我就多大。就是尽量回避这种问题，不要向人展示自己的年龄。在我的这种工作环境中，尽量表现得成熟一点会有帮助。总之，要对自己有信心，表现出自信和成熟，在气势上压住对方。

寄语

祝贺法语学院成立70周年。我是2012年毕业的，我印象很深，在我们的毕业典礼上，当时的系主任傅荣老师说过一句话，说希望我们聚是一团火，散是满天星。我觉得我们这一届的毕业生没有辜负傅荣老师的期望，法语学院的小星星在各行各业闪烁着自己的光彩。我也希望所有老师身体健康，希望今后法语学院越办越好，继续向各行各业输送优秀的人才，向世界输送有责任感、有使命感的北外人。

王莹月校友访谈（2009级）

受访者　本科毕业后进入北外“国际组织项目班”（现为国际组织学院）攻读硕士学位，2016年毕业，同年取得巴黎政治大学环境政策硕士学位。现就职于国务院发展研究中心，从事智库外交和政策研究相关工作。

采访者　舒畅

您于2009年进入北外法语系学习，并且在本科结束后继续选择在北外“国际组织项目班”攻读硕士学位。请问您当年是出于什么原因，本科与研究生都选择了北外呢？您在北外的7年学习收获有哪些？

首先非常荣幸在法语学院成立70周年之际接受此次采访，真心为母校以及法语学院感到高兴。

本科与研究生都选择就读于北外的主要原因有以下几点：首先，我从中学学习外语开始就对从事外交相关工作怀有憧憬，北外作为共和国外交官的摇篮，成为我高考志愿的优先选择。大三时了解到“国际组织项目班”的试点项目，是“双语+专业”培养模式，符合当时我对未来的规划，所以研究生阶段继续选择了北外。此外，北外以开放自由的校园氛围与学术氛围著称，学校虽然不大，但是“小而精”，教学质量很高。

7年的学习收获，我觉得第一个就是国际视野。学习外语为我打开了了解世界的一扇门，法语系当时与很多法国的高校之间有合作，于是我选择了去法国交流。研究生期间同样受益于北外的培养模式，在研二、研三的时候去了巴黎政治大学攻读第二个硕士学位，7年北外生涯实际上有3年都是在国外度过的。北外的国际化平台和对出国读书的包容性、开放性对于培养我们的国际视野都有非常大的帮助。除了培养小语种能力，北外还重视培养其他方面的能力，比如英语。法语系的同学在毕业时都需要去考英语专业八级。另外，学校的社团活动以及实习机会都很丰富，大二有幸参加中国经济网的G20平台实习记者撰文工作（这是他们去北外定向招聘的）。同时，在北外让我时刻有一种和有理想有目标的同学一起奋斗的感觉，这种感觉非常好。

据了解您曾在联合国环境规划署日内瓦总部实习。您是如何获得这次宝贵的实习机会，对此次实习印象最深刻的地方是什么？

这段实习是我在巴黎政治大学攻读硕士期间进行的。学校需要完成实习的学分。通过我们专业的学术导师，我了解到联合国环境规划署日内瓦总部正在招募实习生，这个岗位的前任就是巴黎政治学院环境政策专业的学生。我马上投了简历，并认真地准备了面试。面试之前，我详细了解了实习岗位描述、实习部门的相关信息，以及面试人本人的简历。当时这个部门正在开展“通过生态系统方法降低自然灾害风险”的项目，我研究了他们这个项目具体的内容，并且了解到这个面试官发表过一本相关领域的书，我阅读了摘要，因此对这个部门的主要工作，以及他们对实习生的期待有了一些基础的了解。面试的时候效果比较好，后来顺利收到录取通知。

在日内瓦实习的4个月给我留下了深刻的印象：首先，我第一次真正了解、接触国际组织的工作和运作方式。联合国机构除了做一些专业性的研究，还非常注重研究成果和政策建议的宣传。日内瓦有非常多国际组织，所以我们也有机会认识一些相关领域的同事。在这些地方工作的人，大多有一颗理想主义的心，希望为世界和平与发展、环境保护等去做力所能及的贡献。同时，我们也去参观了世界自然保护联盟（IUCN）的总部，总部大楼没有空调，通风系统以及取暖采光等等都是采用最环保的材料和最节能的科技。另一个收获是，初步了解了国际组织需要什么样的人才，即不仅需要有出色的项目策划与协调能力，更重要的是需要有专业领域的知识积累和研究成果。我的实习导师发表过生态减灾领域的专著，同时她会在国际场合进行游说，比如向一些国家的部长争取将部门正在开展的项目纳入国际议程。

您曾在《法语国家与地区研究》上发表文章« Des préjugés dus à l’incompréhension de la culture chinoise »。可以和我们讲讲您写作时的一些感受吗？为什么要选择这个话题，以及写作时遇到了哪些挑战？

这篇文章其实是从我的本科毕业论文中提炼出来的。我本科的毕业论文是关于法国媒体如何报道中国，以及他们这样报道中国的方式背后的原因。戴冬梅老师是我这篇论文的导师。选择这个题目，其实也和我大三在法国交流的那段经历有关。交换期间我选了一门媒体与社会的课，任课老师是一位经验丰富的记者。通过这门课，我感受到法国媒体在写一些报道的时候其实并不一定完全客观的。慢慢地我就对媒体的这种报道方式，不同国家之间的文化差异与隔阂产生了浓厚的兴趣，回国之后就选择了一个这样的主题。戴冬梅老师当时给我提了一个很好的建议：选择某一家媒体在某一段时间内的报道，进行集中、深入的分析。当时选择了《世界报》，我把2011年上半年内所有的文章都找出来，分析他们对中国报道的方式，再分析其背后的原因。最后在戴老师的指导下完成了论文，有幸获评了2009年的本科优秀毕业论文。之后我把里面一些比较精华的观点提取出来，投给了现在的《法语国家与地区研究》。

从法语系毕业后，您进入了国际组织项目班，后就职于国务院发展研究中心。您认为法语系的学习和训练，对您后来的学习和工作有哪些帮助？

首先，掌握了多语言技能，尤其是英语和法语，两门在国际组织中使用最广泛的语言，这些对于日后学习工作是有很大帮助的。

其次，加深了对法语国家的社会政治文化的了解，在将来的工作中与这些国家对接的时候，对他们的一些想法和做法会更加具有敏感度，我现在工作中的一项职责是维护与法国有关机构的合作关系。

最后，这些经历让我在与不同文化背景的人交流时有更强的思想开放度和包容度，能够求同存异，换句话说就是培养了国际视野和国际交往能力。

据了解，2016年国务院发展研究中心4个岗位共招考4人，117人报考，平均每30个人竞争一个名额。在竞争如此激烈的情况下，您为什么选择就职于国务院发展研究中心，又是如何脱颖而出的？

其实说得有些夸张了，我当时也并不知道有多少人去报考竞争这个岗位。选择在这里就职首先是这个岗位本身，因为在巴政学习的也是公共政策相关内容，所以对于像从事政策研究的智库有浓厚的兴趣。当时对于国务院发展研究中心其实也不是非常了解，但是知道它是为国家经济社会发展提供决策咨询的机构。我一直觉得如果能在这样的机构工作，是一件挺光荣的事情，所以就决定报考，之后我认真地准备了笔试和面试。考试的时候心态比较放松，发挥得不错，笔试排名第一，面试就没有多少压力，最后也就顺利地被录取了。

您工作已满4年，是否已经适应了工作？在从校园到职场的过渡中，您遇到了哪些困难，是如何克服的？

工作4年了，当然已经适应了工作。从校园到职场的这样一个转变和过渡，有很多的成长、变化和收获。

第一个是角色和心态的变化。当我们在学生时代，作为学生，是为自己学习，为自己的未来而拼搏奋斗，选择自己喜欢的课程，选择自己以后的方向；而且只要自己努力，成绩就能提高。但是步入社会以后，作为一个机构的职工，角色就发生了改变。我们是为了这个单位、这个团队而工作，所以目标需要符合整个团队、整个机构的目标。这就要求我们扮演好自己在这个团队中应该扮演的角色，做好自己岗位的工作，清楚自己的位置，既不能越位，也不能缺位。我们刚工作的时候都是从底层做起，切忌眼高手低，需要一定程度的“放下自我”，不能总想着突出自己，要为团队、为整体的目标去服务。

第二个体会：来到工作岗位上就意味着要承担更多的责任义务，也就意味着会有一定的压力。学生努力学习可能就是为了通过考试，为了能够顺利毕业，但终究学生只是为自己负责。但是在一个单位工作，更多地要为团队负责，在和他人沟通的时候，说话办事一定要符合规矩，需要非常地得体和谨慎。因为我代表的不是个人，一定程度上是部门和机构。这种责任还体现在当同事不在的时候可能需要去补台。去年我们处人非常少，因为处长去培训了好几个月，我当时感觉自己身上的担子变得更重了，但同时得到的锻炼和成长也更多。

第三个感受：在工作中，有的事情比较简单，可以快速完成，但是有的事情是长期和复杂的。一个项目，会涉及很多部门、很多人，需要从大局出发、统筹考虑。同时还需要关注周边的人，包括他们的诉求、他们对一些事情的接受程度和行事节奏，不能想当然地按照个人的想法行事，或是操之过急。

您对如今法语学院的人才培养有什么建议?

我前两天专门去看了法语学院的网站，看到学院发展得越来越好，心里十分感动和自豪。我刚进北外的时候，法语系由法语和意大利语两个专业组成，法语专业人数更多。如今变成了法语学院，同时还增加了复合型人才培养的模式，我觉得这是很好的一种探索。同学们在学好法语的基础上，也可以有更多的机会去接触其他领域的一些知识，对现在的同学来说是很好的机会和平台。北外作为我的母校，凭借精益求精、高质量的外语教学和学科探索，以及一代代老师孜孜不倦的付出，培养出这么多优秀、全面发展、符合国家需要的学生，我很幸运成为其中的受益人。我认为这种好的教育培养模式应该继续发展下去，同时希望这种复合型人才的培养模式可以一直坚持下去，做大、做强、做扎实。如今在社会上，拥有跨学科、多领域综合能力的人，比只会一门外语的学生拥有更强的竞争力。

寄语

我们从北外法语系毕业的同学，尤其是我自己，对法语系有很深的感情。我们的老师和蔼可亲，温柔中又透露着严格，给我们不断鼓舞拼搏的动力，学校的氛围也非常好，同学们都一起努力奋斗着，这些都是我们青春里特别美好难忘的回忆。即使走入社会，法语系的这段经历也都能够一直温存着我们，法语学院一直都是我们北外法语人的心灵家园，一直是我们的骄傲。希望法语学院在未来能够越办越好，培养出更多优秀的学子，桃李满天下。

齐政文校友访谈（2011级）

受访者　2015年获北京外国语大学国际关系硕士学位、巴黎政治大学公共政策硕士学位，目前在联合国教科文组织布鲁塞尔联络处实习工作，主要负责对欧盟的文化政策分析以及与欧盟的项目管理合作。

采访者　卞艺文

您当时如何与法语结缘?

我2011年通过高考进入法语系，是一个法语零起点生。本科毕业后，我很有幸被保送到北外国际组织学院攻读国际关系硕士学位。按照国际组织学院对学生修读两个硕士学位的要求，我之后申请并攻读了巴黎政治大学公共政策硕士学位，主修文化政策。目前我在联合国教科文组织布鲁塞尔联络处实习工作，主要负责对欧盟的文化政策分析以及与欧盟的项目管理合作。

您在北外7年的学习生活中有什么印象比较深刻的事情吗?

我印象比较深刻的有四处。这四个方面能够比较好地概括我在北外7年的成长，见证了我从懵懂少年到有一些自觉、有一些社会意识的社会青年的转变。

一是语言学习方面。北外的语言教育体系还是很全面的。从我在法语学院的学习经历来说，当时的课程难度循序渐进，不会刻意拔高，让人望而生畏。每周有contrôle（小考），老师会时时刻刻督促学生注意语言运用中的小细节。大一的时候，老师还会组织pièce表演，让我们把学习到的语言点运用到日常生活对话中。我觉得在这样的大环境下，大家的语法知识掌握得都很扎实，读写能力很强，听说能力也都不弱。这为我在海外的学习与工作打下坚固的语言基础。

二是学习能力培养以及学风培养方面。初学法语阶段，可能是受到英语发音的影响，同学们的发音经常不够准确、扎实。老师鼓励我们同学之间组成语言互助组，互相纠正语音以及口语中出现的语法问题。同学之间也会经常聚在一起，互相考查刚刚学到的动词变位。在这样互相鼓励、互相督促的学习氛围中，大家的语言学习成长速度还是很快的，同时这也加深了同学间的友谊，经常会出现同学在食堂见面“promouvoir, il au singulier”这样的打招呼方式。现在回想起来，这些经历很青涩但都是很美好的。与此同时，老师也会介绍学习方法，比如做课文的résumé或者听法语的录音（例如RFI的广播电台节目）做dictée。这些为我们之后自己学习法语提供了学习方法上的指导。

三是我的个人见闻和工作能力上的发展。高考之后，大家基础知识的积累都达到了人生的顶峰，但是对于社会的了解还是相对浅薄。尤其是我们这些外省学生，刚刚来到北京还会有些不太适应，对周边的生活也觉得很新奇。北外是一个很好的平台，可以让我们在实践生活中增长自己的见闻。我曾在法语学院团学联担任外联部部长。两年的学生工作教会我如何写合格的商业策划、如何与学校周边的商家谈判、如何组织一场成功的学生活动（例如校友论坛）。这些不仅对我的个人能力提升有所帮助，也让我意识到我和社会存在一种联结，我不是一个游离在社会之外的学生。再比如，第一届中非地方政府合作论坛召开前，组织方对外友好协会来法语学院招募志愿者。虽然当时我们只学习了一年的法语，但是已经可以承担一些比较简单的翻译任务，帮助外宾沟通他们在生活上遇到的问题。这份经验一方面增强了我自己对应用刚刚学到的法语的信心，另外一方面也让我近距离感受到了外事工作中需要注意的一些细节，以及外交人员在谈话中需要格外注意的地方。这些经验对于我而言都是很宝贵的，而且也增长了我作为北外学子为国家外交事业助力的自豪感。

最后，我觉得最重要的一点是，在北外的学习改变了我自己对周边世界的认知。这一点其实要感谢我出国交换的那一年的学习经验。因为出国交换之前，我的视野可能仅仅局限于语言学习或者是与语言相关的工作。有时候也会想象毕业之后，像我的学长学姐一样去应聘一些国企或者事业单位的工作。但是，出国的那一年，我很有幸能够在国外结识到许多小伙伴，他们都在为自己梦想努力拼搏。因为大家的教育背景以及生活经历千差万别，所以在聊天过程中能够接触到的信息远远多于当时在国内北外校园里的同学们。跟国外小伙伴们的交流让我意识到，这个世界充满各种可能性，我们是掌握这些可能性的主体，而不是将来只能被工作选择的客体。这在当时极大地促进了我的成长。同时，在海外的学习也让我经历了很多文化冲击。我意识到，面对同样一个问题，不同文化背景的人的思维方式和想法可能大相径庭。因为接触到了比较多元的文化，我变得更加开放和包容，能够更加客观地去看待世界上发生的事情。这些都是在大学生活经历中让我印象比较深刻的。

您为什么会选择走上国际组织的道路?

其实说起来，这是一个偶然和必然的结合体。当时我出国交换去了里昂，特别幸运地认识了一个做翻译工作的姐姐。她在国内的一所三本大学读的本科，但是有一个在国际组织里面当职业译员的梦想。当时她说的一句话让我印象挺深刻的。因为其实像我刚才说的，她的学术背景虽然不好，但是她在法国其实是有很多翻译任务的。我就去问她，怎么能找到这些翻译类型的工作呢？她告诉我，她的简历上没有别的，只有一百场她做过的翻译。这对我触动很大。因为我觉得我在北外的时候，大家都会想着通过各种各样的工作经历让自己的简历看起来尽可能地丰满，但是却忽略了，社会上需要一个人才，可能更需要的是你的工作能力。如果能够以一个很直观的方式把工作能力表现出来，其实可能比你单纯有很多经历更具有说服力。这是当时对于我而言第一个印象比较深刻的事情，让我改变了自己对于学生工作的一些看法。第二件事也与她有关。她来法国前不会法语，经历了一些波折才来到法国。但是，她之所以想来，就是因为她想考入巴黎高等翻译学院，因为巴黎高等翻译学院的很多毕业生都可以直接去国际组织当译员。当时我听她说起国际组织译员的工作，就觉得特别有意思，觉得可能这个事情对我而言也没有想象中那么遥不可及。但这个时候我的想法还比较简单，认为自己做一些高质量的翻译能够促进中国与其他世界各国的交流。

后来我有幸参加了北外国际组织学院组织的人才培养夏令营。所有入营的营员都是来自各个高校的优秀学子，在跟他们交流的过程中，我能够感受到一种当代青年对于国际事务的关心，以及他们想要积极参与国际事务的热忱和诉求。夏令营的老师们还为我们安排了四场有关国际组织的讲座，最让我记忆犹新的是已故的中国前驻法大使吴建民的那一场讲座。他当时说，其实中国不缺语言说得好的人才，缺的是懂国际规则而且能够讲好中国故事的人才。这句话当时深深地打动了我。那一刻，我突然间觉得，我不希望自己只是去把别人的话以另外一种语言重复出来，而是希望自己能做一个了解国际规则，并且能从内容上为中国与其他国家之间的交流做出贡献的人。后来我也很幸运，能够进入北外国际组织学院继续学习。我们当时的课程设置也十分丰富，有国际经济、国际关系、国际法、英语、法语五方面的课程。一年之后，我们对国际组织有了更深的了解，也有了前往海外继续学习的机会。当时我想到，巴黎既是一个文化之都，同时也是联合国教科文组织总部的所在地。而我个人当时的研究领域也是偏向于文化政策与跨文化交流，所以我当时就申请了巴黎政治大学公共政策方向的学位，主修的就是文化政策。后来在巴黎的学习过程中，我们课堂上也会定期有联合国教科文组织的老师做讲座，介绍联合国教科文组织的工作内容以及进展。这些都为后来我进入到国际组织奠定了很坚实的人脉基础和知识基础。后来我就走上了在国际组织工作的道路。

您当时是通过JPO还是YPP项目进入联合国教科文组织工作的？能否为我们简单介绍一下项目的相关背景？

联合国工作人员的选拔需要通过联合国专门的考试。对于刚刚从大学毕业的优秀年轻人，他们可能很有想法，但是缺乏工作经验。为了解决这个问题，联合国系统设立了YPP和JPO项目。YPP即young professional program，它主要针对的是代表性不足国家中的刚刚毕业的青年人员。他们不需要有工作经验，只要通过YPP的考试，就可以进入国际组织的人才储备库两年。一旦国际组织有合适的岗位，就会把他们派驻到这个岗位中，给他们一个P级职员的身份。JPO针对的是已经有两年工作经验的青年人。联合国会通过招考吸纳他们，让他们为国际组织事业做出更大的贡献。

我现在所在的项目跟这两个都不一样。我所在的是国家留学基金委员会与联合国教科文组织的一个合作实习项目，要通过国家留学基金委员会和联合国教科文组织的双重选拔。入选后，由国家留学基金委员会以奖学金的方式给我们提供在海外生活的实习补助，由联合国教科文组织安排具体的工作岗位。我就被派驻到了联合国教科文组织的布鲁塞尔联络处。

您认为留基委的选拔考试考验哪些素养？

留基委的考试是通过笔试和面试两种方式去进行的。我觉得其实考查三方面的素养。

第一点就是最基础的语言能力。语言能力中，英语是必须具备的语言技能，会法语的会被优先考虑。英法双语不但是要求能够在生活中熟练应用，同时也要求具备较为优秀的书面写作水平。而书面写作水平，我个人的理解是可以把它分为语言理解能力、概述能力以及个别字词在国际政策文件中特定含义的精准把握。这些都是需要在日常过程中大量阅读国际组织的相关政策文件以及活动摘要去学习和锻炼。

第二点是受试者的知识水平。不仅要具备所申请的工作领域的专业知识，同时也要具备全球观、大局观以及跨文化交流的素质。我觉得这一点对于国内的学生而言可能比较难达到，因为大家接触到国际事务的机会相对比较少。我们平时学习语言也更多的是针对语言本身，很少去关注其他文化中一些普遍存在的文化内涵或者是知识背景，但其实这些可能都会限制我们之后在国际组织的日常工作以及对国际组织工作的理解。比方说希腊神话中的达摩克利斯之剑、阿喀琉斯之踵，它都有不同的具体代表的意义。可能大家在平时说话的时候就会直接拿来引用，但如果不了解背后的文化，可能就不知道它的具体所指。所以这要求我们对所学习语言的文化背景有了解。再有一点就是应试者要对联合国2015年发布的《2030可持续发展目标》有基本了解。因为这是联合国未来几年的主要行动纲领，对之后国际组织的工作的重要性不言而喻。

第三点，我觉得留基委看重受试者的工作能力。这一点在面试中表现得比较突出。因为在面试中会设定一些存在文化冲突或者价值冲突的工作场景，考验受试者的应变能力。受试者必须能在短时间之内认清楚矛盾或者冲突存在的原因，并且以比较恰当的方式处理问题。这一点还是需要一定的工作能力作为支撑的。

法语学院的培养带给了您哪些帮助？

我觉得法语学院的语言训练还是很扎实的，我受益颇多。我对自己的语言能力还是很有信心的。而且像刚才我也提到过的老师传授的一些自己学习语言的方法，比如做dictée、收集语料做résumé，我觉得这些都能帮助我快速掌握工作领域中的术语。这是属于我们北外学子得天独厚的优势。我们大二的时候还开设了泛读课，老师会讲很多文化常识类型的知识。可能学的时候不知道这些会用在哪儿，但是它们其实融入了生活的方方面面。所以我觉得当时的泛读课的内容也给我之后的工作奠定了很重要的文化背景和知识基础。

您在实习中有没有遇到过一些难题？

会遇到一些问题。我觉得东亚文化圈出来的同学们普遍不太敢于表达自己的想法。儒家文化中经常提到自省，就是出现问题的时候首先要想是不是自己哪儿出现了问题。其实我们更多的是苛责自己，可能不太会去跟同事交流自己的想法。但是在西方文化中，这个思维方式是不存在的。有问题的时候，大家都会很坦诚很直率地说出来。可能不是你自己的问题，而是对方的问题，那怎么样去找到这个问题，我觉得也是我自己在国际组织里面学习到的很重要的一点。我对自己的认知变得更加清晰，而且能够更勇敢地去跟同事表达自己的想法。我觉得这个是东亚文化圈的学生可能会遇到的问题，但也是可以解决的。

您已经在联合国教科文组织工作近两年了，有哪些感想?

两年说长不长，说短不短。因为我觉得从一个工作的维度来讲，两年确实不算什么。它只是你认识一个新的工作领域，大概掌握一些工作技能的基本时间。但是对于自己的成长而言，我觉得两年对一个人的改变还挺大的。我自己也觉得这两年在教科文组织的工作中，自己的想法也成熟了很多，也让我对国际事务以及国际组织的工作有了很多新的看法。

您对于今后想要走上国际组织道路的学弟学妹们有哪些建议?

首先第一点，我觉得学弟学妹们可以加强语言能力的培养，尤其是对同一个单词，在不同语境中的不同含义的精准理解以及应用，就是法语里面所说的nuance，不要满足于一知半解。要加强自己的语言写作能力的训练，尤其是撰写摘要以及写作逻辑。我觉得这一块是需要多多加强的。在日常生活中要多读一些国际新闻。不要把语言当作自己学习的目标，而是把语言当成一个工具，利用这个语言去更多地了解国际上的事物，让自己与世界有更多的连接，让自己对世界有更多的了解，加强自己的批判反思的能力。尤其要学会区分fact和opinion，区分什么是记者在文章中写到的事实报道，什么是记者在文章中表达的个人观点，这一点是比较重要的。同学们也需要去培养自己独立思考的能力以及全球观念。

我其实现在很迷茫，不知道自己感兴趣的方向。您能给我一些建议吗?

我记得我从大二下学期开始就会有一些迷茫，但最主要是大三那一年。一方面很快就要升入大四，面临就业；另一方面仍然有时间享受学生的身份，思考接下来到底该怎么走。大部分的情况是，大家还不知道自己该往哪个方面走，也不知道自己喜欢什么。其实我之前也没有一个特别明确的喜好。就是说，我没有特别讨厌的东西，但是我也没有特别喜欢，值得我去为之奋斗一生的事情。我当时的方法就是去做实习。通过实习或者通过一些社会经历，去排除我不喜欢的事情。我不能知道我喜欢什么，但是我可以知道我不喜欢什么。这个也可能是找到自己兴趣的一个途径。我觉得在大学过程中不但要加强自己的专业水平，同时也要让自己多去了解这个社会，而不是只待在校园里面死读书、读死书。

不知道未来的方向这一点，我觉得是学习语言的同学普遍都存在的一个迷茫。我刚才也提到，我当时参加国际组织学院组织的夏令营中有很多营员来自国内不同的学校。大家聚在一起的时候，我明显感觉我们北外的学生可能对于社会了解太少。我后来自己思考这个问题，觉得最可能的原因就是大学本来是一个给你启发、培养你独立思考能力的地方。但是在这样一个时期，我们学习语言的同学，尤其是零起点的同学，相当于又回到了幼儿园，跟着别人牙牙学语。说的那些内容，比方说你叫什么名字、你住在哪里，可能对思维能力的培养没有那么大的帮助。北外最近几年还比较好了。当时我觉得能够接触到的讲座以及其他一些综合性的知识资源还是较其他综合类的大学稍微差一些的。所以北外的学生可能有时候思考问题的方式会比较单纯。这个“单纯”没有贬义，只是说大家都很书生气，缺乏对这个社会的基本认识。

我觉得你不必焦虑，可以找自己比较感兴趣的话题，多阅读相关方面的书籍，多思考，慢慢就能形成更成熟一些的见解。而且像我刚才说的，我们学习语言的同学对语言掌握一般会更加纯熟，分析语言的能力更强。以阅读为例，其实你阅读的不只是作者写出来的文字。作者写作的时候就像网球赛中的发球人。他把这个球发给了你，你作为一个读者能不能接得住这个球，或者你能够以多大的力度把这个球接到什么程度，就要看个人的语言能力了。所以我觉得，专业学习语言的人，语言能力，尤其是阅读理解能力相对来说比较强，而这一点是能够帮助我们去提升其他方面能力的基础。

您怎么看待此次校友采访活动?

我个人的理解可能就是一种薪火相传的感觉吧。让我们这些可能刚刚毕业不久，有一些工作经验，可能脱掉了一些学生的稚气，但是又没有完全被社会驯服的这些人，分享我们的经历，能对你们有所启发。可能这就是北外本身的一种传承、一种特质。我是这样去考虑这个访谈的。这个采访也是对我的一种认可，我很荣幸。

寄语

我首先祝北外法语学院70周年华诞生日快乐。希望法语学院在未来的日子中能够再接再厉，桃李芬芳。祝各位老师工作顺利，身体安康，也祝学弟学妹们学业、事业有成，梦想成真。

第二部分

教师访谈

陈振尧老师访谈

受访者　1950年12月，响应抗美援朝号召，在上海参军，到南京三野政治部报到，后分配到北京外国语学校学习法语。1955年研究生毕业后留校任教，先后担任法语系第一教研室主任、各年级及研究生组教学组长、系务委员、系主任、《法语学习》杂志主编、校务委员、校学术委员会委员。曾连续两届任国家教委外语专业教学指导委员会委员，法语组副组长；三届北京市高教局高校职称评审委员会委员，副组长、组长。1986年至1997年，任中国法语教学研究会第二届、第三届理事会会长。1989年至1992年，任国际法语教师联合会（FIPF）亚太分会主席。1992年至1996年，任国际法语教师联合会常务理事。1992年获法国棕榈叶学术勋章。

采访者　史兆一、尹轲文

1950年您在上海的军事干部学校学习，1951年又来到北外学习法语。请问您最初为何选择军干校，后来的转变又是出于什么原因呢？

这个情况有些出入。1950年秋天，我在上海震旦大学附属高中读高三。震旦大学现在已经不存在了，它当时是上海唯一一所使用法语作为教学语言的大学。我当时在附属高中读书，是希望今后可以进入震旦大学学习的。20世纪50年代朝鲜战争爆发，我响应中央关于有志青年进入军事干部学校的号召，决定参军。参军后，我的第一志愿是海军，但最后被组织分配到外语专业。1950年12月9日，我们离开上海前往南京，在第三野战军政治部的外文训练班学习外语，不久后又被北京派来的同志接走，进入北京外国语学校，即北京外国语大学的前身。我由于先前在震旦大学附中学过法语，便被分配到北外法语组。也就是说那时不是我自己选择了法语，而是法语选择了我。说实话，那时我也不是非常愿意学习法语，觉得法语太复杂，是一件令人劳累的事情。如果那时我能够继续留在震旦，我可能进入法学院、工学院或医学院学习，成为律师、工程师或医生。在北外本科毕业，后来读研究生，留在学校深造。

您能回忆一下当时的学习生活吗？

我们当时的老师，主要是一些曾在法国留过学的同志。比如当时有一位宋先生，是震旦大学法学院毕业的，后去了法国读书，和周恩来总理住楼上楼下，平常给在法华人打官司、帮留学生改论文。他的法语水平非常高，回国后在南京的中央大学教书，中华人民共和国成立后又被聘请到北京外国语学校。第二位郭先生，从小便在法国生活、学习，所以他的法语是要比汉语还好的。最后一位谢先生，厉害到自行车的每个零部件都能用法语说出来，法语水平真的特别高。所以说，我们当时的教师，法语水平是毋庸置疑的。但是，教材和工具书则非常缺乏。当时用的是莫斯科师范学院和外贸学院的法语教材，辅助读物有莫斯科晚报的法语版等，能参考的东西极少，多半是靠看老师发的讲义，学习条件比如今艰苦得多。后来，我们引进了法国共产党的一些材料，才算是看到了地道的法语。虽然在这方面条件比较差，但是当时的师资力量确实很强，而且学习的环境好，楼下是宿舍，楼上就是教室。

您的学术经历和研究方向都十分丰富，在语言学、文学、翻译、教学法等方面都发表过论文，请问您是如何做到在专业领域上如此全面地发展的？

我从研究生的时候就开始写文章、搞研究了，最早的一篇文章是在学校教务处发表的，讲的是法语学习方法：将外语原文译成中文，再将中文译回外语，然后将自己的译文与外语原文加以对比。这个方法是列宁发明的，我用它学习法语效果显著，就推广给大家，冠名“回译法”。我的第二篇文章是文学方向的，主题是关于法国作家夏多布里昂。20世纪60年代为响应“向科学进军”的号召，中央组建了大学文科教材编写班子，北外负责法语一年级1、2册和二年级3、4册两套教材的编写工作，我本人负责后面两册，这是我编写教材的开始。改革开放以后，我首先出版了《法语口语》，是“文革”以后第一本外语专业书。接着，我又出了《科技法语教科书》和《法语语法》。然后，我想到当时的法语教学和研究领域存在较多的空白，还需要填补词汇、教学法这些内容，便写了有关书籍。除了填补这些空白，我当时还担任《法语学习》的主编。杂志每两个月出版，但是有的时候文稿数量或者质量达不到要求，需要主编来填补。我记得有一期8万字的小册子，我自己写了4万字。此外，改革开放以后出现了很多报纸杂志：《人民戏剧》《中国语文》《地理知识》《解放军报》《光明日报》等，我向这些报刊都投过稿，一共发表了100篇文章。

虽然我涉猎较广，但还是有一些遗憾，我有两本书没写：一本是关于中文语法的。有人会问：为什么？你不是搞外语的吗？我认为搞外语的人对汉语语言结构有更深刻的理解。中国自古以来，只有一本中文语法书《文心雕龙》，是刘勰写的，之后这方面的著作就不多了。中文到现在为止没有一部权威、专业的语法书，这是很滑稽的事，却没有任何人提出这个问题。当然也有人写过相关的内容，但是不够成熟。法语语法是比较成熟的，搞法语的人有能力、有义务把中文的语法体系树立起来，打好基础，这是非常重要的。另一本是《逻辑学分析》。我们应该重视逻辑学的教学，只有逻辑条理清晰的人才能够把问题分析得清清楚楚。我想写的这本书，可以叫《逻辑学入门》或是《逻辑学基础》，但可惜我现在没有精力了。你们现在的学习条件比我们当时好得多了，希望你们这一代能够出人才，把剩余的空白填补起来。

您刚刚提到了教材的编写，您的《法语语法》和《法国文学史》到目前为止都是非常热门、经典的教材，请问您在编写的过程中遇到了哪些难题呢？

编写教材是为了填补某些学科教材的空白，所以首先出了《法语语法讲座》，这是供研究生阶段学生使用的讲义，内容较为专业、深奥。然后我又出了一本普适性、通俗性较强的语法书。当时法国文学史学科的教材也是一片空白，社科院出过一本法国文学史，但是只有上部，没有下部，我觉得这样不行，决定自己写一本。当时我们是好几个人共同写，但是文学史的规模较大，有几个人觉得累不愿意写。我没有办法，虽然文学不是我的主要研究方向，但还是决定一个人写下来。然而我对《法国文学史》还是有一些遗憾：一方面，当时外研社要求我写30万字最多35万字，我不得不删减了不少内容；另一方面，文学史作为历史，需要一个沉淀过程、一段等待的时间，有些内容、作品，不能刚一发表就编入教材，所以我写到20世纪60年代就停止了。后来用了10年的时间，和同事们呕心沥血编写词典，牵扯了太多的精力，如今想继续把文学史补全，也有些力不从心了。

自1986年起，您开始担任系主任一职，请问您能向我们介绍一下当时您工作的重心吗？在您任职期间，我们法语系又有哪些大事发生呢？

我担任系主任的时候，同时还被选为中国法语教学研究会的会长。因此，我既要管理法语系的教学，也要关注全国法语教学的情况，工作还是较为繁重的。我作为系主任，主要有以下几项工作：第一，教材建设。法语教学不能没有合适的教材和工具书，而这些书的编写与其他书有所不同。我们经过科学统计，得出十七八岁的青年每个星期能够消化的生词在80至85个，能够吸收的语法规则在两条左右这一结论，而这对教材的编写也是一种限制和约束，增加了工作的难度。第二，师资队伍建设。外语学院对师资的要求非常高，一方面要求教师的基本功非常好，即听、说、读、写、译5项技能都要扎实，这是有难度的；另一方面要求教师具有科研能力和综合组织能力，这也是很难的。 第三，对外交流建设。在10年内我们建立了一个加拿大研究中心和一个瑞士研究中心，这两个中心都是在非常困难的条件下成立的。当时我们经济较为落后，我们与外方的谈判是不完全对等的。但是，就是在这种情况下，我们还是取得了比较丰硕的成果，其中我认为最值得骄傲的是我们在1989年4月，我担任世界法语教师联合会常务理事期间召开的亚太分会。这是当年召开的规模最大的国际会议。参加会议的有来自日本、韩国、老挝、印度、印尼、越南、柬埔寨、菲律宾等国家和地区的代表。这次会议影响深远，从此奠定了我国大学法语专业在亚太地区的主导地位。我们法语专业，能够召开如此大规模的国际会议，而且为了筹办这次会议，我们没有向任何国家申请经济支持，在经济上完全自负盈亏，这是意义重大的。

北外是一所拥有红色基因的学校，请问您在20世纪50年代求学的过程中，在这一点上有什么体会呢？

红色基因这个词是比较新的，过去我们叫革命传统，其实是一样的。我觉得当年求学的时候，有很多课程，对我有很多好处。一个是我们当时政治教育抓得很紧，先后学过胡乔木的《中国共产党的三十年》，还有艾思奇的《社会发展史》，还有苏联的布尔什维克党史，还有哲学，甚至经济学。当时我印象最深的是政治经济学，我对这门学科非常感兴趣，不光是理论层面，还有其中的思维方式、思考方法，对我之后搞学术研究有很大帮助：知道怎么分析问题，怎么推理，怎么综合，这让我的能力提高很快。所以我觉得你们要注意学习，多学习政治理论，不论是对你的思想的形成，还是对你学术研究能力的提高都有很大的好处。过去我们虽然是研究生，但是并不做论文，我从来没学过怎么做论文，可是我后来要做学术研究，还要指导研究生。从选题到收集资料，到最终写作，整个过程全是我自己摸索出来的，靠的是什么？靠的是政治经济学这门学问给我的锻炼，给我的思考。

您教书的经历十分丰富，在全国外语教学界担任过很重要的职位，也在世界法语教师联合会工作过，您认为北外的法语教学有什么特点呢？

北外法语教学的特点，一个是历史传承，另一个是科学创新。纵观中国法语教学，我们有了很长时间的积淀，底蕴深厚。但事实上，中国大陆的法语教学方式在中华人民共和国成立前基本上跟日本、中国台湾等地都是一样，手把手地教，没有科学性。那么现在北京外国语大学的教学方式比很多国家、地区完全是高出一等。我认为，这个跟我们学习苏联有很大的关系：我们在跟苏联关系密切的时候，外语学院聘用过3位苏联专家，其中有一个是法语专家，她是研究语音的，她也让我们真正知道了什么叫语音科学。在这以后，我们的语音体系建立起来了，也学习到了国际音标，这在我们当时是不存在的。此外，我们还建立了一个词汇体系，哪些词是复用词，哪些词是常用词，哪些词是基本词，它给你分得清清楚楚。所以完整的外语教学体系都明确下来，给我们带来了很大的帮助，老师们一下就开窍了。另外，我们还学习了很多教育学理论，比如说凯洛夫的《教育学》，明白了学生的心理状态、接受能力都是有教育科学的依据的，这也是前所未有的。现在中国台湾也好、日本也好，在这方面做得都不如我们好。我们当时也去过台湾，我发现我们编写的字典、文学史、语法书都在台湾出版过，很多教材都是从大陆引进去的。所以我们北京外国语大学现在的法语教学水平不仅在全国是领先的，而且在亚太地区也都是领先的。

但是这些都和当时从苏联引进来的东西分不开。从世界角度来讲，苏联和东欧，他们的语言科学水平绝对是遥遥领先的，我们应该继续向他们学习。但有些遗憾的是，当年真正领会到他们的经验的人也不多了。现在我们和法国、加拿大关系比较密切，但是他们的语言科学水平远远不如东欧。

张放老师访谈

受访者

1956年9月至1960年5月，在北京外国语学院法语系学习，毕业后留法语系任教；任教期间，多次赴巴黎联合国教科文组织春秋季大会担任口译、笔译审校。1965年9月至1967年2月，公派赴瑞士日内瓦大学进修法国语言与文学。1978年7月至1979年7月，赴法国格勒诺布尔司汤达法国语言文学院进修语言学与文学。1984至1992年及1994至2000年，任《法语学习》主编。1987年，荣获巴黎法语诗歌大赛特别奖状。1992年7至1994年7月，借调至外交部驻突尼斯大使馆。2005年7月至2012年7月，任吉林华桥外国语学院（今吉林外国语大学）法语系主任。2022年4月，荣获中国翻译协会“资深翻译家”称号。

采访者

蒋欣辰、樊莫兮

我1956年夏于吉林省辽源市高中毕业，考入北京外国语学院（即北京外国语大学前身）。1956年秋，在北京外国语学院报到后，方知参加统考各科平均成绩75分，刚好达到北外当年录取分数线。心中暗喜，整个夏天，顶着酷暑，为统考备战，功夫没有白费。

报到日，金秋气爽，鼓乐喧天。学校大门口，红底白字横幅大标语赫然写着“来了就是主人!”，每位新生有两位高年级同学接待，他们帮着拿行李，带我们入住宿舍楼。头两天，他们热情地给我们介绍学校历史概况，说北外源于延安抗大，于1941年跟随党中央来到北京，“来了就是主人”是抗大迎接新生的传统口号。他们带我们熟悉学校环境，参观学校食堂、图书馆、宿舍楼，甚至带我们去浴室洗澡，对我们照顾得无微不至，令我们新生一到学校便倍感亲切温暖，终生难忘。

报到后，学校要求我们新生自己报志愿专业，而后校领导根据所报志愿顺序进行分配。当时北外都是西方语言专业，即英语、法语、德语、西班牙语、意大利语、罗马尼亚语等语种（1958年，与俄语学院合并后才有了俄语、东欧及亚非各语种专业）。每个新生可选择3个专业。我喜欢文学，更仰慕法国文学，所以第一志愿选择法语，然后是德语和西班牙语。我幸运地被第一志愿录取。法语专业新生共60人，划分为4个班，每班15人。老师说，小班上课能保证学员有更多的实践机会，是学外语所必需的。

上课用的法语课本都是油印教材，多是老师自编，或借用苏联的中学法语课本。其时，王府井外文书店每周都来学校售书，提供各个语种的教材和其他书籍。很容易找到苏联中学不同年级的法语课本，以及法语版文学、文化类书籍，例如《苏共布党史》《钢铁是怎样炼成的》《远离莫斯科的地方》《被开垦的处女地》等等。当时法语系有一位苏联派来的法语语音专家谢米廖娃，她经常到班上听课指导。中法建交后，法语系才常年有法国派来的专家授课。记得20世纪60年代，有一次，法国派来了10多位实习教师，其中有法国总统戴高乐的侄女。法国代表团访华时，经常有代表团成员专程来法语系参访，与法语系师生交流，作关于法国文化的报告。1957年夏，法国著名演员钱拉·菲利普（Gérard Philipe）到访北外法语系，与法语系师生见面，还给法语系电教站录制了《马克思思想》（*La Pensée de Marx*），《拉封丹寓言》（*Des fables de La Fontaine*）等等。得悉他第二天要游览颐和园，我们几个大二同学一大早赶去颐和园，在他可能经过的通道上等候着，期待再睹大明星的风采。见他走过来，我们蜂拥迎上去问好，他听到有人讲法语，显得很兴奋，微笑着，伸出大手，与我们一一握手，还向我们介绍了他身旁的夫人安娜·菲利普（Anne Philipe）。钱拉·菲利普1米9左右的大个儿，头发自然蓬松，大连鬓胡子刮脸后呈现铁青色，颀伟俊朗，潇洒倜傥，其夫人1米6左右，娇小可人，两人衣着简单，朴实无华。须知，钱拉·菲利普是当年全世界女性崇拜的偶像，据说，世界贵妇们都渴望见到他的尊容，触摸到他的衣袖。钱拉·菲利普丝毫没有大明星架子，与我们这些初学法语的学生交谈，对中国人民热情友好。无怪乎他是全球大名鼎鼎的演员，深受广大观众的喜爱。法语系的学生们因为他的来访大受鼓舞，争看由他主演的法国电影《红与黑》《芳芳郁金香》等等。有位喜欢演戏的同学，痴迷地模仿钱拉·菲利普的声音笑貌，可能确有几分成效，后来提前毕业去了北京国际电台担任法语广播员。

法语系教学一贯重视实践能力，即强调听说读写译的实践训练，听说领先，读写跟上。因此，毕业时用人单位更喜欢来北外招人。由于北外很长时间直属外交部，每年毕业时间，外交部人事部门都是在统一分配前先来法语系选拔人才，致使外交部过半的法语干部都是北外法语系毕业生，他们之中许多人都成了外交部得力的大使和参赞。另外，每年都有许多毕业生被分配到外贸部、中联部、新华社、国际电台等外事部门。

法语系毕业生之所以得到国内外人士的认可和赞赏，自然是经常进行的教学改革成果使然。其中，教师队伍的作用功不可没。“文革”前老教师的模范作用尤其令人印象深刻。我们有幸遇到的老教授郭迪诚先生原是中华人民共和国成立前北京中法大学的教授，他从小在巴黎长大，接受法国教育，他讲起话来就是地道的老巴黎人口语，难怪每每有法国访客在场，毫无意外地都惊诧于他那纯粹的巴黎口音。回国几十年，一直保持法语思维，用法语记录、记事。每当青年教师遇到语言问题，向他请教，他一锤定音，说“行”或“不行”，说不行时，则给你指出正确的说法和用法。唯一遗憾的是他不能用汉语写作，没能留下任何中文作品。但是，他对于其他教师的帮助却是无可取代的。另一位老教授宋国枢先生早年在巴黎以卖文为生，专门为人撰写或修改论文，法语口笔头功夫都十分了得。中青年教师更是教师队伍的中坚力量，他们敬业，教学工作锐意进取，对于一二年级学生的课外辅导尽心尽力，学生晚自习时间，各班教室里经常出现他们的身影，甚至周末晚自习时，也来到教室里，带着自备的小板凳坐等给学生答疑。他们不辞辛劳，关心学生的进步。他们身教甚于言传，如此传统，代代传承。

1970年夏，我们正在湖北沙洋五七干校锻炼，突闻敬爱的周恩来总理遵照毛主席关于“要抓外语教学改革”的指示，紧急召见北外教改组成员和8341部队相关领导的消息。第二天，我们便从沙洋赶回北京。晚上，我们赶去国务院小礼堂等待接见。一同参加接见的还有北大、清华的教改组及军代表。周总理连续3个通宵接见我们，他听取情况，回答问题，并随时做出指示。会见中，他特别强调“为了宣传毛泽东思想，要学好外语”。周总理懂多种外语，深谙学习外语之道。他指出，“学好一种外语，必须勤学苦练，精雕细刻，精益求精”。真是言简意赅，击中要害。周总理的讲话铭刻在心，既指导自身的专业进取，也贯穿于教学生涯。常言道，天道酬勤，业精于勤，只有在勤学苦练上狠下功夫，加之精雕细刻，精益求精，才能达到高水平和新境界。

个人经过数十年的教学实践，以及大量的法汉、汉法互译，切实体悟到：

1. 成功的译者既要有“通才”的本事，也要有“专才”的能力，这对口译尤其重要。

2. 学好外语的同时，绝不可忽视对母语的不断修炼钻研提高，因为没有高水平的母语，绝不会有高水平的翻译。

3. 要真正“多快好省”地学好法语，须及早读法语原著，一二年级时，可选读法语经典著作的简写本，法国有成套的此类书。高年级时，可参阅我编著的《法国文学选集》，根据兴趣选读，但一定要读莫泊桑（Maupassant）、雨果（Hugo）、福楼拜（Flaubert）、司汤达（Stendhal）……以及20世纪后的作品。读原著，是学好法语的战略考量。每学期都要读几本原著，坚持不懈，不知不觉中接受优秀作品的浸润，学习成果必有质的飞跃。要有勇气读尽图书馆所拥有的图书，至少要把感兴趣的作者及其作品认真通览才好。

4. 推荐几本书：

1）Alain Peyrefitte：a）*Le Mal français*，法国人讲《法国病》，利于认识法国人、法国人思想、法国社会文化；b）*De la Chine*，全1册或4分册：*Quand la Chine s'éveillera..., L'Empire immobile, La Tragédie chinoise, La Chine s'est éveillée*。作者生前是中国的老朋友，多次访华，此套书可助人了解法国政治家笔下的中国故事，从明清时期到改革开放。

2）Bernard Henri-Lévy：*Les aventures de la liberté*，作者被公认为新哲学派领

袖，写法国知识分子历史。

3）Flaubert：*Madame Bovary*，有李健吾中华人民共和国成立前译本，20世纪90年代，我重译此名著，自觉对李译版本有改善提高，有兴趣者可对照阅读。

5. 选择适宜辞书，是学好外语的利器。注意及早学会使用法语版词典是睿智高效之法，同样有战略考量意义。初级可使用基于法语基本词汇（2500—3000词）的*Dictionnaire du français, langue étrangère, niveau I et niveau II, Larousse : Larousse de poche* (32 000词); *Micro Robert, poche, pensé pour les jeunes*以及*le Dictionnaire d'apprentissage du français, dictionnaire pratique du bon usage du français ; le Dictionnaire du bon français*。法语语法词典，对教与学都特别有用。上述法语辞书学生不易购到，学校图书馆或法语系资料室可购置几套，供师生借用。至于双语词典，推荐徐和瑾编《新法汉小词典》（上海译文出版社），法语单词近40 000条，简明实用，便于携带，一般翻译文字够用。

6. 教辅工具书助力听说读写译训练，口语表达尤为外语能力的体现，因故，口语手册可视作口语课的得力助手。

7. 最后，对于法语系工作有几点想法，供诸位师生参考：

1）对于高年级专业课以及教师硕士、博士论文成果要注意存档，视作教学与研究的基本建设，既鼓励著作者，也利于法语系教与学的传承。

2）调动师生积极性，定期组织法语文化沙龙，营造学术气氛。北京大学有此传统，我们不应输于他们。

3）开展常态的歌咏、朗诵和戏剧活动。要求学生都会唱法语《国际歌》《马赛曲》，以及基础法语教材后面提供的法国歌曲、民歌、民谣。每学期末要有法语晚会，学生中自有天才，外教可发挥引导和顾问作用。实践证明，这类活动既能调动师生积极性，也会产生意想不到的绝佳效果。

4）基础阶段教学注意学歌唱的发声，训练气息，使我们的学生不仅音准正确，懂得科学利用气息，而且讲起法语来悦耳动听。

5）法语教师、高年级学生或研究生学员必须懂一点拉丁语，至少要懂得拉丁语的5格形态及用法。建议在高年级设立一学期的拉丁语基础课程，或安排在研究生阶段亦可。若如此，我们的毕业生则如虎添翼，必然会在法语教学、翻译、语言研究工作中大有作为。

薛建成老师访谈

受访者　1959年考入北京外国语学院法语系，1964年毕业后留校任教。1981年至1983年，在法国巴黎政治学院国际关系系进修，攻读国际关系、宪法学。回国后继续从事法语教学工作，同时先后担任法语系副主任、国际问题研究所所长。1991年、1993年、2000年曾应邀分别在法国蒙彼利埃大学法学院、加拿大蒙特利尔大学政治学系及法国埃克斯政治学院国际关系系讲学，曾任《国际论坛》副主编。2001年开始指导以法国政治为专业方向的法语博士生。2006年获法国教育棕榈叶骑士勋章。

采访者　潘紫辰、郝洋

我们了解到您在1959—1964年在北外法语系学习，那个年代你们的学习生活和课程设置是怎样的呢？

我于1959年到北京，那时候正值中华人民共和国成立10周年大庆，我们都非常向往到北京来念书。那个年代条件还是比较艰苦，我们很快就碰到3年困难时期，因此我们这一届学生都比较刻苦，学习很认真，都比较珍惜这样的学习机会。我们的学生有很多来自农村。当时我们的学制是5年，这是不同于现在的。那个时候我们的学习条件很差，没有什么音响设备，但我们有一批在当时属于"大咖"级别的优秀教师，我认为我们也是非常幸运的。

当时的课程设置比较简单，只有法国语言文学专业，当然，文学作为文化的载体也是很好的。我们学习初期比较强调语音语调，会专门辟出一段时间来练习，每个人对着小镜子观察自己口型的变化，所以当时我们学生的语音语调就算跟后来的学生相比，都是很好的。但这种教育方法也有弊端，用一个月的时间来纯粹学习语音语调有点浪费。老师当中，年轻教师都很优秀，老教师都是国内一流的法语专家。外教方面，由于我们在当时并没有与法国建交，因此通过党的关系，法国共产党和苏联方面向我们派来了法语专家，这些外国专家的学术造诣都很高，教得也比较好。所以这5年对我们法语基本功的夯实是十分有利的。

您认为学习法语是否有诀窍，如果有，可以和我们分享一下吗？

法语学习的好坏受外部条件和自身条件两方面影响。外部因素我刚刚也说了，老师的水平很重要，名师出高徒，老师水平好，学生的水平自然差不了。自身条件方面，学习法语需要天赋，不是所有人都能学得好的。在我的学生时代，有一些灵活的专业调整措施，我觉得比较好，比如有的同学并没有深思熟虑就报考了法语系，来了以后发现自己更喜欢理工科，那个时候是允许调整专业的，所以他就去别的学校学习理工科。还有的人后来去做政治辅导员，因为他的记忆力很强，可以对学生的学习情况、家庭条件了如指掌，但是法语单词就是记不住。所以少数人学习法语有先天性困难，但这毕竟是少数。

学好法语，第一是motivation的问题，你需要有动力。对法国文学和语言都很感兴趣，你才有动力去克服困难。第二就是苦练，就是我们说的要天天练，钢琴家要每天练习，我们学习外语也是这样，我们读书的时候天天在晨读园里朗读、背诵课文，非常刻苦。第三需要大量阅读，这也是我自身的经验。我们学校的图书馆还是不错的，在当时新书很少，但是老书，尤其是19世纪法国文学方面的书很齐全，那个时候我很喜欢看书，大量借阅，即使有些看不太懂。这对于丰富法语词汇量、提高写作能力很有好处。第四就是工具书的使用，要经常用法语的工具书，减少用法汉的工具书。法语跟汉语一样，一个词有多重意思，法语词典给的是définition（定义），有了这个我们就可以知道单词的含义以及与其他词细微的区别，而法汉词典往往给出简单的一个中文对应词。另外就是要练，我们比较强调集体荣誉感。由于法语需要练，我们就在班里组对子，每天用法语进行对话，只要进了教室就要讲法语，强制性地营造法语学习气氛。我们还跟高年级同学比，虽然他们的词汇量比我们大，但一些比较基础的东西我们比他们强。总之，学习外语不要怕丢面子，勇敢地去讲、去练才能提高。

当时学校里还有一些讲座，包括一些英语讲座，我们都会积极去听。学校内部学习氛围浓厚，管理也很严格。有很多同学留级，也有留级的上届学生加入班级，所以我们入学时和最后毕业的时候，学生的构成是非常不一样的，这种严格的环境也有利于我们更努力地学习法语。

最后我们需要动脑，因为法语更多地是一个应用型的技巧，我们需要不断总结，不断地举一反三。上学的时候我们会做一些卡片，比如有的卡片关于“风”，在卡片上记下许多描写风的词语，放在一起背诵，这就可以丰富我们的表达方式。我们要善于总结，学到一个新阶段就联系之前所学，一起总结复习。法语学习不能仅仅满足于完成老师的任务，这是远远不够的，因为我们的教科书的内容非常有限，我们需要多读、多听，听说读写基本功一定要打扎实。

还有一点，我最想要补充的，我们学校的法语教学跟北大相比较，我们更加注重应用，一张嘴就是北外的，操着一口完美的巴黎音。但我们的钻研能力还不够，北大的学生后劲较大。所以我们不仅仅要提高应用能力，还要提高自己的钻研能力，这样后边的进步就会快一点。

您可以说是法语系研究政治、国情研究相关的领域的开拓者，您是什么时候、如何确定了这个方向呢？

我其实还是很喜欢法国文学的，因为文学很美，这么多年我都没有放弃。但同时，学外语还要了解世界，而我们对于外国的国情和政治运作体系并不了解。我举个例子，当时法国有一部电影，编造了中国的红卫兵入侵法国的故事，我们自然不允许这种污名化中国的做法，于是中国提出了抗议，要求法国政府下架这部电影。这个抗议本身没有问题，但是当时我们不了解法国。在法国，政府是无权干预一个电影下架的，所以帮助国人了解世界是我选择研究政治、国情研究的一个重要原因。

从零起点学习法语到完成本科学业，您认为各个阶段我们应该达到什么样的要求才是合格的呢？

法语教学还是分阶段的，粗略分为两段：一年级、二年级的初级阶段和三年级、四年级的高级阶段，每个阶段要求是不一样的。一二年级主要练好语言基本功，这个非常重要，基础如果不好，上去也很困难，勉强让你上去，后面也是学不好的。后面的阶段是提高的阶段，我强调要培养复合型人才，不仅语言要掌握得好，还要扩展知识面，增加一个专业方向，比如文学研究、语言学研究、国际关系、商业贸易等，为将来的发展方向做准备。比如搞国际关系，你要对国际关系的基本理论、国际法等等，都要有所了解、有所准备，这样将来你才能提高。目前全国学法语的人很多，如果你要想脱颖而出，第一，你的语言水平要比人家高；第二，你要是复合型人才，人家只会听说读写译，你除此之外，还有专业知识，这个非常地重要。对于高年级学生，学校还是提倡发展复语能力的，你不能否认英语的重要性，如果你的英文不好，你的就业口径就比较窄。所以我强调复合型、复语型的人才很重要。

高年级学习不能松懈，四年级课程安排可能少一点，一定要利用这个时间为自己的专业方向做好准备，知识面要尽可能广，否则做翻译、外事工作都很困难。我还强调中文要好，逻辑、思辨、分析能力都要好。还有一点我要补充，我们要讲好中国故事。在学习过程中我们不能光学习法国或者西方的东西，还要把中国的文化、历史、政治制度讲好，才能进行对外交流。我在国外讲学的时候，国外学生经常会提各种各样的问题，比如说有关西藏的问题。我们那时候没有人教，没机会学涉藏问题是怎么回事，只知道西藏从13世纪就是中国的领土。但是你们如果查字典，查*Petit Larousse*百科的部分，它就说中国占领了西藏，你看，西方的人根深蒂固地认为西藏是被中国所占领的。这是关系到我们国家核心利益的问题，我们要把历史的真相跟他们说。我去讲学的时候就跟他们说要多学历史，他们一般都误以为共产党领导的中华人民共和国“占领”了西藏，所以对我们共产党领导下的中华人民共和国有偏见。历史的真相是什么？1911年辛亥革命后，当时的宪法就规定了中国是5个民族居住的地方，其中就包括藏族，五色旗就代表5个民族。所以地方政府和中央政府的关系是非常明确的，西藏的货币上就有乾隆的字，雍和宫的墙壁上面也是有藏文的。13世纪起西藏就都是我们的领土，也是我们大家庭的成员。中国也不是一直由汉族人统治的。我希望学生要把中国故事讲好，一般地讲还不行，我国《人民日报》等都有法语版，你如果讲得不生动、不好，讲得没新意、没说服力、不感人，人家就不会去看。希望同学们把中国的历史、中国的改革开放都讲出去，讲得人家心服口服。

我们知道您在完成大学学业之后留在北外任教，您为什么选择成为一名法语老师？

这不是我的选择，是组织分配，国家安排。我们当年就讲，人民需要我们到哪里，我们就到哪里。但是也感到很荣幸，即使是由组织安排留校任教，也越当越来劲，也不在乎工作的报酬、有没有出国机会什么的。

您曾经参与了《新世纪法汉大词典》和《拉鲁斯法汉双解词典》两部词典的编纂工作，促使您参与这样庞大艰巨的工作的初衷是什么，在编纂过程中遇到什么困难或者趣事吗？希望您可以和大家分享一下。

编辑词典是一个难度很大、很烦琐、要耐得住寂寞的工作，跟我们长期的科研考核不太一样。科研考核强调你要有自己的专著，如果你一年没有几本，你的分值就没有了，因此很多人不愿意参与词典的编辑工作，因为不太容易出成果。当年我们编《新世纪法汉大词典》花了很长时间——11年，有的编者在编辑过程中就去世了，这个过程中一直都没有做出科研成果，因为词典没出版。所以我们要有科研的精神，要做一点对社会有用的事情，还要耐得住寂寞，做出对其他人有启发的成果，而不是为了个人能达到行政的标准去做科研，这是我一贯的想法。《拉鲁斯法汉双解词典》原版词典是外研社选的，我看了感兴趣，但是编的时候很困难，原来以为我们把中文填进去就可以了，但是拿来软件之后发现根本不行。这本词典是原版词典，国内不好买而且很贵，但是如果外研社把版权买过来，每本只卖几十块钱，大家都可以用。尤其是我刚才讲过，希望学法语的人可以看原版的词典，因为里面有定义和很地道的例句。这本词典是中型词典，所以对学生是很有用的，我现在有时候还在用。

您帮助北外和许多国外学校建立了联系，对于学生出国交流方面您有什么看法？

第一，一定要搞得很清楚你出去到底要学什么，为什么要学。过去也有些人出国，目的性不强，回国后自身的提高有限，所以要明确目标。比如老师出去学习回来，是不是可以开一些新课？当然不是说一定要开课，而是说应当有一个目标。第二，要学习真本事，要拿捏好知识和学位之间的关系。一切以提升真本事为目标。有的人到国外进修，整天都在屋里待着，真正的本事没有多少提高。所以我强调学到真本事才算数，回国之后才有用。

您长期做教指委的委员，这是国家把握教学大方向的意见部门，您感觉法语专业教学在这些年有什么变化？您有什么意见和建议吗？

我担任过大学法语教学指导委员会委员，也就是指导非法语专业的学生的法语学习、编写二外教材。我主编过《大学法语简明教程》。其实我一直有个想法没有落实：各个高校有很多优秀的老师，国家花大力气培养他们，他们都有一技之长，但他们教课只面对本校的学生，（教师资源的）利用率太低。怎么能通过人工智能、网上教学将全国优秀的教师资源最大程度利用起来？教师目前是单位制，我们可以花很多钱去请国外的老师，但是却没办法请北大、上外的优秀的老师来上课，让学生的受教育面变宽，了解不同的流派。我认为教指委对人力资源的充分利用这方面不够大胆，只局限于专业考试、比赛和教材等方面。

如今我们身处全球化时代，人工智能技术发展迅速，您认为外语学科以及法语学科的发展面临哪些挑战和任务，作为法语人应该如何应对？

机器翻译，不能够完全替代人工，它有自己的优势，比如科技类的翻译可以翻得好。但是真正的语言，特别是文学或者要求准确的外交文件之类的，还得靠人来翻译。这就是我说的，语言必须要搞得精深才可以，你一定要搞得水平比它（机器翻译）高，你才能不怕它的竞争，不仅是机器的竞争，还有兄弟院校的竞争。兄弟院校现在也有很好的师资，和北外的条件也差不多了，所以你们一定要有危机感。现在我国很多人才在自己的专业领域，英文说得很好，不需要翻译的。我们外语院校要培养的不是一般型的翻译人才，而是稀缺的尖端人才。比如笔译，我们现在能做笔译把关的人特别少，很多时候请外国人来把关是不够的，因为他对中文了解得不够，有时候词不达意。一个语言掌握得一般的人有可能被机器替代、被兄弟院校的人超过，你只有精益求精，才能有立足之地。

我们知道红色基因是融在北外血液里的，您所理解的法语学科的红色基因是什么样的？

没有什么特殊性，我们外语人才除了外语教学以外就是要搞好外事工作，构建人类命运共同体，文化要交流、交融。不是说哪个文明优秀、哪个文明落后，像亨廷顿的文明冲突论，这个观点是错误的。各个国家的人要相互交流，和平的把握才更大一点，所以我们搞外语的使命还是很重大的。

寄语

不断进步、天天向上，符合国家的要求，达到国际需要的水准，法语学院以前干得很好，将来也会干得越来越好。

张学斌老师访谈

受访者　1968年本科毕业于北京外国语学院法语系，1978年考入北京外国语学院法语系研究生，毕业后一直从事本科、研究生法语教学、语言学研究及其他有关工作。1985年曾任时任副总理兼国家教委主任李鹏接见尼日尔教育部长时的翻译。1989年取得拉瓦尔大学语言学博士学位并于1997年成为该校访问学者。2002年担任蒙特利尔大学客座教授，曾在联合国教科文组织做笔译工作。2003年至2005年，在法国拉罗谢尔大学教授汉语。

采访者　顾淼、曾昱璇

您是我校优秀的校友，也是我们的前辈，我们一直都很崇拜您，也一直期待和您有这样一次交流机会。2021年正值院庆70周年，同时也是建党100周年，借此机会，我们准备了一些问题想要采访您。第一个问题关于您的学习经历，我们得知您是“文革”后北外招收的第一批硕士生，能不能请您介绍一下在北外法语系的学习经历？

好的。我是1978年“文化大革命”以后北外培养的第一批研究生。我中学就读于北外附中，之后在北外法语系读本科，毕业之后，又在北外读了两年的研究生。研究生毕业以后我便留在北外任教，任教过程中正好加拿大那边有留学的名额，不知道怎么就把我挑上了。我去加拿大魁北克学习了4年左右，拿了博士学位。回来之后就一直在北外工作直到退休。

您当时在北外成绩肯定十分优异，请问您对于法语学习有什么体会和诀窍吗？

我学习法语有一些体会。你要说诀窍呢，可能还说不上。学习法语当中，我经历了这么几个过程。

第一个过程，是从中学开始过语音关的过程。我认为初学者的语音未必一点都不能错。因为语音是一个循序渐进的过程，逐渐把它完善就好了。稍微带一点口音，我自己觉得没有太多的问题，慢慢改正就好了。

第二是词汇积累的过程。语音是一个完善过程，词汇是一个积累的过程，积累起来就有一些麻烦了。我举个例子，比如“船”，在我们中国有大船、小船、帆船，各种各样的船，就是一个“船”字。后来我发现在法语里面，“船”有40来个不同的说法。军舰有军舰的说法，中国的舢板有中国舢板的说法，通信船有通信船的说法，各种各样的。我慢慢地认识到文化确实存在差异，因为每个民族、每个国家的经历不一样，所处的环境不一样，他们所使用的词汇也很不一样。词和词不一定完全对得上。

第三个过程就是句子了。语音慢慢地完善，词汇也慢慢地积累多了，到了造句就太不一样了。民族文化之间存在很多差异，每个词和每个词、每个句和每个句可能都不太一样。比如美国最近发生的“跪杀黑人的事件”，那位黑人说了一句话“我不能呼吸”，法语应该说成j’étouffe，我们汉语用了一个否定式“我不能呼吸”，句子表达方式完全不一样。所以呢，注意到第三个层次之后，就觉得这两个民族除了语音，除了词汇，造句也很不一样。

第四个层次，就是篇章了。篇章也很不一样的，你们慢慢地可能到了二年级、三年级之后，就会看到一些合同，会发现用法语做的合同和用汉语做的合同在篇章的结构上很不一样。有时候要特别注意造句、用词、篇章结构，这就涉及一些语言学上的事儿了，因为不管我们用什么语言说话，其实总有一个二元结构——有一个听众，你就算自言自语，实际上也有一个听众是我们自己。我们在说话的时候，听众有时候是一个年轻人，有时候是像我这样的老年人，有时候是自己。在遣词造句的时候，要注意跟谁说、怎么说。跟老年人说、跟年轻人说、跟自己说都不一样，你们二年级、三年级以后就需要注意这一点了。

另外，有时候除了课堂上听老师讲课、跟老师对话之外，还有很多的东西需要我们自己去努力，通过查阅法语原文资料自己寻求答案。比如说，雨果的《巴黎圣母院》为什么选择了路易十一时期为背景？这个问题挺有意思的，为了解答这个问题，不光要读《巴黎圣母院》，还要查询资料。查资料的时候既涨了知识又学了法语。第二个问题，也是我自己给自己提的。为什么法国在它那个六角形领土里边要分100个省，为什么不分50个省？查找答案的过程其实挺有意思的，自己一边学着法语还得去查查资料，既读了法语，又增进了对法语、对法国的认识。第三个问题，法国大革命导火线是什么呀？它为什么大革命？三级会议是怎么开的？这就需要读法国历史去找答案，这样就有了兴趣（这是我的兴趣不一定是你们的兴趣哈），带着这些兴趣去学习，可能动力会更强。还有一个问题，路易十六上断头台的时候，死之前说了一句什么样的话啊？雨果到底为什么被人们称为浪漫主义文学家？其实这些问题是有答案的，书上有写的。如果说带着这些问题去读书、去了解，既学了法语，又了解了法国，一举两得。还有很多其他的问题，我慢慢再说，你们自己会体会到的，我就只是抛砖引玉吧。

您提的问题确实很有趣，学习法语的确也是一个积累的过程，中法之间的文化差异也是既复杂又有趣。听了您的这些回答我们都受益匪浅。我们得知您学生时期的专业是语言学，主要研究方向为汉译法，可以请您介绍一下吗？

我的专业方向是语言学，承担的课程主要是汉译法。先说语言学吧，因为中国当时改革开放刚开始，对西方语言学的了解也不是特别多，当时读起来确实有时候磕磕绊绊的，挺费劲的。学习语言学，我最大的收获就是开阔了眼界。比如说观察语言，可以从不同的角度来观察，因此就产生了不同的流派。这就像那首诗说的，“横看成岭侧成峰”，通过对语言这个事物的观察，出现很多语言的流派，比如说结构主义流派、分布主义流派，还有话语分析流派等等，那么就产生了结构主义、分布主义，还有功能主义……实际上，这些主义都是从不同的角度观察语言的结果，其他的事物可能也会出现类似情况。

翻译的问题，我主要的授课内容是汉译法。汉译法的问题主要是多听，如果人家法国人看不懂，那不等于白干了嘛。各种各样的书都得读，经济的、文化的、政治的等等，反正都了解一点儿才能译。而且，我刚才已经说了，咱们中国人和法国人在造句、用词上都不一样，篇章结构也不太一样。因此在翻译的时候，mot à mot的翻译有时行得通，有时行不通。如果你们想再进一步了解的话，到了二年级、三年级、四年级，你们可以看看《金刚经》，鸠摩罗什在翻译《金刚经》之后有一个感言，我基本同意他说的，你们可以同意也可以不同意，可以批评也可以完善，咱们对于前人的东西的态度应该这样，这样就可以进步了。

我们了解到您曾在北外任教，您可以和我们讲一讲这段北外的任教经历吗，您任职期间开设了哪些法语课程？

任教的经历如果用很简单的话来说是“教学相长”。学生其实也给了我很多的教育，大家互相沟通，我们北外的学生和老师都是很好的。我最早的时候开过精读课，不过开的时间不长。主要开的课是“汉译法”，“汉译法”（开设）的时间比较长，在研究生任课的时候也是“汉译法”课，本科四年级也是“汉译法”课。过去北外有联合国翻译班，我教过他们“法译汉”大概有一年的时间，时间也不长。

我们听说您退休后帮助长春的华桥外国语学院进行法语学科建设，请问您在那里从事了哪些工作？

当初我在那儿的时候，学校叫吉林华桥外国语学院。它是一个高等学校，现在的名字改成吉林外国语大学。因为当时它建校时间比较短，最早是张老师在那儿任职，后来我接手法语系的工作，我们主要工作是学校的法语专业的学科建设，还有法语系学生的教学工作，我担任的是三四年级的法语精读课，还有学校初期的图书购买工作等等。总的来说我当时从事的是学校建校初期的学科建设工作和教学工作。

非常感谢您，您在退休后也致力于法语学科建设，继续为专业建设做些力所能及的工作，让我们感到由衷的钦佩。最后两个问题，因为正值建党100周年，我们也一直说北外有红色基因，请问您认为法语学科的红色基因有哪些？

法语学科的红色基因和北外的红色基因放在一起就是6个字：爱祖国，爱人民。当然这6个字，在每个时代都不一样。但它们有一个共同点：我们用法语为祖国、为人民服务。我觉得这就是北外法语的红色基因。这个基因每个时代都不太一样，在我们那个时代，我们有我们的爱法，到了你们这一代，你们也有你们的爱法，但是我们有一个共同的爱法，就是用我们的专业为祖国为人民做些事情。可能有些人功成名就，有些人没有，但其实这都没关系。我们只要有真的爱，我们只要为专业努力奉献，就够了。

我认为您总结得特别好，红色基因就是爱祖国、爱人民。北外的发展与中国70多年的发展密切相关。还有最后一个问题，请问您有没有一些想要对法语学院现在的老师和学生们说的话呢？

我们在学习法语的过程当中，要了解法国，用法语了解法国和法语国家，同时我们也要了解我们自己的国家。了解中国和法国这个目标可能太大了，但是我们尽力吧。法国当前的经济政策是什么？工业政策是什么？法国有多少个大区？他们为什么要立大区？大区的目的又是什么？法国最大的公司是什么？还有欧尚（Auchan）和家乐福之间到底是什么关系？……法国的这些小事其实都是大事。在中国和法国两种文化中，我们要做好中间的桥梁。我挺喜欢文学的，但是文学专业不是我的研究方向。比如说在文学方面，用法文叙述中国故事的文学作品有多少？中文叙述法国的文学作品又有多少？二者的数量很不平衡。法国叙述中国的文学，我们也要多了解，哪怕这里边有些描述是对中国非常不好的。这像是我们的一面镜子，哪怕是哈哈镜，我们也得了解一下。最后，在疫情期间大家也要多多保重，好好学习。猫在家里面也是学习的机会。

柳利老师访谈

受访者　1977年毕业留校任教，长期从事基础法语教学及教学法研究，参与编写多部教材，具有丰富的教学经验，多次获得北京外国语大学基础教学“陈梅洁奖”。曾任北京外国语大学法语系副主任，于2010年正式退休。

采访者　张一格、李亭萱

一、动荡年代中的求学机缘

"这个数字比较好记，
因为'108将'。"

您是我们的老师，也是我们的前辈，您是何时就读于北外？

我是1973年进入北外的，属于工农兵学员。

您当时那一届有几个班级呢？

我们那一届招了108个人，这个数字比较好记，和《水浒传》中的"108将"数字正好相同。这是法语系招生人数最多的一年，当时我们招了7个班，我是在最后一个班，7班。

当时一个班有多少人呢？

北外一直强调"学语言要学口语"，强调的是学外语一定得是"听说读写译"，必须得会讲话，不是哑巴语言，所以每个班人数不能多，否则不利于训练口语表达。我们当时一个班15个人左右。你们现在也可以看到，东院主楼的教室都不太大，就是由于这个原因。

"有时候就是慢慢喜欢。"

您刚刚提到您是在"文革"期间继续这个专业的，那您何时有了学习法语的想法？

第一是因为在"文化大革命"期间，能有机会上学可以说是很难得的事，专业是自己本人不可以选的。第二是中学我就学习了法语，所以最终来到了法语系。

那您喜欢这个专业吗？

也没有喜欢不喜欢之说，这个东西有时候就是慢慢喜欢。因为我是外语学校的，中学学的就是法语。还有当时招生的特殊性，很多单位，包括外交部、对外经贸部，都缺少人才，1973年外交部向国务院单独申请，让北外去外语学校学生上山下乡的地方招生。

那其实也是一个机缘巧合。

对。也算运气吧。

> "现在还有关于商业贸易的、其他用汉语讲的课，我们原来都是没有的。"

您入学到今天也经过了很多年，法语学院的课程设置有没有发生一些变化呢？

是这样的，在我上学期间课程设置还不太固定，当然课还是要分的，有基础课，到二年级开始有听力课、外教的口语课，三年级、四年级有法国文学欣赏等。当然没有现在课程设置分类这么细，师资也没有这么多。

那现在划分越来越细致了。

对，现在越来越细致了。当时关于文学和政治方面的课比较多。现在还有关于商业贸易的、其他用汉语讲的课，我们原来都是没有的。

对，我们现在还有学科方向课。

二、从零开始的教学生涯

> "法语的语音、语法基础在第一学期要抓紧。语言不好，其他就没法谈了。"

现在北外开设的小语种越来越多，通选课也越来越多，同时英语一直是北外的强项，但对我们刚刚开始学习法语的学生来说，法语和英语难免会"打架"，那您是如何看待学习法语和学习其他科目，尤其是和英语之间的平衡的？

我自己的想法是，如果以法语作为主要专业的话，尤其是第一学期、第一年，一般来说还是尽量以法语为主。英语“搁置”一个学期没有问题，毕竟已经学了十几年了，不会在此期间丢掉。法语的语音、语法基础在此期间要抓紧。你得这么想：你是法语专业的学生，当单位来招聘时，人家会以法语为主而非英语。既然进到法语学院，就把法语学好吧！这是主要的方向。有人学外交、学贸易、学新闻，但是原专业语言不好，其他就没法谈了。

“我就去听那些老师的课，
看看他们怎么去上课。”

是的，确实如此。那当时您还去加拿大进修过吗？

那是在我毕业以后。我毕业以后就留校了，留校以后在工作期间，学校派我出国学习，属于公派。

既然是以工作方式派出学习的，在那里学习有什么侧重点呢？

我是1977年毕业的，公派留学时我已经在北外当老师八九年了，所以对教书有了一点感觉，到加拿大学习的重点是教学法，也就是提高我的教学能力。

在那里有没有什么印象深刻的课程？

我在那里读了语言学的硕士。因为目的比较明确，所以我在那边上课时，专门去找我觉得上课上得特别好的老师。我就去听那些老师的课，看看他们怎么去上课，这方面我关注得比较多。可能是同一门课，甚至是两三个老师上同一门课，这些课我可能都去听一听，听听哪些老师上课上得好，的确有的老师讲课非常好。

“分配的时候是这样的，
现在听来也很有趣。”

刚刚您也聊到了北外一开始是外交部部属的大学，也有很多人会当外交官，您最后选择了留校任教，没有想过去考外交部吗？

我们那个时候跟你们不一样，没有考试。后来在分配的时候是这样的，现在听来也很有趣：今天说明天早晨8点在我们某一个大教室集合宣布分配方案，然后系主任就开始宣读分配方案，从外交部、经贸部开始，再到留校任教的名单。那时候没有什么挑选的余地，说去哪里就去哪里，不像你们现在，想去什么单位可以去考试，我们那时候都是国家统一安排。

所以您当时的同学除了留校当老师，就是……

去外交部的，或者去对外经贸部（当时的名称）。有14—15个同学留校。

> “所以就踏踏实实在这儿一直干，一直到退休。”

那（您）就没有做其他职业了？

留校以后就在这儿待着一直到退休，哪儿也没去。也没想着往哪儿走，到了改革开放的时候，有些人要“下海”，年龄已经过了那个阶段了，也不是说谁都可以下海。所以就踏踏实实在这儿一直干，一直到退休。

人民教师，哈哈。

就是让干什么就干什么呗！

> “老师就要去适应学生的想法。”

当老师的好处就是一直和学生在一起，学生总是年轻人。

越活越年轻。

一拨一拨的年轻人，走了以后再进来还是年轻人。不是老讲“代沟”嘛！最近大人和年轻人之间老是谈不到一块儿去，这就是“代沟”，大家互相不了解。但是老师总是接触年轻的学生，就对年轻人比较了解，这样的话，和学生一起时总觉得自己很年轻，因为接触到的东西都是新生事物。尽管年龄在增长，但工作的环境都是年轻人，这样很好。如果你们去坐办公室，和50多岁的部长一起办公，你不觉得慢慢就变得老气横秋了吗？因为你得去适应他们，但老师就要去适应学生的想法。

“这样年轻教师进入教师行列、教一年级的时候手头有点东西”

刚刚也提到了法语学院的课程划分的变化，这离不开一代又一代的老师们的教学实践。据我们了解，老师您主要致力于基础阶段的法语教学，后来很多老师的基础阶段教学都是基于您编写的教案展开的，真的非常了不起！我非常想知道，您是如何从接近空白开始创造出这样一套完备的教学方案的呢？

对，我大部分时间在基础教学，后来还开过一门课叫“法语国家与地区”。我在加拿大学习的时候学的是教学法，人家的老师讲教学都是很严谨的，我从他们身上学到了一种教学的态度。我留校的时候，也是系里找了几个资历比较深的老师教我们怎么上课、安排课程、主持集体的课堂，也学到了不少东西。后来我就觉得教学方面，好几个班还是应该有一个统一的教学方案。我从加拿大回来以后又让我负责一年级教学，当时我也参与了一年级教材的编写，就在教学过程中搞了一套相对比较系统的教案，这样年轻教师进入教师行列、教一年级的时候手头有点东西，但并不一定按照这个教案上课，只是一个提示。学了教学法之后，我就觉得教学还是有一定规律的——讲哪些东西、怎么讲、怎么做能让学生收获更大一些，所以当时我手头教学的教案就全部发给大家了。

我明白了，其实对老师来说，教学的过程也如同学生学习一样，是一个互相学习、交流借鉴的过程。

对。教学方案其实也只是一条线，讲课还需要老师灵活地加上自己的东西。教案只是一种提示，使得老师上课时不会“跑题”，不会脱离主线。

“没有聊天就一定不会有对学生具体的了解。”

我听说柳老师到临近退休的时候，同学们还亲切地称呼您为“柳妈”，您和学生的关系一定非常好！在您的教学生涯中，您一直和大一、大二的学生关系密切，恰好最能体会到年轻一代的面貌，您觉得这么多年来和学生们的沟通方式有什么变化吗，学生们的整体素养、综合能力、学习能力有什么变化吗，会因为这个原因调整教学方法吗？

现在的学生和以前的学生相比，见的世面越来越多，思维更活跃、开阔，但同时也会出现一系列新的问题，比如学生自我约束能力差，当然大部分学生都能主动地认真学习。关于沟通，我认为在学生的学习过程是至关重要的。学生或多或少会遇到学习上、生活上的各种问题，沟通不是批评，通过沟通可以及时了解学生遇到的困难以及问题的起因。我更愿意把沟通当作一次老师与学生之间放下包袱的聊天，比如，有学生感觉自己大一跟不上，在与他的聊天中就进一步发现，其实他是一个组织能力很强的学生，但由于没能平衡好学习与工作、活动，忽略了学习的主要地位，才导致学习吃力的情况。通过聊天从而了解，通过了解从而给出解决建议。虽然不能保证每次聊天、每个学生都能听取建议并做出改变，但没有聊天就一定不会有对学生具体的了解。

三、走向未来的法语学院

> "在对外交流方面，北外法语学院的级别和形象都得到了提升。"

我了解到，法语系在您就职期间是和意大利语共同建系的，您觉得法语学院独立创院后有什么变化吗？

从法语系到法语学院，从法语单词的角度来说是从département到faculté的转变，当然我想最主要的是在对外交流方面，北外法语学院的级别和形象都得到了提升。

> "北外法语学院印象最深，也是最值得我骄傲的，应该就是从这里毕业的学生。"

我发现您的教学生涯特别长，在您任职期间，法语学院在教研方面也有很大的发展，例如创办《法语学习》、成立瑞士研究中心、主持制定全国高校法语专业基础教学大纲、成立魁北克研究中心等等。您印象最深刻的是哪一方面呢？

北外法语学院给我印象最深、也是最值得我骄傲的，应该就是从这里毕业的学生。他们就像是一面镜子，代表着北外法语学院甚至是北外的形象，也反映了北外法语学院的教学质量。我想他们的优秀，他们进入工作岗位后得到的来自同事、领导的认可和夸赞，离不开他们自己的努力，也离不开法语学院系统的教学模式，离不开北外老师的认真敬业。

“我比较认同‘法语学院就是国家部委的后备力量基地’这样的说法。”

北外培养人才的目标是“培养复合型、复语型、高层次的外语人才”，法语学院也一直在坚持贯彻这个目标，例如2015年时增设了法语与国际关系复合专业、开设学科方向课等等。正如您之前提到的，法语学院一直以来都在培养并向外交部和其他部委输送复合型外语外交人才。有人说，北外就是国家部委的后备力量基地。那么您认同“法语学院就是国家部委的后备力量基地”这样的说法吗？

我比较认同“法语学院就是国家部委的后备力量基地”这样的说法。如今不再像以前以分配的方式安排大学毕业生就业，而是推行双向选择，让大学毕业生自主择业。从毕业生就业数据来看，北外毕业生就职于外交部、经贸部等高层次的国家部委的数量是相对较多的，这主要也是取决于北外整体的教学质量站得住脚，学生的整体专业水平更高，口语表达能力更强，就业竞争力更强。

“社会就业的大环境，我们无法改变，那就需要我们自身努力，抓住宝贵的时间。”

刚刚提及了复合型人才培养，其实，随着人工智能的发展，很多传统的职业，包括一部分翻译工作都受到了冲击，甚至有人大代表提交“国内外新闻发布会取消外文翻译”的议案，在疫情冲击下，外语专业毕业生就业前景堪忧，很多毕业生也因此忧心忡忡。对此，您有什么看法？在您看来，法语专业、法语专业的学生该如何顺应这个时代的发展？

当今社会竞争激烈，个人能力就显得极为重要。作为法语专业的学生，首先应该清楚地认识到法语学习的重要性，保证法语的主要地位，同时在学好法语的基础上，也应该多学、多了解，丰富自己的知识。社会就业的大环境，我们无法改变，那就需要我们自身努力，抓住宝贵的时间，充实自己，提高自己各方面能力，从而才能更好地面对就业的竞争压力，减少人工智能对自己的影响。我认为对所有人来说机遇是平等的，有人会抱怨“为什么我没有?”，其实关键就是看机遇来了你是否能抓得住。如果你什么都没学、什么都不会，你有什么理由能抓住机遇，让机遇属于你？所以平时要丰富自己，这才是最有用的，多学点东西总没坏处，你会发现知识对于讲话、处事方式和做事态度都起着潜移默化的作用，这也是给自己的未来多一种可能。曾经有一个态度认真的学生报考外交部，面试时被问及对非洲某一个国家的看法，他回答得很好。院内给学生开设了法语国家与地区的课程，课程老师曾要求学生选择一个国家进行介绍，当时他就额外地搜集了很多相关的资料并将课堂所学记下，可见功夫在平时，知识需要灵活运用，但前提是你要自己主动地去学。虽然毕业生会遇到就业压力大等一系列问题，但要相信这是一个更加公平的时代，要靠自己，以实力说话。

关于人工智能是否会取代翻译，我认为人工智能会取代一部分人的工作，但目前还不能达到完全取代人的地步。首先，学外语的人要记住，不要认为自己就只是一个翻译。大使，也是从一个翻译做起，逐渐才了解外交事宜；进入经贸部的人，也有很多是翻译出身，在后来的工作中才逐渐掌握谈判的技巧。所以，外语人才的前景还是很广阔的，不管是学生时代还是毕业后步入职场，我们总是要通过不断学习来提升自我。当然对于纯翻译工作者而言，确实需要提高自己的语言水平，但也不要过于担心，人工智能最大的缺点，我认为就是缺少一种人与人面对面交流时所具有的情感。同时，语言不是死的，不是只看、不是只欣赏。如果要把法语作为一种语言工具进行各方面的交流，还是需要有人去学。当然也要记住我前面所说，不断提升自我，才能更好地顺应时代的发展。

寄语

努力学习，保持法语学院的光荣传统！希望将来出去工作，别人一听说是北外毕业的，就仍会下意识地想到北外的学生不错，北外法语没问题！即使没有听到你们开口讲话，一听到你是北外法语的，就会有这样的一个印象。

陈丽瑜老师访谈

受访者　1974年考入北京外国语学院法语系，1978年毕业留校，一直担任法语老师，主要从事基础法语教学，对法语教学法、欧洲联盟发展史有所研究。在北外工作期间曾任法语系党总支书记、系副主任。在职业生涯中，曾被教育部推荐到联合国教科文组织工作4年，被外交部借调，跟随丈夫到中国驻比利时使馆工作4年，到驻布隆迪使馆工作4年，2015年从北京外国语大学退休。

采访者　罗舒婷、卞艺文

老师您好，您的求学经历很丰富，曾先后在北京外国语大学、巴黎大学和法国斯特拉斯堡舒曼大学深造。您最早接触法语是什么时候呢，学习法语的初衷是什么？有些什么难忘或者有趣的经历可以和我们分享一下吗？

1974年，我作为被推荐的工农兵学员，得到了北外入学面试的机会。在那个特殊年代的招生模式下，我是幸运的，得到了上大学的机会。那时候学什么专业是由学校分配决定的，我就这样被分配进入了法语系，开始了法语的学习之旅，从此与法语学习和教学结下了不解之缘。

那个年代，能够上大学的工农兵学员很少，学生们都非常珍惜这来之不易的学习机会，人人学习都很刻苦。当时规定教室和寝室晚上11点钟熄灯，只有走廊、厕所不熄灯。为了学习，有些学生会利用走廊，甚至厕所里的灯光读书。我当了老师之后，会经常感慨现在的学生学习劲头不如我们那时，有些学生考上大学后就松懈了。我经常对学生说：你们的干劲真的是不如我们那个时候。我们那个时候的学生基本上都是初中毕业之后就上山下乡，从事体力劳动，文化基础不是很扎实。但上山下乡的经历培养了我们坚韧不拔的精神，在学习上总有使不完的劲。除了学习之外，我们还很喜欢参加体育锻炼和义务劳动，当时教学楼里的卫生打扫工作都是由学生自己完成。各个班分小组轮流打扫，下了晚自习后负责拖楼道和打扫厕所。现在的学生可能对此不屑一顾。

还有一个让我印象比较深刻的是，那个时候，学校特别提倡互相帮助。班里的学生分成几个小组，一个班最多15—16个人，分成3—4个小组，每个小组每天晚上都要在一起练习口语。偶尔有同学在学习上遇到困难，大家都会互相帮助，我们这样做的目的是不让一个同学掉队。老师晚上也会到班里辅导，非常认真，与学生打成一片。那个时候，我们用各种方法来促进学习。现在的学生入学时起点高，上大学时外语水平都很高了，也许不需要像我们那时需要下这么大的功夫。但无论怎样，我觉得学习外语这种勤学苦练的精神始终都值得提倡。

您当时是毕业即留校任教。从本科基础阶段法语教学到硕士研究生指导，您均曾参与。在多年的任教过程中，您的教学方法变化大吗，有哪些教学方法是一直适用的？

我1978年6月份毕业，9月份就当老师了，不过好在有前辈教师带领，金国芬老师、董纯老师、董明慧老师、陈雅丽老师等有经验的老师都曾带领低年级教学团队，从教学方法到语言基本功进行指导，可以说是手把手地教新入职的教师。教学团队除了每周集体备课之外，新入职的教师必须去听老教师的课，老教师们也会来听我们上课，及时进行总结，指出优缺点，这使我们很快学到一些教学经验。我认为这是一个好传统。

至于教学方法呢，有许多种，无论是传统的翻译教学法，还是后来出现的各种新的教学法，选择一个适合你教学对象的教学方法是最重要的。以前的教学方式和现在的教学方式肯定有很大的不同了：当时来自国外的信息不如现在多，老师教什么，学生就学什么，老师教学感觉就比较自如；而随着中国改革开放深入、新媒体普及等等，学生获取信息的渠道越来越多元了，这对于教师也就有了更大的挑战。而且多媒体时代的学生更喜欢图文并茂的信息，年轻教师电脑操作娴熟的优势就凸显出来了。我一直教精读，是比较传统的方式，当时对我的压力也是比较大的。

我们注意到您在北外任教之余，也多次背上行囊，离开校园，参与了国际事务：像毕业后先在北外从事教育工作，6年后，到了联合国教科文组织担任翻译处秘书5年，1990年又再次回归北外大家庭……像这样背上行囊出走，又回“家”的经历里，您有些什么特别的感受，或者阔别经年的北外有哪些令人感动的变化？有哪些是没变的？

1984年，教育部来我们学校借调老师去国外工作，我离开北外，前往联合国教科文组织任职。这个职位只是一般级别的文件资料术语收集工作，不是翻译级的。虽然职位不是很理想，但是当时出国机会很少，能够到法国这样一个我们所学语言的母语国家工作，对了解法国政治制度、文化、人文等方方面面都是很有帮助的，因此这样一个机会对我来讲也很宝贵。那几年的经历让我收获颇多，我既了解了所在国的文化、政治体制等，也了解了国际组织运营的机制。同时我也交到了一些国际朋友。很有趣的是，在教科文组织还有一个乒乓球队，我们中文翻译科的几位同事作为主力，曾经代表教科文组织到意大利参加联合国系统组织的乒乓球比赛，两天打球，三天在威尼斯旅游，真是开心至极。

1989年，我回到北外教书。发现学校发展很快，但当时学校的硬件没有太多改观。真正比较大的变化发生在20世纪90年代以后。

在大学里担任教学工作多是在象牙塔里和一群刚刚成年的孩子们一起相处和学习；而在使馆工作，环境会更加多元化。您认为哪一种职业的生活方式更适合您呢？

两种生活方式各有千秋。学生们单纯，充满活力。和学生们在一起，就会觉得自己很年轻。在外面工作时视野会比较开阔。在外面工作，人际关系会比较复杂些，要学会处理好上下级之间、同事之间的关系。我的性格属于秘书型的，并不是很要强，与别人合作会比较融洽。我是那种领导说做什么我就做什么的下属，同事之间也会互相帮助。我在外面工作的那几年里，人际关系都挺好的，我认为这也是做好工作的前提。另外我在使馆工作时利用晚上业余时间为外交官夫人们开设了法语课，有几位夫人还真学得不错呢，使我享受到教学的快乐。

我曾在联合国教科文组织任职，又前后几次和我先生被外派去驻外使馆工作，中间有10多年没有从事教学工作。这对我做教学科研有一定的影响。出去之后再回来会发现自己和现实教学脱节了很多，我也就不能在研究领域深入地走下去。但是我心态很好，始终认为自己属于教书匠类型的，科研是个短板，因此也没有勇气申报晋升教授，最后从副教授岗位上退下来的。

您在攻读硕士学位的同时，又在联合国教科文组织中文翻译科任职。请问您是怎么平衡工作与学习的呢？

这要感谢我的恩师司徒双老师。1983年的时候，我跟随司徒双老师一起编纂《全国基础法语教学大纲》，她担任组长，我担任秘书。1984年我就去联合国教科文组织工作了。过了几年，司徒双老师和我在巴黎相遇，她当时对我说，我做这个工作（即在联合国教科文组织中文科负责术语收集工作）还是比较耽误法语教学的，不如去考一个文凭吧。之后她就亲自带我去了巴黎第三大学，找到了当时语言文学系的主任。我们沟通之后，主任觉得我的语言是没问题的，但还需要通过一个考试。9月份我通过了考试，10月份我就顺利入学了。能够注册硕士学位学习，一方面要感谢司徒双老师的引荐，另一方面，我能在工作时间去上课，要感谢当时联合国教科文组织的中文翻译科科长程学鑫老师（当时他是咱们法语系的副主任，被借调到翻译科当科长）。我每个星期要在学校听4门课程，共8个小时，也就是每周要离开岗位4次，科长当时让我写了一个承诺书：离岗几个小时，下班后的时间里就要补回几个小时的工作，这也是制度规定的，能给予我这样的通融，真是很不容易了。一边工作，一边学习，自然是比较辛苦，记得有一次，午饭时间后我需要立即去上课，当时赶地铁去学校，我已经累到脑袋迷糊，完全分不清地铁所去方向了。不过当时也还年轻，30岁刚出头嘛。但是，也不知道是不是因为劳累的原因，我在巴黎大病一场，做了两次手术：1987年动了一次腹膜炎手术，因为麻醉剂过量，醒不过来，在手术室前后待了8个小时。第二年又动了肠梗阻手术。不过也是坏事变好事，在住院期间，每天能和医院里的护士、清洁员打交道，空余时间看电视，我尤其喜欢看侦探片，影片语速很快。出院后，我感觉我的听力进步了一大截。

值得一提的是，一次我在课堂发言后，我们的导师问我："这位女士，你的法语在哪儿学的？怎么讲得这么好。"我说，就是在中国学的呀，学了整整4年才有机会来到法国的。那个导师就说："那真应该研究研究中国的外语教学方法！"我当时感到特别自豪，这说明我们（北外）法语系的语言教学方法是很有成效的。

从法语系到法语学院，北外法语队伍逐渐壮大。您曾经在系内担任了6年的总支书记，在您任职期间，法语系的发展是怎样的，可以和我们简单分享一下在此期间发生的令您印象深刻的事情吗？

我从国外回来，在系里担任总支书记，和主任一起合作，很愉快；也有副书记和辅导员帮助我。此外，当时的就业已经是双向就业了：会有外来的招聘单位，我们会提供意见，介绍推荐合适的学生等等。我觉得呢，任何时候，一个领导班子一定要团结，要相互多一些理解和包容，才能和谐。很幸运，我和当时的同事关系都是很好的。我感觉自己不是个领导型人物，而是个秘书型或者说是服务型的干部，能和别人合作，可能是因为我是家里的老小吧，老是听哥哥姐姐的，不是很有主意。

2008年的时候您在马赛第三大学政治系，以"中国改革开放30年的历程和成果"为题进行讲学，是什么样的契机使得您有了这份经历呢？在1980年前后全球几乎所有国家都在进行某种程度上的"改革开放"：不同程度的市场化，私有化，和对外开放的政策……而如今中国改革开放已40多年，您认为是因为什么样的不同之处使得我们达到今天的成绩呢？北外也一直是一个有着深厚的红色基因的高校，作为北外人的我们又能添一些什么不一样的砖瓦呢？

这次讲学机会是我们法语系和马赛第三大学政治学院的交流项目。我们系好多老师都去讲过学。那次讲学除了做"中国改革开放三十年历程"的讲座以外，我还粗略地讲了中国的法律制度。但我对此不是很满意，因为我本身对法律研究也不是很深。这次法国之旅，我真正的收获却是在政治学院讲学工作之外。当时我认识一位外交学院的老师，她的先生和我先生都在外交部工作。她委托在马赛的朋友帮我找房子住。我很幸运。她的这位朋友刚好有一套空房子，还开车到火车站接我。我的这位房东对中国人特别友好。后来我发现他们有个中法友好协会，还多次结伴来中国旅游过。他们为中国留学生提供了很多帮助。当时我们系办的赴马赛留学生班，这个协会每周都会组织他们到普罗旺斯地区参观、野餐。我到这个协会做了两场报告，结果反响比在政治学院里的还好。我记得有一次，我展示了一些有关中国改革开放后和开放前的照片进行对比，他们非常感兴趣，说中国的变化真的非常大。当即就有人提议组团再来中国。

我由衷地说，中国的社会制度有其特有的优越性。在国外待得越久，就越加体会到我们国家制度的优越。从经济的角度来看，当时他们的物质生活确实很丰富，我们那个时候（1989年）回国带了很多东西。我还记得我买了一个电视架子，非常先进，能够推来推去，而且还是镀金的。当时就觉得他们的东西很好。但是几年之后，戴冬梅老师留学归国之际问需要给我带些什么。我回答她，我真的不知道现在还有什么是需要从法国带回来的，我们国内现在什么都有。无论是从综合国力，还是国际地位来看，中国真的有了很大的进步和发展。

尤其从这次疫情来看，我国充分展示了国家集中力量办大事的举国体制的优越性。我国疫情如此严重，可死亡人数却远远低于美国还有一些欧洲国家。我们从各国应对疫情的措施中，就可以看出中国社会主义制度的优越性。中国政府对老年人、年轻人一视同仁，只要是生命，就会全力以赴去救治。这不只是口头上的称赞，更是大家切身体会到的。我觉得在中国生活很好。咱们的退休制度也很好，曾在我们系工作过的外教们若干年后回到中国时，一致感慨中国的退休老人很幸福。而这些都得益于改革开放。在科技方面，现在国外的人不得不承认中国的技术，从航天到海底，技术都很先进。我们的海底隧道建造技术是任何国家都比不上的。还有我们的高铁技术，以前都是向国外学习，现在都已经可以出口国外了！现在学外语真的大有用武之地，机会比我们那个年代多。

寄语

我一直以我们法语系（学院）为豪，我先是在北外学法语，后来又在北外教学，是个不折不扣的北外法语人，我对法语系非常感恩。值此建系70周年之际，我首先祝老领导们，我的老师们健康长寿；其次祝我院年轻一代的教师们工作顺利，教学事业蒸蒸日上。祝学生们，首先，要努力成为一个人格健全的人。其次，一定要有强烈的求知欲。不功利化学习，将知识融会贯通，未来的某个时刻你一定会受益于曾经学过的知识。再次，在校期间学生们要合理安排自己的学习精力，防止本末倒置。最后，祝同学们学习进步，学业有成！祝法语学院越办越好！

王助老师访谈

受访者

1978年本科毕业于北京外国语学院法语系，1992年在加拿大拉瓦尔大学获语言学硕士学位。曾任职于北京外国语学院附属外国语学校（法语教研室主任）、北京外国语学院出国人员培训部（法语教研室主任）和北京外国语大学法语系（一年级教研室主任、大学法语教研室主任、法语语言文学研究生教研室主任）。曾任北外法语系党总支副书记（主持工作）和系副主任。曾任中共北外纪律检查委员会委员、北外校学位委员会委员、北外校学术委员会委员、中国法语教学研究会副会长、《法语学习》杂志主编、北外加拿大研究中心主任、北外魁北克研究中心主任。1984年至1986年，借调到国家建材局赴卢旺达国家水泥厂工作（翻译、工厂驻首都基加利办事处主任）。1989年至1992年，在加拿大拉瓦尔大学语言学系学习。1998年9月至10月，在加拿大蒙特利尔大学政治学系讲学（讲师）。2000年7月至8月，在法国蒙彼利埃地中海学院教师研修班学习。2016年1月至2月，在加拿大蒙特利尔大学政治学系讲学（客座教授）。2017年至今，在比利时布鲁塞尔孔子学院工作（汉语教师、中方院长）。

采访者

韩娜鸿、余秋璇

我们了解到您从北外附校毕业，那您是什么时候开始接触法语的呢？当时的法语学习情况是怎样的？后来为什么会选择语言学呢？

我从1965年小学三年级起就开始学习法语了。当时我在“新北京十一学校”上小学二年级的时候，参加了北外附校的招生考试，有英、俄、西、法四种语言可选，是父母帮我填了英语和法语志愿，后来我就被分到了法语班。当时教我们外语的老师都是从北外过来的大学老师，所以从某种角度讲，老师们是用教大学生外语的方法来教我们外语，并不像现在的老师会照顾到孩子的年龄，和他们做游戏什么的。我从小学法语就没有做过什么游戏，到现在也不会以做游戏的形式教自己的学生们学习法语。我现在在布鲁塞尔孔子学院教汉语，还开玩笑地对其他同事说：我要做一个课题“如何不做游戏也能教好汉语”。现在对我来说可能是一个小遗憾吧，小时候学外语少了不少乐趣。不过大学的学习方式也有它的优势，比如说语法就学得比较扎实。过去我们很注重传统的教学方法，更侧重结构主义的方法，不像现在更注重交际表达，这是语言教学法的差别。但是我认为以前的教育和现在相比，没有本质上的区别，现在很多老师都是用“综合教学法”，提取各种教学法中合适的方法来教学。

至于我为什么会选择语言学专业呢，那是因为我当老师后有一个机会去加拿大拉瓦尔大学留学，当时必须选一个专业，于是我就选择了语言学系里的外语教学法专业。

您说到您之前在加拿大的拉瓦尔大学留学，所以我们想问问您为什么选择去加拿大留学？您的留学经历是怎么样的呢，您最深的感触或者最大的收获是什么？

当时我选择去加拿大留学是因为20世纪80年代的时候正值改革开放的初期，我拿到了魁北克政府的奖学金，所以我就公费去了加拿大留学。拉瓦尔大学和蒙特利尔大学是加拿大最好的两所法语大学，它们每年在加拿大的“有医学院综合大学”排名当中都能在前10。当时我的专业背景还不足，听课会有一定的难度，所以我就选择了语言类的课程，选择了语言学系，学习外语教学法。当时拉瓦尔大学的课程是每门课每周3个小时，我们一个学期可以选4—6门课。我当时还先补上了一学期的本科课程才进入到研究生班学习的，当时补了5门课。

后来我又两次去蒙特利尔大学政治学系做教师交流。1998年第一次去的时候，当时承担了政治学系唯一一门有关中国的课程“中国”（la Chine）的教学任务，我一个星期上两次课共6小时，6周讲完。我第二次去的时候是2016年，做了几个讲座，如“中华人民共和国政治体系”“中华人民共和国行政等级”“中华人民共和国行政区划”等。

在加拿大学习和教书期间印象特别深的事情，主要还是魁北克法语的口音比较重。在去加拿大之前，我曾经在非洲工作过两年。对我们而言，非洲法语的口音就是一个*r*发成*l*的问题，我们没有什么交流上的障碍，因为非洲法语就是法国和比利时在对非洲殖民的时期带给非洲的，基本上就是法国法语和比利时法语。但魁北克法语的口音，对于我们外国人来说，理解起来就有些障碍。法语不像汉语，有普通话标准音一说，虽然魁北克法语的“标准音”也接近欧洲法语的口音，但是魁北克人说法语一听就听得出来。魁北克人并不以说欧洲口音为正确，他们说：“如果你们觉得我们有魁北克口音，那不过是因为你们有巴黎口音而已。”所以要是与加拿大法裔交流的话，就要尽量适应他们的口音。

说到在加拿大学习的收获，我觉得最大的收获还是极大地开阔了学术视野。去加拿大留学前，教学工作局限于法语；在加拿大留学期间，学习到、接触到了语言学的众多分支，确定了自己的学术研究方向。

我们了解到您是20世纪90年代来到我院任教的，您觉得20世纪90年代和进入21世纪后学生的情况和法语系的发展有什么不同吗？

对，1994年之前我在北外出国人员培训部工作，1994年起转到法语系工作。我觉得20世纪80、90年代的法语系的多数学生，脑子里都会坚持一个主题——如何学好法语，其他的事情都围绕着这个主题。那时候的课程，如公共选修课、专业选修课等，远远没有现在这么多。20世纪90年代的变革是把法语分成了外交法语、经贸法语等，还是以教法语为主，但是增加了一些外交和经贸方向的课程，而不仅仅是偏重文学的法语。当时的公共课比较薄弱，但是对汉语的要求比现在高，因为大家认为要做好翻译，就要学好外语和汉语。但是现在北外的大学生们对汉语不那么重视了（也是因为其他要学的科目太多）。此外，当时学的功课门数比较少，就是要学好外语，不学好外语没有好出路，学生没有自主择业的概念，国家分配的重要原则之一是就是本专业的专业成绩。所以那时候我们的学生外语学习非常努力，你会发现，课后、下午、晚上，真的有好多学生在一起练习外语，希望把法语学成像我们说汉语一样自然。以现在学生的学习能力和英语基础，懂法语并不困难，但是如果真要把法语变成自己本能的东西，真的要练个几十遍。但是现在好像做不到，现在的学生要学习的东西太多，还包括很多社团活动，还有三、四年级很多同学要到外面实习等。这些都可以理解，任何一个事情都包括很多个方面，构成了众多需要平衡的点；事情的方方面面都应该照顾到，但怎么平衡就要看你怎么要求自己了。我们好像道理上都知道该怎么做，但是生活中真的很难面面俱到，这就要看你自己的选择了。我们法语老师还是希望学生们能把法语学好，我觉得法语学好了真的是学到了一门“手艺”，一个生活的技能。总的来讲，就是现在的学生要学的东西太多，要参与的东西太多。这有好处，参与的东西多了，广义的知识也多，思维更加广阔。但是由于太广，一方面易于表面，不深入，另一方面可能法语专业本身的学习也不精不深入。这可能是当今法语专业的学生应该注意的。

您见证了法语系的发展历史，您觉得在全球化时代，人工智能技术迅速发展，会不会给外语教学带来很大挑战，您觉得未来法语学院的发展会是怎么样的？

语言主要只是个工具，这没错，但是国家永远需要有少数人去充当最优秀的工具。像我们现在很多东西可以人工智能解决，电脑翻译的精确度也不低，但是任何时候我们都需要有最尖端的人来从事高级文字翻译、高级会谈翻译等。我个人对咱们法语学院的未来还是有信心的，就是说只要自己保持好传统，不会没有市场。需要语言的地方太多了，机会永远留给有准备的人。人工智能能解决一部分问题，也会帮助我们很多，包括我自己也时常会用谷歌翻译器先做一遍初译，然后再自己做后续的定稿翻译。所以，也许人工智能对我们外语专业构成巨大的挑战，但是我个人觉得对我们北外法语学院来说，我们就是要做“国家最优秀的工具”“顶级的翻译”。就是说，只要是需要人来做的翻译，北外法语人就一定要可以胜任。

另外，除了翻译，具有良好的语言能力，包括法语、英语等的能力，也是未来从事外交工作、进入国际组织、参与多领域国际合作交流业务等的基本功和“敲门砖”。法语专业的同学要坚信：我们法语专业的学生可以把法语学好，可以把英语学好，还可以学好一两门专业；这样就比只会英语的学生多了一个极大的语言优势。

寄语

在法语教学方面，要继承优良传统，不必花哨，要踏踏实实做好传统教学。我们有着70年的传统，应当继续好的传统，让我们能够始终处在中国法语教学的最前列，让我们的学生只要想用法语的时候，都能够找到心仪的工作岗位，也都能够胜任自己的工作。

对于法语专业的学生而言，要学好法语，学好英语，学好汉语，尽量广泛地学好通识课课程，并且侧重钻研一两个专业，如国关、商学、法学、新闻学、文学、语言学等。

张纯理老师访谈

受访者　1968年1月参加中国人民解放军，1969年加入中国共产党，1972年上大学，毕业后担任大学团委书记，校党委委员。1980年11月到北外，曾任法语系办公室行政干部，辅导员，系党总支副书记、书记。德西法联合党总支代理书记，国际交流学院办公室主任。随后，应聘吉林华侨外国语学院（现吉林外国语大学）党委副书记。

采访者　莫清雯、陈可心

张老师您好，非常感谢您接受我们的采访。我们了解到张老师您是军队出身，后来才转行进入教师行业，请问您成为教师的契机是什么呢？为何您会选择成为一名教师？

我曾经是一名军人，后来被选送上了大学。大学毕业以后呢，留校做了共青团的工作，当了大学的团委书记。是在外地的一所大学，所以当时我和我的爱人两地分居，我的爱人在北外，她是小语种专业的一名老师，有了孩子以后，两地分居也就有了众多的不便。我就在1980年11月借调到北外法语系。

您当时在院内主要是做些什么工作呢？

刚开始主要是做一些系里面事务性的行政工作。1982年，我正式调入北外法语系，才重新开始搞我们的学生工作。当时的学生工作主要在总支，系总支主要是负责学生的思想教育和日常的管理工作。那个时候系里面每届的学生都配备一位辅导员，系总支由一名副书记主管，现在可能院里面没有那么多专职辅导员了。我是1984年到1986年担任系党总支书记，后来因为身体原因就病休了。1988年又回到系里边儿，一直到1995年，我出国前一直在系总支主持工作。

在您任职期间，法语系有什么特别的人才培养机制吗？

当年有个附校班，班里的学生都是在附校学了多年法语，是基础比较好的学生，所以在参加入学考试后直升北外相应的外语本科。附校就是北外附校，比如南京有个南京外国语附校，天津好像也有一个。你们的傅绍梅老师就是从北外附校直升上来的，她非常优秀，学习也很努力。和她同届的（学生）我记得还有刘海星，他也很出色，他一开始是去外交部翻译司工作，后来又到了欧洲司，现在应该另有新任了。

您在法语系任职过程中有没有遇到过一些让您印象深刻的学生，比如在学习方面特别突出或者个人发展方面很独特的学生？

肯定是有不少。我记得1979级的学生，他们就特别活跃，积极参加很多校内校外的活动。比如辛少英，她在校的时候就积极参加各种活动，尤其是在配音比赛里表现得非常不错。她大四毕业的时候，我们积极地和央视联系并推荐了她，于是她就去了央视做制片人和编导，现在做得非常好。还有喇培康，他当时是班长，语音、语调很不错。后来他从事电影事业，长期致力于中国电影的对外传播工作和中外电影交流事业，现在是中国电影股份有限公司董事长、中国电影家协会副主席。再比如熊伟，现在是中国国际广播电台法语部播音指导、法语首席播音员。还有91级的一位同学——陈亚欧，她是安徽安庆人，看起来非常瘦小的一个女孩，但是极其刻苦，对自己各方面要求都很高。她的英语基础比较好，她就是靠扎实的英语基础考入我们学校法语系的。在学习法语的基础上，她还选修了日语和德语，毕业之后被外交部翻译司选拔上了，她后来给时任党和国家领导人做高级翻译，受到了当时的党和国家领导人的一致好评。她也非常多才多艺，可以说是全面发展。东校区旗杆底座上的书法，如果还在的话，就是她写的。还有非常多的同学都很优秀，比如你们的车琳老师和戴冬梅老师，她们在学生时期也是非常优秀和刻苦的。还有丁一凡教授，他有明确的目标，保持了自己的特色，后来去研究政治经济学了，在光明日报和新华社都任过职，现在也是在这领域非常出色的学者。

那么在您看来，这些令您印象深刻的学生身上有什么共同特点？您觉得一个优秀的法语学生应具备什么样的素质和能力呢？

我觉得主要有这样4点：爱学习、会学习、善思考，有自己的独特见解；方向目标明确，动力与压力并存，要有上进心；学会处理好人际关系，要尊重师长，同学关系也要融洽，给自己营造良好的外围环境，良好的外围环境对自己学习有很大很大的帮助，让我们不容易分心；汉语基础要牢固，因为你们未来会接触翻译的工作，这也对我们的母语水平提出了更高的要求。另外对于在校的学生来说，除了刻苦学习以外，还要尽可能多地参加一些学校或者院系组织的学生社团的活动，培养和锻炼自己各方面的能力，这点也相当重要，对自己以后走向社会是有很大的帮助的。

非常感谢老师的分享，今年是我们法语学院70周年院庆，请问您有什么想对法语学院现在的师生说的吗？

虽然比起其他院里的老教授、老领导来说，我只是一个“过路人”，但其实也有一些想说的话。

想对老师们说的话：一是要继承发扬法语系的好传统，和退休教师要保持良好的联系，逢年过节可以打电话问候一下；二是不要忘记法语系的历史，不要忘记我们的开路人、创建者们——我们尊敬的李廷揆教授、郭迪城教授、唐祖培教授、谢戊申教授、郑福熙教授等老一辈；三是新老师们要继续努力，加油创建法语学院的新未来。

想对同学们说的话：现在这个时代，网络发达，你们的知识面是很广的。但凡事有利也有弊，网络对同学们学习的干扰也是很大的，这也就是说你们要在专心这方面下更大的功夫，少被外界的纷扰所惑，多专心于学习。然后，你们还要注重兴趣的培养，提高各方面的能力，对自己将来要从事的工作要有方向感。

寄语

最后祝我们法语学院越来越好！

周焕凤老师访谈

受访者 1978年6月毕业于北京外国语学院法语系并留校工作。工作期间曾先后担任学院团委干部、人事处师资科科长、人事处副处长、法语系党总支书记和资产管理处处长等职。1999年至2002年，曾被借调至中国驻罗马尼亚大使馆教育处工作，负责中罗教育交流和留学生管理工作。2013年9月退休。

采访者 王凯、李铭志

周老师好！我们了解到20世纪70年代您曾在北外度过了4年的求学生活，请问您能和我们分享一下那时您在法语系的学习经历吗？

我于1974年10月进入咱们北外法语系学习，我们这届共招了60名法语专业的学生，分为4个班，每个班15个人，和现在一样都是小班教学。我还记得那时候一年级有精读课和听力课，到了二年级后又有泛读课、报刊课、翻译课，最后一年还开设了法语对象国研究的课程。现在你们开设的课程比我们那会儿可要多得多啦，我们那个时候没有二外课，公共课也比较少，只有一年级的中文课和二三年级的马列主义课，不像你们现在的课程那样丰富、全面。

我们那个时候的学习条件和学习环境也没法和现在相比，20世纪70年代的时候，信息比较匮乏，资料也很欠缺。当时学校有一个教材出版科，负责全校几十个语种的教材打印工作。这些教材基本上都由系里面的老师编写，油印后经过简单装订便发放给我们使用，马晓宏老师主编的全国统编法语教材的问世已经是80年代后的事了。我毕业的时候，没有一本书是精装的，全部是油印的、订书机装订的，不像你们现在全是精装课本。那时候的教材我还保存着呢，偶尔还翻出来看看回忆一下，还挺有意思的。你们看，那会儿的条件是多么艰苦呀。

那会儿我们法语系里面有一间很简陋的语音室，当时的语音室只有一项功能，就是放磁带。听力课上，老师坐在讲台上放录音，我们带着很大很笨重的耳机在下面听老师指点。当时每班教室里面还放着一台录音机，可以让我们课余时间自己听录音，你们可能在北外校史馆里面也看到过，很大很笨重的那种录音机。我们在大一、大二的时候，有法国来的外教，我记得每周有一节还是两节的语音课，这就是我们当时唯一和外国人交流的机会，不像现在使馆官员、大使参赞经常来学校，也有很多专家讲座，我们那会儿什么都没有。还有就是放法国电影，那些电影的音质不好，听不太清楚，同学们当时只是看个热闹。所以学习条件真是非常艰苦，没法跟你们现在比。

我们现在的法语学院有着丰富多彩的活动和比赛。您求学时期的法语系有哪些有趣的课外活动呢，能否给我们分享一些您的体会？

我们那个时候的课外活动跟现在不大一样，我特别羡慕你们现在能有这么多丰富的社会活动，我们当时只有学农、学工、学军，外加一些社会实践，有些安排在毕业学年，算是毕业实习。

那几年每一届的同学必须参加学农、学工、学军。我们这一届同学学工的时候被派到了北京市的工厂，我记得我当时到民族印刷厂学习了一个月。学农的时候被安排到了离学校比较近的郊区农村，就是现在你们可能也经常会去的购物中心那一片地方，我们就在那里学农，和农民同吃、同住、同劳动了一个月时间。大二的时候我们去了山西忻县（今忻州）的部队学军，一个月的军营生活中，我们跟战士们一起训练和劳动，一块儿在靶场上摸爬滚打，白天有射击比赛，夜晚还有拉练活动。这些经历都是我终生难忘的。

大三的时候有一个实践的机会，相当于毕业实习吧。我们4个班有不同的项目。我们班当时被派到北京部队的坦克学校，有一批非洲扎伊尔（现刚果民主共和国）的军人来华学习坦克维修技术，我们去做课堂翻译。那是我人生第一次参与外事工作。平时我们总说听、说、读、写、译的基本功如何重要，这次实习后我才确确实实体会到这些外语基本功的重要性，同时还体会到了掌握好中文和历史文化知识的必要性，做外事工作这两方面都是非常重要的。后来我到驻外使馆工作后，体会更深了，觉得作为一个外事工作者，外语和母语知识的掌握程度决定了你事业的成败，不是口头上说说，确实是我亲身体会到的。我们这一代人一般经历都不会太复杂，但是也有一些影响终身的、在记忆当中永不磨灭的经历。

谈起劳动，我突然又想起了一些事。北外人防地下室你们下去过吗？那些地道、防空洞就是我们这几届学生在上学期间挖的。北外的东院下面是四通八达的，人防工程修得很棒。网球场旁边有一个入口，下面是一个很大的活动厅，20世纪80年代初不是流行跳舞嘛，那会儿是高校里面很有名的地下舞场，好多高校的学生都来我们这儿跳舞。唐山大地震的时候，我们的人防地下室起到了很大的作用，地震预报一来、发现有地震的迹象的时候，我们都跑到地下室去躲避。一想起北外的人防工程，我就想起当年和同学一起挖地道的场景，我们那时弯着腰在里面挖土，然后把土装车推到某一个区域，用吊车吊上去。我们的汗水都留在了这里。挺辛苦的，但很有意义，尤其是留校工作以后，发现地下舞厅还在。当然，时间长了，人防工程现在也不怎么使用了。

您从法语系毕业后便留校负责行政方面的工作，后来还担任了法语系的总支书记，在您负责的事务中有学生就业这项工作。您是如何进行这项工作的呢，当时从法语系毕业的同学们主要都去哪里工作了呢?

我是1978年夏天毕业的，毕业以后留校。当时我没在系里，被分配到了学院的机关团委，干了几年之后被调到人事处负责师资管理工作，后来又出国工作，到1994年我才回到法语系担任总支书记。我在法语系做党务工作，其中包括毕业生工作分配，一共在法语系待了5年，时间也不太长。

我们毕业那会儿工作分配绝对服从组织安排，但是到了20世纪90年代初，大学生工作分配开始改革了，由统一分配变成了双向选择，跟现在差不多。20世纪90年代我负责（学生就业）工作的那几年，我们法语系学生就业去向主要是国家部委的外事部门，以外交部为主，有教育部、司法部、文化部等部委的外事司，还有一些大的负责对外联络的事业单位。也有少数同学选择去高校任教，尽管那会儿当老师不是那么吃香，但也比较稳定，我们法语系有不少同学，尤其是女同学还是比较喜欢去高校当老师的。还有少数同学去了外企，但20世纪90年代初的时候中法企业交流这方面还不太深入，好多法国企业在北京招聘也是要会英语的学生，要法语专业学生的并不多，所以去外企的同学也不多，主要还是去部委。就业方式变为双向选择之后，用人单位参加各种招聘会，有北京市一级的、高校联合的和北外单独的，通过各种渠道发布招聘信息，毕业的同学自愿报名，参加笔试、面试。考完试后用人单位会筛选一批值得深入了解的毕业生，来学校、来系里拿着名单找我们了解拟聘人员的全面情况。作为负责这项工作的老师，我们就要如实、客观地介绍各位同学的情况。不过最后的决定权不在学校，还是在用人单位那里，这就跟以前统一分配的方式不太一样了，我们只是提供一个服务。

对于当时就业过程中因为各种原因不太顺利的同学，我们除了通过正常程序给他们提供机会外，还特别注意帮助那些所谓的“困难户”，有时候我们会发动系里的老师帮助他们。有些老师很热心，他们教了几十年法语，有好多学生在某些部门已经成为领导，老师们通过这些部门的领导，为我们比较困难的同学多争取一些机会。在这方面，我觉得我们法语系那几年的就业工作还是搞得相当不错的，同学们都比较认可。当时有同学跟我开玩笑：“周老师呀，你帮我们解决就业呀，就像嫁闺女一样，一个一个都给我们落实好了。”后来我就跟他们说，我们法语系很多老师都像我这样，特别热心。他们找曾经教过的学生要名额，通过他们的学生向人事部门推荐我们法语系的毕业生。当时这个工作是有就业比例要求的，也有时间限制，要在规定时间之内把就业工作安排好。所以我们每年都尽量把这项工作往前赶，要尽快落实，提高同学们的就业比例。每年我们法语系的就业比例相对还是比较高的。据说当时西语系的同学特别羡慕我们法语系的同学，说你们法语系的老师怎么这么热心，你们就业比例怎么这么高。这是我们法语系的传统，大家为了学生的前途特别团结一致，年年如此，老师们对我的工作也都特别支持。

结束法语系总支书记的工作后，您于2004年4月至2013年9月担任北外资产管理处的处长。我们得知您对于北外新图书馆历时4年的改扩建工程有着十分重要的贡献，我们也特别喜欢现在的图书馆。请问您能给我们分享一些您在这份工作中的经历吗？

我离开法语系后，到驻外使馆工作了几年，2004年又回到了北外，在资产管理处当处长，一直到2013年9月退休。我的主要工作是负责全校物资、设备、家具等资产的招标采购。这十几年，北外重点改造东院，因为我们负责设备、家具的配套，所以只要有一栋建筑在建或者改造，我们的配备工作就得跟上，图书馆也不例外。

图书馆的改扩建工程历时4年才完成，有一届学生在校4年都没有一个完整的图书馆，当时图书馆四分五裂，分散在各个楼里，学生们意见也很大。图书馆有了规划后，大家都特别期待新图书馆赶紧投入使用。这种心情我们也都理解，但是学校的改造工作得一步一步来。从规划一开始，学校领导就非常明确要建设一个标志性的、高标准的、现代化的图书馆。图书馆是崔恺大师设计的，从一开始，设备家具配备就要与总体设计相吻合。从挖地基开始，我们处就跟图书馆组成了一个设备家具采购小组，按照设计图纸中的布局编制了全馆大大小小设备家具的需求方案，这是一项挺艰巨的工作。编制完需求方案后，就是编制预算方案，上交给教育部，争取国家专项拨款。教育部很快就批复下来了，给我们全额拨款。有了这笔专项资金以后，我们才能启动招标采购工作。经过一年半左右的时间，招标工作结束了。新图书馆投入使用后，听说网上热闹了一阵子！新图书馆的造型很有北外特色，外墙由几十种语言装饰而成，还挺新颖的。馆内现代化的设备、奇特的阅览桌、通透宽敞的空间……都被给予了高度评价。

我再分享一些采购图书馆阅览桌的经历吧。阅览桌的款式是国内没有的。崔恺大师手下的一个室内装饰设计师去韩国旅游时拍回一张阅览桌的照片，要求我按照片中的款式采购，并且附有一张手绘图，注明材质要求：美国白橡木，纯木制。真是给我出了一个难题。按规定，我们采购必须通过招标，不能直接找厂家定制。后来经采购小组研究决定，我们找了八九家大型家具厂，要求他们按照我们提供的图纸做出样品，送到学校，请图书馆相关管理人员和设计师确认。由于当时国内厂家没见过这种造型：阅览桌面上立着一块“T字板”（T灯），板的上方是为区域照明所设的，全馆一键开关。因为崔恺大师设计的天花板顶上是没有灯的，照明就靠我们“T字板”上的那一排灯。两侧的灯供学生阅读使用，全部采用LED灯。当时为用白炽灯还是LED灯，我们还争论了好长时间。因为这些高要求，各厂家提供的样品没有一个符合要求。后来进行了第二轮打样，新的问题又来了。经过测试，送来的样品桌面油漆的亮度不符合要求：太亮了，对学生的视力不好；太暗了，整体效果不佳。于是又进行了第三轮打样。经过第三轮的检测后，设计师认为基本符合要求，才正式公开招标。经过专家评审后，北京最大办公家具厂——黎明家具厂——中了标。中标后，在生产过程中，我们处还委派一名有家具制作经验的老师几次到现场突击抽查，督促厂家保质保量，按时供货。

您在北外度过了很长的时间。请问在北外求学和工作的这近40年的岁月里，法语系发生了哪些使您印象非常深刻的变化呢？

我觉得法语系最大的变化是课程设置多了，招收人数多了，学生层次也多了，有硕士生，还有博士生。此外，你们现在课余活动和各种比赛也很丰富多彩，参加社会实践的渠道也多了。我们上学的时候，在校3年半，没有一次比赛。我特别羡慕你们，你们赶上好时代了。教师队伍的变化也挺突出的，我在系里工作的时候有三十几位老师，年纪都比较大。现在这些年轻老师和骨干中，绝大多数都是有博士学位的，这一点特别了不起，有的还是博导。我们那一代人没有博士，更没有博导，博士点都是后来才设的。学习硬件这方面变化也特别大，如多媒体教室、语音室、听力室等，条件越来越好了。

寄语

我祝愿法语学院越办越好，办出自己的特色，把师资队伍建设得更好。希望现在在学院里学习的同学们珍惜北外提供给你们的学习环境和学习条件，在有限的时间里分秒必争，学到更多的本领，将来更好地服务祖国、服务社会。祝你们学业有成，毕业后事业有成，都成为国家的栋梁！

安国城老师访谈

受访者

1990年大学毕业后入职北京市委，1997年到北京外国语大学挂职锻炼，1998年入职北外，任党委办公室、校长办公室副主任，副研究员。1999年起先后担任第21届世界大学生运动会外语服务中心主任、第21届世界大学生运动会组委会外联部礼宾处处长、北外翻译培训中心主任、校工会常务副主席、法语系党总支书记、北外70周年校庆庆典仪式副总指挥，图书馆党总支书记。其间，参与了北京2008年奥运会申办工作，北京市民讲外语活动及市民外语读本的编写，第21届世界大学生运动会志愿者组织，北外第一、二、三届（外研社杯）教职工运动会的筹备、举办和组织等。

采访者

许滢、陈雯静

一、安老师与北外

安老师与北外结缘已23年，谈起在北外的点点滴滴，令他印象最深刻的是2008年北京奥运会。除了为奥运会输送多语言志愿者，北外还在申奥的过程中作了很多贡献。当时共有100多位来自北外的专家和教师参与了申办报告的中英法翻译工作。作为国际奥委会的官方语言，法语尤为重要。

学校主楼的南边有一个多语言服务中心，安老师告诉我们，这是2008年北京奥运会时北外用来为世界各国提供多语言服务的，并且存留至今。在此次新冠疫情中，服务中心同样发挥了非常重要的作用。

正如校训“兼容并蓄，博学笃行”，当被问及对北外的印象，安老师脱口而出的是包容性。安老师认为北外是一个非常多元化以及对外包容性很强的学校，从学校最开始发展的延安抗大三分校俄文大队至今，北外的包容性一直存在。安老师说：“北外在发展过程当中包容度很强。比如说，我们从最初仅1个语种，到现在已经发展到100多个语种。”

二、在法语学院担任总支书记的日子

2008年至2014年，安老师任法语系总支书记。我们询问了安老师那个时期法语系的情况，比如师资、男女比例等，安老师都十分耐心地解答。

安老师告诉我们，当时教师人数较少，每个老师需要负责多名学生，还有些已经退休的老教授继续授课。老师不仅非常认真负责，而且学术水平很高。学生方面，法语系一直都是女生较多，男生较少。

问起法语系学生的特点，在安老师眼中，法语系的学生脚踏实地、勤奋学习，并且待人真诚、热情。法语系的同学们在全国等级考试中成绩优异，却不喜张扬，包括法语系的团学联当时在全校中的工作也是非常优秀的。与10年前的学生相比，安老师认为现在的学生灵活性更强，并且更加懂得如何发挥自己的优势，抓住时代的机会，“这是随着国家、随着世界在进步，我看到这样的变化也非常欣慰”。

随后聊到了就业问题，2008至2014年间正值就业转折阶段，此前多数同学入职政府机关，此后越来越多的同学选择出国留学，或进入外企、私企工作。在就业问题上，同学们是迷茫且焦虑的，安老师给了同学们一些就业建议。首先，作为北外的学生要对就业有信心，北外学生的就业选择很多；其次，建议年轻人多做尝试，理性认识不同的行业，才能对自己有准确的判断；最后，要根据心之所向，用心选择自己未来的道路。

三、法语学院学科建设、发展情况

谈到2009年至2010年法语系学科建设和发展情况，安老师仍然记忆深刻。2009年法语系成为国家特色专业建设点，10年间相继设立了翻译硕士专业学位点、比利时法语区研究中心并获得法语语言文学博士授予权。安老师指出当时也是北外发展较快的时期，法语系紧随学校的脚步，在各方面取得了一些建设性的发展。

当时处在“985工程”“211工程”建设的大背景下，各校不断发展和竞争，全国上下教育界都比较活跃。全国都在设立MTI硕士这样实用型的翻译学位，法语系也开设了这个专业。后来根据学校争创一流的发展规划，还设立了文学博士学位点。

法语系、法语学科的红色基因和北外一脉相承，安老师用了一个具体的例子向我们解释：沈大力老师是我系著名的老教授，出身于延安保育院，是革命后代。延安保育院是抗战时期负责接收、培养边区干部和军人子女的地方，众多革命后代都在那里学习、生活。因此，无论从发展还是从师资来看，我们的红色基因都是一脉相承的，有历史和人文的传统。

四、关于60周年系庆

回顾法语系60周年系庆，安老师和我们分享了当时的大致情况。当时的场面颇为壮观，有300多位来宾，其中包括10多位大使。系庆活动也很丰富，主要有迎接系友返校，开展不同系列的学术讲座，团学联的学生活动、比赛、展览、联谊等等。60周年系庆正式让法语系的发展进入新的台阶，那一年也是法语系发展比较重要的一年。

令安老师印象特别深刻的还有他与一位系友的对话，那是一位驻非大使，谈起在非洲的生活，大使说："并不是所有人都能体验（非洲）艰苦的环境，这是很有乐趣、非常令人自豪的经历。"

五、图书馆工作

谈及从法语系总支书记到图书馆工作人员的角色转变，安老师颇有感慨。相比先前将大部分精力放在学生上，在图书馆任职之后，安老师更加了解到图书馆的重要性。除提供资料、图书的功能之外，图书馆还是学校教风、学风以及综合实力的体现。安老师告诉我们，世界一流大学的图书馆也是一流的，图书馆是学校发展程度的写照，这两者是相辅相成的。

同时，安老师希望老师、同学们都要重视并充分利用图书馆。他特别建议同学们在教室学习、宿舍休息之外，将更多时间放在图书馆里。"图书馆真的是一座宝藏。学习优秀的同学在本科时都是经常到图书馆借阅图书的。"

如今的图书馆与过去的图书馆不可同日而语，今天北外的图书馆无论在硬件还是软件上都非常好。

在这个主题的最后，安老师还非常友好地告诉我们："法语系学生如果对图书馆有什么特定要求，（我们）都可以尽量满足，我们需要更多的同学到图书馆来。"

六、安老师的学习及工作经历

谈及学习与工作经历，安老师建议年轻人要有更多的工作经历。在谈到大学里的工作时，他说，"这是份有趣并且令人感到自豪的工作"。

此外，我们也从安老师对自己子女的叮嘱与期待中感悟许多。第一，要正直，并且待人要真诚。第二，在追求目标的过程中，要脚踏实地，多学多练感兴趣的技能。比如说，喜欢弹琴，要多弹；喜欢外语，就要多听、多看、多背。换言之，就是在人生道路上，踏踏实实地去做自己想做的事情。第三，要有超越自己、超越现实的梦想，敢于大胆想，给自己更多的动力和追求目标的激情，"如果一个人老是处在一个很现实的状态中，会被局限在一个小格局里”。除此之外，还要适当地知足，懂得珍惜所获得的荣誉、取得的进步，或者收获的感情，“如果你对自己的生活状态、情感比较满意，那我觉得这是人生最大的幸福”。

最后，要学会辨别，要有自己的辨别力。现在每个人获得信息的来源渠道不同，对同一件事情得到的信息可能是截然相反的。所以对待不同的事情，都应该有自己的理解，不要随波逐流。

在职教师

蔡芝芳老师访谈

受访者　北京外国语大学法语学院党总支书记。1999年，获南京大学法学学士学位。2003年，获北京师范大学法学硕士学位。2003年入职北京外国语大学法语系，任辅导员一职。2006年1月至2011年6月，任北京外国语大学国际商学院辅导员、团总支书记。2011年6月至2018年10月，任北京外国语大学校友办副主任。2015年7月，获北京师范大学法学博士学位。2018年10月至2019年12月，任北京外国语大学法语语言文化学院党总支常务副书记。2021年7月，获北京师范大学心理学硕士学位。

采访者　李亭萱

您考大学的时候是如何选择专业的？本科毕业后的一年工作经验对您有什么影响？

我本科在南京大学读行政管理学专业。关于专业选择，说来话长。我1995年高中毕业，那时候网络不发达，了解信息的渠道有限，我们报志愿时是很懵懂的，对于各专业只能从名称上望文生义。因此在填报大学志愿时，班主任的意见特别重要，我的第一志愿都听从了他的建议。至于说班主任老师当时为什么会这样建议，我有一次听师兄的演讲才明白。

师兄现在是知名企业家，他当年是高考理科状元，上清华绰绰有余，班主任却建议他报考人民大学。在20世纪90年代，人大是我们心中的干部培养学院。班主任和他说，中国不缺聪明人，也不会缺物理学家和化学家。中国最苦是农村，最缺好乡长、好县长，缺好的基层干部。我和师兄都是班主任带的小班长，所以我后来理解，班主任让我去读行政管理学，应该也是希望我毕业后踏踏实实做个基层的干部，多做些实事好事吧。

本科毕业后，我按原计划回老家工作，在市建设委员会工作了一年。其实要说工作经历，我大四还认认真真在南京市鼓楼区政府办公室实习了半年。在建委，我起初在招投标办公室工作，接触到城市基础建设的具体流程，半年后又被调到组织人事科，负责系统内的职称评审以及建筑设计相关执业资格认证的工作。要说那年的工作对自己的影响，我想是让我对大学所学的内容有了更深刻的理解，有句话叫“光说不练假把式”，其实光学不练，也是假把式。比如说大学课堂上老师讲政治制度，讲党和政府的关系，我们听得晕晕乎乎，但到了工作中，很快就明白了。

您本硕博3个阶段的专业相同吗，为什么选择毕业后进入北外工作？

我本硕博的专业不同，主要围绕行政管理学、马克思主义理论和教育学来拓展。我高等教育受教时间共计18年，本硕博之后，又读了心理学专业的硕士，再加上在政府和高校的工作实践，我对政府管理、教育管理、思政教育、心理健康教育等领域都比较熟悉，这对我现在的工作非常有帮助。

我体会到，人建构自己的知识体系，很像拼图游戏，一开始无心地摆上几块，后来摆多了，就会很惊喜地发现，居然能拼出相对完整的图形。这里要感谢南京大学给了我很多块拼图，当时觉得太累了，要上很多课。除政治学和行政管理学的专业课程以外，还有数学、英语、哲学、逻辑学、政治学、社会学、法理学、管理学、宏观经济学、现代化进程、军事理论，这些公共必修课都由学校顶级的学者授课。此外还有国际贸易、国际金融、统计学、管理心理学、社会调查研究的课程，这些也是专业课。正是因为本科学习科目多，后来我多次转专业考试和学习都不太费劲。

你问我为什么选择北外，我也常常问自己，来北外是要完成没有完成的愿望吗？因为高中毕业时，我最想报考的是师范大学的英语专业，我喜欢语言，又喜欢表达，想着未来可以做个英语老师。但我中学的英语老师可能对自己的工作感受不太好，因此不同意我的报考志愿，单独谈话劝我"迷途知返"。恰好班主任给我提供了南京大学的推荐表，我也就不再坚持。2003年硕士研究生毕业找工作时，我同期收到北外和北京市公务员的两个录取通知，自己做主选择了北外。

兜兜转转，南京大学毕业后，我在北师大读了两个硕士一个博士，之后来到北外这所以语言教学著称的高校工作，这些经历仿佛是在加倍补偿那个想当英语老师而未能如愿的小女孩。人生有很多偶然，有可能决定人生方向的恰恰是某一刻的偶然，但是要有足够的实力去支撑偶然的实现。

您为什么在博士毕业后又决定继续攻读心理学硕士？

这也是一个偶然。

在北外，由于工作需要，我接受了一些心理学方面的培训，2012年起在北外就业指导中心担任生涯咨询师。咨询工作中，我感到需要更加系统的心理学知识。但一开始也没想考学位，2015年我刚博士毕业，对学位学习的苦和累心有余悸，只想去旁听课程或者接受比较系统的培训。我先咨询了北师大心理学院的老师，她建议我报考硕士，我有点犹豫，又去咨询了北外负责心理咨询的老师，结果对方也是这个建议。于是我就咬咬牙复习考试，考上了。

您为何会选择入校做辅导员？您在法语系和国际商学院都曾担任过辅导员、团总支书记，后来又在校友办担任副主任，2018年又回到法语学院任职。您是如何看待自己的工作经历的，不同的经历对您有什么意义？

入校做辅导员是被选择的。求职北外时，我报考的是校机关，但临报到前接到通知到法语系担任辅导员。我很感谢这个偶然，让我一进入北外就在一线工作。实话说，机关工作我还是比较熟悉的，到高校工作，我最陌生的恰恰是院系的教学和管理。对高校而言，人才培养归根到底要落到院系，熟悉院系工作，了解学生状况，是在高校工作必须具备的素质。入校后我先在院系工作了8年，这为我在北外的发展打下了特别坚实的基础。

2011年，我通过竞聘到校友办工作，2018年后又回到法语学院，这是一个螺旋式上升的过程，看似回到原点，但通过多年的学习和工作，个人的视角更多元，视野也更开阔。这些年，无论走到哪里，我都认为，法语学院是我在北外的“娘家”，我真正的职业生涯是从这里起步的。当初到法语学院工作的我还是个青涩的小姑娘，是“一张白纸”，法语学院的领导、老师，整个院系敬业和奉献的氛围很好地教育了我，为我绘就了职业风格的底色。在法语学院，我得到了很多的鼓励和肯定，还有生活上的关心，这些支持使我一直将工作视为安身立命的事业，充满热情和动力。

我常常把人和工作的关系比喻成婚姻，有的是先恋爱再结婚，有的是先结婚再恋爱，而我更偏向于后者。我喜欢我在北外的每一份工作，不论是做辅导员、之后在校友办的工作，还是如今回到法语学院担任的总支书记。因为我很投入，所以每份工作我都很喜欢。认真投入地做一件事情，你就会喜欢它，因为它凝聚着自己的心血，体现了自己的价值。事实上，只有认真投入地做事情，人才能从中发现乐趣并获得真正的愉悦，而这种愉悦可以激励自己更加用心地去做事情。

您认为法语学院一直不变的精神核心落在何处？

在我看来，法语学院一直在传承的精神核心是对学生的高度关注。在法语学院，老师对学生的关心和爱护无微不至。17年前我刚到法语学院工作时，就特别深刻地感受到这一点。如今再回到法语学院，依然如此。这种关心和爱护，不仅体现在生活上，也体现在学院对教学的无比重视上。法语学院强调以学生为本，学院的规划和政策首先考虑对学生的培养以及学生的发展，其他任何因素都无法与之相比拟。

另一方面，在管理层面，法语学院特别强调奉献。在充满奉献精神的环境下，法语学院的政策会更向年轻人倾斜，关心年轻教职工的利益和成长。所以在我眼中，当年的法语系、今天的法语学院是一个非常“正”的集体，也只有从这样的集体才能走出这么多正直的人。

人工智能的发展冲击着很多传统职业，就业竞争大大增加。这些年法语学院坚持贯彻“培养复合型、复语型、高层次的外语人才”的教学目标。学院将进一步加强对学生哪些方面的培养？对于法语学院的学生而言，我们应该如何更好地顺应时代的发展？

复合型和复语型人才是社会的迫切需求。其实北外之前的毕业生也是复合型人才，只不过很多学生是进入社会之后才与其他专业进行“复合”。如今随着社会对人才培养的要求越来越高，学校将会为学生做好更多“复合”储备。我始终认为学无止境，虽然在大学学到很多知识，但工作岗位才是“复合”的真正实现之地，知识储备与知识运用的结合是非常重要的。

除了知识储备，我想我们的学生应该加强对自己的培养。去年我在调研基础上，有的放矢地在学生工作中提出一个slogan——自立自强，达己达人。我想咱们学生首先要学会自立自强，自己的事情自己做，不能“等靠要”。还有，要奋发努力，任何群体都会分出三六九等，只要努力了，哪怕是最后一名，至少不会留有遗憾。然后呢，要做到达己达人。古人云“穷则独善其身，达则兼济天下”。“独善其身”是底线，帮助社会上更多的人，为社会做出贡献，这是我们美好的愿望，也是我们要一直努力的方向。如果一个人活来活去只为自己，那上大学的意义何在？今天这个社会，大家早已吃饱穿暖，如果只想住豪宅、穿华服，实话说，读书也未必是捷径。大家来读大学，读名牌大学，国家和家庭都给予了很高的期待，就是期待能为社会做点儿事情。有多少能耐做多大贡献吧。

我们不能只想自己，不能只以自己为中心，就像人类不能把自己放在世界的中心一样。人类中心主义会导致人类与自然的不和谐，个人中心主义也会导致个人和集体的不和谐。同学们要多为他人考虑，多与同学合作。心理学研究人如何才能过得更加幸福快乐，其中一点就是活在集体中，把他人看得重要。当我们把他人看得更重要时，把集体看大，把自己看小，自己的烦恼也就小了，微不足道了。另外，要学会感恩，不要认为今天自己所拥有的一切都是自己应得的。你觉得自己今天想吃什么就吃什么，冷了热了就开空调、开暖气，都是理所当然的，但实际上我们何德何能有此享受？永远都是前人栽树，后人乘凉。就看今年，疫情中有医务工作者，抗洪中有解放军战士，总有人冲在前面，甚至倒在前面，才换来我们安逸的生活，我们应该充满感恩，并要报恩。不想栽树，只想乘凉，这样是不行的。只有我们都栽树，才有更广阔的荫凉，我们要成为一股动力，让社会进入良性循环。

人要成长，关键是自己培养自己，外界只是为你提供支持。北外是如此好的平台，法语学院是如此好的环境，如果你没有认真从中汲取营养，那就太可惜了。北外和法语学院是大家身上永远的标签，今后你们走出去也会成为我们的招牌。把自己培养好，是你们对学院和学校最大的回报。什么叫做好？就是前面所说的，达己达人。在学校也好，进入社会也好，遇到任何困难都不要去抱怨，也不去听别人抱怨。大家都从自己做起，付诸行动去克服困难，这样我们的学校、社会、国家才能发展得越来越好。

寄语

作为法语学院的一员，我很高兴迎来学院成立70周年院庆和即将到来的北外建校80周年校庆。就我个人而言，我希望把理论与实践更好地结合，用所学更好地完成本职工作，和大家更深入地交流，把总支书记的工作做出实效，也希望自己可以对法语学院和学校的发展有所助益。对于法语学院的学生，我希望你们阳光、快乐、有力量，将来能为社会做出贡献。

车迪老师访谈

受访者　北京外国语大学法语国家与地区研究中心、法国研究中心和中法人文交流研究中心秘书，同时负责《法语学习》线上刊物和《法语国家与地区研究》学术杂志的相关工作。2019年获我院翻译硕士专业学位（MTI），硕士毕业后留校工作。

采访者　万思妤

能不能介绍一下您的法语学习经历?

我学法语没有什么特别的契机。本科在首都师范大学学习了4年，其中大三去比利时作为交换生学习了1年，研究生在北外法语学院读了两年MTI，毕业后有幸在我们学院的研究中心工作。我在法院学院学习、工作的经历相对于其他老师来说是比较短的。

法语毕业生（比如您的同学们）都从事什么工作?

法语毕业生就业面还是比较广的，有一些在国家部委或其他事业单位工作，比如说外交部、地方外办等；再就是官媒，比如说新华社、国际广播电台这样的单位；第三类是国企或私企，比如保利，还有其他一些进出口企业；第四种比较自由，像自由译员，我有一位同学就做了自由译员。

在法语学院的学习生活中，您有什么印象深刻的事情吗?

其实两年的学习时间是比较短暂的，但需要学习的课程很多，时间很紧，感觉时光飞逝，很快就毕业了。虽然大家在本科的时候都接触过口、笔译相关课程，但实际上，研究生阶段才真正开始系统地学习翻译。我印象非常深的就是，所有课程的老师们都非常专业，实战经验很丰富。从理论到实践、从外交翻译到科技翻译，老师们多角度地进行了系统的授课。其中有一门难度很高的口译课程，虽然每周只有两个小时的课时，但每次我们都会花一周的时间去准备，平时同学们有空也会一直不停地探讨口译课的主题。研究生的课业压力比本科大很多，大家把有限的时间都投入到学习当中。通过两年的学习，最终我们每个人的翻译水平都有了质的变化——大家刚入学的时候都觉得自己很懂翻译，但实际上学习之后才发现，以前了解的只是皮毛，不懂的东西非常多，每个人在学习的过程中都取得了显著的进步。

您在国外作为交换生学习的院校是一所高翻院校，请问您对法语学习甚至语言习得有什么样的心得体会呢?

我在国外学习的过程中受益比较多的是视译课程，视译的课程虽然在国内也有，但是相对来说比较少，在国外这是一门课程量很大的课程。它的特点就是，给学生一个相对简单的文本，然后学生在阅读的同时，把它翻译出来。这个训练我觉得对国内的学生帮助是很大的，国内的学生有一个习惯，就是要求自己说出来的句子是绝对正确的、精致的，从语法到词汇都要是完美的，不然就不好意思张口。但是当时间很紧迫的时候，我们可能会下意识地说出一些意料之外的搭配和用法，之后可以再仔细地研究怎样说更好。这个过程对培养语言转换能力、提高反应速度，包括拓展词汇量等都是非常有帮助的。同时也是提醒我们在学习语言的时候，初期不要过于在意对错或者语言的精致度，而可以着重锻炼我们的语言熟练度和思维转换能力。

第二点就是高翻学院的老师们都有非常强大的语言背景。不是他们的爱人是中国人，就是他们童年或者是青年时期，有很长一段时间在中国留学的经历，所以说语言环境对语言的学习是非常重要的。老师们在上课的时候，无论我们提出什么刁钻的问题，都难不倒他们，他们一直都非常从容。就算我们在国内学习的时候没有沉浸式的语言环境，也可以在生活中假设自己在一个外语的语言环境当中，把这门语言当作是我们生活的一部分，时刻尝试在生活中用外语思维去表达。

能否简单介绍一下您在法语国家与地区研究中心、法国研究中心和中法人文交流研究中心的工作经历呢？

现在我们学院有多个研究中心，我参与工作的主要有3个，包括两个区域国别类研究中心——法语国家与地区研究中心和法语研究中心，以及中法人文交流研究中心。这3个研究中心，除了一些日常事务之外，主要负责出版刊物以及举办相关讲座。这些活动面向法语专业学生、教师及相关从业者，同时也对法语学科发展很有帮助。

我们的刊物有季刊《法国国家与地区研究》，年刊蓝皮书《法国发展报告》，今年也会出版《法国发展报告（2020）》。此外还有电子刊物《法语学习》，以前是一本实体刊物，现已变为线上电子刊物，学期内每周一更。阅读刊物对学习是很有帮助的，我在学生时代的时候，因为时间关系和意识的缺乏，不太会在空闲时间研读学术类刊物、报告。其实也有畏难心理，尤其是因为学翻译专业，对于学术方面总是有点畏惧。但实际上在工作后逐渐接触学术文章，发现根本没有想象得那么难懂或者枯燥。很多文学、区域研究、教学法类的文章都是深入浅出的，对于我们了解语言及其文化都是非常有帮助的。我也推荐大家去看一些国内的，尤其是咱们学校出版的学术刊物。另外一部分工作就是举办系列讲座论坛，我们学院有一个高端论坛系列讲座，同样也是鼓励同学如果有机会，可以在课余时间旁听各种各样的讲座，拓宽视野。

对于本科生，我鼓励大家闲暇时多看些刊物的目录，寻找感兴趣的文章，比如讨论小说、讨论作家或者讨论其他有趣话题的文章。从感兴趣的文章读起非常有利于我们之后继续阅读，不要困在一个把阅读当成是任务的框架中，这样反而会阻碍我们对这个兴趣的延展，读一读就想放弃了。总而言之还是量力而行，在自己有余力的情况下，从自己喜欢的主题或者喜欢的作者的文章开始读起。

全球化时代，人工智能技术发展迅速，您认为外语学科特别是法语学科的发展面临哪些挑战和任务？

我本身是翻译专业的，那我就从翻译的角度来谈一下这个问题。人工智能的发展对翻译行业肯定是有利有弊。利处是显而易见的，它可以帮助我们更高效、更准确地完成工作。现在很多软件已经达到了非常高的水平，像DeepL翻译、微软翻译等，微软翻译甚至拍照之后立刻可以把文字翻译出来。翻译软件对于一些比较程式化的翻译，像说明书等科技类翻译，是有一定准确度的，这对我们译者有很大的帮助。翻译软件提供的一些术语也会帮助译者打开思路，节省查资料的时间。

另一方面人工智能也会对翻译行业造成冲击。前段时间在国际会议上，也出现了利用机器进行同声传译的现象，虽然翻译质量还有待提高。我们会问这样下去笔译、口译译员真的还有工作可以做吗？我觉得冲击是有，但也只是一方面，不会真的把人类取代。因为像文学类翻译，或是口语中含有隐喻、反讽及双关含义的表达，机器是很难完全理解并准确翻译出来的。

最后引用一下我们口译课邵炜老师在课堂上说过一句话，我觉得是对这个问题一个非常好的回答："人工智能飞速发展的时代译员肯定会受到冲击，但是这时候你就要思考，你做的什么工作是机器人替代不了的。机器替代不了的那部分，就是你要承担的工作，这样你的工作才是有意义、有价值的。"

寄语

我们法语学院是有着严谨师风的学院，这一点从我刚进法语学院就有深切的感受，可能也跟法语是一门严谨的语言有关。同时，法语学院的同学们身上也都散发着特别细致的气质。在合作的时候能很明显感觉到，大家的想法、做事情的方式都非常契合，合作的意识都很强。我感觉自己非常幸运，能在法语学院工作。我希望能够继续在学院尽自己的一份力量，希望我们学院能够培养出越来越多优秀的人才，希望法语学院能够发展得越来越壮大、越来越好！

车琳老师访谈

受访者 教授、博士生导师，兼任教育部高校教指委法语专业教学指导分委员会委员、中国外国文学学会法国文学研究分会副会长、中法语言文化比较研究会副会长。主要研究方向为法国文学、中法比较文学与文化。1989年入学北京外国语学院（大学）法语系，1993年留校任教。主要著作有*Entre tradition poétique chinoise et poésie symboliste française*（《法国象征主义诗歌修辞及其与中国诗歌的会通》，2011）、《法国文学简明教程》（2017）、《悠远的回响——中法比较文学与文化》（2021）、《新编法国文学简史》（2022）等。

采访者 万思妤

请问您当年是出于什么原因选择了北外，选择了法语系呢？

关于如何来到北外，我的回答一定会让现在的同学们感到意外，当时连我自己也很意外，是因为当年北京外国语学院第一次在安徽招生，省招办制定的高考志愿指南上有一个疏漏，没有把北外5个招生计划列上去，于是全省没有一个考生报北外。我是直到拿到录取通知书的时候才发现信封上的录取学校是北京外国语学院。

这个谜底呢，是我来到北外以后法语系两位老师给我揭开的。一位是华纯老师，另一位是汤海丽老师。30多年前没有网上招生，各个大学派自己的老师到各省去招生，北外派去安徽的正好就是这两位法语老师，她们到了省招办之后发现了问题，协商解决的办法就是在外语类考生中按照分数高低进行录取。我当时的英语单科成绩（全国统一卷最高分）和总分都应该满足要求，我在报考外语学院和专业时选择的第一专业又都是法语，因为很想学习另外一门用途广泛的外语，打开另外一个窗户看一看，所以就来到北外法语系了。

在录取的时候，两位招生老师和我这个未来的法语系学生互不认识，后来我很幸运地成为她们的学生。现在她们早已经退休，借此机会我也向汤海丽老师和已经去世的华纯老师表示感谢，也向我所有的老师们致敬！

总之，对我来说，来到北外是一个非常美丽的意外，好像是一种命运的安排。当然，自己的小小意愿也起了作用，因为毕竟我填报的第一志愿都是法语，也一直希望来北京读书，所以算如愿以偿。我从入学到现在也有30多年了，已经觉得与北外融为一体，也很喜欢自己选择的这个专业。

您现在还能回忆起当年的法语学习生活吗，法语学习给您带来了什么？

关于大学生活，我记得还是比较清楚的，虽然可能有细节不记得，但是对大学的整体生活和学习状态仍然印象深刻。

关于课程，如果把当时的课程设置跟现在的课程体系相对照，可以发现核心主干课程没有什么大的变化，主要的差别在于现在的选修课多种多样，涉及很多领域，比如历史、文学、政治、经济，甚至还有艺术史方面的课程，所以说现在的同学们有更加多样化的选择，这也符合同学们多元化发展的需要。

当时的法语系也有特色课程，比如说我们是全国法语系中最早开设“国情课”的高校，帮助学生在语言学习之余了解对象国的社会、政治、经济情况，比如说有法国概况、国际政治、企业法语等课程。选修课方面，我记得有一门华纯老师开设的法语歌曲课，当时还比较有争议，争议在于是否应该在课时有限的情况下占用两个课时来开设歌曲课。而学生们的喜爱打破了一切质疑，对于初学者而言，欣赏法语歌曲不仅可以提高学习兴趣，还可以提供学习语言的语料，因为真正流传开来的法国“香颂”（chanson）的歌词是颇有文学性的。

记得二年级上学期上了几次丁一凡老师的法国政治课，丁老师不仅获得过法国大学的博士文凭，而且还获得过法国国家博士文凭，学术造诣很高。可惜，我们当时是二年级学生，无论是语言水平还是知识储备都达不到领会丁老师学问的程度，但是这几节课让我感受到学术的高标准。前几年，我担任系主任的时候，又请丁一凡老师回到系里给我们的研究生上课，并主持法语国家与地区高端论坛的系列讲座，就是希望现在的学生们也有机会得到名师指点。还有一门课我们当时学得比较痛苦，就是法国文学课。因为当时是一位卢旺达裔的比利时老师授课，虽然他很有学问，但是上得过于专业了，让我们这些法语初学者难以理解。当时我就想，如果将来有一天我来教法国文学，我的唯一的追求就是让学生们听得懂我的课。没有想到自己当老师之后，恰好是被系里安排来教法国文学课，我的努力方向就是让同学们接受和喜欢这样一门看似枯燥无用，但实际上对提高学生的语言素养非常有帮助的文学课。

说到老师呢，我觉得法语系的女老师们温和优雅，男老师们学识丰富。20世纪90年代初有两种社会风潮，一种是出国，一种是下海，所以当时教师队伍中人才流失比较多。我们当时的老师队伍中，前前后后有去外企工作的，有出国定居的，这一点完全可以理解。留下来的老师们都是热爱教学的，我在法语系仍然得到了正规、严格的专业教育，因为我们有非常好的教学传统。可能也正是因为这种影响，等我毕业的时候，系里让我作为本科生留校任教的时候，虽然说当老师不是我的最初选择，但是我愿意以老师们为榜样，就留下来工作了，一直到现在。

教学资源方面，当时的学习资源比现在要少很多，没有什么课外学习资料，可能正因为少，所以如果出来一本或者两本参考书，我们都会当作特别珍贵的资料，作为课堂学习的补充，自己学个透。我遇到过一本中国旅游指南，就赶紧把介绍中国的历史、地理、文化的词汇学习起来；遇到经贸法语类的书，也自学一下相关词汇。资料少啊，因为稀缺所以珍贵呀。

另外，学校当时还有一个教学活动：放映对象国的电影，每周一晚上会在电教礼堂放映法语电影。所以，每周一晚上看法语电影成了我们大学生活里不变的节目，特别愉快。

还有一个好玩儿的事情。因为学外语的学生要多听真正的原汁原味的外语，我们当时又没有互联网等物质和技术条件，唯一可操作的就是收音机。我记得，同学们经常在晚上来到操场，手里拿着收音机，把它调到一定的波段和频率，为了能够收听清楚，还把天线拉得很长，现在想起来就像是夜色中行走着很多“天线宝宝”似的。电教中心也有一些磁带，虽然数量不多也不齐全，还是吸引我们去那里，借磁带在电教室反复听，纠正语音并且多学习地道的表达方法。电教中心当时对我们来说是一个非常重要的学习资源库。

我们上大学的时候，打电话不方便，因为一个宿舍楼只有楼下一个电话亭。如果有人给你打电话，都是打到传达室，宿管老师就会通过对讲喇叭传到宿舍里叫这个同学下来接电话。我们自己打电话就得在传达室门口的电话亭排队。坦率地说，我大学四年打电话的次数可能不超过10次，因为每次都要排很长的队，也觉得很浪费时间，当时主要的通信方式还是写信。

可见，我们当时的学习环境还是比较单纯的。因为没有手机和网络，好像所能做的事情只有读书和学习，所以大家学得很认真也很专注。我们每天会在晨读园或操场上朗读，在主楼教室里上晚自习，只是大家离开的时间不同，有的同学直到主楼要关门了才会离开。

但我们也不是书呆子。20世纪80年代末到20世纪90年代初的大学校园还是继承了20世纪80年代校园里的人文气息。此外，我们还有一些娱乐活动是现在校园里没有的，比如说，12月31号晚上，学校会在食堂举办新年舞会，全校各系的同学们都可以自己或者带着舞伴去跳交谊舞。当时还没有双休日，每周上六天课，我们每隔一周的周六晚上，会在教室举办舞会，旁边还开放一个教室，提供饮料或零食，大家可以坐在那里聊天儿。这也是我们校园里小小的社交活动吧。

其实我觉得学习外语本身就是为了交流，生活和学习是一致贯通的。我们每周会有一个晚上在主楼二层的露天平台上举办“法语角”活动，用法语进行交流，说说自己的所见所闻。一开始就是我们几个同学想练练口语，后来老师通过课堂表现发现这几个同学的口语表达比其他同学要流利一些，就了解到了我们自发的口语活动。老师建议我们推广一下，于是，我们就从几个人推广到一个年级两个班的同学（其实一个班也就15个人，两个班加起来就30个人），然后又从我们这个年级推广到全系。我觉得这个活动对大家的帮助都挺大的。其实我的性格比较内向，不爱说话，但是自己学了一个必须说话的专业，那也必须要突破自己，我也是最早的自发组织者之一，就是觉得有一种必须把专业学好的责任感和使命感。

说到法语学习带来了什么，我想说它带来了另外一种视野。因为语言一定是跟人的思想、跟文化是密切相关的，人们通过语言建立了对世界的观察方法。比如，法语的语法很复杂，实际上这种复杂当中体现了一种对和谐的追求，各种性数配合都是对秩序的描述。每种语言都是自有其道的。再比如，我大学时自学过半年德语，但是很快发现德语很多名词的阴阳性跟法语里名词是反的，法语中“太阳”是阳性的，“月亮”是阴性的，而德语里“太阳”是阴性的，“月亮”是阳性的。由于我当时也还只是法语的初学者，法语的语言秩序还没有建立好，再学一门新的语言，让我觉得有点混乱，于是就放弃了。但是这个经历也很有意思，它告诉我每一种语言的学习都会带来另一种秩序、另一种视野。

您曾提到自己在本科阶段感兴趣的是跨文化交流，如今也做跨文化交流的教学和研究，今昔对比，您对跨文化的理解有哪些异同？

我一开始就认为，外语学习者并不需要出于对某一国文化的崇拜而去学习它的语言，学习的目的也不是为了要把自己变成外国人，按照他们的思维习惯生活。外语专业学习者的使命是通过所习得的语言能力和文化知识促进两种不同文化的相互沟通和理解。

在我17岁选择法语作为专业的时候，我对法国文化有所了解，但是也谈不上热爱，我只是有一个好奇心，就是很想知道中国人和法国人、中法两种文化，是在什么时候建立起交流的？什么时候开始相互认识的？互相理解到什么程度？有哪些因素促进交流和理解？有哪些因素是制约因素？又在什么时候会产生冲突？所以可能跟不少同学选择法语的初衷不是完全一样。

我的本科毕业论文题目是关于是中法文化交流史上的一个事件。清朝康熙年间，法国国王路易十四派了几位耶稣会士传教士到达中国，他们为了传教从事了很多文化交流活动。他们采取了什么策略，获得了怎样的效果，遇到怎样的障碍，推而广之，怎样才能促进不同文化交流的发生和发展？这都是我所感兴趣的，这样的本科论文题目当时在我们学生中并不多见。由于当时法语系没有老师专门从事这个主题领域的研究，所以我就按照系里的安排学习法国文学，后来，除了法国文学的教学和研究，还是有相当一部分研究自然而然地顺着自己内心的呼唤选择了比较文学和中法文化交流史的研究方向。现在我们北外已经有很多老师都在中外文化交流史领域进行深入研究。

当时我在写本科论文的时候参照的一个理论是庞朴先生的文化层次说：文化可以分成物质（指器物）、制度、精神3个层次。器物层次的交流非常容易接受，比如商品的交流和贸易，中国人会觉得法国的香水和葡萄酒很好，法国人也会觉得中国的豆腐和茶不错；制度方面的差异虽然造成很多障碍，但是也不妨碍相互借鉴，比如说中国古代的科举制度其实对后来西方的文官制度起过一定的启发作用，我们现在也可以借鉴欧洲不同国家社会保障制度，取长补短为我所用。但是真的要进入到处于核心的精神层次的时候，就会发现这个真正的核心价值观的问题最不容易触动也最难以交流。我们现在生活的世界依然存在不同国家之间的冲突，这是因为不同文明之间在核心层次往往存在相互理解的困难，冲突就会产生。人类一直没有解决这个问题。跨文化交流的研究不能仅满足于跨文化交际的层次，而是要深入到不同文明的内在核心去寻找交流的可能性。我欣赏中国人自古以来“各美其美”“美美与共”的观念，任何一个国家都不可能以自己的模式主宰世界，因为世界是多样性的。

我觉得，并不是因为我学了法语，就一定要采取法国人的生活方式或者是思维方式，但是我至少要了解他们的生活方式和思维方式，才可以充分地理解他们。我仍然会保留我自己的文化特性，还要能把自己的文化跟他们表达清楚，我想这样才能够达到真正的跨文化交流。对于外语专业的学生来说，无论我们学的是什么语言和文化，我们每个人都是跨文化事业当中的小小个体。我觉得学外语的人的优势也应该体现在这里，就是你能够知己知彼，然后善于从两种视野、两种思维、两种世界观当中提炼出来最精华的部分，促进自己的发展，提高自身修养，能够为促进两种不同文化之间的沟通和交流作一点点贡献。

您从教近30年了，做老师是什么样的人生体验？

当系里跟我建议本科毕业留校的时候，我心怀感恩。我是属于那种干一行爱一行的人，既然做老师这个工作就把它做好。生活当中角色的变化其实挺有意思的。1993年6月28号的上午，我是毕业生，去办了离校的手续，下午我就办理了入职手续，就成了老师队伍中一员。这种切换，从程序上来说，看似很容易，一天之中就可以完成。但是实际上，我可以说直到现在，我是学生和老师两种心态同时并存。由于我在北外度过了大学时光，所以在北外校园里一直有一种学生心态，而且我觉得每个人在自己的学习和研究领域之中也永远处在求学状态。但是，另一方面，从那个下午开始我就是老师了，责任也随之而来。对待教学，我一直保持一颗敬畏之心，只有怀揣敬畏之心才能把工作做好。直到现在，每学期我接触一个新的班级的时候，由于跟同学们不熟悉，面对一个未知的新群体，也还是会有一些紧张。我相信，在我教过的学生眼里，我是一个严格的老师，严格也是爱，严格是为了学生们更好地成长，我一直在努力以一种温和的方式让同学们接受我的严格。

在后来这么长时间里，我觉得当老师这种体验还是挺好的。其实一开始工作时，我也很年轻，并不是随着角色身份的转变，我在一天当中就成熟了。老师和学生真的是一个成长的共同体，老师教书育人，学生也从各方面丰富了我的生活。老师的生活相对来说还是比较简单的，幸运的是，老师能够在“单数的”生活中遇到“复数的”学生，而每个学生都是不同的生命体，都有自己的故事，有自己的性情、脾气、习惯和想法。所以无论是课堂上还是课堂后的交流，我都会觉得自己的生活因为学生们而丰满。有的同学可能家里有困难，比如有的同学父母很早就去世了，有的同学生活在单亲家庭，他们会把痛苦跟你倾诉；有的同学面对未来很茫然，不知道该如何选择，他们告诉你困惑，希望得到老师的帮助。我觉得学生们是把自己的一部分的经历，或者说生命的体验跟你倾诉，那我就应该尽可能地去理解，如果能帮助的话就更好了。另外，同学们也都各有才华，有的善于绘画，有的能歌善舞，有的乐于组织活动，有的文采斐然，我可以同时欣赏到这么多我没有的才华，不亦乐乎？

通常，同学们会在毕业时跟老师表达感谢，但是实际上我一直都说我对于学生们也是充满感谢的，是他们让我成为我现在的我。学生们让我的生活更加有宽度，心态也更加宽容。在我上学的时候，我以为学生只有一种样子，我也在努力做那个样子的学生。当老师以后就会发现学生是各有禀性、各有追求的，我们需要接受学生的多样性，接受他们对生活的感知，引导他们一起从容面对这个纷繁复杂的世界。

您在一次访谈中提到，“外语人才真正的复合还在于个人的修行，个人的阅读与拓展”。您可以举例谈谈这句话的意思吗？

关于复合型人才的培养，我觉得可以有两种渠道去实现。一种渠道是通过学校教育，近几年来咱们学校也通过辅修、双学位，还有一些院系之间的合作项目（比如我们法语学院跟国际关系学院的合作项目）来培养两个专业的复合型人才。这是在某种证书上有所体现的复合。实际上，我觉得更广泛的一种复合，不一定是本科阶段以证书形式得到承认，而是一种个人的修行，就是自己要多去读书，要找到自己的学术兴趣或职业兴趣，并持之以恒地坚持学习或实践下去。

我不能接受外语不是专业的说法。我们现在很多大学都是大类招生，但是外语专业是不能参加的，这也从另外一个角度说明外语就是非常专业的专业。自从北外成立以来，我们的学生在毕业之后的发展必然是复合型的，我们的校友工作在各行各业，外交、经贸、新闻、旅游、金融……也有从事艺术的。一个经过严格训练的外语专业学生，每天都要接触新事物新知识，每天都在提高能力，他的学习能力、适应能力和沟通能力都得到极大提升，这些能力会有助于他（她）在进入一个新的领域之后，通过继续学习去复合工作所需的知识、技能和素养。就我所观察的，我们法语系培养了这么多学生，还没有听说谁不能够适应工作的。并不是说我们在北外教给了所有学生各个领域的知识，我们没有能力面面俱到，但是我们在北外通过语言专业的教学提升学生的综合学习能力，拓展他们的视野，使他们敢于去接受新生事物，这种学习能力会让他在后面职业发展中，自然而然地去复合另一个专业或领域的知识。

大家熟悉的杰出校友金立群先生是亚投行行长，他在北外校园里并没有学习金融，他学的是英国文学，是莎士比亚的研究专家。毕业以后，他去财政部工作，从而进入和复合了另外一个领域，并且他一直也没有放弃学习英语，还坚持学习法语。他是一个懂文学的金融家，这是一个不放松自我要求的人的自我修行。我的大学同学当中有在商界和银行工作的成功管理者，也有从事法律工作的律师，我也有学生现在是懂得多种欧洲语言的著名体育记者，也有在国际组织工作的国际职员。如果说复合型人才一定是要在离开学校的时候有一张白纸黑字的证书来证明你辅修了什么，或者说获得什么双学位，这种文字化、可视化的要求是社会对个人急功近利的要求。实际上，大家不必特别担忧，我觉得我们的学生都是自然复合的。每个大学、每个专业的毕业生，如果他愿意，如果他专业精通，他都能以这个专业作为钥匙打开一扇门，但是打开这扇门之后还是要再往前走的。

其实，每个人在一生当中接受的教育大概可以分为4种：家庭教育、学校教育、社会教育和自我教育，它们之间不能相互替代，而是相互补充的。大学教育是完善通识教育、进行专业教育的阶段，但是毕竟时间有限。而每个人的自我教育是贯穿始终的，从一个人懂事开始一直到生命结束，这是一个慢慢修行的状态。

全球化时代，人工智能技术发展迅速，您认为外语学科以及法语学科的发展面临哪些挑战和任务？

人工智能对外语专业当然是有影响的，但是如果说因为人工智能的出现，就开始担忧外语专业的存亡，我觉得有点过度忧虑。人们之所以会这样想，是因为本来就把外语专业过分工具化了。但是在我心目当中，我刚才也是这样阐述的，就是学习外语本来就不是简单地为了学习一个工具或一个技能，当然这个工具和技能是必须要有的，但是我们语言教学（无论是母语还是外语）更主要是一种人文教育，是为了拓展人的视野和提升人的文化素养。学习外语更是为了让我们不同国家和文化背景的人彼此互相理解，让我们的沟通能力更加强大，让我们的胸怀更加宽广。所以，如果按照这样的外语教育观念去想的话，我觉得人工智能的出现，会对我们有什么特别大的冲击呢？如果有一些机械的、单调的翻译，那就让机器去翻译好了，这不是减轻我们的工作量了吗？让机器减轻人的劳动强度，我觉得这是一件挺好的事情。但是，再强大的机器，它也并非在任何情况下都能够替代我们人与人之间真正的沟通。无论是谈贸易还是谈艺术，如果我懂你，你懂我，我们之间能够说得来，我们相互欣赏并且建立了感情和友谊，这样我们之间不是可以交流得更好、合作可能性更大吗？人与人之间的情感交流，如果都是说拿着一个翻译机器进行的话，那也就只能停留在那个谈论事务的阶段了，也就无法进行真正意义上的跨文化交流了。

我们学习外语从来就不只是一个文字和语言转换工作。这里我们可以参考一下16世纪法国著名作家拉伯雷在《巨人传》里表达的育人观念：高康大给在巴黎读书的儿子庞大固埃写了一封信，他跟孩子说的第一条，就是说你要学习很多很多外语，如拉丁语、希腊语、希伯来语等，学完这些语言以后，还要学习医学、法律等等，要注重培养自己的道德情操，还要强身健体。法国文艺复兴时期人文主义的这种教育观念就已经是一种全人教育了，像拉伯雷这样的人文学者把外语当作首要的学习内容，说明语言学习对人而言非常重要，因为语言是我们汲取知识的途径，而其中的外语学习则能够拓展一个人的维度。只要人还需要语言、需要说话，外语学习就有其存在价值。我们要做的仍然是改变外语教学工具化的观念，真正地把外语教学作为人文教育的一部分，才能应对机器翻译和人工智能带来的挑战，因为人工智能毕竟只是智能而不是智慧。

寄语

我想对亲爱的同事们说：坚持做与我们的品牌相匹配的法语专业教学。

我想对亲爱的同学们说：只有保持专业的态度，经过专业的训练，才能达到专业的水平。

陈玮老师访谈

受访者　副教授，曾任《法语学习》编辑和北外瑞士研究中心负责人。南京大学法语语言文学学士，北京外国语大学和巴黎三大法语文学硕士，曾赴洛桑大学和蒙特利尔大学研究学习。2004年获教育部访问学者奖学金，赴巴黎三大博士院学习，主修法国文学与修辞学。主要研究方向为法语文学与翻译。教授法语精读、泛读、听力和翻译，研究生和翻译硕士（MTI）法译汉、汉译法。主持瑞士当代文学研讨会和中瑞建交50周年文化科技教育成果研讨会。参加巴黎第24届图书沙龙中国主宾国交流活动，任中国作协代表团翻译并主持报告会，受到作协表彰。北京纪念巴尔扎克诞辰200周年（1999）、雅克·普雷维尔诞辰100周年（2000）和维克多·雨果诞辰200周年（2002）组委会成员。曾获陈梅洁优秀教学奖和北京外国语大学优秀外事干事称号。首位完整翻译《话语集》（*Paroles*）的中文译者。多篇译作和论文由人民文学出版社、外研社和《世界文学》《外国文学》《读者》及《外国文学通览》等期刊出版发表。

采访者　庄泽楠

您本科毕业于南京大学法语语言文学专业，但研究生却选择了北外。请问您当年是出于什么原因选择来北外读研究生呢？您当时对自己的职业生涯是否已经有了初步的规划？

南京大学是一所历史悠久、人文荟萃、南北融汇的综合大学，创建了我国很多久负盛名的文理学科。校园里教者治学严谨，学者孜孜不倦。在那样一个博大精深的校园里濡染、熏陶，度过四年美好的本科时光，使我终生受益。作为外语专业的毕业生，能够到北外这所外语院校的顶尖学府继续深造，是我的梦想也是我的幸运。当时没有如今方便快捷的各种电子通信技术，只能通过书信尝试联系不曾相识的人。我喜欢文学翻译，就分别给翻译理论与实践专业的郑福熙教授和北外法语系大四毕业班的班长写信咨询，给后者的信封上写的收信人就是“班长”。没想到郑先生和班长几乎同时回信，详细回答了所咨询的报考问题。我很感动，再无犹疑，便潜心复习，认真备考了。班长在信末不是以个人之名、而是以“北外法语系毕业班全班同学”的名义落款的，我读完信，感觉是北外的一个班在帮我，而我与他们中的任何人都不曾谋面，这让我对北外有了新的认识：它是中国外交官的摇篮，更是德才兼备学子的孵化器。后来得知，那位班长果然以优异成绩被提前录取到外交部工作。我不知道自己在教学中总愿尽力帮助有困难、有需要的学生是否与此有关，但发展至今的北外法语学院是座恒温的植物园，你在里面生长，是藤畅意伸展，是花尽情绽放，只管心系天空，脚下的泥泞，自有园中植物前来抚平。

从学生的视角来看，您觉得相对于南大法语系而言，北外法语系是否有其特别之处？您现在还能回忆起在北外期间的学习生活吗？

当时的南大法语专业属于南京大学外国语言与文学系，整体上比较偏重文学研究与译介，本科师资中就有国内知名的巴尔扎克、雨果的研究学者。精读课文多有文学名著选篇，就连大一课堂的即时练习也可能是三五句文采熠熠的短文试译。大三设有笔译课、文体学和法国文学史课，大四有幸跟翻译毛泽东诗词的何如先生上了一学期的法国诗歌鉴赏课。我喜欢文学翻译可能与此有关，朱生豪译的《莎士比亚戏剧全集》就是在大二读完的，毕业论文涉及的也是文学翻译。这与大学的总体环境和教师培养传统有些关系。到北外读研，最大的感受就是北外听说先入、写译跟进的教学风格。大一伊始，精读课教师即一身三职，同时负责课文讲解和听说训练，有意识地以问答、游戏、分组演练等方式“迫使”学生开口说法语。无论对错，说了再说，学生因此敢说敢错，听说能力就能尽快培养起来。北外非常重视听说读写译综合能力的培养。师资队伍的专业方向大概可分为语言学与文学两大类，而语言学中的语音、词汇、语法、口译、笔译等方面的老师可谓大家云集。我有幸跟罗嘉美老师上了一学期的联合国法语译训班口译课，她快人快语、雷厉风行的风范加快了我此后的语速和步速。此外郑福熙先生严谨谦良的敬业精神；导师沈大力教授“依实出华”、别有洞天的诗歌翻译艺术，他对中法文化的宽广思考，以及他牵头组织的丰富多彩的中法文化盛会，都对我的学业和后来的教学裨益良多。感谢老系主任陈振尧教授，我能在北外这方净土潜心教学和研究，与他的鼓励和支持是分不开的。参加薛建成教授主编、外研社出版的中国首部《拉鲁斯法汉双解词典》，让我得以兼从编者和教师的角度，考虑如何有效地发挥这部辞书的特色优势，帮助学生尽早体验自主学习法语的快乐。来自法国、比利时、瑞士、加拿大的外教和学者通过授课、讲座及多语种文化月等活动，促进了我们对法语国家与地区的广泛了解。返校“探亲”的大使们、频频造访的各国首脑及外交使节，使北外师生特别关注国际时政，尤其敏感于中国与所学语言对象国关系的发展与变化。这些也与学校的特色和所在的城市有关。回答这篇访谈查资料得知，朱生豪先生的孙子朱之江也毕业于北外，冥冥中仿佛有一种神秘的奇缘牵系着南北两所学府。南大和北外两座文华四溢的校园培育滋养了一棵棵美丽的大树，我为自己沐浴过她们的风光雨露而骄傲。

您曾分别在洛桑大学、蒙特利尔大学和巴黎三大深造，这3所大学位于3个不同的国家。请问您能和我们分享一下这3次海外求学经历给您带来的收获与感触吗？

我留校任教后，翻译了一些瑞士法语诗歌和小说作品，获瑞士文化基金会奖学金，便赴洛桑大学研究瑞士法语文学。除了上课，主要是在瑞士法语文学研究中心做研究。校园没有围墙，被绿草如茵的牧场环绕，下了地铁就能听到风中传来羊铃的清响，是个学习的好地方。当时选修了很多有助于法语教学和理解欧洲文化的课，从早7点到晚9点排得满满的，结果一个月下来就病了，咳嗽不止，只好忍痛减课。在仅剩瓶底10毫升止咳糖浆的黄昏时分，火急火燎冲进公共电话亭约医生开抗生素。年轻大夫在电话另一头不温不火地说：把剩下的糖浆喝完看看。第二天分两次喝完10毫升后，咳嗽骤停。至今也没明白，到底是因为上天奖励我的勤奋让我提前痊愈，还是瑞士的止咳糖浆就是量到病除，毫厘不爽？就像联邦火车站钟表的刻板指针一样精准无误？心情一好，我立马加课，又幸运地赶上一堂用英语讲授的莎士比亚诗歌修辞赏析课，赞叹莎翁妙用两个不同的动词Lie对“躺着说谎”的灰色幽默。另一件记忆犹新的事情是：想在洛桑大学图书馆借阅的一本书没在馆内，被告知德语区的巴塞尔大学图书馆有一本，填了一张馆际互借文献传递申请单，一周后就收到了。图书馆员都很敬业，竭尽全力帮助读者借到需要的资料。最感动的是：瑞士法语文学研究中心主任严珏女士，为了让我体会一位瑞士作家的生活对其作品的深刻影响，专门组织全班研究生乘火车去作家故居的小镇。伫立在簌簌飞落的鹅毛大雪中，轮流朗读小说中描写的茫茫雪景。我们站立的地方，正是因病常年凭窗远望的作家观察、描写和绘画的场所。返回课堂，再读作品，更加真切地体会和理解了作者笔端流淌的思想与情感。这一切都给我留下美好回忆。从瑞士回国后，我在教学同时，还负责了8年瑞士研究中心的工作。每年都以北外瑞研之名，组织主要由首都八大高校的法语、德语、意大利语专业师生参加的瑞士文化艺术活动，也吸引了英语学院等其他院系同学踊跃参与，增进了他们对瑞士政治、经济、文化、教育等各领域的了解。期间还接待过时任瑞士联邦主席兼经济部长及其夫人的来访，组织了由国内高校学者、社科院和欧洲同学会研究员参加的瑞士文学双语研讨会、中瑞建交50周年科技教育成果研讨会，还有世界上第一个乘热气球完成无间断环球飞行的皮卡德的电台直播报告会。

1999年夏天，由沈大力教授倡议、在北外举行的北京纪念巴尔扎克诞辰200周年活动圆满结束后，我到加拿大蒙特利尔大学研修法语教学法。主要是学习和实践加拿大首创、并颇具成效的浸入式教学法。浸入式教育与加拿大多元文化相联系，其目的是：通过有效地学习母语和第二语言掌握学科知识，增加就业机会，增进对其他文化的理解和鉴赏，促进社会安定。从世界范围来看，在其后30多年中，最有成效、最有意义的第二语言教学改革当数浸入式教学模式，它是加拿大的创举，也是加拿大对世界教育改革的贡献。遵循这一教学理念，任课教师严禁我们讲法语之外的其他语言，遇到任何表达困难，都要想方设法用法语迂回解释出来。她自己的家庭就是双语环境，她说双语家庭的孩子更容易找到工作。有时睡得晚，第二天拿着早餐边吃边赶往课堂。干净的柏油路旁耸立着参天的密林，等候已久的松鼠会伺机蹿向身边，迅速抢走你手中的面包。城中广场大教堂的身影，被强烈的阳光清晰投射在对面银行的玻璃幕墙上。一个现代化的双语城市就这样与自然和传统融为一体。班上有很多拉美国家的法语教师，热情奔放。和他们说着法语走在上学的路上，突闻一声长鸣，有人手舞足蹈、载歌载舞起来，周围的空气立刻变得火热。一个个欢天喜地的黝黑面孔像极了长焦镜头，在你面前伸缩自如地拉长又收短。我惊魂甫定，望望天，确认不是梦游，继续走向浸入式课堂。

2000年和2002年，我又作为组委会成员先后参加组织了北京纪念雅克·普雷维尔诞辰100周年、雨果诞辰200周年活动，结识了沈大力教授的好友、研究普雷维尔和雨果方面的专家拉斯泰尔夫妇。考取沈大力教授的博士研究生并完成全部课程后，我开始准备普雷维尔诗歌修辞艺术方面的论文写作。不久便获得国家留学基金委访问学者奖学金，赴巴黎三大博士院研究法语文学与修辞学。在留学的一年里，任巴黎三大文化处主任的拉斯泰尔先生正好开设普雷维尔电影评析课和戏剧班工作坊，这自然都成了我的“必修课”。他和夫人还不失时机地带我观看了那年巴黎几乎所有与普雷维尔有关的戏剧演出、诗歌朗诵表演、歌曲演唱会，甚至包括在香榭丽舍剧院观摩诗人生前好友、德国作曲家卡尔·奥尔夫谱曲的《布兰诗歌》的总彩排。这部令人惊奇的“情景康塔塔”，将中世纪的游吟与现代歌咏完美结合，大开大合，乐队与唱咏交相辉映。那激荡人心的旋律、强健有力的节奏撼人心魄、扣击灵魂。在巴黎三大组织的圣诞节蔚蓝海岸之旅中，沿着山路盘旋而上的大巴里，文化导游老师播放的正是这首乐曲。全车人的精神不禁为之一振，行至山腰的疲惫旅人，重新鼓起了攀登的勇气。

临近暑假，戏剧班排练的普雷维尔的《不速之客》也在巴黎三大一年一度的戏剧节中进行汇报演出，得到前来观看的巴士底歌剧院导演的称赞，我也在和戏剧班一起研读剧本并观看排练的整个过程中受益匪浅。演戏是外语能力快速进步的天梯。回国后我首先承担的大二阅读课就多有法语戏剧的内容，期末考试也是与戏剧相关的题目。利用课余的时间，我在三大图书馆看遍了馆藏的普雷维尔的电影录像带。2005年6月，巴黎市18区区长邀我参加于普雷维尔故居维隆别墅举办的文化节，在三总督露台的书展上，我买到了早期配有精美插图和史料图片的介绍普雷维尔及其作品的图书，如获至宝。普雷维尔的外孙女欧仁妮还向我介绍了有关诗人的一些展品，回国之前我又在拉斯泰尔夫妇家里与他们相聚交谈，相信这一切都是拉斯泰尔夫妇的悉心安排。

我在法国的学习研究、资料查找，得到了法方指导老师——巴黎三大法国文学研究所主任孔佩尔教授的有力支持。在他的及时帮助下，我利用回国前的15天时间，每天从9:00至21:00，在密特朗国家图书馆把我能搜集到的所有保存在胶片上的有关普雷维尔的研究资料复印下来，以便带回中国继续研究。

巴黎的书店像它的香水，琳琅满目，各秉其芳。在左岸腹地的圣米歇尔大街有一家24小时营业的旧书店，一层中央摆着一个方正的大木盒，全是32开左右的文学旧书。我突然发现了一套名为《今日作家》的系列丛书，都是法国著名作家的生平、名篇及评析的集中介绍，资料丰富，图文并茂，既有利于研究又可辅助教学。我不知道该系列总共出了多少本，买了最初的几本之后，就像中了魔一样，每次下课必停此地，在盒子里一本本翻动，看是否有新放的系列旧书。日子一久，摆书的小伙子都了解了我的喜好，见我进门，旋即端上一盆“新菜”让我挑拣，是个有眼力的图书推销员。有一天，一本“伏尔泰”隐身其中，我和一位银丝飘逸的先生几乎同时把手伸向那位法兰西思想之父，我先触碰了那位“老实人”。白发先生一看就是巴黎人，半开玩笑地问我可否让给他，他在集书。我不假思索地说我也在集书，是为教学所用，并且马上要回国了……他立刻表示理解，并祝我旅途愉快。

打包回国才发现，行李沉甸甸的都是书，除了房租、出行、参观、看戏，奖学金的很大一部分都用在了购书、复印资料上。有些限量版或纪念性的出版物比新书还贵。有些资料不能借出，只能馆内阅览、观看或复印。行李不是一般的超重，多亏使馆同学开车送到机场走外交通道快速过关。

巴黎是一座恢弘的剧场，上演着永不落幕的文化大戏。群英荟萃的国际学术研讨会、答辩会，异彩纷呈的文化艺术活动，此起彼伏、轮番上演。你必须入乡随俗，在随身的记事本上圈圈划划，然后本着超现实主义的大无畏精神，马不停蹄地奔赴与普鲁斯特、莫里哀、福柯、阿波利奈尔的约会。不明觉厉的时候就去酒吧的地窖等等戈多，总有一个不会让你失望或无聊。

您的学术成果十分丰富，有多种译著、编著、论文，而且涉及的领域包括文学、修辞学、法语教学。除此之外，您还曾任过《法语学习》编辑和北外瑞士研究中心负责人，并且参加过《拉鲁斯法汉双解词典》的编译工作。请问您是如何做到在专业领域上如此全面地发展的？

法语是一个点，教学引出一条线。以点为圆心，顺时针缓缓滑动，就会连成一段弧。从0点滑到24点是圆满，要是能滑到6点也会是一种美好。

您以翻译、组委会成员的身份参加过许多大型的中法学术交流活动，也有丰富的学术会议主持经历。您能和我们简单介绍一下您参与这一类活动的心得体会以及曾经遇到的挑战吗？您对今后想进入学术界的学生们有什么建议？

学术会议重在学术研究，如果喜欢越早开始越好。不随波逐流，做自己真正热爱的课题，但如果能和国家的重大需求有所结合，会更有意义，也会得到更大的支持。现在的学术条件比以前好，查找资料文献更加便捷，各级支持力度不断加大，尤其向年轻教研人员倾斜。可以从一个小题目做起，逐渐扩展。积极参加学术研讨会，在交流中不断开阔眼界、提升学术水平。主持、组织大型学术交流活动，需要团队合作，分工明确，严守日程表，随时通报各种问题，尽快协商解决办法。如果大量时间投入到组织活动，可能就没有足够精力及时撰写自己的相关论文，这是很遗憾的，就更要注重平时的积累，蓄势而发，无愧于自己的辛勤付出。

在您担任的这么多角色里——学者、翻译、编辑、教师，您个人最喜欢哪一个身份，最享受哪一种工作？

最喜欢在课堂和学生讨论诗歌翻译，下课时一起走向香气氤氲的食堂。

在您精彩的学术之路上，有一支主旋律，这就是文学，尤其是诗歌。请问文学，特别是诗歌，对于您个人的意义是什么呢？您最喜欢的作家、诗人和作品又有哪些？

接近诗歌，就是靠向诗意的生活方式。富有诗性的生活能润湿空气，慰藉心灵，带来美和幸福的感受。

喜欢不同作家、诗人作品中充满诗意、引人深思的词句。比如最近翻译的一句：“长颈鹿的死惊心动魄，有点像砍倒的一棵树——轰然倒塌。”

寄语

法语系发展成了今天的法语语言文化学院，它是北外的一棵大树。7是法语的吉祥数，10寓意至善至美、无限统一、圆满无缺，也是一个吉利数。无论7个10，还是10个7，都是对法语学院的美好祝愿，愿它水清天阔，枝繁叶茂。

戴冬梅老师访谈

受访者 教授，北京外国语大学法语语言文化学院院长。毕业于北京外国语大学、巴黎政治学院、巴黎一大与巴黎三大。现教授本科《国际政治》课和研究生《中法关系史》课。主要研究方向为法语教学和法国对外政策。曾发表学术论文三十余篇，是《欧洲语言共同参考框架》的主要中译者之一，《法语国家与地区研究》杂志和《法国发展报告》蓝皮书副主编。

采访者 张清硕

戴院长您曾经也是北外的一名学生，您能否向我们讲述一下当时北外的校园和北外的法语系，它是一副怎样的模样，和今天比起来有什么不同？

这个问题把我带到了30多年前。因为我是1989级本科，当时的情况跟现在还是有很多不同的。校园的地址当然还在这里，法语系主要的办公和上课的地点也是现在的主楼南侧，靠近晨读园。但是校园的景色变化是比较大的，比如晨读园虽然位置还在这儿，但是它现在有了一定的设计感，景色也变了。校园环境变化也很大。以前的校园更加空旷，当时的楼较少，很多楼，如日研中心、8号楼、7号楼当时都没有。日研中心所在的那个地方，当时冬天是"滑冰场"，我们很多同学都在那里学会了滑冰。因为楼少，楼也比较低矮，所以校园相对来说也显得空旷。当时的宿舍楼全都是4层，在20年前才做了一个加高处理，很多楼都"长高了"。我们学院的学生也比较少，比如说我们这一届的2个班，每个班是14个同学，然后再加上两位跳级的同学，我们这个年级一共有30个人。学生的人数是在1999年高校扩招之后，才慢慢多起来，成为现在的3个班以及每个班24至25人的规模。另外北外当时的专业也较少，只有语言专业以及刚建立不久的中文学院。我们当时没有手机，也没有电脑，校园里组织的集体活动比较多，还有一些现在已经消失的活动，比如食堂舞会。

我们到校园的时候老图书馆正在建。老图书馆是一个外观白色、非常朴实的图书馆，是现在新馆的前身。而体育馆当时是没有的。现在体育馆的位置在当时是3个食堂。3个食堂搬迁到现在食堂的位置之后，体育馆才建立起来。东院是我们学生活动的主要场所。留学生的规模也没有这么大。我们学院以前接待过朝鲜留学生来学法语。

在您的大学期间有没有发生过令您比较印象深刻的人或者是事？

大学期间第一个深刻的印象就是我们的学习非常紧张。大家开始都觉得学法语挺难的，学习压力大。其实这也是我们北外零起点外语学习的一个特点。法语学院老师对专业学习要求比较高，法语也是入门阶段比较难学的一门语言。比如说我们每星期的周测都会让大家心情忐忑，如果不好好复习的话，就会有不太好的成绩。第二个印象深刻的是，我们的老师们不仅专业精湛，他们对同学也非常和善，我们当时的师生关系非常好。老师对我们课上要求严格，在课下给了我们很多鼓励和陪伴。我在北外本科加研究生一共读了六年半，去过不少老师家里玩。这些都令我印象深刻。第三个让我印象深刻的就是我的同学们了。我们同学感情非常好，一个年级两个班30个同学，很多活动都在一起，如一起出去玩。大一的时候，我们就去过香山植物园，后来去过野三坡、雁栖湖……很多地方都留下了我们游玩的足迹。我们那时候还举办法语沙龙，每周每个班轮流做庄组织，可以设定不同的话题和不同的形式。一晚上下来，感觉法语口语能力提高不少。我们在教室里学习的时间挺长，不论早晚教室里总是有人的。当时我们的宿舍12平米，住5个人，不是那种上床下桌的形式，而是中间一个大长桌子，每人一块小格子，可以用来放东西。所以我们当时学习基本上都在教室里面，或者去图书馆、听力室。

您大学毕业后留校任教，在您当老师的过程中有没有遇到比较印象深刻的同学或事情?

我是1996年3月份留校当老师的。应该说做老师本身确实是受到了我的家庭的影响，因为我的父母都是老师，我爷爷也是一名小学老师，所以我对老师这个职业有所了解，而且我觉得做老师也挺好的。老师能跟年轻人保持很多的联系，而且看到他们的成长，非常有成就感。我在本科毕业的时候，我父母建议我上研究生，那时候直接读研究生的本科生是很少的。当时我们班里15个人，只有两个同学选择直接读研究生。当时读硕士研究生通常是为了做高校老师的。很多同学其实后来都是在工作当中又读了研究生的。

现在说起来，觉得好像我选择做老师的脉络挺清晰的，因为我父母的影响、我自己的想法等等。实际上，在当时的情况下都挺迷茫的，对于自己将来适合做什么，喜欢做什么，也不是特别清晰。因为你们的选择很多，可能迷茫会更多一些，也可能患得患失。并不是所有人都像今年考入北大考古系的那位同学一样，对自己的未来有非常清晰的规划。我觉得茫然的阶段可能每个人都要经历，慢慢地你会找到自己的路，这个路可能不是别人能给你指出来的，你需要自己找到并走下去，这个过程往往需要自己探索。

我工作的20多年当中，先是教一年级精读，然后教二年级的泛读课。后来又教了三、四年级的国际政治课，就是加入了学科知识的一门课程。在这么长一段教学时间里，确实接触了很多的学生，我们的同学真的都非常优秀，很难说某一个印象是特别深刻的。因为各种各样的机缘，我与很多学生保持了联系。有了微信以后，保持联络的方式非常多，也非常便捷。这一次院庆采访活动当中，我也推荐了不少我的学生接受采访，他们每个人在自己的岗位上都特别的踏实。

随着法语学院不断发展，各种硬件设施都在更新换代，但是依然有一些法语的学习方法和学习的态度是不会变的。您能否分享一下您学习法语的一些经验和体会?

这个问题肯定大家谈论得也比较多了。第一点就是，学外语是一个勤快的活，要多练。老师们都强调了很多次，要“多听、多说、多读、多写”，保持跟语言的紧密接触。尤其是在校的这几年，学习上有老师督促和要求，同学们可以利用好这个独特的条件，虽然有的时候有压力，但是其实压力也可以是一种动力。

第二点，我认为还是要多用，有些东西只是学过容易忘记，用过才会印象深刻。在学习之余可以利用自己的语言优势去做一些服务性的工作，做翻译或做实习都有利于掌握外语。当然，在课堂上回答老师的提问，也是一种应用的形式。讲给别人听也可以加深对外语的理解，这也是“用”的一种方式。通过向别人讲解，你自己的学习效率会提高。老师们的水平很好、很扎实，就是经过多年的磨练，实现了教学相长。最后，可以找个同伴一起学习。一方面因为语言是用来沟通的；另一方面，有了同伴，就像锻炼身体一样，坚持下来的几率会更高。

您身为法语学院大家庭的一家之长，同学们也非常好奇，您是如何管理好这个大家庭的，如何推动法语学院不断发展?

管理这个词，可能不是特别适用于我们学院。在院系里面，我们的整体工作围绕人才培养展开，所以可能还不是简单的“管理”。除了完成学校交给我们的任务，我们更多的时候要跟同学对话，了解他们的需求和情况；我们和老师们商谈，共同思考，探索协商。我不是一个人做这项工作，从行政上讲，我们有个行政团队，由10来个老师组成，不同的老师有不同的分工；从学术上讲，我们还有学科系、学术委员会和学位委员会来保证我们的人才培养质量。所以我只是一个代表人物，实际我们是一个团队来管理法语学院。当然我的责任也是比较重大的，所以对很多事情也要仔细地思考。

我们的法语学院拥有深厚的红色基因，应该如何理解这句话呢？

我觉得“红色基因”可能要从两个方面理解，第一个就是北外本身的红色基因，第二个是我们学院的红色基因。2021年是北外的80周年校庆，北外源自延安时期的俄文大队，它为革命事业而生，并为之做出贡献，所以北外本身是有红色基因的。第二个就是我们法语学院作为北外最早建立的专业之一，也在不同时期为国家培养了很多人才。我们学院共培养了50多名驻外大使和100多名参赞。同时，我们为各个部委培养了很多的干部和工作人员，为外事、外宣、教学、科研等部门培养了不少人才。这个是我们学院的红色基因。

一代代的北外法语人，他们从法语学院走向自己的人生路，戴院长您对于法语学院的学生们有什么样的期待？

我们学院人才培养的宗旨，就是培养复合型、复语型、国际化人才。首先我特别希望大家在四年级毕业的时候，都能够熟练掌握，并在工作中应用法语和英语，这是“复语”的要求。“复合”的要求就是跨学科。现在我们学校里其实有很多获取双学位的机会，同学们可以通过修双学位的方式实现复合型人才培养。我们法语学院内也有一个“法语+国关”的复合专业。这也是一个探索，因为法语跟外交的融合度是非常高的。如果去国际组织工作的话，同时掌握法语、英语和另外一个学科专业是非常有利的。除了读该复合专业或者是自己读双学位，你也可以通过自己读书来完成跨学科学习，成为复合型人才。还可以攻读其他学科的研究生，来完成跨学科学习。国际化体现在跨文化沟通方面，这跟语言学习息息相关。另外，4年过去，你们将具备很好的学习能力、适应能力和沟通能力，为之后多样化的工作打下基础。作为基础学科，学习外语跟学中文有点像，你会发现学中文的人，干各行各业的都有。学外语的也是一样。我们的校友会里面，在什么领域工作的人都有，非常多样化，可谓“起于法语，不止于法语”。

今年也是法语学院院庆70周年，放眼全国，咱们的北外法语学院有什么样的独特之处呢？未来法语学院有什么样的整体规划？

首先，无论是从老师人数还是学生人数，北外法语学院都是全国法语专业中规模最大者之一，同时历史也是最久远的之一。其次我们学科也是比较完备的，有文学、翻译、语言学和法语国家与地区研究。文学是我们的优势学科，语言学和翻译则是我们的传统学科。法语国家与地区研究是我们比较有特色的学科方向。同时，我们的教学层次齐全，本、硕、博都有，同学的成长空间很大。除此之外，我们还有两个教育部的备案中心，即法国研究中心、法语国家与地区研究中心，另外还设有中法人文交流研究中心。我们的杂志《法语国家与地区研究》以及《法国发展报告》蓝皮书也是重要的学术平台。

在新外语学科建设的背景下，将来学院的发展更倾向于培养复合型的人才，更多地探讨学科交叉的可能性。

寄语

祝法语学院生日快乐，欣欣向荣！

傅荣老师访谈

受访者　教授，博士生导师。教育部高等学校外语教学指导委员会法语分委会副主任委员，人事部全国翻译专业资格（水平）考试法语专家委员会副主任委员，《国际法语教学与研究学术年刊（中国版）》（Synergies Chine）主编之一，法国《应用语言学》（ELA）杂志外籍编委，比利时《语言与人类》杂志外籍编委。主要研究方向为外国语言文化教学法、欧洲政治。从事法语语言文化教学和研究工作40年，发表相关辞书、专著和译著13部，学术论文40余篇。巴黎第三大学外国语言文化教学法博士，“法兰西棕榈叶教育勋章”获得者（2008），北京市优秀教师（2013）。2020年至今，被聘为北外“长青学者”。

采访者　杨沛晴

您是在20世纪70年代末参加高考，正是刚刚恢复高考制度之后，在那个特殊的年代，您为什么选择学习外语，您当时对外语有怎样的看法？

我是在1978年参加高考，当时选择外语主要有两个原因，一个是我的理科不好，不喜欢数理化，喜欢文科，文科里面喜欢语文还有外语。另外一个原因跟我家庭有关系，因为我父亲是搞石油的教授级高级工程师，他的外语很好，会俄语和英语。那个时候他经常用英语给我讲故事、读课文，让我对外语很感兴趣。在中学，我就一直是班上的外语课代表。

对外语的认识，首先通过学外语，能够读到原版书、原文，打开了另外一个窗口。我印象最深的还是那个时候，父亲给我读过一篇课文，就是我们当时中国人家喻户晓的那篇短文《最后一课》。然后选择学法语，其实也是我父亲当年的建议，英语在那个年代就已经相对普及了，也因为普及，竞争也会相对的激烈。所以我父亲说，如果报考英语，录取的概率可能会低一些。相反法语或英语之外的其他语种竞争可能要小一点。另外一个原因是因为英语相对普及，所以毕业以后很有可能会在比较偏远的山区、乡村任教；相反，学法语在省会城市工作的可能性大一些，这与将来的职业选择也是有关系的。

您在1995年选择了放弃稳定工作出国进修，您当时对于出国研读抱着怎样目标与期待，在这期间又遇到了怎样的困难与挑战，您又是如何应对的？

我1978年学法语，1982年毕业以后在四川外国语学院留校任教。任教期间，在1988年第一次出国，当时享受了教育部的公派出国名额，去巴黎政治学院进修一年，学习了法国政治、欧盟政治和欧盟法等课程。选择学习欧洲政治、法国政治的目的，跟我们现在其实都有关系，因为当时从学校到系，再到我本人都发现，到了高年级，学生在学语言的同时，还应该有一个相应的专业方向，一个所谓的spécialité的选择。所以，当时我想，我进修学习的内容，将来要对高年级开设其他方向的课程有帮助。20世纪90年代，国内有一个大的趋势，即国内的大学老师，仅有本科文凭从长远讲是不够的，高校老师现在看至少是博士，那个时候要求至少硕士。所以，1995年，我任教13年后决定停薪留职，再次去法国留学，攻读学位。首先在图卢兹第一大学学习欧盟法（硕士），后转到巴黎第一大学继续学习欧盟法，同时在巴黎第三大学学习外语教学法（硕博连读）。

您是外语教育的专家，从事法语语言文化教学和研究工作多年，发表了多部相关辞书、专著、译著和多篇学术论文，不仅涉及语言、教学研究，还涉猎欧盟研究，范围很广，您是如何理解外语教育的，您觉得外语教育的精髓是什么？

我的理解，在中国语境下的外语教学与学习，是把外语作为一个专业，用我们中国的话说——作为一个“饭碗”。我觉得作为学生，作为老师，作为培养单位，不能忘记在任何时候，首先应该把语言本身学得很精、学得很通。我在很多场合讲过，法语4年本科，基础阶段非常重要，基础阶段必须把基础打牢，稳固之后，再进一步拓展其他的学科，这样其实可以做到后来居上。从我个人来讲，本科学的是法语，研究生学习欧盟法、欧洲政治，还有外语教学法，刚开始其实都挺难的。幸亏自己的语言基础比较好，后面很快就能够融入进去了。语言跟其他专业的关系，我觉得如果是学法语专业的同学，应该是在打牢语言基础之后再做好复合。

经过这么多年的学习和教学，我对外语教学有了新认识，觉得外语教学有工具性的特性，因为语言是交流、交际的工具，但是光有这一点还不够，这只是外语教学或者外语学习一个重要方面，还要有更深更广的发展。大家会发现，外语学习，事实上不仅是学习语言本身，而且也是学习文化，学习对象国的文化。学语言的人，必然会受到对象国文化的影响。从这个意义上说，通过外语教书育人也是一个很重要的方面。所以今天提到外语学习，它无疑具有工具性，但同时又有人文的属性。对于外语教学，从大的方面讲是人文学科，既然是人文学科，一定有它的人文属性。我今天对外语教育更深的理解是它具有一种跨学科的特性，最集中地表现在工具性和人文性的融合，两者缺一不可。

您在北外教学多年，您觉得法语学院在这些年有怎样的变化？

我觉得第一个方面是师资力量的变化。2000年我从法国来北外法语系，这首先要感谢北外当时的陈乃芳校长和我们系当时的系主任唐杏英老师的全力支持和帮助。那时候，北外法语系师资的数量在全国应该是算最多的，有30多位，但从学缘结构、学历结构、职称等方面看，却不是特别的理想。我印象深刻的是，当时系里只有两个留加博士，而且不久就退休了。后来通过自己培养、联合培养、出国进修等各种形式，我系的师资力量得到了很快的提升。这里仅以博士教师为例，2005年之前，他们约占本系教师总数的10%，2013年，这一比例猛增到44%。

第二个变化是学生的变化，北外学生我觉得整体素质越来越好，而且在当时全国扩招成风的情况下，北外能够保持定力，充分考虑自身的学情、要求和学校的发展方向，不盲目扩张，保持在2—3个班的规模，这让我们能够好中选优，从数量上、结构上比较有效地保证了教学质量的长期持续、强劲和稳定的发展。

第三个方面，我觉得从我们的课型发展，也可以看出变化。原来是比较单一的纯语言方面的教学，这是我们的看家本领、优秀传统，一直没有丢。我们法语系的一大特色是从本科到硕士到博士，在国情研究方向的课程形成比较完善的培养体系，也因此造就了一批这样的法语教师队伍。

第四个方面我觉得法语系的变化就是对外开放、国际交流。我们从一开始的只有两三个法语国家的校际交流，扩大到后来的10多个，其中包括与法国巴黎政治学院、巴黎三大、四大等这些至少是国际法语界一流的学校，现在恐怕已经发展到20多所了。

最后一个方面，我特别想强调指出的是，我自己亲身见证并参与了我们法语系的学科建设，使之发生了重大变化。2000年，我刚来的时候，我们法语系本身没有博士点，是在学校的语言学和应用语言学名下招收的法语博士生。但在学校的支持和全系老师的共同努力下，法语系在4年内实现了学科建设的“三级跳”，先后成为国家级特色专业建设点（2009年）、法语翻译硕士（口、笔译）点（2010年）、法语语言文学博士点（2010年）和北京市法国语言文学重点学科（2012年）。

在法语学院发展变化的同时，您觉得您的教学内容、教学方法主要在哪些方面有变化？

我想说两点，一个是我自己本人的变化，从开始教精读到法语教学的几乎所有课程我都做过。我觉得这是件好事。对从事外语教学或者法语教学的老师来说，得有这样经历，是积累经验和学习的一个良好途径。另一个方面，作为教师，我觉得系里应该有这样一个对教师队伍的培养规划。刚参加工作的教师，不宜让自己定位得太早，那样不便全盘了解法语教学与学习的全过程。所以，我特别主张教师在基础阶段精读课“摸爬滚打”至少一个轮次，两次更好。这之后才可能往某个方向专门发展，比如翻译方向或者听说方向或者口语方向。一方面，教学上要做“全科医生”（généraliste），精读课、听说读写课等都能上，而且上得好。另一方面，在学术研究和自己的专业方向上要成为“专科医生”（spécialiste）。

这些年，我觉得自己比较大的变化是，能够自觉、主动地将学到的教学法理论或者理念应用到教学中去。使教学工作变得更加丰富、有趣、有意义，极少有“职业疲倦感”，更经常设身处地考虑学生，考虑不同层次的学生学习获得感和成就感，也就是更关注学生能够从我这里学到什么。第二个变化，是外语教学中相关人文知识的处理。比如说把文化，特别是那种生活文化，我们称为交际文化或者生活文化，有机地融入到语言教学中，我特别看中人文教育的潜移默化和润物无声。我觉得这是学习外语过程中，激发、特别是保持学生学习兴趣和持久动力的一个非常重要的路径。

您教过很多学生，您认为法语本科学生们在学习期间需要着重培养自己哪些素质和能力？

我觉得作为北外法语系的同学，第一要打牢扎实的语言基本功。在语言基础扎实的情况下，即使大学4年毕业以后，再重新学习一个所谓的其他专业，也完完全全来得及。在这个基础之上，今天不应该局限在外语学习的工具性方面，也应该看到人文性。

总体上讲，我们今天学法语跟从前学法语完全不一样了，至少在学习条件和学习资源方面已经比以前大大改观了。举个例子，十几年前在北外学法语，可以说享有不少得天独厚的优势，因为这里的师资力量强、资源多，又地处北京，信息和机会多。而今是多媒体、全媒体的时代，是全球化的新时代，几乎所有高校都有国际化的校际交流，学生都有机会出国留学。所以，我们北外在语言方面的传统优势跟省外学生相比正在缩小，或者说教和学的条件越来越接近。在这种情况下，作为北外的学生，要想继续保持我们的优势，形成真正的强势，光有语言显然不够。语言要精益求精，还应该有自己的学科方向，在人文方面应该有更深、更广的发展。

最后一点，要说发展的话，北外的法语同学和其他本科同学要特别重视加强自己的自律能力和自学能力，光靠老师根本不够。应该说如今的知识大爆炸里，有众多的知识和信息在一起，但如果你对这么多信息不加整理、梳理和归纳，它们不会成为自己的知识。那么多知识，有语言知识、人文知识、社科知识等等，你若不加以梳理归纳，把它变成自己的东西，则不会成为智慧。一句话，信息加工后变成知识，知识加工后才能升华为自己的智慧。

您在学院负责研究生教研室的工作多年，您觉得硕士阶段同本科阶段的学习目标有哪些不一样?

如果说本科生阶段，特别是我们学法语的，绝大部分是零起点，第一阶段更多的是学习，是语言的输入，所谓réception。但是，到了研究生阶段，顾名思义，重点是研究。那么，区别就在于本科生主要是savoir répondre aux questions posées par les professeurs，是要回答老师提出的问题，或者老师通过问题引导学生学习、掌握知识，到了研究生阶段，学生不仅要回答老师的问题，而且应该主动提出问题。能够提出好问题，本身就是研究的一个开始，也是你思考的一种表现。所以，研究生阶段我觉得重要的是思考，学会研究。我觉得研究方向要明确，研究方向明确之后，本方向的学科最前沿的系统理论和基础知识要掌握。另外，研究生阶段的一个重要任务是写毕业论文，我的想法是，不太指望同学们对某一个课题会有惊天动地的重大发现。当然如果有，这是最好不过的，但大多数情况下做不到，文科更是这样。怎么办？我觉得硕士研究生最主要的是能够学会把某一个理论或者某一类理论，或者是某一类学习研究的方式方法学到手，然后能够运用这个方法去解决一个具体的、实实在在的问题。这个问题可能是一个教学问题，一个论点问题，甚至一个观点，一个概念问题，用一种系统的方式方法去提出问题，然后提出自己相应的解决办法。换句话说，就是学会应用，我们说应用一种理论，一种观点，一种方式，能够把它应用在解决具体问题中去就很不错了。主要是把研究的方式方法学习到家。

寄语

70年，对一个人来说“古来稀”，但对一个单位、一个机构来说，70年无疑还是壮年。我对北外法语学院的发展前景非常看好，非常乐观。如果有什么希望的话，就是加强顶层设计。所谓顶层设计，就是我们现在不论做什么，如人才培养、课程设置等，多从长远着想，讲究一个规划性、系统性，保持本专业的学科底色、特色和定力。这样才能保证我们北外法语学科历久弥新。最后，衷心祝福北外法语学院薪火相传，永远是中国法语教学与研究的“先锋队”。

黄晓亮老师访谈

受访者 讲师，2004年于首都师范大学法语系本科毕业，2009年于巴黎第七大学硕士毕业，2014年于巴黎第七大学博士毕业，专业为理论与描述语言学。2015年回国入职北外任教，负责课程为本科基础阶段精读以及研究生的法语句法学。研究方向为生成语言学。

采访者 张清硕

您是否可以介绍一下您的法语学习经历，当初为何选择了法语专业呢？您的大学生涯是21世纪初，当时学习法语和现在有什么样的异同？

选择法语是因为我高中时就喜欢外语，于是高考填志愿时决定学习专业外语，但是选择法语有一定偶然性。就学习上的异同而言，相同点很多，特别是教材，因为那时大家用的还都是外研社的法语教材。教材一样，教学方法应该也很相近。说到不同点的话，现在的学习资源会比以前丰富得多，还有各种科技辅助手段。我们那个时候几乎同学人手一本小字典，印象中是蓝色、手掌大小的法汉双语词典，而现在的学生人人都离不开手机上的法语助手。

“活到老，学到老”，您曾经表示自己也在不断地进行法语的学习，所以在您学习法语的过程中，有什么样的经验可以分享给同学们呢？

如果先跳出这个问题本身的话，我个人认为人在学习的过程中，最大的弯路之一，就是最有用的道理往往是最直观的，会被大家用最浅显的话说出来，但是恰恰是因为这些经验道理如此直观，导致我们反而不注意它，然后走了弯路。这也许就是最重要的经验。具体举例来说就是我们课上说过的一些大白话，比如“好记性不如烂笔头”“不要怕犯错误”“多练多改”“坚持阅读”等等。

想问一个题外话，作为我们法语专业的学生，在大学期间学习法语，与您工作后教授法语相比，这两者之间有什么不一样的地方呢？

这个问题很有趣。我2015年开始第一次教法语，所以确实花了几年时间才能够在一定程度上贴近同学的思维，站在同学的角度思考。老师和同学看待学习的思维角度是不一样的。举例来说，有的跑步爱好者只能跑一公里，而有的可以跑马拉松。所以打个比方说，老师就是跑过马拉松的人，因为他本科毕业之后读完博士，再作为老师参加工作。因此老师知道每个学习阶段的大致状态。回到跑步的例子来说，就是知道跑到5公里的时候会有多累，应该如何控制节奏，10公里、20公里、30公里之后会如何等等，马拉松选手心里很清楚。而学生就好比跑步入门者，觉得自己一直在跑并且一直都很累，因为初学者不知道在学习的过程中会经历什么，也不清楚终点在哪里，没有全局感。我个人认为这是最大的区别。

我记得老师您说过一句特别印象深刻的话，就是说我们不是刚入学的新生，而是4年后要工作的人。

这与我的工作和个人经历有关。我本科毕业以后先去工作，因为自己的法语知识盲点闹过笑话，所以对一些经历印象很深。另外作为老师，我希望同学们能够尽快进入大学学习状态，学生的工作就是学习，为了迎接将来真正的工作。

您在成为法语教师之前，有过什么样的工作经历呢？之后为什么又选择来到北外，成为一名法语教师？

我本科毕业之后去非洲工作了一年然后回国。在国内又工作了两年之后决定去法国读书。期间专业一直没有变过，读完硕士读博士，毕业之后来到北外成为了语言教师。刚回国的时候大致有从事语言学研究、对外汉语、法语教学三个选择，而我最终选择的是法语教学。因为当时法语学院要招一名有语言学背景的老师，我觉得非常适合自己。

您所教授的课程，一方面是低年级的本科生精读，另一方面是研究生课程，所以我很好奇，通过这两个群体的对比，您觉得法语学院4年能把同学们塑造成为什么样的人？

我个人认为一所大学或学院能培养出什么样的人，最大的两个变量是同学们自己想成为怎样的人，以及学校能够提供怎样的平台。北外的同学从学习能力、动机或精神状态角度来说通常都很出众，所以第一个变量没有问题。同时，学校和学院提供各种专业基础课、选修课、出国交换的机会以及各类选拔，所以第二个变量也没有问题。最终的结果还是取决于同学们自己的努力。

您为什么选择了语言学作为研究方向？这个学科的魅力有哪些？

对于我个人来说，研究方向不是“选”的，与通常意义上选专业课或选修课不同。我始终觉得是专业选择了我，冥冥之中自己身上的一些东西让我选择了这个专业，是相互靠近的过程。我从中学时代起就对和语言有关的各种问题非常感兴趣。语言学有很多分支，是一个庞大的学科体系，各个分支研究的内容既有交叉又不重叠。各种关于语言的问题，“小”到相同的字母为什么在不同位置发不同的音，“大”到机器翻译的原理是什么，都是语言学研究的内容。这样丰富的学科必然有其魅力。

在您的教学生涯中，有没有印象深刻的人或者事？

当老师的益处之一是周围的人会给我很多启示。当年有位硕士同学，我有一天早晨7点多临时打电话问她能不能去一个会场作翻译，她毫不犹豫地接受并且非常出色地完成了任务，之后我每年都会给学生讲这个故事。同时，当我看到同事们对教学和同学们的热情，自己也深受启发。最后，我学生时代的导师对我的影响也非常大。所以今天作为老师的我，是所有这些人和经历的集合。

黄老师您有一个习惯，您会在大一上学期期末让同学们写下学习法语的反思和对于课堂的反馈。您也会将这纸调查保存一个学期，之后再拿出来重读。同学们对这件事表示很感动，印象深刻。您可以具体讲述一下吗？

这些反馈是对同学们及我自己的鞭策。对我而言，了解哪些环节我能够做得更好、同时了解同学们的状态是很重要的。大学生活很“剧烈”，因为在4年之内，同学们从高中生成为大学生，最终又要成为一个社会能够接纳的青年人。这种转变很多时候是不知不觉的，但是如果能有一个思路帮助大家向前走，很多事情也许会更容易。我做这个反馈的目的就是帮助大家找到每个人自己的思路。希望通过这种方式提醒大家同时也自省，既然我们每个人都是抱着良好的初衷来到这里，那么就应该沿着开始的路走下去。

寄语

70年是很特殊的一年。今年我说的最多的一句话就是同学们非常优秀，克服了这么多困难才能有现在的结果。由于疫情的原因，老师和同学都付出了额外的努力，这其中体现出的精神意义远远大于成绩本身。希望学院和同学们将来都越来越好，这是最简单但又是最真实的祝福。

吉晶老师访谈

受访者 副教授，1999年考入北京外国语大学，2006年硕士毕业留校任教，巴黎三大与北京外国语大学联合培养博士学位。教授课程：法语基础精读、法语社会文化。主要研究方向为法国文学。曾多次获得校基础教学阶段“陈梅洁奖”。出版《100名画：古希腊罗马历史》《企业的责任：达能集团创始人安托万·里布讲谈录》等译著，编写《法语1：同步口语手册》等教辅书籍。

采访者 梁莉

您于1999年进入北外学习，请问您当时为什么会选择学习法语并选择进入北外学习呢？

我在1999年报考法语专业带有一些偶然性吧，因为当年江苏高考录取时，外语类属于提前批次，在第一志愿前就被录取了。我在大学入学前完全没有接触过法语这门语言，对法语的印象只是停留在大家口口相传的“法语是世界上最美的语言”这种美好的勾勒中。从实用性来讲，我知道法语是联合国的官方语言之一，使用广泛。而且我们从中学起就一直学英语，到了大学阶段就非常希望换一种语言去学习，去了解对象国的文化世界。可以说是出于一种好奇，开始了对这门语言的探索。选择北外，当然因为它是全国公认的外语学习最高学府，当年南斯拉夫大使馆被轰炸事件也让即将高考的我们更多地关注了这所院校。

您曾赴法留学，这段留学经历对于您的法语学习有着什么样的影响，您对法国文化是不是也有了更加深刻的体会和感悟？

关于留学，主要去过两次。第一次近距离接触法国其实还是在读研时，作为陪同翻译和中国作家代表团一起参加了在巴黎举行的国际图书展。真正意义上的留学，一是刚参加工作时去蒙彼利埃接受教学法的培训，二是攻读博士期间在巴黎的两段学习时光。

关于留学经历带来的影响，首先是在那里学到的知识会更加的立体和鲜活，书本上的文字和图片，在留学体验里变成了日常，更加的直观和丰满；同时也具备了更强的专业意识。因为我们在国内最初的几年都是以基础知识的学习为主，立足听说读写译的语言技能，辅以对象国社会、经济、文化、历史等知识的学习。到了法国之后，语言成为了我们发现与研究的工具，我选择的巴黎三大文学系开设了多层次、多角度的文学课程，也经常组织主题丰富的研讨会，我的专业意识和素养也是在那个时候得到了进一步的提升。此外，留学生活也让我感受到异质文化间的碰撞，生活方式上会更加有包容性，思维角度更具多样性，能够从他者的角度去理解一些现象。

在北外学习法语之后，您又重新投入了北外法语的教学工作之中，在北外经历过学习和教学之后，您觉得北外法语教学有什么独具特色之处，在北外做法语老师是怎样的感受？

北外法语的特色，一是通过精讲多练培养学生们扎实的语言基础，北外在这方面一直有优良的传统；二是注重培养学生们的综合素质，不仅教书，更注重育人，鼓励同学们去尝试、去实现个性化的发展；三是北外法语教学是一个开放的平台，比如我们已经实现了与国内多所高校之间的合作互动（包括和台湾几所高校的老师、同学们之间的定期交流），大三和读研阶段同学们还可以去法国、瑞士、比利时、加拿大等多所享誉世界的大学进行交换。这个开放的平台给同学们带来了更多的可能，使大家的潜力不断被开发，并拥有更为开阔的国际视野和兼容并蓄的心态。

从1999年到现在，我在这所学校已经度过了超过20年的时光，对北外有着特别深厚的感情。从学生到教师，虽然身份有变，但对学校和法语学院的感情没有变化，归属感特别强烈。作为老师，多年教授同一门课程，看似枯燥单调，但实际上我们既要与时俱进地更新教案和教学方法，也会与一届届可爱的学生们产生不同的化学反应，师生互动、班级氛围每年都会带来耳目一新的感觉。

您有着丰富的法语学习经历并取得了优秀成绩，并且多年负责基础阶段核心课程的教学，那么您对现在的同学们在学习法语方面有什么样的建议呢？

我认为学习是非常个人的东西，别人的经验要内化为自己的东西，变成适合自己的、对自己最有效的才会有用。

我们不妨可以通过回顾自己母语习得的过程来探讨法语学习的方法。虽然不同语言渊源迥异、各有特点，但本质上我们的学习和认知规律都是相似的，有比较突出的几个点。一个是语言环境，我们学习母语时是浸入式学习，但到大学学习法语时并没有这个天然条件，我们的学习时间被迫缩短，所以需要自己刻意把语言环境尽量建立起来，多听、多说、多写，人为地增加听说的频次。第二是学习语言应注重听说领先，这也决定了语言学习最有效的方法，是从互动沟通中去学习，就像中文也是在你和父母的互动中开始了牙牙学语，在和小朋友的玩耍中不断发展进步，所以我们要学会在学习过程中创造交流机会，和同班同学或者语伴多多进行交流，语言的功能指向是交际和表达，而这种沟通也能促进大家互相学习，这也是非常好的一个途径。第三个是读写的训练，在听说之后我们也要注重读写的掌握，我们现在是要求大家这些能力齐头并进的。为了促进读写的提升，我们可以做一些好词、好句的摘抄，经典片段的背诵，因为通过这些活动，我们能更好地提高语言层级，学习到更高级、更精炼的句子和表达方式。第四则是语言学习应和我们的年龄相符：我们提倡将语言学习和自己的兴趣爱好相结合，这会使学习的过程不那么乏味，有更多的乐趣推动我们前进。语言是一个有生命力的东西，没有什么知识是一劳永逸的，希望同学们保持终身学习的态度，任何时候都可能遇到自己不知道的表达，任何时候都可能发现对象国的某些知识是我们不清楚的，所以面对语言和文化，大家要一直保持好奇心去了解。

您在教授法语课程的同时也进行着法国文学的研究，请问您觉得法国文学在哪些方面最吸引人？

首先文学是学习语言的一个非常好的载体，不管以后大家是否选择文学作为自己的学术方向，文学作品的阅读都是有必要的。

在进入专业的学习之前，大家也都听说过法国文学在世界文学史上的地位，我们国内也能读到一些译著。我对文学产生兴趣最初还是缘于语言本身，从无到有地学习了两年法语后，在大三时能够读懂一些文学作品，那时候就会对法语语言的精妙感叹万分。比如能读到让自己觉得非常熨帖、细腻的句子，是一种直观的语言盛宴和美的享受；随着作品读得越来越多，更吸引自己的就是那一类能让自己有共鸣体验的，读着能够感同身受的作品，感受到原来和一个陌生的作家也能有思想上的碰撞，有一些自己想说的话已经有人替我说过了，这种感觉会非常美妙。再后来更吸引我的是中法文化之间的碰撞，因为中国本身也有自己璀璨的文化和文学传统，中法的文化沟通在中西文明的交流史上也留有浓墨重彩的一笔。例如17—18世纪传教士来华传教，并将中国的典籍介绍到欧洲，某些具有中国文化特色的符号，可以在同时代的一些法国作家的作品中找到或深或浅的烙印，这些能够跟自己的母语文化发生关联的作品，读起来也非常有趣。20世纪初是东西交流的又一个高潮，百花齐放、百家争鸣，这个世纪的西学东渐也大大影响了中国现当代文学的发展。此外，文学比较吸引我的还有一点，就是他者的生花妙笔能够穿越古今、纵横四海，似乎消除了我们个人的人生长度及时空的限制。

您在教学、科研之余，还担任教研室主任和魁北克研究中心主任的工作，请问您是如何看待这些工作的?

我觉着这两项工作其实都是一位专业教师的日常。教研室意味着我们各个平行班的老师们是一个协同一致的团队，是一个可以时时沟通、互相支持的组织。我们院的魁北克研究中心成立已经快20年了，与魁北克在教育、科研、文化等领域一直有交流合作。我是刚刚接手魁研工作，希望可以继续以趣味的书籍、丰富的活动带领同学们发现法语地区文化的多样性，也欢迎同学们多多参与。

寄语

70年的岁月见证了法语学院学科的不断发展丰富，国内外交流的开放多样，北外法语人的英才辈出！祝愿同学们在这片广阔的天地继往开来，不负韶华，祝福我们的“家园”越来越好，永葆青春活力！

李朝伟老师访谈

受访者　法学博士，辅导员，法语学院团总支书记。2019年7月，来到北京外国语大学法语语言文化学院。

采访者　杨沛晴

请您介绍一下自己的经历，您是怎样到北外工作的？

我能来到北外挺幸运的。去年博士毕业后，希望可以进高校工作。我当时手中已经有了几个offer了，但是看到北外招聘信息后还是想试着投一投，初试那天还推掉了另一个学校的考试。当我得知进入三面后，虽然没有十足的把握，但当时非常笃定地拒绝了即将签约的工作，一门心思等北外的考察，后来非常幸运地被录取了。现在问我为什么愿意来北外，还是和我终面时候的回答一样：是早已埋在心底的种子发了芽。其实我跟北外结缘很早，我初中就读于太原外国语学校，很早就知道北外是我国外语院校中的最高学府，北外一直是我的理想目标。2000年，当时我上初一，学校组织外语夏令营，并不宽裕的家里还是支持我参加了。于是20年前，我就来到北外，吃、住都在学校里，当年在北外游学的经历至今还历历在目，使我获益良多。工作后才发现北外还在组织类似的夏令营。回想这20年，兜兜转转，我虽然没有选择外语为专业，但没想到还能有幸来北外工作，这是我跟北外的一个故事，也很感谢法语学院给我这样一个机会。

为什么来到法语学院？同学们肯定有点困惑，我不会法语，怎么来当法语学院的辅导员了。我的专业是思想政治教育，其实做辅导员是我对口的职业。能够来到法语学院做辅导员还是挺有压力的，也是缘分。和我们2019级的同学见面那就更是缘分了，最后大家就在这个时间点碰到了一起。种种因素我就来到北外工作了，是我个人的幸运，也是我这么多年来的愿望，更是学校对我的信任。2019年到2020年对我来说是非常幸运和幸福的一年。

您从学生转变为老师，有哪些感受，有哪些困难和挑战？

从学生到老师的转变，确实不容易。原来作为学生，所有事情最后都可以托付给老师，而我只需要按流程和规定完成就可以了。真正当了老师后，感觉就不是一个人在找你，而是同时可能有十几个人在找你办很多项事，特别容易遗忘了某件事。我刚开始工作时有头没尾的事就经常出现，担心耽误大家，精神高度紧张。所以做学生工作真的得一点点按部就班地做。

我作学生的时候，尤其读研的时候，跟辅导员老师接触并不多，主要就是和自己的导师联系，有什么问题都找导师，另外还有研究生教学秘书给我们发一些通知。本科的时候我印象当中也没有那么多问题，学习、就业、人际关系好像都是自己的事。我们那时候出现心理问题的同学也不多。到了我进入工作岗位以后，发现困难和挑战都是有的，就比如就业，我上学时印象中没有一个所谓的就业率的概念，也没人催我们，到毕业时大家都可以解决去向问题。而等到了我当辅导员时，才发现这也是个问题。好多同学在学校很活跃，没想到等他毕业的时候，不去找或者找不到工作，那么我们就要帮助引导同学找工作。再比如说有心理问题的同学，学院三百多个学生，可能突然一个同学说他心情不好，这就有可能是一个突发的危机事件，必须要十分认真地面对，说不定对这个学生来说就是一生中的一个大坎。真的就是"纸上得来终觉浅，绝知此事要躬行"，如果真的碰上这些事情，该如何疏导学生？要知道自己的每一句话都很有可能会造成更大的误会或者麻烦，书本里的知识还需在工作实践中形成经验。这一方面，学校领导、老师和同事们给了我很多帮助，所以说工作讲究方式方法，也讲究跟学生的沟通交流的技巧，学生工作对我来说是一个非常大的挑战。另一方面，我刚从学校出来，身份还没完全转变过来，总是从同学的角度来考虑一些问题，难免意气用事。但是随着工作的深入，我就发现自己的站位不能如此，这样并不能做好工作，反而还有可能犯错误，害了同学和自己。所以也希望同学能够站在老师、站在集体、站在更高远的角度考虑问题。

总的来说，整个工作对我的改变很大。4个年级的本科生和3个年级的硕士研究生，以及6个年级的博士生，学历跨度超过7年，这么多的人，每一届、每一个学生需要面对的事情都不一样，感觉自己一下经历了好多东西，工作能力、工作意识也有了很大提高。

您来到法语学院前，对于在法语学院担任辅导员有怎样的看法？而来到学院工作的这一年，又对法语学院辅导员这个工作有什么新的认识，您能和我们分享一下吗？

其实我在本科时当过班长，当时的辅导员要求他分管的班长每天大课间去办公室开例会。因为那时即时通信还不发达，手机上网也很贵，老师通过组织大家开会当面来布置每天工作。开完会同学们还要赶回去上课，于是这给我留下了辅导员很容易招学生烦，而且有布置不完的工作的印象。

辅导员从事的是学生管理工作，需要好好学习相关政策法规。其实辅导员是有8大职能的，比如学生活动、党建团建党团建设、心理辅导、思想政治教育、学生管理等等，这都是辅导员的职责。关于辅导员工作，我还发表了相关的论文。二三十年前，辅导员的权力很大，在计划经济年代，学生毕业分配、评优评价全是他说了算，是以管理为主的。而现在辅导员工作变成以服务学生为主，要帮助学生满足个性化需求，更好地实现自我发展。我需要及时发现问题，通过党团的建设、学生活动、班级的管理等工作帮助大家在校园里能更好地适应，然后走向社会，是这样的工作状态。

其实这份工作是在变化的，在我们那个年代可能是一个过渡期，我接触的辅导员，有不怒自威的样子，而到我现在作为新时代的辅导员需要以热情的态度，春风化雨，才能跟同学们更好地交流。希望大家能对我们产生信任，让我们帮助大家多做一些事情，让同学们在校园里除了任课老师、大大小小的管理职能部门的老师们以外，还有这样一个第一时间能想到的人，哪怕是一些琐碎的问题都可以找我们聊一聊，在学校遇到任何困难都来找辅导员解决。希望达到这样的效果：自己成为学生和家、校、社会沟通的桥梁，感觉工作才算到位了。

您在法语学院担任辅导员的一年中与学生们一起参与了许多的活动，大大小小的事务中都能见到您的身影。您觉得在这些与同学们共同的经历中您收获了哪些，法语学院的同学们又给您留下了哪些印象？

同学们当然是非常好，年轻、有活力、各方面都很积极，非常优秀。你能看到每个人的成长，举个例子来说，学生会干部从干事到部长，可能最后成为主席，经过这么一到两年的工作，确实跟他刚进校的状态完全不一样。做事情不管从严谨的程度、认真的程度还是组织、协调、应对各种突发事情的能力都会有一个提高。再比如同学们吃苦耐劳的精神让我非常感动，团总支学生会开例会是在每周四中午，因为大家很难有一个统一时间，所以团总支、学生会的部长和主席团都利用中午休息时间来开会。同学们一下课就来到会议室，自带外卖，很多人下午还有课，很辛苦。蔡书记和我也参加，来听他们汇报工作。蔡书记向我介绍说，老法语系学生干部队伍一直以来就有这样一个开例会的优良传统，给了大家一个交流、反映问题的机会。在学生做工作的时候，如果解决着急的事及时找老师，而如果是系统化、程序性的工作，就在例会一起解决。这个学期因为疫情原因，与大家在一起工作只有半年时间，有些遗憾，但在上半年的时间里，我们同学没有掉队、缺勤，没有请假或是不愿意参加这个例会，这就体现出来我们学生干部队伍的担当与责任感。不只是学生干部，普通同学也有很强的责任感和奉献精神。你会发现在很多活动中，比如出节目时，多才多艺的同学有很多，活动过程中，你会发现身边的同学藏龙卧虎。入校的时候为什么让大家写自己的特殊兴趣特长？你们写下的内容好多还没机会去展现。我觉得我们的校园学习生活之余，还需要兴趣的扩展，可能学了十几年的特长，上大学就放下了，这是很可惜的一件事，还是应该给大家多提供展现特长的平台和机会。因此我们要把活动办好办成，给大家提供这样一个平台，在不耽误大家学习的情况下，尽可能让大家多发挥自己的热量，让整个学习生活能更充实、更美好。我们同学其实都非常的好，每个人都有自己的特点。

您负责学生事务管理之余，也负责学生的思想政治教育与研究工作。北外是一所拥有红色基因的学校，您觉得思想政治教育工作应该如何开展，以更好地发展法语学院的红色基因，更好地让同学们体会到学校的红色基因？

其实我们做辅导员工作，在高校里就属于思想政治教育工作的一部分，在社会上叫做思想政治工作。主要是帮助、引导、带领大家去正确认识我们的社情、国情，正确理解为什么我们社会发展成这样，我们的社会为什么是这种运行模式，我们国家的历史是怎么样的，我为何能得到现在这样的生活，我以后会怎么样等等。归结起来我觉得还是哲学三问：我是谁，我从哪里来，我要到哪里去，让同学们形成良好的人生观、价值观、世界观。你们进入大学之前其实也接受了不少的思想政治教育，幼儿园、小学、初中再到高中，都有思想政治教育的过程。来到大学以后，其实我们的工具载体更多了，课程思政就是在不同的课程当中融入思想政治教育的内容，而思政课程是怎么把思想政治教育课打造成更好的、更易于大家接受、理解的思想政治教育，这是两个主要方面。而我们辅导员的任务就是帮助他们，不管是思政课，还是专业课的教育，引导大家更好地去吸收、认识学习过程，达到教育成果的转化。我在工作当中其实也非常注重这方面的教育引导，一进校就组织讲座这种形式化的、很明确的教育活动，在活动的进程当中为大家讲解爱国爱校的重要性，而不是盲目地说，我们觉得对大家还是有一定触动的，包括一些党建活动，同学们一起参加班级活动，也收到了很好的效果。我不希望把这些活动做成走形式的、让大家反感的、强迫大家去接受了解的东西，大家反而会厌烦。这些活动需要让大家潜移默化地去了解，去真正地认识、喜欢。

我硕士的专业是马克思主义哲学，我了解了马克思当年为什么要研究那些事情，为什么要革命，为什么要反对资产阶级，他们做了哪些事，做了哪些实验，比如参加共产主义者同盟、起草《共产党宣言》等等。社会主义运动500年了，在我国也有100多年了，从新文化运动我们中国引入共产主义的小册子、手抄本开始，然后一步一步宣传，成立了中国共产党，星星之火，直到燎原。又经过了二三十年的革命战争、四五十年的社会主义建设才有我们现在生活的国家，我们才真正看到马克思主义在中国行得通。这种稳定的环境让我们有现在的幸福生活，让我们能进入到北外来学习，接触、认识不一样的世界。我在学马哲时的感受是：马克思主义哲学很好，但是需要大家去接受，需要大众化。其实有好多理论家也在做这样的工作，而我的工作是要把这些理论利用浅显的方式，或者是用同学能接受的简单的方式，潜移默化地向同学们介绍，可能就会对大家有所帮助。

理论上的工作我没有忽略，比如以做研究、写论文的方式，进一步提升理论水平。而实际工作当中的问题可能更重要，通过各种形式，比如开会、组织学生活动等进行思政教育。我们北外从延安时期的第三俄文大队走来，可以说是根正苗红，而法语学院是学校1950年第二批成立的语种，有着70年深厚的发展历史，因此我们学院有非常好的思政教育的素材和资源。为什么让大家开学就去校史馆？我觉得可以多去，你在了解校史以后，自己也就有了集体的荣誉感、责任感，以便更好地去学外语，知道为什么要学外语，做一个能用自己的专业去为国家和人民做一点事的人。蔡书记经常提起，希望我们同学在就业择业过程当中尽可能多地选择国家需要的工作单位，如部委、央企、国企等，真真正正为国家和人民做点事，不要只考虑挣钱，要有为国家、社会做贡献的责任感。如果学生只认利益缺乏责任感，我觉得我们教育就失败了。所以我们要利用好学校、学院的红色基因，除了校史以外，也可以关注校友的经历。他们在国外是如何应对各种的歧视和非难，各种文化上的差异，如何展现了我们北外人、外交人、中国人的风采，一代学生有一代学生的使命与挑战，通过他们可以了解到非常精彩的故事。通过这些资源来更好地进行思政教育，传承北外、法语学院的红色基因。

寄语

人活七十古来稀，学院现在也70岁了。我跟我的父母讲，我们学院比你们年纪还大。我们整个学院乃至学校都是生在红旗下，长在红旗下，是培养外交官的摇篮。对于我们学院，我来的年头虽然不长，但还是要骄傲地说我们学院培养的外交类人才，从数量到质量，在全校乃至全国也名列前茅。所以希望学院将来可以培养更多的人才，汇天下英才而育之，而我们国家也需要汇天下英才而用之。我们将更多人才培养出来，然后输送到国家的各个地方去。我用一句话来说，希望我们法语学院桃李满天下，希望学院长长久久，世界各地都能有我们法语人的身影。

对于同学们，我想说，我们这一代人赶上了这么一个关键的历史节点，在此相遇，这是一种缘分。我们要珍惜它，把自己充实起来，让自己成为一个能为母校争光添彩的人，“今日我以学校为荣，明天学校以我为荣”。就像70周年国庆阅兵典礼上，学院好多学生在长安街上走方阵，奔跑、跳跃，展现了我们这代人的青春活力和使命担当。与此同时我们经历着国际形势的深刻变化，又赶上疫情突发，这对于每一个人都是一种考验，是对我们的挑战。那就希望大家在我们70周年院庆的这么一个节点上，找到自己的位置，跟我们学院一起发展，在自己的学习生涯、职业生涯、生活各方面，有一个光辉灿烂的未来。

李洪峰老师访谈

受访者

教授、博士生导师、北京外国语大学与巴黎第三大学合作培养博士，现任北京外国语大学非洲学院院长。2001年留校任教，教授法语精读、法语国家与地区研究等课程，主要研究方向为法国外交、法语国家与地区社会文化。曾赴加拿大蒙特利尔大学讲学，赴巴黎第三大学访学，赴塞内加尔达喀尔大学、摩洛哥穆罕穆德五世大学访问。先后获得北京外国语大学基础阶段教学陈梅洁奖、园丁奖、青年教学名师奖和北京高校“优质本科课程”等奖项，著有《塞内加尔文化教育研究》《列国志 乍得》《穿越风雨的中法关系（1949—1980）》等。

采访者

沈钰榕

老师您好，您能不能首先简单介绍一下您的法语学习经历？

我1994年进入北外学习，1998年保送读研。研三的时候在巴黎高等师范学院交换一年，然后读博并留校任教至今。

当时的学习生活是怎样的，其中有没有让您感触很深的事情？在学习的过程中，您觉得学好法语有没有诀窍，如果有的话，是什么？

当时的学习生活比较简单，我们每天早起做早操，7∶10开始早读直到8点上课，晚上在教室晚自习。我印象深刻的是当时班上有18个人，每晚大多数人都在教室里自习，一起走过了4年。学好法语没有特定的诀窍。不同的人适应的学习方法不同，需要找到适合自己的方法，同时要沉浸式地学习，投入情感和精力，自然而然就能学好。

之后您成为一名教师，您为什么选择了这一行业？

读研究生的时候系里的老师们建议我留校任教。因为对教师这个职业比较了解和喜欢，又很热爱自己的专业，就愉快接受了老师们的建议。

您热爱教育，也发表了不少学术成果。您是怎样取得这一成就的？您觉得您的成功和自己在北外的学习经历有什么关系？

我的成果并不算很多，也算不上取得了多少“成就”，只能算取得了一点“成绩”吧。这和个人性格有一定的关系。我比较宅，喜欢安静地看书和写点东西。我的成绩和法语系的优良传统是分不开的，法语系的老师和同事们身上都有一种坚持不懈的学习精神，让我受益良多。

您现在担任非洲学院院长，这是一个新成立的学院。您觉得工作中有哪些困难，您是如何应对的？

困难确实是有的。非洲学院是一个新成立的学院，人少、事多、任务重。但老师们团结一心致力于非洲学院的学科建设。还有我们遴选出的师资研究生，正在非洲和法国等地学习非洲语言，虽然生活比较艰苦，但他们仍然努力向上，将成为新语种专业的中流砥柱。我觉得克服困难要团结一心，发挥集体的力量，也需要自己以身作则，积极进取。

全球化时代，人工智能发展迅速，不少行业都在受到挑战。您认为外语学科以及法语学科会不会受到挑战，它们又应该怎样发展？

挑战肯定是有的，但挑战和机遇是并存的。外国语言文学学科在当下需要重新定义自我，思考如何坚持学科自身的内涵，同时探索本学科与其他学科交叉会碰撞出什么样的火花、什么样的成果，要去寻找新的前沿。总体上我对此是持乐观态度的。

您对如今法语学院的人才培养有什么建议？

法语学院既要发扬自己的优良传统，也要不断寻求教学方法和教学思路的创新，要让学生看到成长的各种途径，以及自己身上存在的各种各样的可能性，在学习以及人生道路上保持开放兼容的心态。学生未来的发展既可以密切结合本专业，也可以是跨专业的，但在学习的过程中，逐步拥有核心能力和素养是非常重要的。

寄语

祝愿法语学院能不畏时代的挑战，继续砥砺前行，有更辉煌的未来，也希望我们的学生在世界各地的不同岗位上用不同的方式为国家发展做出贡献。

李书红老师访谈

受访者　副教授，博士。毕业于北京外国语大学法语系，留校从事法语教学工作至今。主要研究领域包括欧盟、法国对外政策、法语国家与地区研究和法语教学。主要从事法语基础阶段精读教学和研究生欧盟研究课程，曾多次获得基础阶段教学陈梅洁奖。

采访者　廖晋一

您当年为何选择进入北外学习法语呢?

当年算是误打误撞吧，实际上我最开始并不是很想学法语，而是想报英语，因为那个年代大家可能觉得英语更常见、用得更多一些。但是当时北外在我们黑龙江省并没有英语专业的招生计划，只有法语、西班牙语和俄语，而我又不想学俄语，所以只能在西班牙语和法语里面选。最后在报志愿的时候还是选了法语，感觉它的用处更广一些，就是在这样一种朦胧状态下选择了法语，结下了这一生的情缘，之后也没有质疑过当年的选择。

您现在还能回忆起当年的法语学习生活吗，比如说当时的课程设置、教学资源和您的老师们?

如果说回忆当初做学生的日子，更多的回忆是生活上面的。比如说我们上课的时候，由于教室不足，最开始我们并没有跟法语系其他年级一起在主楼上课，我们是在一个英语教学楼里上的第一年的课程，后来才回归法语系。至于给我留下印象比较深刻的事，我想到当时我们经常去小花园上课。还有我们二层的大平台（就现在锁上的那一部分）当时是开放的，在那个大平台上我们也留下了很多美好的记忆，有的时候会在平台上课。课余时间的大平台也是我们休闲放松的场所，在上面组织过很多活动，比如毕业舞会，大家抱在一起一边唱歌、一边跳舞、一边流泪。我们跟老师也像家人一样，比如说那时候老师会领着我们一起去郊区玩儿、一起坐牛车，我还记得当时，我们班的柳利老师还带着她特别小的孩子睡在牛车上，现在回想起来，当年的情景仍然历历在目。我们那时候的课余生活可能没有你们现在这么丰富，但也很开心，比如下课的时候跑到教室来，和同学聊天也好，练对话也好，写作业也好，大家在一起的时间真的很多，如今回忆起来也是满满的温情。

在教学上，我们当时的班级人数也没有现在这么多，我印象中我们班正式在编的只有13名大学生，再加上两个朝鲜留学生，还有两个代培生，加在一起才17个人。我们那个年代没有现在这么多可以选择的法语专业课、选修课，多以形式比较简单的文学课为主。关于政治学方面，我记得在大四的时候上了丁一凡老师的课。如今学校给大家开设的选修课已经非常的丰富了，有这么多的课程可供选择，我感觉现在的同学们很幸福，所以很羡慕大家。

您的学术经历和研究方向都十分丰富，不仅在法语的学习与教学上有极深的见解，在欧盟、法国对外政策、法语国家与地区方面也有深入的研究，请问您是如何做到在专业及相关领域上如此全面地发展的？

这是在我当老师之后，在学校的号召下进行的一种自我完善，咱们系所有的任课老师都有自己相对关注的领域，我觉得这也是时代的需求，也是我们为做好法语教学工作应该做的一种自我提升，同工作也是密不可分的。实际上，我觉得教学和研究在理想的状态下应该是相辅相成的，但是可能由于每位老师教学的内容和承担的课型不一样，不是每位老师都能达到这种理想状态。我感觉精读教学，尤其是低年级的精读教学，和科研在某种程度上有一点点脱节。毕竟低年级的精读教学还是以语言本身为主，比如老师会经常提醒大家注意动词变位、单词拼写等方面，在语言的精准度上对大家的要求可能会更多一些，而在知识的传递和研究的分享上就会相对弱一些，这个的确需要老师去平衡。毕竟从老师的个人发展上来讲，科研很重要，但是人每天的时间和精力是有限的，只能说基于自己的想法，在教学和科研当中寻求一个平衡吧。其实当年我们读书时的教学背景，无论是从教学设计还是教学思路上来讲，都和你们现在有很大不同，并不像现在这样特别强调、要求学生关注相关领域的课题研究，所以觉得你们很幸运，有这么丰富的课程，老师也会叮嘱你们要有倾向性地关注和研究。

您从北外毕业后留校从事法语教学工作至今，您认为北外的法语教学有什么特点？

从我个人的感受和我听到的反馈来讲，我觉得我们法语系的老师，无论是系领导还是我们每一位任职上课的教师，都在教学上投入很多，我也觉得很自豪。以前有的人说法语系的老师像幼儿园、小学的老师一样盯着孩子，哪像大学老师啊。但凡事都有利有弊吧。我觉得我们对教学的关注度、投入度还是对得起“教师”这两个字的，这也是我们应尽的责任。一方面是因为这是系里的传统，另一方面也是大家相互的感染、影响吧，身边的老师对教学投入得都很多，某种程度上我觉得这也是一种系文化、学院文化吧。

您觉得学好法语是否有诀窍？如有，是什么？

我觉得“诀窍”是一个很个性化的东西，是不是能用到“诀窍”这两个字我不知道，我只是认为语言跟“舞蹈”很像，是一个很需要基本功的东西，以前我当学生的时候，老师们就常说一句话："学语言像练功一样，你一天不练自己知道，一周不练观众知道。"我不知道你们老师有没有跟你们讲过类似的话，语言就是这样，它的基本功，例如动词变位、单词拼写，以及是否有大声读课文，这些在你平时上课读课文或做语言表述的时候老师都能感觉出来，所以我觉得无论如何，语言学习是一个硬功夫，而"诀窍"也是建立在这样的"硬功夫"基础之上的。此外呢，就是学习语言的一个共性吧，比如多听、多说、多用、多交流，现在的孩子们也有很多平台，可以找到包括听说读写各方面的学习资料，这也是很值得大家珍惜的一个事情。所以我觉得，现在大家学习资源是不缺乏的，主要就是看你自己有没有花时间、用不用心吧。

全球化时代，人工智能技术发展迅速，您认为外语学科以及法语学科的发展面临哪些挑战和任务？

挑战肯定是很多的了，比如在教学内容上、教学形式上、知识的覆盖上、老师的技能上，这些都是挑战，班上任课老师、系里老师也会经常跟学生交流，看看课程、课堂是否符合大家心里的期望，都会尽自己所能满足大家的需要。但是我觉得无论这个社会怎么变，这个世界怎么变，我们扎实的基本功还是在那里的。可能跟我长期从事基础教学有关吧，我觉得一个良好的语言基本功是无论你以后如何发展都必须具备的，因为这个基本功反应出的不仅仅是你的语言能力，更多的是你如何面对困难、如何平衡时间，尤其是对于现在课程很多的情况，怎样安排自己的生活，如何选择，是否能好好照顾自己的身体，这也是一种人生的定位吧，是一个统筹的过程。所以我觉得这一方面是在大学期间需要解决的——有些任务是一生的，而有些任务更多的是在大学期间就需要开始规划的。学习是生活的一部分，我们要学会如何有机地将学习和生活融合在一起、要让学习服务于我们的整体生活，我觉得这个是大家在大学4年里都有机会去尝试、去调整的。现在对于很多高科技，经常有人说"翻译都可以用机器啦"，确实，外语有外语的特点，但是我也觉得机器是冷冰冰的，而人与人之间的交流是带着温度、带着情感的，这些东西可能是机器无法取代的。

您对如今法语学院的人才培养有什么建议？

对于人才培养这一块儿，院内领导还是蛮重视的，也制订了新的培养规划，老师在这一方面也很注重自我的完善。从一名教师的角度来讲，我认为我们能做的就是尽力上好自己的课，配合好系里的总体安排，尽量地跟学生达到一定程度上的共鸣，让彼此的学习、工作和生活都能够保质保量地进行。

寄语

至于对我们法语学院的期冀，毕竟我从17岁上大学就到了我们北外法语系，将来应该还会从这里退休，所以我对我们学院还是很有感情的，也是希望法语学院能够越办越好、蒸蒸日上地不断发展，法语学院培养的每个学生也能有一个好的前途，一个美好的生活；从国家的角度来讲，我们的学生也能不负这几年的辛苦，在自己的专业上或是生活、工作当中，能为祖国的发展做一点自己应有的贡献。70周年院庆之际，祝法语学院继续发扬前辈们留下来的光荣传统，不断突破、创新，乘风破浪，越办越好！也祝法语系所有的校友们，生活幸福美满，平安，康健！

单志斌老师访谈

受访者　讲师，法语学院2011级本科毕业生，2015级硕士研究生毕业生。2018年7月硕士毕业后留校任教，承担基础法语课程的教学工作。主要研究方向为社会语言学与应用语言学。

采访者　刘泓霖

您于2011年进入北外法语系学习，请问您当年出于什么原因选择了北外，选择了法语系呢？

我在高一下学期的时候参加了外研社组织的《新概念英语》背诵大赛，在山东赛区取得了不错的成绩，晋级了全国决赛。很可惜当年由于甲流的原因，决赛取消，我没能进京赴赛。不过我从那时起就开始关注北外，在当时的星光BBS论坛潜水，了解了很多北外的学习和生活情况。高二的时候就坚定地希望大学考入北外，并且选择英语之外的一门外语作为专业，但具体学哪一门外语并没有特别明确的打算。选择法语其实是机缘巧合。我原本想报西班牙语，但是那一年西班牙语专业不招收山东的理科男生，所以我就选择了法语。

您现在还能回忆起当年的法语学习生活吗？比如说当时的课程设置，教学资源，或者和您的老师们有关的故事。

给我印象最深刻的是大三这一年。本科前两年是基础阶段，是从无到有的阶段，大家都在比较认真地打基本功。而到了第三年就开始进入从有到优的阶段，个人进步的感觉会更加明显。大三的时候有出国交换一年的机会，但由于各种原因，我选择了留在国内。我认为这是一个特别正确的选择，因为系里开设的课程给了我很大的帮助。如果说大一、大二的课程主要关注语言基本功的训练，那么大三的课程在不放松语言能力训练的同时，还开始注重培养学生用法语学习的能力，比如文学、国际政治、历史等等。大三的课程门数多，每门课的要求都很高，我当时基本上每天都待在教室，除了上课就是自习。现在想想那时候的学习强度确实不小，我也很怀念那段心无旁骛专注学习的时光。

我现在印象最深刻的是精读课车琳老师布置的预习作业。车老师每次都会很认真地批改，根据大家的作业情况给评语。我记得有一次做得不是很认真，犯了很多小错，一看就是写的时候没过脑子，写完也没有认真检查。车老师并没有严厉地批评，只是标出了错误，在旁边写上“这是什么用法?”“这是什么结构?”“没有认真考虑”等评注。拿到这份预习作业以后我就反思，最近这一周确实是有些敷衍了。看着Bien的评语我觉得非常羞愧，因为没有对自己的学习负责。从那以后，我每次做作业时都会小心谨慎，交作业前更要仔细检查好几遍，逐渐养成并强化了对自己的每一次口、笔头输出都负责的习惯。预习作业虽然只有短短两页A4纸，但能帮助我在课前就把重点内容掌握得八九不离十，课上更多是核对和巩固，课后再多多操练。作为每周课时最多的课程（虽然也不过每周4小时），大三的精读课带动了其他课程的学习。而在精读课上（当然也包括课前和课后）培养的自主精进语言水平的能力是可以受用终身的。

我在大三暑假的时候，参加了加拿大魁北克省拉瓦尔大学的法语暑期学校。那是我第一次出国，也是第一次到讲法语的地方。去之前对自己的法语水平并没有太清晰的认知，只是觉得看成绩的话倒还可以。到了加拿大以后才发现，在一些需要说英语的场合我会觉得不自在，英语说得磕磕绊绊，但是如果说法语，我就能比较流利自如地表达。在那时候才真正直观地感受到，国内的训练还是非常有效的。高强度的学习过程确实不容易，但是坚持下来就会发现，自己的语言水平在不知不觉间有了特别大的提高。那种成就感特别让人记忆深刻。

近年学校和学院的变化之大我们有目共睹，您在北外学习的时候，除了学习，还有什么活动呢？

我大一加入了学院团学联的学习部，做了一年干事，后来大二当了部长。学习部会组织一系列跟法语学习关系紧密的活动，第一学期有配音比赛，第二学期有演讲比赛。在学校层面，我还加入了国际交流部，会组织一些中外学生的交流活动，我记得当时有万圣节舞会、语伴结对子活动等等。

说起配音比赛，我大一的时候是作为学习部的干事负责计分；大二作为学习部部长去协调整个比赛；大三跟好朋友参加了比赛，当了一回选手；到大四又变成普通观众。后来毕业留校之后，2018年的第9届比赛，我又接受学习部的邀请去初赛当了评委。好像除了主持人，其他的身份都已经体验过了。我觉得这个活动是非常有趣的，特别是自己参与比赛的那一次。当时跟我的小伙伴准备比赛特别投入，每晚在教室排练，一直练到主楼10点钟锁门。我们还请比利时外教帮忙改复赛配音的稿子。原来我们觉得她有点不好接触，因为她课上的举止经常特别夸张，或许与她钟情戏剧表演有关。我们小心翼翼地去找她改稿子，结果她特别热情地答应了，一句一句地给我们认真修改。我们当时特别感动，对这位外教的印象也大为改观了。

我参加的这些活动一方面能跟自己的专业学习沾上点儿关系，能促进一下专业学习；另外也能加深跟同学们的感情。当时一块儿在团学联工作，包括一块儿在校学生会工作认识的一些人，到现在都还保持联系。这些课余活动让我的大学经历更加丰富了，现在回想起来还是挺美好的。

据您了解，和您同一届的法语毕业生都从事什么工作呢？

据我了解，大概有一大半同学就业了，去了部委还有各种企业，其中很多人去了非洲。另外一小半就是升学，国内读研或者出国读书。大部分同学本科之后的去向还是跟法语相关。以我宿舍为例，第一个舍友去了中字头的企业，外派去非洲工作了，现在在喀麦隆。第二个舍友在系里读的研究生，毕业后又到里昂高师读博士，现在博士二年级。第三个舍友本科毕业之后去了法国波尔多读硕士，学的文化遗产管理。他毕业后回国，一直从事相关的工作。据我了解，还是有不少同学活跃在法语圈里。当然也会有一些跳槽的同学。比如在非洲工作了一段时间，发现跟自己的预期有差距，或者有别的考虑，就换了一份工作；或者在非洲工作一两年，积累一些工作经验，也攒了点钱，然后再去法国读商校。

事实上不少同学仍对职业选择较为迷茫，或许您可以分享一下促成您选择留校任教、成为一名法语教师的背后原因和考量吗？

我从小就想当老师，再加上自己的法语学得还可以，所以挺早就确定自己完成学业后会选择教师这个职业。读研究生的时候，我也带过不少二外法语课，挺喜欢教课的。但是硕士毕业能留校确实是有点儿意外。当时机缘巧合，系里的领导、老师非常支持，像当时车琳老师、戴冬梅老师都积极为我争取。我很幸运，把握住了这一个机会，就留校了。

您从学生转变为老师，遇到了哪些困难，您是如何克服和面对的？

我觉得最主要的困难是完成从“自己学会”到“让学生学会”的转变，我目前依然在努力。当一个好老师需要有很丰富的教学知识，这是我缺乏的。我只有主观的经验和感受——我的老师之前是这么教我的，现在我也延续这样的做法教我的学生。因为我们北外法语的教学方法是很有效的，所以我照猫画虎也会有一定成效。但我是否学到了精髓呢？这就需要理论上的指导。否则遇到新的教学情境，我只能依靠自己的主观判断进行调整，教学效果肯定会打折扣。自己能学明白是一回事，能教明白，并且让大多数同学都学好是另一回事。必须积极地向有经验的老师请教，自己多看书，多琢磨，才能尽快成长起来。

全球化时代，人工智能技术发展迅速。您认为外语学科，或者具体至法语学科的发展，面临着哪些挑战和任务？

我认为最重要的一点就是要尊重知识，重视学科知识的学习。尽早建构一个良好的学科知识体系，尽早使用法语学习学科知识，既有利于学生后续的学术发展，也能促进学生精进语言能力。每种语言都可以承载知识。要想准确理解前人的知识，高效表达自己的新发现，语言必须要过关。也就是说，要掌握足够多的语言形式，才能顺利地完成意义建构。如果学习都是以意义为核心，那么学生在追寻意义的过程中自然要学习意义的载体，也就是语言形式。如果能给学生建构新意义的机会，对他的认知提出挑战，他学习的动力或许会更足。

有了各种新技术的加持，一个普通人可能确实有条件减少在外语学习上的投入；但相应地，他也就失去了近距离——理想状态是零距离地——与某种语言，以及这种语言所承载的知识进行互动的机会。而拥有这种机会正是我们作为外语人的优势。自己的外语一定要好，而且得是特别好，才能摆脱雾里看花、水中望月的朦胧。这需要长年累月的坚持，一天也不能放松。

尊重知识还意味着在学好法语的同时重视英语。因为对绝大多数学科来说，目前全球范围内的很多知识，尤其是最前沿的知识，是首先用英语记载、传播的，然后才有部分被翻译成中文、法语或者其他语言。英语不过关就无法获得这些资源。毋庸置疑，英语是进入学术前沿的入场券。既然这是全球范围内的现状，那我们就应该调整自身，努力适应。很多同学入学的时候英语底子不错，应当在保证法语学习的基础上，督促自己更进一步，最起码要有一个比较好的文献阅读能力，以获取更多知识。最好有一定的学术写作能力，能参与整个学术界的交流。理想状态当然是母语和两种外语都十分出色，能游刃有余地获取资源，表达自我。这当然需要付出更加艰苦的努力了。

您对今后法语学院的人才培养有什么建议？

我认为首先要坚持优良传统，在语言能力的培养上坚持高标准、严要求。然后就是提供更多学科知识的课程，引导学生在练好法语基本功的基础之上发现并探索一个更广阔的世界，成为有知识、有思想的人。

田妮娜老师访谈

受访者　副教授，现承担我院本科二年级法语精读教学。2008年赴巴黎第十一大学进修，2010至2012年赴巴黎三大学习，主攻法国现、当代文学。2012年“北京外国语大学陈梅洁基础教育奖”获得者。2014年获得文学博士学位，主要研究法国当代女性主义批评。参与了校级、市级及国家社科基金的多个科研项目，编著了《法语（修订本）1口语同步练习册》《勤快法语》（1 & 2）。研究课题“当代法国女性主义批评与女性文学”入选北京市高等学校“青年英才计划”。

采访者　李佳赟

您是在1999年进入北外法语系学习的。请问您当年是出于什么原因选择了北外，又选择了法语作为自己的专业呢？

我当时高考结束填报志愿的时候，考量的因素并不是很复杂，主要还是出于对语言的兴趣和热爱。初高中时在英语学习上比较得心应手，加上对于法国文化、欧洲文化很好奇，想要了解更多，所以最后就选择了北外法语系。

您现在还能回忆起当年在法语系学习时的课程安排或是教学内容吗，和我们现在所熟悉的教学设置是否有所不同？

大致的内容还是能回忆起来，我也经常会在教学中联系自己的学习经历，从“以前怎么学”里探索“现在怎么教”。如果要作对比的话，我觉得以前的课程不如现在多样化，但老师和学生都有更多的时间进行语言基础技能的训练。当时打下的基础我现在也很受益。而现在的课程明显更丰富，每一门课程采用的技术手段也更丰富。我觉得这种多样性的提升是一把双刃剑。一方面有了更多选择，另一方面对学生和教师的要求也更高，精力更容易涣散，所以对同学们的自主、自律能力也是一个考验。

您提到了国外的课程设置。那么联想到您比较丰富的国外留学经历，您觉得北外的教学特色和学习氛围与法国的大学有什么不同吗？

我的留学经历主要集中在读完研究生之后，和现在同学们拥有的留学机会相比可能也不算丰富。第一次是留校任教后到法国参加的教学培训；第二次是参加一个北京市教委的交流项目赴巴黎十一大学习；第三次就是在巴黎三大完成我的博士论文，因为周期比较长，所以多次往返。我觉得国外大学最大的特点就是课程设置丰富，有时候甚至可以说是眼花缭乱。他们把学习者视为一个有能力进行理性选择的个体，并且能够为自己做好规划，自我约束，所以学生们在学校里的自主性很强，老师甚至并不在意你有没有按时来上课。但自由选择就意味着承担责任，所以国外大学对于学生自身能力的要求其实是很高的。而北外有自己的传统和特色，学校非常强调学风建设，老师在学习方法、学习状态、学习效果方面的关怀、引导更多，更关注学生参与课程、完成作业的情况，师生之间的联系更密切。所以我觉得同学们如果要去国外交流或深造的话一定要在自主性方面做好调整。

您在就读或任教期间有没有什么印象特别深刻的老师或同学，能和我们分享一些您和北外法语学院的小故事吗？

印象深刻的老师和同学我觉得太多了，当年读书的很多场景我到现在还历历在目。大学阶段确实是人生中很重要，甚至刻骨铭心的一段时期，并不是那么容易忘掉的。比如我研究生时的导师童佩智老师。她在上课风格、备课方法、为学生答疑解惑的方式等方面都给了我很大的影响。童老师为人温和、处事严谨，她的课从来都是有条不紊地上到下课铃响起，不疾不徐，刚好讲完，从不拖堂，节奏的把握让人叹服，这背后除了多年的教学经验外，一定有非常细致、周全的备课。童老师为学生答疑的方式也很有意思，她很少直接评判对错，但会信手拈来很多例子，学生把例子看懂了或听懂了，自然也就明白了，最后反而由学生把道理讲给老师听，这时候童老师就会带着上海话的口音说："哎，就是，对伐啦！"听到这句话，学生就知道自己说对了。当时我在写研究生论文的时候，常常出现观点模糊、词不达意的状况，对此童老师的指导非常简单明了：如果你想不清楚，或者写不清楚，那是首先因为没有读清楚，就是书读得太少，需要在某个问题上尽快扩大阅读，或深入研读。写论文不是拍脑袋闭门造车，要看得清别人的，才理得清自己的。这一教诲我直到现在还在和我的学生们分享。

您当年为什么会选择留校任教呢？

我留校任教主要有几方面原因吧。首先和当初选择学法语一样，出于对法语和法语文化的热爱，希望自己能学得更多，钻研得更深，也希望能把自己的所学分享给有同样兴趣的年轻人；第二个也和个人性格有关系，我比较喜欢静下来把某个问题弄明白；第三个算是家庭传统，因为我父亲当过教师，家里很多亲人都是教师，所以对这个职业有天然的认可；另外就是我研究生毕业时刚好有留校任教的机会，所以就顺理成章地当老师了。

随着科技的发展，越来越多的翻译软件、工具被成功研发。在外语逐渐被认为仅仅是一种工具的当下，您认为外语学习、外语教学最重要的意义与目标是什么？

你的问题其实包含两个方面，也涉及人们对于外语专业的两个常见误解。首先，近几年来AI在外语领域确实发展非常快，人们很容易产生外语学习无用论，觉得反正一切都可以让机器代劳。事实上，且不说机器还远不能完全胜任各种场景下的翻译任务，就算将来发达的科技能够实现这一目标，也不意味着各种场景下交流的双方都有携带设备的可行性和必要性，能直接使用某种语言进行交流，直接获得该语言显在的、隐含的各种信息，显然是更优的选择。况且，翻译只是外语使用的一部分功能，一门语言承载的文化是值得外语学习者探索的巨大宝藏，这就不是某个翻译设备能完成的任务了。而且，不要忘了，翻译软件、工具的研发离不开语言学专业人士的参与，这本来就可以成为同学们将来努力的方向。其二就是认为外语就是一种工具而不是一门专业。事实上，“工具”和“专业”并不是对立的概念，具有工具性的专业太多了，计算机技术是如此，通信技术也是如此，电脑显然是一种工具，你我都会用，有的人甚至技术还很“高超”，但这不妨碍计算机技术成为一个专业。那外语也是一样，“会说某种语言的人”与“专业的外语学习者”是两个概念。在北外学习一门外语，首先意味着你会接受系统性的、高强度的语言技能训练，然后你会接触到非常多样化的、与语言文化相关的课程，具备跨文化思维能力，此外，还要求你在某个文化领域有所专长，因此，北外并不是个单纯的语言培训机构，我们在北外除了开展语言教学，还为学生们打开了一个国际化的视野。

您的研究方向是法国当代女性主义批评。对于féminisme这个词，您选择了“女性主义”这个译法而非当今社会热点的“女权主义”这一表达，是出于什么样的考虑呢？

你提到了“女权主义”常常被污名化的问题。现在社交网络上有些人会讽刺地把“女权”写作“女拳”，拳头的拳。这意味着什么呢，“女权主义”是要对于长期以来的男权社会进行武力报复吗？让男性集体臣服？其实这就体现了“女权主义”这个表达的局限性。从法语来看，féminisme这个词本身并没有droit或pouvoir，也就是中文里“权”的意思，所以“女性主义”这个译法实际上更贴合这个词本身的字面意思，是更为准确的。而如果要谈到“女权主义”和“女性主义”这两个词的关系，就还是要回到历史上去看。我们常常说女性主义早期主要经过了两次浪潮。第一次浪潮是在19世纪中叶，当时工业革命的成果逐渐体现，社会上的职业分工发生了变化。于是女性第一次开始争取、捍卫她们的平等权利（droit），比如受教育的权利、选举权等等。20世纪60—70年代，开始出现女性主义第二次浪潮，起因可以追溯到二战。二战期间，由于男人大多上前线打仗去了，所以妇女开始大规模走出家庭，走进工厂，完成原本男人才能完成的工作。于是到了二战后，女性就开始争取一些更社会化的权利，也就是家庭以外的社会权利。到了后期，产生了第三次女性主义浪潮，也正是这时，“女权主义”开始真正走向“女性主义”。因为“女性主义”是个更宏大、更具有雄心壮志的概念，相比“女权主义”更有深度和广泛性。“女权主义”仅仅是争取、捍卫权利，但“女性主义”试图创造一种新的“女性文化”，一种打破二元对立的、认同男女差异但更为和谐的新文化、新哲学。它是强调多样性的，并且是承认差异的。

在去年，法语职业类名词的阴性化被法兰西学术院所承认，似乎标志着女性职场地位的重大提升。在您看来，法语名词的阴阳性是否从先天上决定了法国在女性主义文学中的特殊性?

我觉得“先天上决定了法国的特殊性”这个表达有点绝对了，因为法语并不是唯一一种区分名词阴阳性的语言，事实上很多语言中都有这样的区分，是名词的语法功能的一种表现而已。但我确实认同法语中阴阳性在很大程度上塑造了法国人的世界观，因为这种存在并不来自于实际经验，也不因为需求而产生。这种二元论随着时间的推移而不断被强化，法国人对其思考与认可也不断加深。语言其实是思维模式的基石，同一种语言的使用者往往拥有趋同的思维方式。而语言的变迁事实上也反映了社会意识的变迁，例如工业革命后，妇女逐渐走出家庭生活。所以说，法语中职业名词的阴阳性问题在19世纪就已经显现出来了，它反映了女性在社会中地位的改变，与女性在职场活跃程度的提高是直接相关的，这也正是语言活力的一种体现，一门有活力的语言才能够紧跟社会变迁的步伐。其实，法语中职业类名词对于语言文化研究来说是一个很好的切入点。比如，我曾经读到过一个很有意思的研究。通过统计字典中的词汇收录和网络中的词汇运用，发现在现代法语中，无论是在词汇的收录还是词汇的使用，阳性名词都比阴性名词多，差异能达到10%以上，这似乎已经不能用偶然性来解释了，于是有的学者开始试图从语言的历史演化甚至心理学角度解读这一现象的成因，非常有趣。

法国自20世纪以来的女性主义文学作品又能给当今中国社会带来哪些启示呢？

这个问题问得有点大了，我就谈一下个人体会吧。问题中提到了女性主义与中国社会。的确，外语学习者的一个优势，就是可以站在两种文化之间，比如我们，就可以在中法、中欧、中西之间建立联系，我们更容易在研究中体会到两种文化在某个问题上一些不谋而合的、甚至令人惊叹的相似性。尽管两种文化在演变和流传过程中遵循着不同的路径，但却也时常会有融通之处，这也正是做跨文化研究的乐趣。西方女性主义的理论框架中，有很大一部分是在批判所谓的“男性视角”，也就是通过逻辑思维或理性分析去评断、理解我们的世界。在批判的同时肯定了模糊性、非理性、非结构性的价值。在我看来，中国的文化其实就具有这方面的优势，因为中国传统文化往往倾向于从整体的视角去看待事物、寻求一种和谐的状态，而非以一种精密的方式去分析、解剖。所以现代的女性主义（20—21世纪）所提倡的这种模糊性、非理性的价值其实是和中国的传统文化不谋而合的。当西方这种无限细分的科学走到了一定的程度，逐渐暴露出它的局限性，于是人们开始审视另一种方式，也就是非逻辑、非理性的价值。当然，值得注意的是，“女性主义”这个概念来自西方，与中国文化具有不同的渊源，不能生搬硬套地用来解读中国社会中女性面临的问题。作为外语学习者，这一点也是我们在研究东西方社会或文化现象时必须注意的。这就是我上面说到的跨文化思维的能力，既要能够融会贯通，也要学会鉴别分辨。

寄语

希望法语学院越办越好，培养出更优秀的外语人才，取得更丰硕的研究成果，希望法语学院的同学们能从语言文化研习中获得更大的成就感，希望法语学院的老师们能在辛勤耕耘的同时保持健康。

王吉会老师访谈

受访者 副教授，巴黎高等翻译学院（ESIT）博士。曾担任《法语学习》副主编。主要研究方向：翻译理论研究。从事法语语言文化教学和研究工作20年，发表相关专著两部，译著5部，学术论文30余篇。

采访者 王静漪

您于1990年进入北外法语系学习。请问您当年出于什么原因选择了北外，选择了法语系呢？

我和北外其实是有着很长的情缘的。记得是在上初中的时候，我在电视中无意中看到了北外的一位老师在中央电视台主持的一个法语教学栏目《法语入门》——后来才知道他就是我们法语系的庄元泳老师。那是我第一次听到法语，一下子就喜欢上了这门外语。当时还有个小插曲，我当时想：如果我将来学了法语，是不是也要这样收起嘴巴说话呢？因为庄老师读法语时口型非常有特色。上高中之后，因为机缘巧合，我认识了在解放军洛阳外语学院学意大利语的一位亲戚，他给我讲了很多外语学院的学习和生活，深深地影响了我，所以在高考填写志愿时，我选择的学校、专业全都是外语方面的。老师和同学都认为这很冒险，因为在当时，我们文科报考方向分外语专业和“英兼文史”两个方向，一般认为后者的选择余地会大一些。如果我出生在一个大城市，知道北外历年的分数线，可能当年就没有胆量报考北外。但当时我上学的小县城比较偏僻，也拿不到各高校的介绍和招生简章，所以就“无知者无畏”，在根本不知道北外的门槛有多么高的情况下就填报了北外，最终勉勉强强来到了这里。

当然，选择法语专业也是出于机缘巧合。可以说不是我选择了法语系，而是法语系选择了我。因为在填报志愿的时候，我高三的班主任老师说：“你北外的第一志愿专业填报了英语，后面的调剂专业不能空着呀！万一英语系不能录取怎么办？我就给你填个法语吧，好不好？”我想都没想，说：“好，听您的！”其实班主任和我一样根本就不了解法语是怎么回事。后来，我的总分数够了北外的分数线，但和英语系要求的英语分数有差距。这样，我就很“不幸”也很幸运地来到了法语系。我总觉得自己有福星高照，因为北外法语系在我们河北省那年只招收两个学生！

您在法语系读书的时候，法语系的整体氛围是什么样的？有没有什么人或事给您留下了特别深刻的印象？

那个时候的北外和现在还是有很多不同的。首先，我们一直在坚持小班授课，像我们班有十四五位同学，每年级两个平行班，当时是小集体、精品班的氛围。令我印象深刻的首先是我的同学们，他们都是各地的顶尖学子。我最大的感受就是，自己已经尽了最大的努力，法语还是学得比较吃力，而我身边的很多同学，简直是谈笑间就轻轻松松地把法语掌握了，甚至还有精力去学习一下意大利语、德语等等。这让我感觉真的是人外有人，天外有天。我的老师们也给我留下了非常深刻的印象，尤其是基础年级的启蒙老师们，他们的教学方法、教学模式、练习方式、要求都和中学完全不同。每位老师都有自己的一套方法，他们会用各种各样活泼的练习，从听、说、读、写、译各个方面训练我们，全方位地刺激我们的法语学习兴趣，而且特别强调输出。动词变位和基本句式的严格训练也为以后的学习打下了坚实基础。老师们不但教学经验非常丰富，而且尽职尽责，关爱学生。我记得他们经常会在晚自习的时候“突袭”我们的教室，看看大家是不是都在学习或者有什么困难。有一次我们几个男生在晚自习期间跑回宿舍去喝酒，马晓宏老师直接就追到宿舍，跟我们促膝谈心，拿女同学和我们对比，这让我非常惭愧，也非常感动。

您评价在自己北外的4年时光是“恍惚的4年”，请问您为什么觉得这4年是“恍惚”的？站在过来人的立场上，对于如何度过大学4年，您能否给同学们一些建议？

这主要还是我自己的问题。在学习期间，我总是忙于对某一门课或某一些语法等细节的学习，忽视了与社会的衔接。比如将来我的工作取向是什么，为这项工作我应该做什么样的准备，直到四年级的时候，我还没有想清楚。还有另外一个原因就是当时的毕业生就业正好处在一个转型期，开始由“国家包分配”转为“双向选择”，我们开始可以和单位互相选择了，学生开始表达自己的意愿，来选择用人单位。当时高校在就业指导上还没有太多的经验，不像现在这样，各个院系都有专职老师来对学生进行指导，学校的就业指导中心的工作又做得这么好，工作这么细致，让每个同学在学习期间就开始构想自己的未来。当年学院的课程设置还是比较传统的，没有像现在这样设计了很多的发展方向、专业方向，同学们可以按照自己的想法、自己的性格选一些课去重点学习。

说到给同学们的建议，法语说Autres temps, autres mœurs，过了那个时代，情况会有所不同，我的建议恐怕也不是特别权威。我只能说我的大学4年留下了不少遗憾，希望现在年轻的同学们学习更加积极，生活更加充实。在我的眼中，我们法语学院的同学都非常聪明、勤奋用功、多才多艺。在学习能力方面，他们是没有问题的。需要进一步学习或是自己揣摩的，可能是怎样去融入这个社会、融入职场，怎样待人接物，而不是满足于现在和同学、老师们打交道。在待人接物方面，我总觉得我们的学生还是差了一点点。这方面没有一个老师能够通过一门课去教授你如何去做，重要的有两点：一个是你的家庭和父母对你平时的指点，第二个就在于你自己的揣摩。我想同学们都很聪明，既然能把外语学好，能把翻译、跨文化交流做好，将来也一定能够和不同的人打交道、共同合作，知道怎样在共同完成一项事业时让合作更愉快、更顺畅。所以希望我们的同学要做一个有心人。

1994年，您从北外毕业后选择了到河北省工业品进出口公司工作。4年之后，您离开中国，来到巴黎高等翻译学院读书。请问您为什么选择深入研究翻译领域呢？在法留学的这些年，您最大的感触和收获是什么？

这段经历和刚才我说的其实也是有联系的。我当年“恍惚”地结束了大学本科的学习，来到了河北省的外贸公司，也不是最初我自己的想法。来到这家地方公司，我体会了一番“外面的世界很精彩，外面的世界很无奈”。因此，在工作4年以后，我又通过考研回到了北外法语系。人生很多时候都是我们自己不能操纵的，也没法去预设和预言，会遇到很多的机缘巧合。在我研究生学习的时候，有一个“从天而降”的、想都不敢想的机会：法国政府向法语专业研究生提供一批奖学金，为中国培养将来的法语师资，我们系争取到了这样的机会。当时系里跟我谈话时，我觉得这对我是个很好的机会。因为经过在校外的4年，我认为自己不适合在外贸公司工作，重返校园，让我找回了自我，找到了自己的兴趣点。就这样，我作为一个类似“委培”的学生，来到了巴黎高等翻译学院学习。在法国的经历确实令我在各个方面都大开眼界，比如，之前我们学的都是“冰冷”的、机械的语法，而到那边之后突然发现，原来它的源头和应用是这样的鲜活！我更直观地了解了这个社会、这个民族。法兰西是一个有着丰富文化底蕴的国度，历史悠久，法国也确实让我感受到了它的人文特色、文化氛围、文物保护、市政建设、人文素质等等，这些都有值得我们借鉴的地方。至于为什么选择翻译，既有客观也有主观的原因。客观的原因在于自己在考研回北外之前的4年里浪费了很多时间，确实没有大量阅读文学作品，所以选择报考的专业就“避重就轻”，选了通常大家都觉得可以胜任的翻译方向。当然，从个人兴趣来说，我自己也确实非常喜欢翻译。记得在上本科的时候，我的一位老师曾说："我不惜时间、不计较金钱，翻译出一本书来，告诉我的中国读者他们所没有能力了解到的信息和故事，这对我来说是件非常愉快的事情。"当时我就非常羡慕，希望有一天我也能做到这一点，从那时起我心里就萌生了这样的情缘和梦想，所以最终选择了巴黎高等翻译学院，算是美梦成真了！

2003年，您以教师的身份重返北外校园，到现在已经有17年了。是什么使得您决定投身教育事业？在北外执教的这些年中，您有什么体会和想法？

如果不是你计算了一下我的履历，我都没有意识到，自己已经是一个有17年教龄的"老教师"了！像我刚才和你介绍的一样，我与学校的情缘是从我以研究生的身份重返学校的那一刻就开始生根发芽了。而对于教师这个职业的热爱，更多源自我从小学到大学的老师们对我的影响。他们在三尺讲台上，不光简单地传授知识，更多地是去传达一种思想，一种情怀，"教书育人"。所以我对教师的职业非常崇拜，我认为这个职业也是值得整个社会去尊重的。当然，社会上有很多机构可以传授知识和技能，但是从灵魂上、心灵上去培养年轻一代，则必须要靠我们这样的学府。能够教书育人，得天下英才而教之，从心灵上、阅历上分享我们自己的经验，尽自己的一份力去重塑民族精神，我觉得这是一个非常崇高伟大的职业。在北外任教的这些年中，我的体会和感受都很多。从一个没有太多教学经验的年轻老师成长为现在的一个中年教师，回顾自己的教学生涯，确实有很多感悟。比如对于教学方法的认识。年轻时我更多地关注于学生会不会喜欢我本人，周末的时候甚至会和大家坐一坐，喝杯咖啡，聊一聊，通过这种方式来拉近距离。等过了一些年之后到了第二个阶段，我更在意学生会不会喜欢我的课，也非常在意他们给我提的一些建议，甚至会连续地做问卷调查，了解他们的期望，再根据他们的期望做教学调整。但有的时候我发现他们提出的要求是前后矛盾的，这会让我有些不知所措。慢慢地，我发现前两点都不是太重要，比起对于我个人、对于我的课本身的喜爱与否，我应该关心的应该是我所讲述的内容和形式是不是真正对他们有益处，这时候我就不太在意他们对我的看法，只要我认定的目标就会坚持下去。所以我说自己已经经历了"一波三折"。接下来的"一折"是怎么样呢？我现在还不知道，我还"假装"自己是一个年轻的老师，我觉得我的路还很长，还会不断有新的领悟。

您在2006—2016年担任《法语学习》编辑、副主编。在编写学术期刊的这10年间，您有什么感悟和体会？

我是无意之中加入了《法语学习》编辑部的。不过这10年对我来说确实是一段非常宝贵的经历。《法语学习》算是当年法语界基础教学领域知名度最高的期刊，是和《英语学习》《日语学习》《俄语学习》齐名的刊物。我们几位编辑都是系里的任课教师，在教学之余选稿、组稿、审稿，领取象征性的一点报酬。这项工作要花很多的时间，因为每期刊登之前都会有一校、二校、三校和核红等至少四五个环节，每篇稿子要经过每一位编辑之手来审校。在老同事们的帮助下，我有了很多的收获。10年中经我手的稿子有1000篇以上，这使我对于法语和汉语的感觉都有了很大的提高。对于学术文章的选题、结构、体例、排版等方面的要求也有了更深的了解。别人的文章看多了，难免跃跃欲试，自己就有了尝试写小文章的冲动，这成为我学术研究的重要起步阶段。同时，编辑工作对我自己的教学也有很多帮助。比如我会把看过的文章中的典型例子拿到翻译课上去和同学们分享，使翻译课保持鲜活。

寄语

和所有的北外法语人一样，我对我们法语学院是充满感情的。我觉得她走过了这70年的风风雨雨发展到今天，有了现在这样大的知名度和这样强的综合实力，离不开几代老师和诸多学生的共同努力。都说“学生以老师为骄傲”，其实我们老师也以自己的毕业生为骄傲。法语学院是我们共同打造的一个品牌，所以在今天纷繁复杂的外部环境下，我们法语学院的教师、学生，更应该保持清醒的头脑，更加有定力，要懂得坚守，有时候甚至要顶住某些压力，来坚持自己的特色和优势，这样我们才能不负那么多关心北外法语学院的新朋旧友的希望。祝愿我们的法语学院生命之树长青！

王鲲老师访谈

受访者 从事法语教育，致力于推广中法人文交流。1994年保送北京外国语大学法语系，获得本科和硕士学位。2000年至2003年，就读于巴黎政治学院社会学系，师从组织社会学家Erhard Friedberg，获得DEA学位。2004年，入职北京外国语大学法语系，教授课程：一年级精读；二年级外事法语、中级法语口语实践；三年级社会文化、视听说、法语视听译、中法文化比较；四年级国际政治等。2017年起面向全校开设学科方向课《社会学与当代社会》。2021年获颁法兰西文化艺术骑士勋章。

采访者 王静漪

您于1994年保送进入北外法语系学习。请问您当年是出于什么原因选择了北外，选择了法语系呢？

应该说是双向选择，当时我是旁边一所中学的学生，是理科生。而当年北外只招文科生，所以我本来跟北外是没有什么缘分的。但因为北外有提前招生的需求，在提前招生的时候希望招理科生，所以就到了我们中学去招生。当时是每班选一个英语学得好的同学，就从我们6个班中选了5个同学来北外，我就是其中一个。而且当时是有德语和法语两个语言选择，了解了一下之后觉得法语用途更广一些，所以就选了法语。

是否可以讲讲您当年的法语学习，有没有给您留下印象深刻的人或事？

我们当年的物质条件与今天相比是差很多，但是老师都很好。可以看到我们院的教材是马晓宏老师、柳利老师、林孝煜老师等编写的，这些老师都教过我们。也就是说，教材的编者和授课者是一批人，这样保证了他们能够很好地贯彻自己编写教材的思路。应该说我们当时很幸运地遇到了一批好老师。我们一年级是柳利老师教的，她的经验非常丰富。后来又遇到了系里很多很多的老师，他们都是当时在国内的法语教学界经验比较丰富、又都有出国经历的老师。他们给我们拓宽了视野，带来了很多最新的法语语言知识，这是一个非常有利的条件。当然不利的条件也有，就是当时互联网并不普及，媒体资源也还非常少，我们当时能够听到的录音基本上都是磁带，能看到的录像就是录像带。同时，这些资源又都很难得，我们每天晚上如果要去听录音，就要跑到现在的电教中心去借磁带，每天自己听，听完再还，保证每天晚上大约两小时的练听力时间，所以我们当时也很珍惜这些稀缺资源。当时也还算是不错，因为在此之外就没有更多的法语资源了，不像现在你们打开手机就可以获得很多法语资源。所以我们在资源较少的时候就“精耕细作”，比如说每天去听一个讲座的录音磁带，最后把这个讲座给听写下来。所以当时我们对每一个材料都处理得很认真、很充分，这样就部分弥补了资源的不足。当时在北外学习，从全国整体的条件来说还算是最好的。

您在2000—2003年就读于巴黎政治学院社会学系，请问您为什么选择深入研究社会学这一领域？在法留学的这些年，您最大的感触和收获是什么？

当时了解到我们国家社会学的研究起步比较晚，是一个相对比较落后的学科，我对于这个学科的了解也比较少，但因为中国的社会发展非常迅速，我觉得这是一个应该弥补的空白，所以在选择的时候，就没有选择文学类，而选择了社科类，在社科的方向里面选择了社会学。我想，如果想了解法国或是法语国家地区真正的情况，就需要在学校学习真正的研究方法，接触真正的当地人，才能真正了解这个社会。比起从书本上得来的知识，社会学研究更注重的是实践，到田野中、到人群中去做访谈、去观察，这样的资料能更鲜活，理解也会更深入。

在法国留学的这些年，我的收获还是非常大的。首先，当时我们读书的环境，中国人还是比较少。当时他们看我们来了，就好像看见了“稀罕物”一样，大家也都会到处拿“来了个中国人”开玩笑。从语言学习的角度，当时这样的环境迫使我们不得不全天候地去用法语跟别人交流沟通，也就给我们提供了一个比较好的语言学习环境。同时在学校里除了跟老师交流之外还要读书、写报告等等，所以我们在语言水平方面的提高是比较快的。其次，就是我对法国社会有了更加深入的了解。在社会学的领域里，我们会获得一部分的研究工具或者研究方法，每次离开课堂以后，老师会要求我们去社会上实践，比如练习去向别人提问题，去获得访谈的结果，梳理获得的信息等等，这些方法使我们能够对一个社会的不同方面进行深入的观察。在调研的时候，我们去了社会上很多机构，比如大型社保管理机构。法国以管理著称，他们的公务员行业是非常庞大的，我们就去了解了他们公务员的工作方式是什么样，每个人的办公环境什么样，以及他们对自己的工作环境是怎么理解的等等。我们还去了法国的监狱，看看监狱是怎么运转的。社会调研对我们的意义远远大于从书本上了解社会学知识，是真正从社会上每个人、每个分子、每个机构、每个单位去了解这个社会。所以第二个最大的留法收获就是对法国社会的真实面貌看得比较多，接触的人的层面也比较多。

您在2004年回国，以教师的身份重返北外校园。请问您为什么决定投身教育事业？在北外执教的这些年中，您有什么体会？

当时出国的时候就跟系里有协议，系里是希望留住师资才外派我们出国学习的，所以当时走之前就已经想好了要回来当老师。做这个决定可能跟我个人的家庭也有关系，因为我父亲是教师，所以我觉得当老师是一个比较顺理成章的选择。当时也觉得回来教书挺好的，也很喜欢北外的环境。在北外教书的这些年中，我体会比较深的就是现在的教学正在飞速变化。比如刚才说过的，我们过去所没有的像互联网等等现代信息技术，现在一下子全进来了。过去我们写论文的时候，要把一张软盘插到电脑里，调出一个程序来，在里面敲法文，这在当时已经算是最先进的写论文的方法了。我刚到北外来的时候，我们到大四的学长宿舍里看他们写论文，是用打字机一个一个字敲的。所以我们当时觉得已经比他们那个时代先进很多了，已经是科技飞跃了，错字可以改，你们现在肯定没法想象不可以改错字是什么概念。所以整个教学中最大的变化应该是所有的教学内容和手段都在更新中，我们就不得不从两个层面去关注。一是语言，我们需要去关注法国年轻人现在说什么样的语言，他们的社会交往方式等等。因为在网上聊天，和过去说话的方式就会有很大的差别。过去打电话还得学说“你好”等礼貌用语，现在网上都已经不这么说了，实际上语言的内容也在随着它的形式发生变化。二是技术，老师们也要不断地掌握新的教学技术，比如我们学校现在正在做的慕课、私播课、翻转课堂等，让学生能有一部分时间在网络上进行人机互动，另一部分时间到课堂上讨论，进行更深入的学习。我们的教学技术在飞速发展，我们也在追赶世界上最先进的教育方式。这时候你会观察到我们教师队伍的更新速度是远远落后于技术的更新速度的，这就要求每个老师在自己的职业生涯当中不断地去学习，去适应新的技术、新的条件，能够以更好的方式去呈现教学，这是我们这个时代的老师所面临的最大挑战。比如说我们上学的时候，能开录音机、会录音就已经非常好了，但现在呢，我们需要懂得去打开电脑、截一段视频、把它编辑、再把它用到课堂教学当中去，对于技术的要求比原来要高很多倍。所以书本已经不是我们最主要的工作工具了，电脑成为了我们最主要的工作工具。

您的学术经历十分丰富，同时从事教师、口笔译者、教材编辑、新闻评论员等多项工作，请问您是如何完成自身的知识积累与扩充的？

我觉得一个比较有意思的事情就是“学以致用”。可能说起来比较抽象，但实际上就是你做的所有事情，最终都能为教学所用。比如从翻译书、做口译当中学到的东西，包括做新闻评论时积累下来的素材，最后都能回到课堂上，成为活的、不断自我更新的教学内容。这就是我为什么有动力在教学之外还要做其他的社会服务，主要的目的就是能够把这些新鲜的、最直观的新变化拿到课堂上来，教给我们的同学。这样的话，他们走上社会的时候就会了解今天的社会对法语的需求是什么样的，这是一个最核心的动力，也就是所谓“学以致用”。

您现任教育部中法人文交流研究中心（北外）副主任，从2006年起负责学院外事交流工作，多次到国外访学讲学。请问出于什么原因使得您长期致力于推广中法人文交流？

中法人文交流中心是2017年在教育部的要求下设立的，设立也是有一定基础的。当时全国选了两所院校，一所是北外，另一所是武大，主要原因是这两个单位之前在中法人文交流中是比较突出的。中法人文交流，实际上是我们国家人文交流机制的一个分支，我们也有很多跟其他国家互相交流的机制，这是民间外交的一个主要工作形式。那么国家在选择的时候就需要找有比较好的民间交流基础的单位来开展这样的工作，同时也要有一定的学术背景，我们北外就有着得天独厚的对外人文交流环境。我从2006年开始接手法语学院的外事工作，就开始不断地见证我们的对外交往日益扩大：我们原来的交流学校只有两个，现在扩大到十几个，除了法国之外，还有比利时、瑞士、加拿大的魁北克等等，我们跟北非的国家也曾经做过小规模的交流，比如摩洛哥和阿尔及利亚，实际上这都是不断的探索过程。虽然中国改革开放已经很长时间了，但是真正意义上平等的交流开展的时间并不是特别长，所谓平等的交流就是外国的学生到我们这里来学中文，我们学生出去学外文，这样的交流实际上开展了不到20年，大概十几年。这段时间是一个不断发展的历程，在这个历程当中，我也见证了中国教育之外其他领域对外交流工作的发展：人文交流，包括教育、科学、文化、卫生、体育、青年、旅游、妇女、地方合作以及媒体合作，一共10大领域。由于工作的原因，我们和各个领域或多或少都有交流和接触，我们知道其他领域也在不断地开展对外交流，甚至也参与到了其他领域的交流当中，我们的毕业生往往也在相关的领域（尤其是人文交流的领域）工作，这也是我们北外被选为中法人文交流研究中心基地的一大原因，我们可以相对比较客观、全面地看到中法人文交流的样貌。所以从2017年开始，我们就承接了教育部的任务，每年对中法人文交流进行一定的研究，再进行汇报和总结。我们这些年也一直也在忙于这项工作，全院的老师都参与进来，甚至还有外校的老师也参与进来。这是一个很好的平台，能够把我们自己、我们的毕业生以及很多行业的人所做的事情进行梳理和总结。往往平时事情都在一点点地做，但我们不去专注地看它的时候，它就保持着散点的状态。当我们把中法人文交流情况汇总起来形成一个图景时，我们意识到其实除了国家的政治外交、经贸交往之外，人文交流是双边关系的第三大支柱。这是非常重要、体量非常大、涉及到的人和领域都非常多的一方面，也是未来保证两国关系能够行稳致远的一个重要的领域。所以我觉得虽然我们工作的人手不多，开展的时间还不长，但这是一项非常有意义的工作。

就您的经验而言，作为一名优秀的文化交流者需要具备哪些素质，对于大学生来说应该如何提升自己以具备这些素质？

关于成为一名优秀的文化交流者，我觉得语言是我们第一个要具备的能力，掌握双方的语言，那是很重要的工具。当我们能够比较完好地去掌握对方的语言的时候，就能进行相对深入的交流。另外，我们要有一个跨文化的视野。当我们去了解对方文化的时候，一定要有自身文化的意识，知道我自己的文化是什么样，对方文化是什么样的。所谓的跨文化就是帮助两个文化背景不同的人坐在一起实现比较顺畅的沟通，大家说话的时候互相能听得懂。这不仅仅是个语言的问题，更多的是文化之间的相互尊重，彼此之间留有空间，向对方展示自身文化当中优秀的部分，这是需要我们花时间、花精力去学习的，也就是所谓的“跨文化意识”。在这两点的基础上，我们才可以实现比较丰富而且持久的文化交流。因为如果是一个文化想要去吃掉另一个文化，或者是单方面地去强调自己文化的重要性，都没有办法形成持续的文化交流。只有双方互相欣赏、互相借鉴，才能够给双方都带来有益的东西，能够保证文化交流的持久性。

您对如今法语学院的人才培养有什么建议？

法语学院的人才培养现在进行到了一个非常多样化的时期。也就是说我们过去最早只为外交部、商务部、各地外办培养涉外人才。现在基本上是一个非常多元的人才培养方式，刚才我们说的人文交流的十大领域都有我们院友活跃的身影。除此之外，从每年毕业生的去向能够看出，除了国家部委和事业单位之外，现在去各个中资公司在海外做经营、做业务的同学们也非常多。随着一带一路和中外交往的发展，中国有相当一部分海外发展的领域是需要我们法语人去助力的。还有非常多的同学选择朝着更深的社会科学或人文学科领域去深造。本科毕业之后，他们无论是在国内还是国外，都选择继续学习，这也是我们人才培养的一个新的方向。也就是说我们现在人才培养的方向是多元化的，一方面是实际应用的，要求同学们语言要好、翻译水平要好、要有一定的应变能力和自我学习能力；另一方面是需要他们为未来的学习打好基础，除了到国外去应用语言之外，还需要有比较好的人文社会科学的基础，这样他们才能以语言为出发点，朝着不同学科的方向进步，这是我们两大人才培养方向。我们经常会说培养学生应该使他们具有全球视野、人文精神、中国情怀，还要通晓国际规则，能够在国际事务中有担当。在目前北外的各种形式的人才培养当中，我们法语学院也做了贡献，我们培养出来的人才能够到国际组织去工作，去承担更多、更大的责任。这实际上也对我们未来的发展提出了更高要求，希望我们能够在人才的多元化领域提供更多的课程。除此之外，我们也相信北外对自己一贯的承诺，不能降低对同学们语言水平的要求，需要你们在各个领域均衡发展的同时，依然是语言水平非常好的学生，而且对大家的要求是不仅仅要法语好，英语也要好，我们现在培养的是复语、复合型人才。这实际上是要求我们的毕业生有更广泛的知识和更高的语言水平，对我们的教学也提出了更高的要求，形成了更多的压力，我们也要在有限的4年时间内更好地安排大家的学习和生活，让大家既能在短时间内提高语言水平，同时还能兼顾到其他领域的学习，比如现在的辅修专业、双学位等等，这就是我们未来发展的方向提出的挑战。

寄语

法语学院一路走来，筚路蓝缕。我们的老一辈老师不仅为我们带来了非常丰富的语言知识、文化知识，同时还有很多精神力量。希望在未来，法语学院能够传承这种精神力量，在新时代、新挑战面前培养出更多的多样化的人才以适应市场和国家的需求。

谢锦辉老师访谈

受访者　讲师，2005年进入北京外国语大学法语系本科就读，2012年硕士毕业留校任教至今。2016年至2020年，公派赴巴黎大学（原巴黎七大）留学，获语言学博士学位。教授一年级精读、国际组织项目班高级法语、三年级法译汉等课程，曾参与四年级汉译法课教学并建设汉译法电子教学平台。主要研究方向为系统功能语言学、语料库语言学、语料库翻译研究。曾在各级刊物上发表教学法、翻译研究及法语系统功能语法论文及汉学研究译文若干，并出版教辅材料《我最爱的法语习字帖》。

采访者　刘雨昕

您于2005年进入北外法语系学习。请问您当时是出于什么原因选择了北外，选择了法语系呢？

我在中学时开始对语言产生兴趣，想在英语学习之余再了解一下其他语言。我的高中英语老师在大学曾辅修过法语和日语，我便从她那借了一本《简明法语教程》和磁带，后来还购买了其他书籍，自学了一点法语语音后，觉得法语这门语言还挺有意思。高考的时候一直就希望在大学继续学习外语，填报高考志愿时便选择了北外这所全国最有名的外语院校，也选择了法语专业。

您能否回忆一下当年的法语学习生活，和现在相比有什么不同？

我觉得法语学院的教学一直是历史传承与开拓创新相结合。法语专业现在的小班教学设置、各年级主要课程安排等等，跟我上大学当时基本一致。例如一年级精读由两位老师负责，轮流授课，这是北外法语学院这么多年以来积累下来的宝贵经验和教学传统。当然，法语学院的教学也不是一成不变。我们的老师们面对时代变化，更换、更新了部分教材，使我们的语言专业教学能够更好地满足现实需要。面对新科技、新技术，老师们也在不断地开拓创新，结合信息技术发展，探索和引入灵活新颖的教学方法，我们参与建设的四年级汉译法电子教学平台就是一个很好的例子。

本科毕业后您选择继续攻读硕士学位，并且留校任教，是什么促使您做出这一选择？您是如何选定语言学这个研究方向的？这一学科有什么吸引您的地方？

毕业后我选择了在法语学院继续攻读硕士，有两个原因。一方面是出于自己对语言的兴趣，希望能通过进一步的学习和研究继续探索语言。另一方面是因为自己一直比较向往教师这一职业。我在学生时代遇到了许多优秀的老师，包括我们法语学院所有老师和已经退休的老师们，他们在我的学习和成长过程中给予了我无数的支持、帮助和指引。因此我觉得能将自己的知识分享和传授给学生，能够在他们的成长中同样给予帮助和指引，既是一种幸运也是一种幸福。至于语言学研究则得力于法语学院深厚的学术氛围，让我实现了从“学语言”到“语言学”的转变。

从学生变成老师是一种什么样的体验?

从学生变成老师，尤其是变成自己老师的同事，既是压力也是动力。成为自己老师的同事，一开始难免内心紧张，希望自己能够成为跟他们一样优秀的老师。幸运的是法语学院是一个温暖的大家庭，老师们对我都非常关心，给予了我莫大的鼓励。这种压力感很快就变成了动力，激励着我不断提升自身能力。

您现在正在巴黎大学攻读博士学位，并且很快就要进行论文答辩了。您读博期间遇到的最大的挑战是什么?

攻读博士是一个漫长的积累过程。在这个过程中，关键是要有信心、耐心和决心。独自身处国外学习的过程中，难免不时会有无力感，觉得自己完成研究遥遥无期，有时会松懈倦怠，这时候最重要的是要调节自己的心理状态，保持积极的态度，坚持下来就是胜利。

寄语

祝愿法语学院再创辉煌，祝愿法语学院的学子前程似锦。

苑宁老师访谈

受访者　　讲师，2007年9月至2011年6月，就读于北京大学法国语言文学系，期间曾赴巴黎政治学院学习。2011年9月起于法国图尔大学攻读法国现代文学硕士及博士学位，2017年1月博士毕业。研究方向为现当代法语诗歌。教授课程：法语精读。

采访者　　李亭萱

您为什么选择当一名大学老师，从什么时候开始有了这样的想法？您是如何适应这个职业的？

当老师是读研究生时产生的想法，之前想过当一名记者，但后来我觉得老师这个职业更适合自己，这是一个对我而言比较“容易”的工作。从学生时代一路走来，我一直记得自己当时遇到哪些困难和烦恼，所以我觉得我特别容易和学生相处，容易了解他们的心理。工作以后，我一方面向其他老师学习、积累实践经验，一方面依靠共情能力，揣摩学生心理来设计教学方案，慢慢就熟悉了这个职业。

本科期间赴巴黎政治学院学习的经历对您之后的学习生活有怎样的影响？

本科出国交换的经历是用“排除法”让我发现自己不想学什么。我在巴政学习了可持续发展的课程，但感觉人文社科的知识体系没有给我想要的答案，没有给人类社会的生存危机提供本质性的出路，所以当时我决定未来不攻读人文社科方向，而选择文学这一更接近生命核心的学科。

您也曾经是一位法语专业的学生。您学生时代，课程设置上与如今北外法语学院有无异同？如今作为一名法语老师，能和我们分享一些法语学习上的经验吗？如何处理法语学习上的瓶颈期？

现在的法语课程设置上更专业化、细致化、丰富化，课程种类多，学生获取的知识量更大，课程更符合学生就业或深造的需求，比如罗兰老师的辩论课和论文写作课。我以前和罗兰老师讨论过学生语言能力强但思辨能力较弱这一问题，有可能中国应试教育体制导致了学生逻辑思维上的缺陷，但罗兰老师以及很多法语学院的老师都对这一能力的培养很有想法，很注重在大学时代弥补学生的这一短板。至于学习方法，我觉得自己当年的学习水平远没有现在的同学们高，可能没有太多有效的个人经验。但工作后，通过观察学生、向其他老师学习，我逐渐积累了一些可供学生参考的方法，比如“费曼学习法”，就是用自己的语言向他人讲述所学内容。我会鼓励学生自己整理知识点，用简洁、有逻辑的话将其描述出来，尽量让其他同学明白。这是一个理解语言规律的好方法。另外，为了训练大家的各种能力，我会引导大家建立一种产出导向型的学习意识。把课文和单词背熟了，看上去好像吸收了知识，但其实没有到达最终一步，最终一步就是把语言运用出来。所以我会鼓励大家利用课上课下、口语笔语的各种机会把所学内容输出，转化成运用的能力。至于怎样对待“瓶颈期”，首先要想清楚到底怎么定义这个“瓶颈期”，也许它表现在成绩上不去或老出错，可以先找出自己的问题所在，查漏补缺，对症下药。同时，正视自己的整体状况，不要只是贬低自己，要意识到瓶颈期的表现其实是片面的，一个维度上的停滞不代表其他维度上没有进步。语言运用能力其实一直在提升，只不过没有以成绩或其他显性的方式表现出来。所以，要度过瓶颈期，只要在建立信心的基础上针对漏洞有效补救就可以了。

作为一名北外法语学院的精读老师，在您看来，北外法语学院这个大家庭给您留下了怎样的印象？在教学方式、人才培养方面有何特点？法语学院学生的精气神又有什么特点？

北外法语学院的每一位老师都值得我学习和敬佩。除了专业能力外，他们的教学经验和对学生的投入度都是中国学校少有的。这是一个特别肯付出、温馨融洽、有利于年轻教师成长的团队，它就像家一样给我安全感。作为一个新老师，我得到很多老师的帮助，优秀的前辈还使我确立了很多前进的目标。在人才培养方面，北外法语学院有非常领先的教育观念和全面的课程设置，而且这些课程特别有利于学生之后继续深造，在各方面都做充分的准备。另外，法语学院最让我感动的，是对学生心理健康的关注，老师们对于每个学生的情况了如指掌，如果学生遇到心理问题，老师会一对一帮助。老师给予学生的，不仅是学业上的关怀，更多的是精神上的培养，人格上的感召。我们法语学院的学生非常优秀，不仅表现在专业水平上，而且表现在精神层面上，我们的学生有一种责任感、正义感，有很多人性上的闪光点特别让我感动。

作为北外法语学院里年轻的教师之一，您认为，如今法语学生在就业前景、未来方向选择等方面和您学生时代相比，在10年里有怎样的变化？如今北外一直在贯彻“培养复合型、复语型、高层次的外语人才”的目标，在就业竞争压力越来越大的时代，法语学院的学生应该如何适应？“机会是给有准备的人的”，在大学期间要做哪些准备？

对于法语专业的传统就业领域比如翻译，由于学习法语的人越来越多，就业竞争压力就越来越大，但随着社会经济的发展，有更多的新兴产业需要法语人才，单纯以法语就业的人将逐渐减少，更多的是对复合型人才的需求。所以如果法语学院的学生有这种准备，就业前景将越来越开阔。至于怎样准备，首先要有一个反思，自己到底喜欢做什么，容易或擅长做什么，然后选择一个法语以外的领域来关注，不一定要系统化地学习这个领域的知识，可以通过阅读等途径去主动了解，不断开拓视野，突破自己的天花板。除了知识的储备，逻辑思维能力、判断能力等软实力的培养也很重要。如何培养这种能力，我觉得可以从“输入”和“产出”两个方面入手。“输入”，比如一定的阅读量，选择与自己喜欢的领域相关的有一定难度和深度的书，并保证在阅读的同时有自己的反思。至于“产出”，可以抓住学校提供的机会，比如辩论课、校模拟联合国、辩论赛等，另外也可以进行一种隐形的思辨训练，比如在社会时事甚至于生活琐事上，都可以有自己的立场，有清醒的判断。

在接下来的工作中您将会有怎样的改变？

我会进一步从翻转课堂和产出导向两种教学意识入手安排我的课堂，着重培养学生的能力。我的学生一直都在启发我，让我不断发现问题并做出改变。

寄语

对法语学院，我最想说的就是，感谢前辈老师给予我的帮助，感谢他们创造了我从来不曾料想的这么好的工作氛围。感谢他们工作上的关怀以及发自内心的温暖的传递。希望法语学院今后发展得越来越好，希望我能陪伴更多学生一起成长，也希望自己能为其他老师做些什么。说到北外的同学们，每当我在校园里看到这些有着坚定的前进目标又对生活小趣充满热情的同学，我都会觉得非常骄傲：这是我们北外的学生。另外，我想对我教过的3届学生说，感谢你们3年来温暖的陪伴，我从你们身上学到很多，不论是知识、能力还是思维方式，你们在点滴之中流露出的师生情谊让我觉得人生特别有价值，让我觉得老师是这个世界上最好的职业。真心希望每一个学生都能实现自己的梦想。

张敏老师访谈

受访者 副教授，法语语言文学博士。精通法语和意大利语。1996年起开始在北外任教。2018年至2020年担任ESCP商务孔子学院中方院长。

采访者 李潇文

首先能否请您介绍一下您的法语学习经历，您是在何时、何地学习的法语，后来又是如何来到北外当上法语老师的呢？

我是1989年本科入学西安外国语大学。1993年本科毕业后考取研究生，来到了北外。毕业后我就在北外留校工作。研究生的最后一年，我和另外一个法语研究生的同学一起开始了意大利语的学习。因为当时法语学院还叫法语系，当时的法语系的系主任陈振尧老师和意大利语的老师一起商量，出于学校的培养方向和师资需求，就安排我们学习意大利语，希望我们以后也可以作为意大利语的师资。1995年开始我们跟着当时的意大利语本科班的同学学了4年意大利语，一直到1999年。留校之后，我也攻读了法语博士学位，是跟着薛建成老师，做的主要是法国政治方面的研究。我写的博士论文，是研究法国的地方分权和文化政策。

掌握一门新的语言十分不容易。而您精通法语和意大利语，您觉得学好外语是否有诀窍？如果有，是什么？

这么多年我学外语，然后教外语，不能称为“精通”，但是我总结出一些基本的方法，肯定是有利于外语学习的。这个基本的方法，就是首先要融入语言的世界中，尽可能多地去接触这个语言，多模仿，多沉浸在这个语言中，尽可能多地通过重复性的一些练习，能够比较熟练地掌握一些基本知识和基本技能。无论是听、说、读、写，首先都要加大语言的输入，需要多听多读，做一个有心人，进行语言的积累。只要是外语学习的人，都是终生的。这是输入，是基础。

其次是输出。因为你仅仅是输入的时候，你的大脑里的语言知识、各种表达方式，在很多程度上是处于一种passif的状态，只有输出才会把它调动起来，变成一种actif的状态。输出的时候，平常多练习，多用所学的外语，多说多写，这是最重要的，也是最基本的。比如一年级的时候大家一起来准备pièce，高年级的时候准备exposé，这都是输出的方式。所有这些，你也可以把它称为诀窍，但是它并不是像我们想象的那么神秘或者神奇的诀窍，而是一些学习外语的基本方法。

您在本科和研究生阶段执教的课程方向都是政治方面，您对法语专业政经方向以及法语国关联合项目的同学有什么特别的建议呢？

刚开始学外语的时候，大家更多的重点都是放在提高自己的语言技能上，但是具有一定的语言基础之后，同学们就可以通过法语这个媒介，更好地进入到学科方向学习中去，让语言技能和学科更好地结合在一起。

我希望政经或者国关联合项目的同学，能够充分利用这种以语言为载体的国关或者政治方向的课程。因为老师设置的课程的目标和整体安排，都是结合这个学科，结合学生们的特点，结合整个学科的发展方向，所以希望这些方向的同学们更好地去了解这门课程设置的目标，更主动地去学习。除了上课以外，还需要课下的主动探索。课堂即使再高效、再凝练，时间也是很短的，能够提供的信息也是很有限的，老师其实做得更多的是一种示范，教会你一种方式。老师推荐的一本书或者一篇文章，你上课的时候只读了1/10，这只是开启了你阅读的一个引子，需要你在课下主动进行更多的阅读。所以我想，这一门可能一周就两小时的课，真的只是一个画龙点睛的“睛”，我们老师希望它非常的精炼，非常的高效，但是这个“龙”是需要大家在课下通过自己的阅读，自己去找资料来慢慢画出来的，然后构建出自己的知识体系。现在的搜索引擎都非常发达，大家应该运用这个基本的查找知识的技能，根据自己的兴趣，根据课堂上找到的这些线索，去发掘出更多自己可以学习的东西。不光是这个专业，我觉得整个大学的学习生活都应该是这样的。教育部现在经常提到本科的“金课”，金子那么宝贵，不可能撒得到处都是，所以你在上“金课”的时候，就想着把它变成开启自己遨游知识海洋的一把金钥匙。

您有印象深刻的学生吗？他们的学习和个人发展是怎么样的？

法语学院的学生给我留下的印象更多的是一种群像，是一些共同点。有一些同学，我持续关注了他们在大学4年的整体发展和之后的发展，会看到他们可能刚进大学的时候并不是那么突出，或者是可能并没有对法语有那么多的兴趣，但是随着学习的主观意识增强和学习能力的提高，他们结合自己的特点，找到自己更擅长的方面，会变得很优秀。有很多我们法语学院的同学，从各个不同的角度来看，在不同的方向都有自己的优秀之处。我在巴黎孔院工作，也接触了非常多在法学生，有的最近刚毕业，还有来交换的同学，我更多看到的是法语学院同学们的一种共同的倾向。这是一种开放和包容的心态。这个可能是学外语的同学，至少是我了解的学法语的同学都会有的，他们会有更强的跨文化的思维和交流的能力，能够更好、更多地吸收各种文化中精华的部分，然后在自己身上融为一体。这是我认为非常宝贵的。其次是尝试的精神，我们毕业的同学或者在校的同学，有很多都勇于尝试，这也是我特别欣赏的。

您在法语系执教多年，经验丰富。您觉得北外的法语教学模式有什么优势，又有哪些需要改进的地方？

首先在法语教学尤其是基础阶段的教学中，老师们的投入都很多，采取了各种各样的教学方法，所以学生们能够较好、较快地掌握法语的基本技能，在这一点上我们法语学院应该是全国领先的。同时，法语学科的建设一直在不断地丰富。除了法语专业技能，还有法国文学、政经方向、法语国家地区研究和翻译等等。近10年以来，我们在多元化的基础上又有了更多、更细、更丰富的课程设置，包括各种交流项目，更加促进了学科多元化的发展。我们的学科方向不但很完备，而且在各个方向都达到了一定的高度，这在其他外语类院校和综合性大学中是非常少的。我们法语学院的课也是非常成体系的，比如说三年级下学期、四年级上学期关于法国政治的课程，在多次的全国法语教学研讨会上，我们也都做过相应的介绍，有很多学校都很感兴趣，这是北外的法语学院的特色。此外，法语学院的老师和学生之间的良好的互动关系，老师对教学的热情和认真的态度，是非常难得的。我觉得这也是我们法语学院一个宝贵的传统。

所谓的不足和建议，我觉得可能是在知识储备的深度和广度上，这是我们稍微弱一点的地方。我们外语专业或者是法语专业的同学，可能更多的注意力都是放在了提高自己的交际和表达语言技能上。我们在知识储备的深度和广度上，还是有所不足的。这也是从我个人、院系以后的发展来说，是我们应该更加注意并且能够做得更好的地方。我认为，大学是一种通识教育，它更多的是给大家一些钥匙，然后让大家根据自己的兴趣去更好地发展。

全球化时代，人工智能技术发展迅速，您认为外语学科以及法语学科的发展面临哪些挑战和任务？我们又该如何应对？

人工智能的发展对外语学科的挑战，已经是现在一个相当热门的话题了。我觉得，从好的方面来讲，人工智能首先是我们学习外语的一个非常好的帮手。比如说翻译软件、自动修改软件，可以是很好的工具。同时，在使用这些工具时应该有自己的取舍和判断，过分依赖这样的工具是不利于学习进步的。

另一方面来说，我是相对保守的，我认为人工智能至少在目前来看是不能代替外语人才的。外语学习培养整体的跨文化能力和思维，从而塑造整体的综合能力，这才是最核心的能力。所以我们不要把自己物化成一个翻译机器，最后的核心的发展还是要看你整体的能力，是在大学4年的学习过程中，不管是课堂学习、课后学习还是实习，还是跟同学的交往，凡此种种形成的综合的能力，那么这一点是人工智能无法代替的。学习外语和学习其他专业的人，在气质、在思维方式或者其他方面是有所差别的，这也是体现核心能力的一个侧面。

寄语

我在法语学院已经快30年了，对法语学院有特别深的感情。我看到了法语学院这些年来发展得越来越好，也希望法语学院今后继续向多元化的方向发展，同时一直保持我们在法语教学上绝对的优势。不论是学生还是老师，大家都对法语学院倾注了宝贵的时光和心血。我相信法语学院会越来越好，法语学院的老师和学生们也都会越来越好。最后千言万语化为一句话：祝福法语学院。

张迎旋老师访谈

受访者　副教授，比利时列日孔子学院中方院长，主要研究方向为法语文学和文化。1994年9月至2001年4月，攻读于北外法语系，获得学士和硕士学位。2000年10月至2001年9月，曾借调至中国教育部国际司欧洲处担任项目官员。2001年9月至2002年7月，在法国巴黎二大进修，获得媒体和多媒体专业博士预科文凭DEA。2001年9月至2008年6月，经过巴黎四大和北外的联合培养，获得两校法国文学和修辞学专业的博士学位。2011年7月至2011年8月，在加拿大蒙特利尔大学接受外语教学法的成人教育培训。独立或参与撰写和翻译出版5部著作，27篇论文，独立或参与完成北京市哲学社科项目（关于比较文学和城市文学）、北京市教学改革项目（关于语言教学）和国家文学大事记项目（关于法国当代戏剧）。

采访者　姚艾

您于1994年进入北外法语系学习。请问您当年是出于什么原因选择了北外，选择了法语系呢?

北外是全国外语教学领域数一数二的高校。我从小在大连读书，能到北外读书是一件非常荣幸的事情，加上我本身也喜欢学习外语，所以就选择了北外。

您现在还能回忆起当时的法语学习生活吗?比如当时的课程设置，教学资源，课外活动以及您的老师同学们，或者您有哪些印象深刻的人或事?

都记得，虽然有一定时间了，但我觉得我一直都没有离开过北外。对我来讲，曾经教过我的很多老师都退休了，可是我还是非常想念他们，每逢过年过节，尤其是到了教师节的时候，一定会给他们送去问候。

每位老师都有各自的教学风格，都在我的脑海里有着鲜活的记忆和深刻的印象。如果要列举，首先我要提到自己本科、硕士和博士时的论文导师沈大力老师，他博览群书，谈起外国文学界的名人轶事如数家珍；其次是华纯老师，她对学生的关爱和对教育事业的热爱深深地打动了我，虽然她已经去世多年，但我们对她一直都念念不忘；最后是我大学时代的班主任张煦智老师，他帮助我们开阔视野，带着我们全班同学去参观北京的一些不为人知的景点，比如说他带我们去万安公墓，我在那儿看到了李大钊、闻一多、徐志摩的墓地，缅怀这些中国先辈们的同时，也会鼓励自己未来做一个对社会有贡献的人。

还有就是我的同班同学，不论是本科生时期还是研究生时期，都一起度过了一段很美好的学生时代的时光。现在经常回想起来当时大家一块儿唱歌的场景。我本科的时候，大家还有一个室歌，就是周华健的《风雨无阻》，当时觉得很励志。

您在国内外求学的经历很丰富，您读了法语语言文学硕士、媒体和多媒体专业硕士、法国文学和修辞学专业的博士。在这过程中，您遇到过哪些困难?是如何应对的?可否举例说明?

确实是遇到过困难的，毕竟国外的教学方式和我们国内是有差别的。除了要认真听讲，还需要去图书馆里博览群书，最终需要从大量的资料中提炼出自己的心得体会和一些更深入的分析。在这方面，遇到了一些困难，也在不断地克服困难，正因为如此，我可以把中国和西方教学里一些好的教学理念在未来应用到自己的教学当中。

自2001年起，您就成为了我们学院的老师，请问您能向我们介绍一下您曾经教授的课程吗？教师这个职业有什么吸引您的地方？

我最开始教精读课，接着又教了大三的文学专业的课程，还教过泛读课，后来也教过研究生的19世纪法国文学的课程。我觉得无论教什么课程，都是一个教学相长的过程，在教学生的同时，我也不断在学习、在进步。而且学生们开朗、乐观，特别有才气，有想法，他们也在帮助我不断地成长。我和学生们一起成长，也一直保持着青春活力。

您认为法语学院有哪些教学特点呢？在您求学和任职的这些年中，您见证了法语系哪些大事的发生呢？

我个人感觉老师的语言功底非常好，教学过程中也非常认真，所以教学质量是非常高的。而且老师和学生之间的关系也非常融洽，学生们并没有因此感到太多的压力，而是得到了更多的鼓励。未来，我们作为老师特别欣慰能看到很多学生比老师还优秀，让我们特别有成就感。

首先，60周年院庆给我留下了很深刻的印象，我们法语系现在变成了法语学院。我们举办了多次国际研讨会，请来了很多专家做各种各样的讲座和研讨活动。我也见证了我周围的同事们一个个顺利地拿到了博士学位，法语学院教师团队也建设得非常好。我曾经也在法语系做过若干年的工会主席，见证了我的同事们积极地去锻炼身体，参加羽毛球比赛，并且在全校拿到了团体第六名的好成绩，展现了老师们的凝聚力和非常好的精神风貌。

自2017年起，您赴比利时担任列日孔子学院中方院长，在任职期间，什么是您最有成就感的事情？您又是如何做到的？

我觉得点点滴滴都是很有成就感的。和外国学生沟通，通过民间的渠道让他们对中国的文化有更深入的了解，对于中国人的日常生活、精神世界和心理活动都有了更深刻的了解，我觉得这方面的工作是真正做到了深入进行中国文化的宣传。尤其是我自己还开了中国文学的课程，本来觉得文学曲高和寡，但没想到外国学生对中国文学非常感兴趣，从古典诗歌到古典戏剧，他们都非常感兴趣，我也从中能够感受到中国文化的魅力，希望能够把这些好的中国文化传承下来，然后发扬光大。

寄语

我特别希望法语学院的学生们都是综合素质很高的学生，不囿于语言专业本身，在语言基础上，结合自己的人生规划和兴趣爱好，在另外的专业领域里也能够深入地学习。同时我也希望法语学院的老师们能够在各自的科研领域里做出成绩。当然最重要的是希望老师们学生们都能安康、幸福、开心，这是最重要的，希望法语学院是一个快快乐乐的温暖的大家庭。

Fleur Chabaille-Wang老师访谈

受访者　　Fleur Chabaille-Wang（王钰花），法国专家，教授的课程有中法关系史、法国历史、法国社会文化、法国文学、汉译法、法语阅读、法语写作等。2012年获得巴黎第七大学汉语学士学位，汉语水平考试（HSK）6级。2015年获得法国里昂第二大学中国近现代历史学博士学位。论文研究方向是天津、上海和汉口外国租界的扩张,地方和国家对扩张的抵抗运动及中国爱国主义的演变。2016年至2017年任教于法国国立东方语言文化学院中国研究系。2017年至2018年任教于天津外国语大学滨海外事学院法语系。2018年至今任教于北京外国语大学法语语言文化学院。

采访者　　廖晋一

Vous avez obtenu une licence de chinois à l'Université Paris Diderot-Paris 7 en 2012 et vous avez atteint le niveau 6 du HSK. Pour quelle raison avez-vous choisi d'étudier le chinois ?

C'est par le biais de l'histoire que j'ai commencé à m'intéresser à la Chine puisque vers l'âge de 13-14 ans, j'ai lu la biographie de Pu Yi (《我的前半生》). C'est cette lecture qui a éveillé ma curiosité vis-à-vis de la Chine. J'ai peu à peu été fascinée par la richesse de l'histoire et de la culture de ce pays. J'ai très tôt eu envie de comprendre, d'explorer cette civilisation que l'on présente en Occident comme l'archétype même de l'altérité. J'ai voulu aller au-delà des idées préconçues, de cette vision exotique d'une Chine mystérieuse, immuable et inaccessible. J'ai ainsi décidé de forger ma propre opinion sur le pays, tout en essayant de jeter des ponts avec mon propre pays, la France, pour mieux faire connaître la Chine dans toute sa complexité et ses nuances.

Au départ, j'ai suivi un cursus d'Histoire et lorsqu'en Master, nous avons dû nous spécialiser dans l'étude d'un pays et d'une époque, le choix de la Chine est apparu naturellement. Mais pour pouvoir étudier l'histoire chinoise, il était indispensable d'en comprendre la langue. C'est pourquoi je me suis lancée dans l'apprentissage du chinois.

Pourquoi avez-vous choisi d'enseigner en Chine ? Que pensez-vous de la vie socioculturelle de la Chine pendant vos premières années en Chine ?

Depuis maintenant dix ans, la Chine est devenue mon deuxième pays. J'y ai multiplié les voyages et les séjours, tant dans un cadre professionnel que privé. Après avoir enseigné en France, j'ai décidé pour des raisons à la fois personnelles et professionnelles de partir en Chine. J'avais envie d'avoir une expérience de vie et de travail significative dans ce pays pour l'appréhender avec encore plus de justesse et de finesse. Je ne voulais surtout pas devenir une « sinologue de cabinet », coupée des réalités du pays.

Or, la Chine est un pays qui évolue si vite, c'est une autre échelle de temps. La société chinoise a connu des bouleversements incommensurables en si peu d'années ! Comme en Occident, elle est confrontée à un conflit grandissant entre d'un côté, les sirènes de la modernité et de la mondialisation et, de l'autre, le souci de préserver ses spécificités et son héritage historiques et culturels. C'est un choc d'autant plus violent dans des pays comme la France ou la Chine qui ont une longue histoire. Or, la mondialisation ne signifie pas à mon sens un effacement et un abandon des particularités nationales, mais au contraire une meilleure connaissance et diffusion des différentes cultures et un dialogue plus fécond entre les nations.

Il me semble qu'on observe en Chine ces dernières années une prise de conscience grandissante vis-à-vis de la préservation et de la sauvegarde des monuments historiques qui s'accompagne d'une remise en valeur de certaines pratiques et savoir-faire traditionnels. Cet engagement ne vient pas seulement du haut, mais aussi et surtout de la base, c'est-à-dire des citoyens qui se réunissent en associations et s'engagent dans la protection de leur quartier ou de leur ville. En tant qu'historienne, je suis particulièrement sensible à ce type d'initiatives.

Sur un autre registre et de manière plus générale, je suis également frappée par le volontarisme et l'optimisme des Chinois, une foi en l'avenir qui contraste fortement avec une certaine morosité, un sentiment de déclassement et de résignation qui se répand en Europe.

Vous avez étudié l'histoire chinoise en profondeur, et vous enseignez maintenant aux étudiants la culture française à BFSU. Selon vous, quelle est la plus grande différence entre la culture chinoise et la culture française ?

C'est une question très vaste qui mériterait un long exposé philosophique. D'abord, il me semble que les cultures chinoise et française ont quelques similarités qui doivent être soulignées : une riche histoire jalonnée de périodes de grandeur et de déclin et empreinte d'une vocation universaliste, elle-même nourrie par un certain sentiment de supériorité : pour la Chine, le sentiment d'être au centre du monde civilisé dans la vision cosmogonique du *tianxia*（天下）et *datong*（大同）et pour la France, le sentiment d'être à l'avant-garde de la citoyenneté et des droits de l'Homme.

Les différences tiennent à mon avis à une manière différente d'appréhender le monde. Pour simplifier, je dirais que la Chine s'intéresse plus au général et au collectif, tandis que la France (l'Occident en général) est plus tournée vers le particulier et l'individu. Cela se reflète dans de nombreux domaines : la médecine, la philosophie, la politique (la manière d'articuler intérêt général et intérêt particulier), mais aussi la conception de la famille et de la société. Et même tout simplement dans la manière de s'exprimer : en chinois, on part du général pour aller vers le particulier, par exemple pour donner la date, on dit d'abord l'année, le mois et le jour. C'est l'exact contraire en français. Évidemment, l'individualisme est de plus en plus fort en Chine et tend à remettre en cause ces différences fondamentales. Mais je pense que même encore aujourd'hui, elles gardent une certaine pertinence.

Votre expérience d'enseignement est très riche : vous avez enseigné en France et en Chine. Selon vous, quelles sont les différences entre une classe d'une université chinoise et celle d'une université française ?

Les étudiants français et chinois ont reçu une éducation familiale et un cursus scolaire très différents, tant dans ses méthodes que sa pédagogie. Il est donc normal qu'arrivés à l'université, ils fassent preuve d'un comportement dissemblable. Premièrement, j'ai pu observer une différence de maturité : les étudiants français sont plus mûrs, plus autonomes et indépendants que les étudiants chinois. Les étudiants chinois ont besoin d'être plus suivis et plus encadrés. Ils sont plus introvertis et osent moins prendre la parole et poser des questions que les étudiants français. Cela tient à des différences culturelles : les Chinois ont plus de mal à reconnaître qu'ils n'ont pas compris quelque chose et qu'ils ont besoin d'explications supplémentaires. Ils considèrent qu'il s'agit d'une insuffisance de leur part ou d'une marque de faiblesse alors que les jeunes Français y verront une marque de curiosité et d'intérêt pour le cours et un moyen de s'exprimer, voire de mettre au défi le professeur en « testant » ses capacités d'enseignement.

Les étudiants chinois sont aussi dans l'ensemble plus disciplinés et sérieux en classe que leurs homologues français. Leur capacité de travail est sans doute plus élevée car ils ont appris très tôt le goût de l'effort. Ils ont également un sens de l'émulation beaucoup plus développé qui s'est forgé dès l'enfance dans un milieu scolaire très compétitif. Les concours de toutes sortes sont par exemple beaucoup plus répandus et appréciés en Chine qu'en France.

La place du professeur n'est également pas la même : en Chine, le professeur est plus que respecté, il est presque vénéré comme un guide, un sage. En France, même si l'on dit communément qu'il s'agit du « plus beau métier du monde », le professeur a malheureusement beaucoup perdu de son aura et de son prestige.

Selon vous, quelles sont les caractéristiques de l'enseignement du français à l'Université des Langues étrangères de Beijing ?

S'il fallait deux mots pour qualifier l'enseignement du français à BFSU, ce serait : richesse et ouverture. BFSU met l'accent sur un apprentissage rigoureux de la langue comme socle fondamental qui est ensuite progressivement enrichi par de solides connaissances dans d'autres disciplines (littérature, histoire, sciences politiques, relations internationales, sociologie, etc.). Cela permet aux étudiants de recevoir un enseignement pluridisciplinaire qui ne se limite pas au domaine linguistique et qui les prépare à différents types de professions dans des secteurs variés. Les étudiants peuvent ainsi bénéficier d'une large palette de cours, sûrement l'une des plus étendues dans l'enseignement du français en Chine.

Ce que j'apprécie particulièrement à BFSU réside justement dans cette ouverture à tous types de cours. Par exemple, lorsque je suis arrivée, dès ma deuxième année d'enseignement, j'ai pu assurer un cours sur l'histoire des relations franco-chinoises. Je tiens particulièrement à ce cours car il est à mon sens fondamental pour des étudiants de français d'avoir des connaissances élémentaires sur l'histoire des relations entre la Chine et la France. Il s'agit d'éléments de culture générale qui leur seront très utiles quel que soit leur parcours professionnel.

La Faculté d'Études françaises et francophones se montre donc très ouverte et flexible dans l'élaboration de son programme de cours. Elle n'hésite pas à enrichir les contenus pédagogiques en fonction de la spécialité et des aspirations des professeurs.

Quelle impression les étudiants de l'Université des Langues étrangères de Beijing vous ont-ils laissée ?

Les années passent et les promotions d'étudiants ne se ressemblent pas. Chaque année, je prends plaisir à découvrir les nouveaux étudiants. Chaque classe est unique et les relations que je noue avec les étudiants varient beaucoup d'une classe à l'autre. Le contact avec les étudiants est une source d'enrichissement perpétuel pour moi.

De manière générale, je suis assez surprise par la rapidité avec laquelle les étudiants apprennent le français. Ils ne ménagent pas leurs efforts et se montrent très curieux et très volontaires dans l'apprentissage du français. L'atmosphère qui règne en classe est dans l'ensemble très studieuse et appliquée.

J'apprécie également la qualité des échanges que je peux avoir avec certains étudiants, sur tous types de sujets, même les plus complexes. Par exemple, dans mon cours sur l'histoire des relations franco-chinoises, j'ai été impressionnée par la capacité des étudiants à suivre cet enseignement entièrement en français, sachant que le contenu était d'un niveau de difficulté tout à fait comparable à celui des universités françaises. À titre de comparaison, je ne pense pas que des étudiants de troisième année de Licence de chinois en France seraient capables de suivre le même cours entièrement en chinois.

Vous avez un contact profond avec l'apprentissage des langues. Vous avez étudié le chinois de manière systématique, et vous enseignez des cours sur le français et la France à l'université. Avez-vous des suggestions pour l'apprentissage des langues ?

L'apprentissage d'une langue exige de solides bases et un travail très rigoureux et assidu dès le début. Ce n'est qu'ainsi qu'on peut ensuite approfondir la connaissance de la langue et de ses subtilités. Pour cela, il n'y a pas de secret mais deux maîtres mots : lire et parler. Seule la lecture permet d'enrichir son vocabulaire. Quant à la pratique orale, elle est évidemment essentielle, mais c'est sans doute la partie la plus difficile pour les étudiants chinois. En général, toutes les classes ont en commun d'avoir des étudiants « pilotes » qui s'expriment plus que les autres et entraînent le reste de la classe comme des locomotives. Je constate parfois avec regret des écarts de niveau trop importants entre les étudiants, ce qui crée un certain déséquilibre dans le rythme d'apprentissage de la classe. Surtout, les étudiants les plus en difficulté n'osent pas prendre la parole, ce qui les maintient dans un cercle vicieux les empêchant de faire des progrès.

Par ailleurs, maîtriser une langue d'un point de vue technique ne suffit pas. Une langue s'inscrit dans un contexte historique et une culture qu'il faut comprendre en profondeur. C'est pourquoi dans mon cours sur la société et la culture françaises, j'incite les étudiants à analyser certains sujets de société par eux-mêmes et à approfondir de manière autonome les thèmes que nous explorons ensemble. L'apprentissage d'une langue est un processus sans fin qui ne se limite pas aux cours, il repose sur une curiosité et un volontarisme constants.

Avez-vous des suggestions pour la formation des talents de notre faculté ?

Notre faculté d'études françaises et francophones doit continuer à élargir et renforcer ses cours de civilisation, en plus des enseignements purement linguistiques, car la pluridisciplinarité est fondamentale. Dans le monde actuel extrêmement compétitif, maîtriser une ou deux langues étrangères ne suffit plus. Il faut combiner des compétences dans différents domaines. Mais les enseignements actuels de BFSU permettent déjà de former de nombreux francophones et francophiles qui font rayonner la France en Chine et partout dans le monde.

Voeux

Pour son 70e anniversaire, je souhaite à notre faculté de poursuivre dans sa recherche de l'excellence et de continuer à former toujours plus de médiateurs entre nos deux pays pour favoriser la compréhension mutuelle et l'entente entre nos deux peuples.

Michael Schaub老师访谈

受访者　Master en Arts du Spectacle et en Langues et Littératures Romanes, Michael Schaub a obtenu le diplôme d'Études Spécialisées en Français Langue Étrangère et Seconde. Il était lecteur d'université de WBI, à l'Université Fudan, à l'Université Hacettepe (Ankara, Turquie), et puis à l'Université des Langues étrangères de Beijing. Depuis 2008, il devient agent de liaison académique et culturelle de WBI. Domaine de recherche : études culturelles, imagologie.

采访者　熊晓

您为什么选择在WBI（Wallonie-Bruxelles international，比利时瓦隆-布鲁塞尔国际关系总署）工作，您在WBI的工作重心是什么？

因为我在比利时生活了几年，我想要去一个新的国家工作、生活。“国外”意味着一个陌生的国家，在那里我们不懂得当地的生活习惯，甚至会质疑自己的信仰。不过，在国外我们也能够从另一个视角重新审视自己以及自己的祖国。除此之外，也因为WBI提供的工作令我很感兴趣。我在WBI的工作内容，首先是推广法语和法语文学，尤其是在北外，其次是帮助比利时文化机构和比利时法语区的大学和中国建立联系，告诉他们中国的文化部门和大学是如何运作的，给他们提供需要的信息。

您初到中国工作和生活有什么感受？遇到了什么困难和挑战？您是如何应对的？

我第一次来到中国是在2004年，作为游客来拜访一位在山东工作的朋友，第二次来到中国是在复旦大学工作，第三次是因为我已经有过在中国工作的经验，比起其他人更了解中国，也更适应在这儿的生活，所以WBI派我来北京。我也很高兴，这次来到中国能够换一个常住的城市，从上海到北京，体验新的生活。初到中国时虽然语言不通，但语言并不是主要问题，文化差异才是。举例来说，中国的教学目标以及教学方法，包括评分、考试等，都和欧洲的完全不同，需要我去适应。至于生活方面，我适应得很好，只是有一点很令我印象深刻，2013年我离开上海时购物、买票普遍还是用现金，然而我第二次回到中国时，发现一切都不同了，线上支付的普及程度令我吃惊。

我有幸在上个学期上了您的法语戏剧坊这门课，请问您是出于什么原因开设这样一门课程，上个学期线上上课和之前线下授课有什么不同吗？

这门课程是根据学院的需求开设的。由于是线上授课，我不得不完全改变上课的模式。线下上课时，这门课需要学生们自己来排演戏剧，锻炼学生们的口语表达能力。但是在线上授课过程中，我不得不将教学重点改放在书面表达的训练上，将其变成一门戏剧写作课。虽然这是情势所迫，但我认为这是当时情况下最好的解决方式。

您在复旦大学也当过老师，您认为北外和复旦的教学有什么不同？

相同点多于不同点。复旦不是外语学院，我在那里工作时复旦仅开设有6个外语语种专业。和复旦法语专业比起来，北外法语学院的学生和老师更多，复旦法语专业有10名左右的法语教师和80余名学生，你能一下子认识他们每个人。学院规模的不同是我最直观的感受。我在复旦的教学和在北外类似，主要是文学类课程，开设的课程每年都根据学院的需求进行调整。

您对对外法语教学有所研究，您认为中国学生在学习法语上有什么困难？您有什么建议吗？

我的专业是文学和戏剧，对外法语教学是我的辅修。这个问题很难笼统地回答，要具体问题具体分析。欧洲学生在学习法语上有的困难，中国学生不一定有；中国学生遇到的困难，欧洲学生可能不会遇到。这不是什么技术上的问题，更多是文化差异带来的困难。所以我们在学习法语的过程中，去和法语母语地区和国家的学生进行交流是非常重要的，这样我们才知道如何用法语进行沟通。这并不是语法、词汇的问题，何况中国学生在这些方面都很优秀。和其他国家的学生们比起来，中国学生学习很刻苦。关键在于沟通，举例来说，法国学生见面说bonjour（你好）时会进行贴面礼，而中国学生不会这样，这种文化差异不是大问题，但是我们需要知道其存在，否则沟通会变得很复杂。

在人工智能如此发展的今天，您对法语学科的发展有什么建议？

人工智能可以取代技术，例如在翻译领域，人工智能会逐渐优化完善，但在对外关系和对外交往方面，人工智能永远无法取代人类。当我们谈到沟通，我们总是要谈到文化，文化对相互理解至关重要。人类懂得沟通，而人工智能不懂，所以我们应当从这些人类永远无法被替代的方面入手，发展我们的法语学科。

寄语

今年是北外法语学院70周年，我希望法语学院能够继续拥有更多70周年。

Roland Scheiff老师访谈

受访者

Professeur associé au sein de la Faculté d'Études françaises et francophones de l'Université des Langues étrangères de Beijing (BFSU), Roland Scheiff est un musicologue belge. Docteur en histoire, art et archéologie de l'Université catholique de Louvain, sa thèse doctorale propose une nouvelle réflexion sur la question du nationalisme en musique. Ses thématiques de recherches concernent la musique savante des XIXe et début XXe siècles européens. Il étudie les questions d'identité et d'altérité en musique tant du point de vue de leur conceptualisation que de leur réception. Enfin, ses travaux visent à mieux comprendre et à promouvoir le patrimoine musical belge de cette période.

采访者

刘雨昕

您是如何与中国结缘的呢？是什么让您下定决心来到中国生活？

我是如何与中国结缘的，这个问题很有趣。多亏了一个姑娘，故事往往是这样开始的，但又不全是。其实直到大学的时候，我还对中国一无所知，当时的我对日本更感兴趣，为什么是日本呢？原因很简单：电子游戏和漫画。之后我在大学遇到了我现在的妻子，她是中国人，当时在比利时读硕士，从这个时候开始我对中国产生了兴趣。我对她说，如果明年我们还在一起我就开始学中文，第二年我们的感情依然很稳定，我就兑现承诺开始学习中文。之后的假期我们一起回到了她的家乡，中国离比利时太远，她很长时间见不到家人，所以我们一般都会住上一两个月。来了不少次中国之后，我渐渐产生了在这里生活的想法。我的爱人在比利时生活了五年，我也可以去她的国家生活一段时间，就这样，我踏上了中国这片土壤。

我认为不是去国外生活这件事情需要勇气，而是做这个决定需要勇气，之后一切顺其自然就好。当然，在国外生活确实令人疲惫，很多事情不适应、不习惯，这很正常，因为在这里我是外国人，理应适应当地的风土人情。举一个简单的例子：厨房，来北京之前我在浙江生活过几年，厨房里所有东西对我来说都过矮，我只能弯着腰做饭，一不小心就会撞到头。像这样的事情还有很多，比如用外语和别人对话时，脑子得一直转，精神高度集中，长时间下来非常累人。我的同事、学生都会说法语，但是由于国籍不同，文化背景不同，思维模式不同，有时即使说着同一种语言，也会互相不理解。所以当我和会法语的中国人说法语时，也要注意我的用词表达，这很累人，但同时也能丰富知识，充实思想。

中国文化有什么特别吸引您的吗，比如说中国传统音乐？

其实中国文化中最吸引我的并不是中国传统音乐，它远远超出了我的认知范围，我得从零开始学习。传统音乐对我来说如此陌生，我完全听不懂其中的含义。举个例子：在我妻子的家乡，一个小城市，有一天我们走在路上，碰到一辆播放着欢快音乐的卡车经过，我跟着音乐摇摆起来，我妻子看到后问："你在做什么？这是殡仪队。"我当时认为不可能，这曲子这么欢快，和欧洲的殡葬曲目完全不一样！所有我知道的音乐常识不能帮助我理解中国传统音乐，我很乐意听一些传统曲目，但只是业余水平。

中国文化中最吸引我的是文学。在文学中我们可以学到很多东西，它可以成为了解其他领域的媒介，而且主题众多，可以是音乐、艺术、历史等等。以《红楼梦》为例，从京剧到艺术再到瓷器，书中都有提及，前不久我读了林语堂的《京华烟云》，书中的描写让我身临其境，感同身受，我非常喜欢。

您能跟我们说说您的职业生涯吗？

说到职业生涯需要先介绍我的教育背景。本科阶段我读了三年艺术史专业，然后攻读了音乐学硕士，本科学习艺术史是为了之后学习音乐打基础，当时我选修了所有关于音乐的课程。我很早就决定硕士毕业继续攻读博士，硕士第二年我跟身边所有老师同学说了这个想法，所以临近毕业时他们都认为这是板上钉钉的事儿。读博一年后，我申请了助教职位，博士生在准备论文期间可以作为助教，协助老师授课，这在比利时很常见。这段经历对我帮助很大，让我学会了如何当一名老师。当时我爱人回到了中国工作，我们在异国度过了漫长的两年，两年之后我和导师商量，问她我能否在中国完成博士论文，因为当时的我已经在中国找到了一份工作。我的导师非常善解人意，她同意了。来到中国之后，我在浙江绍兴一所大学工作了3年，这期间完成了博士论文。论文完成之后，我就给北外投了简历，获得了现在的工作。

您2018年刚来到北外任教，有没有适应期？工作中有遇到一些挑战吗？

我确实花了时间来适应新生活，其他人可能看不出来，但我自己知道。来北外的第一年我一直在观察，观察别人是怎么做的，什么能做，什么不能做，第二年才慢慢开始放开手脚。但一些小误会是无法避免的。我记得有一次上课，二年级一个班的学生集体迟到，我非常生气，也很明显地表现出了不高兴（我必须承认当时没有考虑到学生的感受）。我原本是打算让学生意识到事情的严重性，之后上课再解释来龙去脉，安慰他们我曾经也是学生，也会犯错等等。但是当时学生非常害怕，他们去找院长戴老师，戴老师立刻联系了我，和她讨论之后我立刻回到教室和学生解释，安抚他们的情绪。我知道学生们不是故意迟到，但从我这里传递出的信息太过于强烈，这是我需要适应的地方。如何与学生对话？这的确是一个挑战。欧洲人往往不惧正面冲突，但是在中国大家会尽量避免这种情况。

有时我对学生说的话过于直接会吓到他们，但说出这些话时我是经过深思熟虑的，是为了激励他们，绝不是出于恶意。我希望能够好好利用自己外国人的身份做些不一样的事，也让想要出国留学的学生有个心理准备。说实话，如果面对的是比利时学生，我会更加直接，但现实情况不一样，我不是在比利时，而是在中国，所以我也在努力适应，把握一个合适的度。

您觉得疫情对于上学期的教学工作有什么影响？您采取了哪些措施？效果如何？

显然，新冠肺炎疫情影响到了每一个人。特殊时期的教学工作确实不容易，主要有两方面困难：一是线上上课看不到学生状态，二是时差。早8点的课程对应比利时凌晨2点，夜里2点上课显然是不可能的事，老师们讨论了很久，我提出用录音方式授课，虽然效果不太令人满意，但也没有别的办法。相比之下面对面授课简单得多，老师们能留意到课堂状况，如果发现有学生没听懂，可以立刻再解释，但上网课时，由于得不到学生的反馈，事情变得很复杂。此外，录音本身也很复杂，我之所以每次两小时的课要分成4个20多分钟的录音上传，有好几个原因：第一，防止不小心删除录音文件，删除了25分钟只需要重录25分钟，删除了2小时就得全部重录。学生不知道，但我的确不小心删除过几段录音，重头开始录非常容易让人疲倦；第二，每间隔20多分钟，学生可以休息一下，有时候我课上讲的内容会很多，很难理解。录音的好处是可以反复听，而且由于学生只能听到声音，我会尽量讲得更慢、更清晰。以这种方式上课对老师和学生都是一个挑战，但是从学生完成的作业来看，线上教学工作也算是进展顺利。

上网课时大部分时间都是我独自面对电脑屏幕上一个个学生的名字，学生有时会感到无聊，我可以理解，但是没有办法，其他老师也遇到过同样的问题。最重要的还是灵活应对，寻找解决问题的方法，但如果条件允许，我还是更愿意面对面授课。

刚才提到疫情，您能跟我们介绍一下比利时现在的情况吗？

和大部分欧洲国家一样，比利时5月份开始逐步解禁，6月份情况有所好转，7月初感染人数再次增加。政府虽然没有再次下达禁令，但是加强了出行限制：每周不能见超过5个人，购物时间不超过半小时，出门必须佩戴口罩等等，具体措施每个城市不同，我个人觉得这不是一件坏事。我住在乡村，隔离期间仍然可以骑车，能进行户外运动。除了教学工作受影响，除了和妻子女儿分隔两地，疫情没有给我的生活造成太多不便，我会每隔一天骑两小时自行车放松。此外，利用在家隔离的这段时间我还写了几篇文章，读了许多书，很久没像现在这样肆意地读书了，对此我实在没什么可抱怨的。现在我住在父亲家带花园的大别墅，不能说生活很惬意（因为疫情很残酷），但是也没什么不便。

您觉得有什么值得向同学们推荐的书呢？

最让我印象深刻的是林语堂的《京华烟云》。此外还有大仲马的书，他的书都是看起来令人害怕的大部头，但实际读起来会非常快，因为故事情节跌宕起伏，引人入胜，不知不觉就已经翻了很多页，我读过同系列的《马尔戈王后》《蒙梭罗夫人》。比利时作家安德烈·巴庸（André Baillon）的*Le Perce-oreille du Luxembourg*也值得阅读，书中内容跟我父亲的经历很像，我觉得非常有意思，但会稍微难读一些。

您自己有非常丰富的学习经历，您觉得攻读硕士、博士学位的经历给您带来了什么？作为一个过来人，您能否给希望继续深造的广大学子一些建议？

我必须要说：大学造就了我。我能成为今天的我，离不开大学和我的妻子。大学教会了我réfléchir和penser，这两者是有区别的，réfléchir是短时间的，而penser可以是一辈子的，这让我在工作和生活中时刻保持科学严谨的理性思考。我的妻子则为我打开了一扇全新的大门，使我的视野更加开阔。大学每个时期（本科、硕士、博士）都教会了我很多意想不到的知识，让我意识到自己的局限性。本科时我认为自己无所不知；硕士阶段我心想这下总算了解了世界上所有的事情；读博士时我终于明白人不可能了解所有东西，知识永无止境。我非常鼓励学生继续深造，我经常说，既然是自己做的决定，那就是最好的。对我而言，大学教会了我如此多的东西，所以我也鼓励我的学生继续学业，继续钻研。在我看来，在本科期间就应该开始考虑要不要读硕士，硕士期间就应该考虑是否继续攻读博士，研究生任务重，压力大，不能因为一时兴起就轻易做出决定，一定要在做决定前认真思考。如果想要继续深造，就不要感到害怕，有时学生会因为自己目前能力不够而怀疑自己，这很正常，学识是在学习过程中一点点积累的，大学本身就是一个培训的过程，而不仅仅是最终的考核。不要害怕困难，我自己就是从零开始，曾经的我对艺术史和音乐学一无所知，认为自己不可能完成120页的硕士论文和500页的博士论文，但最终都做到了。害怕是正常的，但只要下定决心，就能做到。读博的经历同样教会了我如何控制恐惧，如何自我调节压力，人如果不逼自己一把，永远不知道自己有多大潜能。我记得我写博士论文的时候坐的是一把坏了的椅子，只要往后一靠就会倒，起到了“头悬梁锥刺股”般的效果。

您觉得有关艺术的课程在法语教学中起什么作用？

在这一点上我们学院已经做得很好了。像艺术史这样的课程，将法语与艺术结合，是一件非常好的事，因为法语不仅只是一种语言，还是一种文化，一种逻辑思维方式。我觉得艺术方向的入门课程对于学语言的学生是非常有益的，学生们对此也非常感兴趣。我希望学生能够更加主动地参与进来，我也很愿意继续开设这方面的课程。

寄语

祝北外、祝法语学院越办越好！祝法语学院的老师同学们度过一个愉快的70周年！

Lionel Spinosa老师访谈

受访者 Lionel SPINOSA（柳恩勰），法国专家，北京外国语大学法语语言文化学院副教授。现教授语言学、古希腊古罗马修辞学、法国上古中古史、近现代史、法国艺术史、法语视听说以及法语口语课程。1994年获得英语、德语硕士学位，1995年获得工商管理研究生学位，1996年获得金融方向Executive MBA，2001年取得欧洲证券交易所资格证，2007年取得伦敦交易所资格证及投资顾问证书。曾在巴黎、伦敦当过期货交易员及英国巴克莱投资银行的副主任。2011年来华，在北京语言大学汉语学院学习，前后获得高级汉语水平证书以及高级研究证书。毕业后于北京语言大学法语系工作4年。任教时连续3年获得优秀外籍教师奖，其慕课（MOOC）"法国文化与历史"至今仍为北语点击量最高的课程。主要出版物有《崇洋媚外：大国崛起背后的悖论》（北京语言大学出版社）、《语言学导论：从柏拉图到乔姆斯基》（外语教学与研究出版社）。

采访者 姚艾

2011年来到中国，先后任教于北京语言大学、中国人民大学，请问后来是出于什么原因您选择来到北外呢？

其实，当初不是我选了北外，是北外选了我。这个过程很有意思：4年前我在北京语言大学法语系工作，工作稳定，喜欢教书，喜欢学生，也获得了学生的爱戴，所以其实并没有想过要换工作，是王鲲老师发来的一封邮件改变了一切。可以说，他改变了我的人生。

2013年寒假，我在三亚练习游泳，王鲲老师发来邮件邀请我来北外了解一下。当时我大吃一惊，因为我在北语一直以来都默默无闻，基本没参加过课外活动。准确地说，只参加过一次讲座，而且当时不是出于个人意愿参加的。这次讲座是关于社会语言学方面的，北外的傅荣教授也出席了，这是我们第一次见面，听说是傅荣教授向领导推荐了我。这次讲座过后不久，我就收到了王鲲老师的邮件。

那时，人民大学外国语学院法语系主任每周会到北语旁听我的语言学课程，这让我压力很大，每周都有参加高考的感觉。不过她向我院领导肯定了我的教学法，有趣的是，在此之前，北语法语系系主任已经把我的语言学课程推荐给了人大法语系主任。所以说，是他们发现了我这个黑暗中的“百里马”（千里马有些言过其实，不敢当）。

可能是上述伯乐们的表扬引起了我院领导对我的好奇。我非常愉快地接受了王鲲老师的邀请，那天我见到了王鲲老师、戴冬梅老师和车琳老师。初次见面气氛非常友好，老师们都很热情，他们问我愿不愿意尝试带3个班的口语课，每周两次，早8点上课，我以前不喜欢早起，也一直拒绝上口语课，但经过一番纠结之后还是答应了。

起初，我依旧在北语做全职教师，在人大和北外兼职。北外第一批学生无可挑剔的学习态度和中国同事的教学水平令我印象深刻。后来我了解到北外的法语在全国名列前茅，真是名不虚传！

今年是我院建立70周年，我决定给你送个彩蛋，透露我来北外背后的故事。其实，在答应北外的邀请前我一直犹豫不决。不是不想来，北外法语系名声在外，是国内法语界的“法拉利”啊！可我实在是力不从心，当时我在北语法语系，北语培训学院和人大法语系教书，课表已经“爆炸”，很难再加课程。我记得那年人大法语系主任想让我多带一门我最喜欢的艺术类课程，课程安排在早8点，对于时间紧张每天熬夜的我来说实在无法接受，所以我非常遗憾地拒绝了这个提议。谁能想到后来我不仅接受了北外6课时全新的课，而且每次课都是早8点呢！那时我真以为自己疯了，要知道，北外离北语很远，为了不迟到，避开上班族的高峰时间，我只能5点半就起床。那时候我自问：为什么这么折腾自己呢？何苦呢！但是开学第一天就打消的这个念头：上课前戴老师亲自到国际大厦给我送了瓶水，不久后办公室的李淑蕾老师也送了我一杯咖啡，如此体贴入微让我感动至极，到今天仍然记忆犹新。现在回想起来，接受北外的offer，是我前半辈子做的最好的决定！

请问您是否愿意和我们分享您初到中国时的感受，生活和工作上是否遇到过困难？是如何克服的？能否举例跟我们分享一下？

首先我要强调，初到中国时，我的目标只有一个：就是在北语学习中文。本想在这里待一年，没想到一眨眼已经10年了。

来中国之前，我在伦敦工作了十来年，在那里我从来没有人生地不熟的感觉。虽然英国脱离了欧盟，但它依旧是欧洲的一部分，是法国的邻国。那时候我每周末都会坐两个多小时的火车回巴黎，并没有在国外生活的感觉。再说，上大学时英语是我的专业之一，所以和本地人交流不会有问题，但是，在中国可不一样。

多亏了我之前的工作，经常去新加坡、吉隆坡、香港、雅加达等地出差，对亚洲生活积累了一些体验。尽管如此，刚到北京时我还是感到格外孤单无助。生活上遇到的问题肯定不少，但当时最困扰我的是语言障碍，你们也在学语言，应该可以感同身受。

我记得去北语的第一天处处碰壁，宿舍楼、办公楼、综合楼的员工都跟我讲普通话，当时的我还一句普通话都不会说，在香港学过的蹩脚粤语也用不到。报到、入住宿舍、交学费、做体检、办校园卡等入学的手续都没办成，后来还是一个中文很好的瑞士同学帮我顺利做完了这一切。当天晚上回到跟牢房一样的宿舍时，我伤心至极，非常气馁，感到很挫败，一气之下买了回巴黎的飞机票，准备放弃。

你刚问我是如何克服这些困难的，很简单，就是哲学。以前在学拉丁语的时候，我接触过古罗马斯多葛哲学家的作品，比如Marc Aurèle的《沉思录》，Epictète的《手册》和Sénèque的所有著作。这三位智者的学说可以用一个字来概括：tenir bon（忍）。我们都知道，成功者和失败者的区别在于前者比后者有忍耐力。我当时劝自己：再忍一天吧，明天再说。就这样，我退了回巴黎的票，忍了一天，忍了一周，忍了一个月……就这样10年都过去了。

如今，折腾了我好多年的语言障碍终于没有以前那么厉害了，不然我也不能用中文接受这次采访。你知道，为了形容难度很高的事情，法国人经常会说："c'est du chinois." 对我而言，le chinois, c'est vraiment du chinois! 40岁也可以开始学跑马拉松，不过40岁才开始学中文则如同跑永远没有尽头的马拉松。

您之前在巴黎、伦敦当过期货交易员及英国巴克莱银行的副主任，请问是什么契机使您后来决定当一名教师？教师这个职业有什么吸引您的地方？

我本科的时候学过德语和英语，也学了好多年看似没用不过实际上非常有用的拉丁语。和你们一样，我喜欢语言，不过就像很多中国的家长一样，我的父母认为学语言不能当饭吃，强烈建议我学习un vrai métier（"真正的专业"）。我父亲去世了，母亲是个家庭主妇，家里失去了经济来源，我只能尽快找一份月薪很高的工作。在金融界，收入和地位最高的是trader（证券交易员），我就以此为目标努力。隔行如隔山，我去学金融和企业管理，付出了非常多的精力，幸好最终结果是好的，得到了梦寐以求的工作。

后来，有了机会在伦敦工作，也算是实现了自己的梦想，但是我心里仍然不满意。为什么呢？因为每天6点到交易所，9点下班，10点一个人回家，没有时间做自己喜欢做的事情，我觉得这样的日子长期下去没有太大的意义。有一天，一个好朋友送了我法国作家Proust的*A la recherche du temps perdu*（《追忆似水年华》），一共7本，厚厚的长篇小说，每当我腾出时间开始阅读，总是会被工作打扰，好几次读了50页就得放下书处理工作。连续好几次，每次都要从第1页重新开始阅读，我仿佛变成了古希腊神话中的西西弗斯，这本书成了我永远推不上山顶的巨石！2007年，从伦敦辞职之后，我回巴黎做的第一件事儿，就是找到离家不远的咖啡厅，每天边抽雪茄边阅读手里这块"石头"，大约半年后，我一步一步爬到了山顶，从头到尾读完了*A la recherche du temps perdu*，太幸福了！

后来来到中国学汉语，我也没忘学外语的初心。从学外语到教外语，从se servir（为自己服务）到servir les autres（为别人服务），是一个付出许多也收获许多的过程。所以，教师这个职业吸引我的地方在于：第一，être utile（做一个有用的人）。第二，自我超越。

与此同时，我想和同学们说，当今时代机会丰富，世界互联，你们不必像老一辈的人一样，一辈子只做同一个职业，请大家打开视野，拥抱变化，换一份工作或换一个地方，其实也是换一种生活方式。

您教授的课程多样，除了口语之外，还有语言学、古希腊古罗马修辞学、文体学、经贸法语、艺术史、法国上古中古史和近现代史等，请问您是如何完成自身知识的积累和扩充呢？

是的，我在学院教授的课程种类很多。我经常开玩笑说je ne suis spécialiste de rien，mais curieux de tout。我自身知识的积累和扩充有以下5个原则：régularité（循序渐进），curiosité（好奇心），autodiscipline（自律自学），plaisir（爱学乐学），modestie（量力而行）。

从régularité（循序渐进）开始，知识要积少成多，不能一蹴而就。换言之：les petits ruisseaux font les grandes rivières. 这你们都已经知道了，欲速则不达。自从改行从事教师工作，我每天都在学习，你们也应该如此。期末临时抱佛脚虽然很有效果，能考出高分，但考试的第二天你们就会把知识都还给老师，高分低能是一件非常可怕的现象。要做个高分高能的学生，或者简单地做个有学问的人，只需做点很简单的事情：réviser，温习所学的知识，不是令人愉悦吗？这个道理，中国的智者提出得更早：学而时习之，不亦说乎！我每天都会复习之前的知识点，只有这样才能一个人教授这么多样的课程。

接下来是curiosité（好奇心），这个本领是与生俱来的。我在准备接受采访时候突然想起一件幼年时期的事情：我很小的时候，应该是在上小学，我母亲送了我一本厚厚的书，叫*Le Grand Livre de tout*，顾名思义，这本书是写给孩子们的百科全书，当时我天天看，看了一遍又一遍，多亏了它，我才能curieux de tout.

我想说的是，好奇心是可以培养的。父母可以培养孩子的好奇心，老师也可以培养学生的好奇心。作为老师，我认为自己的至高任务就是培养，或者说尽可能地满足学生的好奇心。我明白，离校不久后，很多学生4年来辛辛苦苦积累的知识都忘得一干二净，但是学生时期培养的好奇心则会陪伴他们一辈子。

说到autodiscipline（自律自学），我在中国上大学时有种返老还童、回到小学的感觉：老师们都很关注学生的学习情况，当时我觉得很舒服！这跟在法国截然不同：如果不具备独立学习、主动深造的能力，很快就会被淘汰。上课时，我经常对我的学生说："回宿舍之后，你们自己学习这个知识点，搜一搜这个人物是谁，汉语中有没有这个修辞格，这幅画背后的故事是什么，自己看看这个视频，有问题可以直接找我。"我不会监督学生，核查他们是否听话，因为我的角色是老师，不是警察。我的目标当然不是虐待学生，而是教会他们少依赖老师，多依靠自己。

之后是plaisir（爱学乐学），即学习带来的快乐。我周围的亲朋好友也曾经帮助我积累和扩充知识，比如刚刚提到送我Proust的好朋友。接下来要给你们举个我自己的例子，这是第一次分享给我的学生和同事：我20岁时父亲去世，30多岁在巴黎有幸认识了我的'亚父'（père spirituel），他叫Georges Mathieu，是举世闻名的画家和学者，也曾是一名法兰西学术院的院士。那时候我只是个典型的有钱没文化的银行家，而他早已受到国际上的认可。在巴黎中心富人区的巨大别墅里，他过着隐士般的生活，只与自己一生收藏的不计其数的艺术品和名画打交道，就像法国作家Joris-Karl Huysmans的小说*A rebours*（《背道》）里的Jean des Esseintes。不知道为什么，他只接受我一个人的拜访和陪伴，有一天我忍不住问是什么让他欣赏我，他引用了Montaigne解释跟拉白哀地（La Boetie）生死交情的话对我说："Parce que c'est vous, parce que c'est moi.（因为是您，因为是我。）我的亚父精通文学、哲学、历史、数学、神学、符号学甚至电子物理学等，用"学富五车"来形容一点儿也不过分。他就像文艺复兴时期那些想拥抱天下所有知识的学者，如同Leonard de Vinci，或我个人非常崇拜却不为人知的Pic de la Mirandole。Pic de la Mirandole的座右铭是de omni re scibili，即sur tout ce que les hommes peuvent savoir。我的亚父不仅传递给我丰富的知识，重新点燃我的好奇心，让我懂得温故知新，还激发了我学习的兴趣，让我体会到德国哲学家尼采所研究过的 le gai savoir（《快乐的知识》）。7年间，直到他去世，我几乎每天都会向他取经，在他面前，我像哑巴一样不敢说话，只会在脑海中做笔记，一回家就研究他刚刚教给我的内容，买他推荐的书。他允许我独自去楼顶的工作室欣赏他的作品。对了，他还教过我画画，所以我的艺术史课对我来说意义重大。可以说，他是我的第二位父亲，也是第一位伯乐。

如果我没记错的话，明朝张岱曾说："学海无边，书囊无底。世间书怎读得尽。"那么，上述这一切目标何在呢？积累知识不是为了跟其他人比赛。学海无涯，et alors？能游多远就游多远！追求学问，c'est pour vous, c'est pour moi。

您教书的经历十分丰富，请问您认为与北京语言大学、中国人民大学相比，北外的法语学院有哪些教学特点呢？

我院的教学法确实别具一格。关于北京语言大学法语系，我认为是麻雀虽小，五脏俱全。对于中国人民大学，我的评价一直很高，人大不是一所语言类学校，但学生的法语水平和北语学生不相上下。在我看来，北外的法语学院遥遥领先，原因在于：1. quantité；2. qualité。Quantité指的是4个"更多"：更多老师、更多课时、更多选修课和更多交换机会。更重要的是qualité，我院汇聚了学富五车的教师和出类拔萃的学生，教学相长，成果自然突出。有其师必有其徒，没错；有其徒必有其师，也一样有道理。我在回答第1个问题时打了个比方说北外法语学院是辆"法拉利"，这辆"法拉利"有着双发动机。

您在北外任职的这些年中，什么是您感到最有成就的事情？您是如何做到的？

我10年前改行从事教学工作不是为了名利，能做个"百里马"，我就很知足了。每次进教室时，我都感觉自己是北外首"福"。一日为师终身为"福"嘛！

那么，是什么让我最有成就感呢？毫无疑问，是学生的成就。是你们日复一日，年复一年的进步，是见证和陪伴你们日复一日、年复一年长大，是得知你们毕业后考上梦寐以求的国内外研究生，是看你们做得比我好，走得更远，青出于蓝而胜于蓝。这不是我一个人能够做到的，是我院所有老师共同努力的成果。

若要说我自己的事情，可以举个例子：前几天我收到了一封让我很感动的邮件，是我的一位学生发来的。她说去年上了我的法国艺术史课，非常喜欢，最终决定明年去巴黎读艺术史方面的研究生！由此来看，启发学生不是我们老师重中之重的任务么？在我眼中，这是最美的回报。那些上过我这门课的同学，到了巴黎都会去参观博物馆，还会在曾经课上我给他们介绍过的名画前拍张selfie发给我，这就是我的成功。我家里有个宝藏，是一个小盒子，里面的东西有钱也买不到：是学生送给我的贺卡和感谢信。

如果要说最有成就的关于自己的事情，那就是我今年刚出版的"大作"《语言学导论：从柏拉图到乔姆斯基》，它是mon deuxième bébé。一个曾经从事过期货交易的trader能写出这样一本密密麻麻的500多页的语言学教材，挺罕见的吧。

请问您对法语学科发展有什么建议吗？您对法语专业的未来有什么畅想呢？

想来想去，我觉得美中不足的事情是我们上课用的教材有点旧，如果可以换成紧跟时代的，师生一定会更加受益。

我对法语专业的未来感到非常乐观。法语早就不是小语种，准确地说，法语一直以来都是一门大语种，历史上如此，当今如此，未来更会如此：2015年法国投资银行Natixis的一项研究结果显示，到2050年全球使用法语的人数将达到7亿5千万。届时，法语将成为全球第一大通用语言，Lionel的语言将会取代Harry Potter的语言。有学者对这项研究成果持异议，虽然我之前也是个银行家，但也不会盲目相信Natixis的研究。不过法语不断向上发展的趋势是不可否认的，事实就摆在面前：据OIF最新统计，如今全球约3亿人口、88个国家和地区讲法语！我能不乐观吗？你们能不乐观吗？法语学院将会天天向上，你们的未来万丈光芒！

寄语

Enfin, à l'occasion du soixante-dixième anniversaire de notre faculté, je souhaite tout d'abord remercier l'ensemble de mes collègues chinois de porter si haut et si bien les couleurs de mon beau pays, de sa langue et de sa culture. A nos étudiants, je veux dire ceci : en choisissant le français, vous avez choisi la langue assurément la plus belle mais aussi, revers de la médaille, la plus difficile. C'est un choix courageux, et ô combien judicieux ! Vos efforts, j'en suis convaincu, seront récompensés au centuple ! En 1987, dans son ouvrage *Aveux et anathème*, l'écrivain roumain Emile Cioran, qui s'exprimait dans un français impeccable, a écrit fort justement : "On n'habite pas un pays, on habite une langue. Une patrie, c'est cela et rien d'autre." Le français, c'est votre deuxième maison. En France, et dans les 88 pays de la francophonie, vous serez toujours chez vous !

第三部分

教学论文

学生成长

高校思想政治教育视阈下的积极心理品质培育
——以法语语言文化学院育心工作室为例

北京外国语大学法语语言文化学院　蔡芝芳

摘　要　高等学校的根本任务是培养堪当民族复兴大任、德智体美劳全面发展的社会主义合格的建设者和接班人。北京外国语大学法语语言文化学院成立育心工作室，试图打通思想政治教育和积极心理学的理论界限，在实践中转化积极心理品质的研究成果，解决思想政治教育的实效性难题。

关键词　高校；思想政治教育；积极心理品质

在心理学既往一百多年的学科发展中，主要致力于人类出现心理问题后的解决和补救，重点研究心理疾病的发生和治疗。然而，正如《黄帝内经》所言："上医治未病，中医治欲病，下医治已病"，20世纪末，积极心理学应运而生，该理论以主观幸福感为中心，强调关注人类积极正向的心理品质。

培育积极心理品质是高校落实立德树人根本任务的应有之义。党的十八大以来，以习近平同志为核心的党中央高度重视学生心理健康工作，把全面加强和改进学生心理健康教育工作作为培育担当民族复兴大任的时代新人的重要内容。积极心理品质的培育对于学生心理健康工作而言，具有源头治理的重要价值。①

① 2021年11月29日，全国高校学生心理健康教育工作推进会召开。会议强调，教育是培养人的事业，让广大学生更加健康阳光，是落实立德树人根本任务的应有之义，要加强源头治理，全面培育学生的积极心理品质。

一、关于大学生积极心理品质

（一）大学生积极心理品质的内涵

积极心理品质是指个体成长过程中在先天遗传因素与环境相互作用的条件下形成的具有正面意义的、可塑的个性特质。心理学家马丁·塞利格曼（Martin Seligman）和克里斯托弗·彼得森（Christopher Peterson）等考察了包括中华文明在内的不同文明，建构了“人格优势的价值与实践分类体系”（VIA）。[①]国内若干学者将上述研究成果本土化，2009年孟万金、官群第一次明确使用“积极心理品质”的概念，并针对不同群体进行了研究。

孟万金的研究表明，我国大学生积极心理品质由认知、人际、情感、公正、节制、超越六大维度组成，共涵盖二十项积极心理品质。其中，认知维度的品质包括创造力、好奇心、热爱学习、思维力；人际维度的品质包括真诚、勇敢坚持、热情；情感维度的品质包括感受爱、爱与友善、社交认知；公正维度的品质包括团队精神、正直公平、领导能力；节制维度的品质包括宽容、谦虚、审慎和自制；超越维度的品质包括心灵触动、幽默风趣和希望与信念。

（二）与思想政治教育的关系

首先，积极心理品质是思想政治教育目标的重要内容。2004年中央16号文件指出，大学生思想政治教育应注重培养大学生良好的心理品质。[②]党的十八大以来，习近平总书记多次就高校人才培养作出重要论述，立德树人，五育并举，培养德智体美劳全面发展的社会主义建设者和接班人成为全体教育工作者的共同目标。培养学生的积极心理品质，从知、情、意、行由内而外地关注学生综合素质的提高，把积极心理品质培养融入高校思想政治教育，正是对这一思想的贯彻和执行。2021年7月，教育部发布《关于加强学生心理健康管理工作的通知》，明确指出要大力培育学生积极心理品质，充分发挥体育、美育、劳动教育以及校园文化的重要作用，全方位促进学生心理健康发展。

其次，二者的研究方法具有互补性。基于逻辑思辨的研究范式，思想政治教育在实效性方面缺少公认的、高信度和高效度的测量工具。积极心理学基于

---

① Christopher Peterson, Martin Seligman. Character strengths and virtues: A handbook and classification[M]. New York: Oxford University Press; Washington, D C: American Psychological Association, 2004.

② 中共中央国务院. 关于进一步加强和改进大学生思想政治教育的意见［N］. 中国教育报，2004-10-15.

心理学科实证研究的传统，从一开始就注重对积极心理品质进行分类和测量。2004年，美国塞利格曼团队编制的测评量表（VIA系列）能够很好地测量高校学生的积极心理品质发展状况。[①]国内学者在上述量表基础上编制了中国大学生积极心理品质量表，吴九君编制的《大学生积极心理品质量表》和孟万金、官群编制的《中国大学生积极心理品质量表》已经被广泛用于实证研究。积极心理品质量表的使用，有利于综合使用思想政治教育传统的逻辑思辨方法和心理学的实证方法，更有效地考察大学生积极心理品质的现状和变化。

（三）大学生积极心理品质的现状及影响因素

关于中国大学生积极心理品质的研究，主要集中在2010年前后。其中，中央教科所积极心理健康教育课题组在孟万金教授带领下，采用《中国大学生积极心理品质量表》对山东、北京等7省市的大学生进行测量。结果表明，在六大维度上，我国当代大学生自评积极心理品质维度从高到低的水平依次为：人际、超越、情感、公正、节制、认知（王新波，2010）。[②]

2022年1月，笔者在《中国大学生积极品质量表》基础上编制《中国大学生积极心理品质的影响因素调查问卷》，问卷对原量表进行了局部的修订，并增加了“在校学业成绩”“对体育活动的态度”“对体力劳动的态度”“家庭经济状况”“是否担任学生干部”“睡眠时间”等变量。调查选取北京师范大学、北京外国语大学、东北师范大学、南京理工大学、青海民族大学、西安工程大学等8所学校的学生作为样本，回收问卷1736份，有效数据1549份。

笔者随后对数据进行多元回归分析，用优势分析的方法确定回归模型中各个预测变量之间的相对重要性。结果显示，中国大学生积极心理品质的总体水平较好，同时一些因素对大学生积极心理品质存在显著影响，分别是：

1. 在预测大学生积极心理品质整体状况时，4个因素有显著影响，依次为：对体力劳动的态度、对体育活动的态度、家庭经济状况、是否是学生干部；

2. 在预测认知维度品质时，5个因素有显著影响，依次为：对体育活动的态度、对体力劳动的态度、家庭经济状况、是否是学生干部、家庭所在地；

---

① Nansook Park, Christopher Peterson. Moral competence and character strengths among adolescents: The development and validation of the Values in Action Inventory of Strengths for Youth[J]. *Journal of Adolescence*, 2006, 29: 891—910.

② 王新波. 大学生积极心理品质培养研究[J]. 中国特殊教育，2010，（11）：40—45.

3．在预测人际维度品质时，4个因素有显著影响，依次为：对体力劳动的态度、对体育活动的态度、是否是学生干部、家庭经济状况；

4．在预测情感维度品质时，4个因素有显著影响，依次为：对体力劳动的态度、家庭经济状况、是否是学生干部、性别；

5．在预测大学生公正维度品质时，4个因素有显著影响，依次为：对体力劳动的态度、是否是学生干部、家庭经济状况、对体育活动的态度；

6．在预测节制维度品质时，4个因素有显著影响，依次为：对体力劳动的态度、对体育活动的态度、是否是学生干部、家庭经济状况；

7．在预测超越维度品质时，4个因素有显著影响，依次为：对体力劳动的态度、对体育活动的态度、家庭经济状况、是否是学生干部。

二、大学生积极心理品质培育的路径思考

当代中国大学生积极心理品质既有共同性又有差异性，既有稳定性又有可塑性。上述调研结果既呈现出中国大学生积极心理品质的基本面貌，也为提高大学生心理品质提供了思路。落实到实际工作中，包括：

（一）改革学生综合评价机制

大学生，尤其是重点高校大学生，是高考的胜出者。上大学以前，他们努力的目标、评价的标准主要是考试成绩。多年来，他们在激烈的考试竞争中学习和生活，看重学习成绩、参与激烈竞争已经成为一种生活方式，甚至内化为一种思维方式。高校改革学生评价机制，当前最重要的是要坚决改变用分数、排名给学生贴标签的做法，避免将学习成绩作为学校评奖评优的唯一标准或主要标准。

学生评价机制是学生发展方向的指挥棒，而理想信念、道德情操、遵纪守法、公平正义、仁爱之心、创新创造等大量品质很难用考试分数进行衡量，因此在改革学生评价机制中要加强对体力劳动、身体锻炼、艺术活动、社会服务的重视，使之可以有效考核学生德智体美劳等各方面综合素质。

（二）进行课程教学变革

学习是一个习得知识、态度、信念、思维的全方位的过程，要重视课程体系

建设和课堂改革，课程思政与思政课程相结合。课程重视贯通性和整合性，打通学科壁垒，拓宽学生视野，培养跨学科思维，注重培养不断自我超越、提升的自由自主精神。课堂尊重学习者的主体地位，引导学生积极探究，唤起好奇心与求知欲，培养创新思维与学习热情，同时将理想信念的树立、道德情操的培养、为人处世的态度和言谈举止的规矩融入课堂。

（三）丰富教育内容供给

丰富教育内容，加强“五育”并举。德育、智育、体育、美育和劳动教育，紧密相关，互相促进，不可偏废。

充分用好第二课堂，提供丰富的教育内容。充分肯定体力劳动的价值，搭建体力劳动的平台，提供集体体力劳动的机会，内容应涵盖校园绿化、垃圾分类、公共区域打扫、设备维修等诸多公共服务；大力发展学生文艺和体育社团，提高文体社团对学生的覆盖面。社团工作的重点应是日常线下训练，发展学生兴趣爱好，促进线下人际交流。社团不以比赛为目的，因此不设进入门槛，鼓励每位学生每学期至少加入一个社团。

（四）加强心理健康教育

大学生中，焦虑和抑郁是最普遍的两种情绪，心理疾病的患病率也在逐年升高。传统心理健康教育方式包括心理学课程学习、专题讲座、校园宣传、团体辅导、个体咨询等。积极心理品质的培养仍然需要采取这些方式，但内容不应局限在心理卫生与心理问题上，而是扩展到增加成就与幸福感、意义感上；形式也不再以理论习得和认知提高为主，而是注重活动实践和情绪体验；团体辅导可以就学生困惑最多的人际、学业、情感和生涯规划方面进行设计，以更有针对性。

（五）在行动中树立理想信仰

人终其一生都在寻找自己存在的价值或意义，意义感的缺乏会带来“空心病”[①]。人生的意义到底是什么？积极心理学给出的答案和中国共产党的宗旨是一

① 北京大学心理健康教育与咨询中心原副主任徐凯文在2016年11月的一次演讲中提出，价值观缺陷导致部分大学生心理障碍，并称之为“空心病”。

致的，前者说“他人是重要的”，后者说：“为人民服务”。引导大学生寻找人生意义，走出教室、进行为人民服务的实践是最有效的方式。学生们在服务他人中体验到意义感、价值感和成就感，在社会化的过程中树立世界观、人生观和价值观，将更有利于“为人民服务”的理想信仰扎根于心。

三、育心工作室的相关探索

2020年，北京外国语大学法语语言文化学院（以下简称法语学院）成立育心工作室，在院系层面探索大学生积极心理品质的培育机制。其要点有：

（一）基层党组织发挥主导作用

党组织发挥主导作用是党领导思想政治教育工作的体现，主要表现为三点：

一是明确培育目标。为党育人、为国育才，要培养德智体美劳全面发展的、社会主义合格的建设者和接班人，首先要促进学生身心健康，健全优良人格，培养学生富有理想、满怀希望、宽容自律、乐观向上；其次，不仅培养学生掌握所学专业的知识和能力，还要具备一定的通识能力和可迁移能力。

二是统筹人力物力。调动院系班子成员、学科负责人、教研室主任、班主任、辅导员等各方面的力量，将其纳入到大学生积极心理品质培育的过程中；聘请心理健康教育专家作为工作室督导；为学生的体育、美育聘请专业指导教师；劳动教育方面，分门别类聘请相关工作人员带领学生开展劳动。

三是设计教育内容和方式。内容包括价值观教育、心理健康、学业信心、环境适应、人际关系、自我认知、生涯发展。工作方法包括谈心谈话、新媒体教育、团体辅导、志愿服务、集体劳动、调查研究等。

（二）三全育人贯彻全程

三全育人强调将立德树人的根本任务落实到教育教学全过程和各环节，形成教书育人、科研育人、实践育人、管理育人、服务育人、文化育人、组织育人的长效机制。育心工作室的建设中，法语学院党组织不仅将学院班子成员、各学科带头人、各教研室主任、教工党支部书记、学生支部书记、辅导员等纳入工作队伍，还动员了所有教师参与学生教育的全过程，包括集体劳动、体育锻炼等。

（三）一线规则践行到位

育心工作室特别强调学生的线下集体活动。与以往大学生相比，Z世代大学生接触虚拟社会多，现实社会少。然而只有广泛参与集体活动和接触现实社会，在其中认识自我、理解社会，才能收获真正的价值感和意义感。

到学生中去，是育心工作室的基本原则。教师们是学生需要学会面对和对待的重要他人，育心工作室动员所有教师在教学管理工作以外，每学期要参加1—2次学生集体活动，深入到学生中，让学生在良好的师生互动、师生关系中收获成长。

本文所呈现的思考和探索均源于实际工作和调查研究中发现的真问题。在解决问题的过程中，法语学院打通思想政治教育和心理学的学科壁垒，综合运用知识、技能和资源，旨在切实落实立德树人的根本任务，培养堪当民族复兴大任、德智体美劳全面发展的社会主义合格的建设者和接班人。2022年3月，法语学院出台了《法语语言文化学院时代新人培育方案》以及配套修订的《法语语言文化学院综合评估工作实施办法》《法语语言文化学院附加分细则》，成立了体育运动队和劳动队，改编扩大了艺术团，在学生中进行了大规模招募，文体社团基本覆盖了所有本科生。在教职工中，法语学院凝聚共识，统一目标，动员全体工作人员全面参与到时代新人的培育工作中去。立德树人的使命光荣，任重道远，是教育工作者为之奋斗终生的事业，法语学院将举全院之力，略尽绵薄。

参考文献

1．Seligman M E P, Steen T A, Park N, Peterson C. Positive psychology progress: Empirical validation of interventions[J]. *American Psychologist*, 2005, 60(5): 410—421.

2．孟万金，官群．中国大学生积极心理品质量表编制报告［J］．中国特殊教育，2009，16（8）：71—77.

3．孟万金．论积极心理健康教育［J］．教育研究，2008，（5）：41—45.

4．王新波．大学生积极心理品质培养研究［J］．中国特殊教育，2010，（11）：40—45.

5．鞠鑫．当代大学生积极心理品质现状与思想政治教育探析［J］．扬州大学学报（高教研究版），2017，21（06）：67—71.

6．李自维．大学生积极心理品质评价与心理健康教育相应模式研究［D］．重庆：西南大学，2009.

法语专业本科生的成长类型与学生工作经验

北京外国语大学法语语言文化学院　李朝伟

摘　要　因材施教在现代高等教育中既是必要，也有可能。对学生分类，有利于有针对性地开展不同层次的思想政治教育、职业生涯教育。在北京外国语大学法语语言文化学院七十周年院庆之际，对近年来法语专业本科生毕业去向进行回顾分析的基础上，本文提出以学生在形成生涯发展规划过程中的去向选择，以及达成目标过程中所做的努力这两个“非结构性要素”为依据，来对学生的成长过程进行分类，将因材施教变为可能，得出法语专业学生在主要四种去向选择下的三大成长类型，在此基础上总结学院对于各类学生所做的学生工作经验。

关键词　因材施教；成长类型；学生工作

北京外国语大学法语语言文化学院（以下简称“法语学院”）建院已有七十个年头，培养出来的人才不计其数。引人注目的是，法语学院不仅在外交外事方面培养出大量人才，同时在其他领域也遍布着优秀校友。这得益于法语学院关爱学生、尊重学生个性发展的优良传统，在人才培养上不拘一格、兼容并蓄，注重打造学生法、英双语的扎实功底，着力培养具有国际视野、家国情怀的复语型、复合型外语人才。法语学院本科生有很强的可塑性，也有很强的成长意愿，他们的成长类型具有鲜明的时代特征。善于把握学生的成长类型，能够在本科培养阶段，既满足社会对人才的需求，又达到学院的培养目标，还能实现学生自身的成长期待，这对学生工作提出了极高的要求。本文在对近年来法语学院学生成长过程观察的基础上，将学生成长类型进行划分，并就此提供一些学生工作方面的经验。

一、学生分类的现实和理论基础

（一）因材施教的可能与必要

我国因材施教的教育理念古已有之，对学生进行分类是育人基础。《论语·先进》“侍坐章”中孔子根据才能、品德等对子路、曾皙、冉有、公西华等四大弟子作了一番点评，可以看出他非常注重在教育过程中将学生加以区分，进而帮助学生扬长避短、充分发展。而在当前教育模式下，特别是高等教育之前的学习阶段很难实现“因材施教”，这一教育理想仿佛只存在于经史子集当中。很大一部分原因是当下教育中“教”的成分大于“育”的成分，同质化的教学内容、单一化的评价手段、片面化的成才标准，导致社会上形成了考试成绩好就是老师好、学生好的观念，使得学生、家长和教师都不得不屈从于“不进则退、分数至上”的强制竞争逻辑，被迫加入千军万马过独木桥的厮杀当中，在教育产业的滚滚洪流之中所有人都在不断“内卷”，来不及思考教育的真正价值和原初意义。人们常常感叹应试教育模式下的“有教无类”——不论学生有何特色、个性、特长，经过学校系统的教育，一个个学生都变成了流水线上的产品，变得“规整”的同时却少了灵性与个性。

现实中，因材施教的重任落在了大学教育者肩上，这既是学生个人发展的需要，也是高等教育发展的需要。我们可以从学生成长的维度清晰地看到“因材施教”的可能性。

首先，从一种选择变为多种选择，客观上学生可接受检验的形式变得多元化。大学之前的学习阶段，评价方式主要以笔试这种被动且单一的手段进行，学生学的和考的都是统一标准的内容，谈不上选择。进入大学后，期末考试除了是择优的参考依据，还成为学生具备学位所对应的基本知识和能力的主要证明。学生之间强制性竞争依然存在，学业成绩是证明学生专业能力的首要指标，但这种竞争仅存在于少数“头部”学生当中。一般学生的发展路径则从单一选择变成多样选择，可学习的技能多种多样，可参与的考查形式丰富多彩：他们要面对各种机构给出的标准或非标准化考试。为了应对不同方向、不同形式的考查，学生需要多方面综合发展，不必拘泥于大学课堂上的教学内容，课堂学习对于大学生是远远不够的，还要进行广泛的社会实践学习。

其次，从被动选择变成主动选择，学生从主观上掌握选择毕业去向的主动权。高考模式下，大部分学生都在择校选专业方面难以享有主动权。进入大学后，达到学校的毕业要求是必要条件，在此基础上学生有充分权力决定自己的发展方向，可以通过自身努力，达到各个单位、组织的检验标准，以实现自己的成长期待。这就要求学生必须变被动为主动：主动调研、主动准备、主动报名、主动参与才有可能通过检验，比起每个学期末的课程考试，这些考核占据学生的学习时间甚至多于专业学习，对于学生未来的成才和职业发展有着更为显著的影响。

由于学生在生涯规划方面未必人人都很清晰，选择毕业去向不同，自觉主动性不同，就会形成不同的成长类型：有的类型需要教师“点一下”，帮助他们选择适合的方向，避免走弯路；有的类型需要教师“推一把”，给他们加油鼓劲，走得更坚定；也有的类型方向明确、主动性强、执行力强，几乎不需要教师干预也能达成目标。因此，我们对学生分类，有利于合理分配服务和指导学生的时间和精力，有利于选择恰当而有效的方式方法，有利于开展不同层次的思想政治教育、职业生涯教育，以免南辕北辙、隔靴搔痒或用力过猛，不仅达不到预期效果，还有可能引起学生的反感抵触。

（二）按成长类型将学生分类的方法思路

广义上来看学生分类问题，每个人都有自身不同的特质，确定合理的分类标准十分必要。专业的分类务必讲求科学、有效，依据分类学中的最少交叉原则和穷尽性原则来制定分类标准。目前学界常见的学生分类办法，主要是把学生身上已有、轻易不发生改变的规定性，如按照成员构成特点、学生的综合因素、学生的结构分布等[①]作归纳聚类，据此再将学生划分为多种不同类别，如学业困难群体、经济困难群体、心理困难群体等。可以把上述特征要素统称为“结构性特征要素”，以这些要素分类的目的是从中选取特殊群体、重点群体，再加以特殊、重点关注。

本文关注的是学生在形成生涯发展规划过程中的去向选择，以及达成目标过程中所做的努力这两个“非结构性要素”。这种“非结构性要素”是学生成长过程中，一段时间内心理成就动机和实际行动相匹配的心理特征，直接决定了学生的成长类型。由此对学生在校期间表现和毕业去向选择进行综合考量，根据学生

① 林佩云. 大学生群体的分类探析［J］. 河北农业大学学报（农林教育版），2010（1）：1—4，15.

不同的成长过程和结果，对学生进行分类。这是一种结果导向、动态的、非结构性的分类办法，有别于以家庭出身、身体素质、能力禀赋这类既定的又轻易难以改变的结构性要素的分类。

在校四至六年的时间内，学生的成长类型极有可能发生多次质的变化，本文将这种变化称为“成长类型间的转化”。成长类型的确认并不能完全根据学生去向结果倒推，因为学生成长过程中已经显现出发展趋势，如果仅仅从结果来判断学生类型，就会错过了因材施教的时机。学生工作者应该在学生成长过程中对其成长类型加以判断并施加适当的影响，从而引导其在心理和行动上向自身期待的成长类型转化，这正是对学生成长类型分类的意义所在。

二、法语学院学生的成长类型

毕业去向的选择和为选择做出的努力决定了学生的成长类型。学生一旦做出相应选择，会有意识地通过各种途径实现自己的选择，大部分学生会在努力后有所收获，我们称之为成长过程。虽然学生的成长类型相对固定，成长过程却充满了变化的可能。对学生成长类型的判断，要综合分析学生的毕业去向选择和学生在达成某个目标的努力过程时所付出的时间和精力。

因专业特殊性，法语专业本科学生的毕业去向相对比较固定，主要有以下三种：一是直接就业，二是国内考研，三是出国留学。另外每年还有一些同学选择gap year（间隔年），考研gap year的主要原因是没准备好，留学gap year的主要原因是结果不理想，2020年还有一部分留学gap year的原因是疫情导致无法成行。

总体来看，近5年来法语专业学生毕业选择中，出国和直接就业的人数明显减少，而计划考研和gap year的人数呈显著上升趋势。个别学生的去向较为特殊，需具体情况具体分析。下面将分析上述四种毕业去向的学生成长类型和特点。

（一）复杂多变的直接就业类型

直接就业的大多数本科毕业生，以签订就业协议或者劳动合同这类保障性高的就业形式为主。根据就业统计，去向单位主要有部委机关和大型央企国企，也有一部分私企、外企、合资企业；从事的行业大部分工作对法语和英语水平都有一定要求。就目前来看，用人单位对接受外派的男性学生需求比较旺盛。与就业市场相矛盾的是，法语学院的生源性别分布一直是女多男少，加之学生普遍对第一份工作心理预期过高，追求国内大城市的高薪工作，因此经常会出现用人单位求贤若渴、求职学生投递无门的情况。

法语专业的学生如果选择了直接就业，在满足工作职位对法语专业水平要求的基础上，还要有较强的综合素质，这就需要学生在就业前有意识地进行锻炼。然而现实情况是，大部分学生还没有完全做好进入工作岗位的准备。造成此现象的原因主要是学生生涯规划不清晰，有的学生把直接工作当做其他毕业选择的备选，没有对职业要求足够重视；还有的学生在校期间参加社会实践少，没有对自己的职业生涯充分探索，不清楚自身职业水平同用人单位要求如何匹配。

基于上述情况，我们可以把直接就业的学生分成如下三类，一是就业目标明确主动提升型，这一类学生有强烈就业意愿，能主动提升自身职场竞争力，主动适应岗位需求，这类学生基本上没有就业困难，人数不多；二是就业计划不明、被动参与型，这一类学生有就业意愿，但是由于本科四年时间里没有主动准备而显得被动，没有充分了解职场要求，对自身兴趣、能力和价值观认知不清，在求职过程中往往因准备不足而碰壁，这类学生是少数，求职过程显得十分艰难，求职结果不如意；三是就业意愿不强碰运气型，这一类学生正在逐年增多，他们并没有太多就业动力，或者认为自己准备不充分，需要深造以求更有职业竞争力，因而找工作不是他们的第一选择，求职过程中没有特定计划，往往还有跟风的心理，随波逐流，这类学生在求职过程中最“佛系”，他们即使找到工作也不会大喜过望，找不到工作也不会刻意去反思自身差距，而更倾向于把问题留给未来去解决。

由此可见，在有就业打算的同学中，被动参与的和碰运气的都是学生工作的重点，同时也是难点，是就业工作中比较难做工作的人群。

（二）道路坎坷的升学类型

越来越多的法语专业本科生选择继续深造，比例还在逐年升高。一方面，很多地区的人才政策倾向于高端人才，没有研究生学历，很难找到传统意义上的“好工作”，升学成了很多学生不得不赶的“时髦”；另一方面，很多学生直到毕业也不能明确自己的择业方向，深造就成了他们慢就业、缓就业的最佳解决方案；还有一部分学生，发现自己在本科期间形成的专业能力或专业结构不足以匹配自己理想的工作岗位，需要通过深造来继续提升。种种主客观原因造成了法语专业本科生升学热的情形。

目前升学有两种主要途径：国内考研和出国留学。国内考研是最为热门的选择，不少同学们把就业压力当做是考研的动机，把拿到硕士学位作为找工作的敲门砖。出国留学的学生，大部分是语言基础好、家庭条件允许、本科阶段成绩尚可的。除此之外，不论是考研还是申请留学，为了升入理想学校而选择gap year的学生也在逐年增多，每年还会出现个别坚定不就业、缓就业的学生。

由于国内考研、国外留学、gap year的学生计划相对比较明确，付出努力比较有方向性，可以将计划升学的学生分为以下几类：

第一类是坚定考本校法语专业的学生，由于本院在业内认可度高，考试难度大，竞争尤其激烈。他们需用至少半年到一年时间来进行复习，大多在第六学期期末开始准备考研。考研的准备周期长，结果充满不确定性，更为残酷的现实是这类学生的成功率只能达到百分之三十，学生的压力极大，但是他们目标明确，动力很足。而考研失败的话，这类学生也最容易继续“二战”。

第二类是跨专业考研的学生，这部分学生多是认为法语就业面窄，想要避开竞争，或者有较为明确的其他专业兴趣以及职业目标，想要在研究生阶段考取排名更靠前的综合类院校，换专业或者进行复合型学习。这类学生付出的精力不亚于考本校的同学，要准备大量之前接触较少的专业方向课，一般选择是经管、法律、政治、教育等学科，难度之大可想而知。每年本院跨考的人数少，成功率低，他们往往需要更大的决心和信心。

第三类是坚定出国留学的学生，他们基本在二、三年级时就会明确出国计划，四年级上学期需要拿到语言成绩，准备好申请文书等材料，否则就有可能延误当年的出国申请。虽然受到疫情的影响，部分学生改变了当年的留学计划，但是一旦准备出国，需要学生做好充分了解和准备。不少学生花高价咨询出国留学中介机构，以增加成功率，但申请学校依然会占用这类学生毕业季的主要精力，很难分身于找工作或国内考研。国外高校录取通知时间也不确定，给申请的学生造成不小的心理压力。

第四类是当年无法确定去向或对自己缺少信心而准备gap year的学生。如前文所述，部分学生由于没有做好考研、留学的准备，自我期许又比较高，希望进入理想的学校学习，因此他们认为非常有必要多准备一年，以增加成功率。这样的观念近年来正在学生中间蔓延，造成的直接影响就是这部分学生本可以落实工作或升学却被耽误。现实情况是，不论原因为何，gap year都不是一个好选择，不仅没有提高成功率，反而加大了失败的风险，在离开学校的一年中他们很难集中精力做更有效的复习准备，缺少校园和同伴带来的就业升学信息，同时会失去当年应届生身份的优势，延误了就业机会。简而言之，没计划好未来的学生在逐年增加，gap year有风险，学生却很难意识到。

之所以没有对考研gap year和留学gap year的学生成长类型再作区分，是因为这两类学生的成长过程相对比较相似，无需再做展开讨论。

三、根据分类结果因材施教的方法

前文中，我们根据法语专业学生毕业去向选择的不同，在主要的选择——直接就业、国内考研、出国留学以及gap year——基础上相应地根据学生成长过程对学生成长类型做了区分，描述了他们毕业前所处的状态，面临的困难，分析了他们的心理特征。将直接就业的学生分为主动提升、被动参与、尝试碰运气三种类型。将计划升学的学生分为本校考研、外校跨专业考研、出国留学三种类型，以及计划gap year的特殊种类。计划升学和gap year学生的意向普遍坚定，合并为成长过程中积极准备、主动提升类。其余未作为分类的个别学生，因毕业选择和成长过程比较特殊，不具有代表性和普遍性，需要具体问题具体分析。下面将就上述三类七种学生的成长类型，从学生工作的角度提出引导学生积极就业，提升学生择业信心，增加学生就业成功率的方法和建议。

（一）根据实际情况调整期待

针对主动提升类的学生，要适当调整学生的自我期待和目标。据近期一项关于本校毕业生收入的调研，法语学院学生的实际就业收入与薪资心理期待值之间的落差巨大。造成这种落差的原因，就是学生在进入职场前未能清晰准确地给自己定位，不了解社会对于自己的专业和专业水平的评价，在此矛盾中陷入目标丢失、自我否定、对现状不满的消极矛盾心理之中。针对这一问题，法语学院近年来尝试了多种手段以降低学生期待，帮助学生树立合理的择业观。通过学生教育会、课堂引导、校友讲座、辅导员及班主任谈心谈话等方式，向学生说明法语就业市场目前的情况和未来的前景，引导学生明确个人能力与工作岗位的匹配关系及职业未来发展方向应形成的正向联系。在此方面，需要注意避免矫枉过正，降低期待并不是让学生自我否定，而是要学生树立良好的择业观、事业观、人生观，在工作中提升职业技能，在岗位上实现自我价值，在未来获得更好的发展。

同样，对于非名校不上的升学类学生，降低期待也很有必要，我们一方面要保护学生升学深造的积极性，另一方面也要让学生清楚升学并非人生唯一出路，而且并非适用于每个人。在此方面，了解学生毕业打算尤其重要，前期必须要做好调研，对坚定升学但是学力较差的学生要重点关注，多做生涯规划指导，探索他们的职业兴趣，对于无心做学术研究的学生，要向他们介绍本科就业和研究生就业的差异，从机会成本的角度说明考研读研对于法语专业学生的作用有限，如果用几年时间专注考研有时可能错过好的工作机会，并且还伴有考试失利、年龄过大、简历断档等各种不确定风险。

（二）营造积极氛围改变就业心态

对于就业过程中被动参与或者碰运气型的学生，需要改变他们的就业心态。法语学院学生中有很大一部分要么没有清晰的就业计划，要么没有把就业当做主要目标，就业对他们来说是被动参与或者碰运气尝试。学生心态一旦变得消极被动，往往很难做到充分准备，他们已经给自己找好不就业、缓就业的借口，采取观望的态度，缺乏实质性的行动，而某个学生有类似观念又会影响到周围更多的同学，这对于学生整体就业氛围非常不利。积极的就业心态对于毕业生尤其重要，如果是主动联系用人单位、主动寻求职位推荐、主动请老师指导就业，绝大多数学生都能找到一份不错的工作，一个同学的积极响应还能带动身边同学一起主动求职，从被动变为主动，激发起学生的上进心。

为了营造积极的就业氛围，学院组织了一系列丰富多样的促进就业活动，覆盖各年级层次。朋辈分享会，主要由学业优异的学生向新生介绍实习、考试的经验，让新生入校后尽早开展职业生涯探索，确定学习方向、就业目标。就业经验分享会，有针对性地按照企业招聘、公务员考试、考研、出国留学等不同方向分别面对全院本科生举办分享会，邀请最近几年成功就业的同学进行宣讲，提高学生参与的积极性。以先进带动后进，打开学生思路，让学生尽早明确职业目标，帮助学生思考人生规划，形成榜样作用。

学院还积极拓展就业实习基地，与需求旺盛的用人单位展开良好合作，推荐专业水平高、职业素质强、就业兴趣浓的学生前去参加应聘和实习活动，很多学生通过对行业和企业的探索了解，更加明确了自己的职业目标和兴趣。但是这一工作还远远不够，未能覆盖到一些极度缺乏主动性的学生，工作岗位也相对有限，还需要更广阔的社会空间以及就业实习的相关政策支持，以激发学生主动进行职业生涯规划，改变学生等待、观望的心态。

（三）注重因材施教做好就业引导

大学教育一切工作要围绕学生本身来开展，以人为本是教育的核心。法语专业的人才如何适应当下国家和社会的发展需要，如何满足用人单位的实际需求，如何实现学生自身的成长期待，是法语学院全体教职工不断追问求索的问题。对于学生工作，因材施教或许是一个具有普遍意义的答案。不以结果为导向，不以分数评高下，不以成败论英雄，在学生的培养过程中，引导学生主动探索职业目标和兴趣，尽早明确毕业去向安排，及时发现学生思想异动，坚持从源头出发、顺势而为、因势利导的就业指导方略。学院在此方面做了一些探索和尝试。

通过专业的心理量表问卷，每学期对学生的心理状态进行跟踪调研，积累个人档案，了解每名学生的职业心理成熟度，对专业的认可度、热爱度、自信度，以及对自己能力的认知度和满意度。在调查的基础上，采取定性和定量相结合的方法对结果进行分析，发现就业困难群体。为更好对重点学生进行辅助干预，学院成立了生涯规划工作坊，由专业的就业规划及心理辅导教师组成的指导团队，通过团体辅导和深度谈话等方式，对学生开展就业指导和生涯规划指导。此过程周期比较长，但是效果明显，特别是对前途比较迷茫、大学期间不知何去何从的学生颇为有效，经过一段时间的辅导，他们都能在职业生涯规划方面做出较为清晰的选择。

参考文献

1. 林佩云. 大学生群体的分类探析［J］. 河北农业大学学报（农林教育版），2010（1）：1—4，15.

人才培养模式

"法语+外交学"复合型复语型人才培养模式探索（2015—2020）

北京外国语大学法语语言文化学院　戴冬梅

摘　要　新世纪以来，高校法语专业逐渐确立了复合型人才的培养目标，也出现了多种人才培养模式。北外"法语+外交学"复合型复语型人才培养项目丰富了这一实践。该项目依托法语学院和国际关系学院，是北外非英语专业中最早跨学科、跨院系、深入合作进行人才培养的创新之举。它旨在充分整合北外传统外语学科优势和新兴学科资源，创新培养方案和管理模式，培养通晓英、法双语并有扎实外交学基础的国际化外交外事拔尖人才。

关键词　法语专业；复合型复语型人才；"法语+外交学"

前言

我国改革开放以来，高校法语专业的人才培养目标经历了从培养法语单科专业人才到复合型人才的丰富和转变。1977年恢复高考以及随后的几年，法语专业旨在培养师资、翻译和外事工作者。人才培养主要着力于打下扎实的法语语言基本功、扩大知识面。当时学生毕业时基本沿用了分配制度，找工作没有困难。但是，"毕业生往往发展后劲不足，只能从事单一的工作，为别人当助手"。[①]到

① 戴炜栋（编）. 高校外语专业教育发展报告（1978—2008）[M]. 上海：上海外语教育出版社，2008：450.

20世纪80年代末90年代初，外语专业培养复合型人才的理念被提出，对外经济贸易大学、广东外语外贸大学率先提出培养精通外语和外贸知识的毕业生。教育部于1998年发布了《关于外语专业本科教育改革的若干意见》，明确指出："外语专业必须从单科的'经院式'人才培养模式转向宽口径、应用型、复合型人才的培养模式。"具体而言，21世纪的外语人才应该具备扎实的基本功、宽广的知识面、一定的专业知识、较强的能力和较好的素养。[①]复合型外语人才首先从英语专业开始培养。北京外国语大学英语学院内部逐步产生了商科、国际关系、法学、新闻等专业，这些专业从2001年开始陆续独立建制。

在此背景下，法语专业也逐渐进行改革，在传统的语言文学学科基础上，探索复合型法语人才培养模式。《高校外语专业教育发展报告（1978—2008）》总结了法语人才培养的几种模式[②]：法语专业型（传统法语专业）、双外语型（法语+英语）、专业方向型、主辅修型、专业加外语型。双外语型指院校通过加大英语课的课时和学分，探索英、法双语人才培养模式。专业方向型是在原来的法语专业课基础上增加用法语讲授的商务、经济贸易、新闻、管理、法律等方向，传统外语类院校大多采取此类方式。主辅修型是为学有余力的同学设置辅修专业，综合类院校和师范类院校利用本校丰富学科资源，多采用这种形式。专业加外语型学生在完成专业核心课程的学习过程中，努力学习法语，从而具备使用法语进行交际和学术交流的能力。综合性大学采用该模式较多，如武汉大学"商学+法语""法语+数学"，北京大学和首都师范大学"世界历史+法语"等培养模式。近年来，《普通高等学校本科专业类教学质量国家标准（外国语言文学类）》进一步阐明了培养专业型和复合型外语人才的要求。[③]《普通高等学校本科法语专业教学指南》（下简称《指南》）确定了法语专业本科课程体系跨学科的特点。该体系"突出学科交叉和知识融通，强调跨学科、跨文化的知识建构"。[④]《指南》也明确提出："法语专业可与其他相关专业结合，形成复合型专业或方向，也可

① 高等学校外语专业教学指导委员会．关于外语专业本科教育改革的若干意见［J］．外语界．1998（4），3—5.

② 戴炜栋（编）．高校外语专业教育发展报告（1978—2008）［M］．上海：上海外语教育出版社，2008：453—455.

③ 教育部高等教育指导委员会（编）．普通高等学校本科专业类教学质量国家标准（外国语言文学类）［M］．北京：高等教育出版社，2018：95.

④ 教育部高等学校外国语言文学类专业教学指导委员会 法语专业教学指导分委员会（编著）．普通高等学校本科外国语言文学类专业教学指南［M］．北京：外语教学与研究出版社，2020：56.

以建立双学位或主辅修机制。”[①]

北京外国语大学（下简称“北外”）法语学院与国际关系学院（下简称“国关学院”）早在2014年就开始探索“法语+外交学”复合专业人才培养模式，符合发展趋势，丰富了复合型法语人才的培养实践。该项目于2015年9月正式招生，依托北外法语学院和国关学院，开设了法语（国际关系方向）和外交学（法语与法语国家研究）两个专业。该项目是北京外国语大学非英语专业中最早跨学科、跨院系、深入合作进行人才培养的创新之举，旨在充分整合北外传统外语学科优势和新兴学科资源，打破院系壁垒，培养通晓英、法双语并有扎实外交学基础、熟悉国际关系和外交事务的国际化拔尖人才，为我国外交、外事领域尤其是为进入国际组织工作进行人才储备。该项目执行5年多以来，在继承两个学科优秀教学传统的基础上，在培养方案制定、教学组织安排、学生管理等方面皆有创新举措，取得了良好的效果，并发挥了一定的示范作用。

一、项目概况

2014年底，时任北外国际关系学院院长的李永辉教授向法语系[②]建议联合培养复合专业人才。经过双方讨论，项目的近期目标确定为培养英、法双语均达到专业八级水平、熟悉外交学专业基础知识的国际化外事人才，远期目标是为中国进入国际组织、提高在国际舞台的话语权储备人才。随后，两个院系在教务处的主持下讨论了招生方式和培养方案思路。

2015年4月，两院正式向教务处递交了《法语系和国际关系学院联合进行本科培养的申请报告》，充分阐明了双方合作的意愿，详细说明了合作设立法语（国际关系方向）和外交学（法语与法语国家研究方向）专业的可行性、优势与特色、具体实施方案和需要协调解决的问题。

2015年9月，项目正式招生，取得较好社会影响。虽然学校起初设了“试点期限为4年”的规定，需等2015级毕业后才能继续招生，但是，考虑到第一年招生的良好成果，学校允许进行调整。2016年，项目甚至扩大至两个班。2017年至

① 教育部高等学校外国语言文学类专业教学指导委员会 法语专业教学指导分委员会（编著）. 普通高等学校本科外国语言文学类专业教学指南［M］. 北京：外语教学与研究出版社，2020：60.

② 法语系于2018年11月正式更名为“法语语言文化学院”（简称“法语学院”）。

2020年，根据法语学院师资和学科方向多元的考虑，本项目又恢复到每年一个班的规模。截至2021年初，2019届和2020届3个班共近80名同学已顺利毕业。目前在校还有4届共4个班，约100名同学。

5年来，两个学院目标一致，合作关系良好，沟通顺畅。每个学期，除了正常的工作协调和交流，两院在重要的教学节点都会召开工作会议或者学生座谈会，为项目把脉，就教学、管理以及学生的适应情况、未来出路等展开问答和讨论，及时发现问题、解决问题，以保证项目的顺利进行。

二、创新与特色

本项目符合国家发展战略、符合北外学科优势和北外服务国家战略的要求。党的十九大报告强调了“人类命运共同体”的建设和“一带一路”倡议的发展。为此，中国将更多地参与全球治理，尤其是深入参与国际组织的工作，将在国际事务中拥有更多、更大的话语权。国际组织在中国外交中占有越来越重要的位置。而作为国际通用语之一，法语在国际组织中的地位仅次于英语。法语国家和地区分布广泛，遍及欧洲、美洲和非洲。北外双一流学科建设、“十三五规划”中都明确提出要培养国际组织需要的复合型人才。北外已在研究生层面建立了国际组织学院[①]，“金本科”层面进行国际组织人才的培养势在必行。

项目的具体创新和特色有以下几点：

（一）项目打通了院系资源，整合了北外学科优势

法语是北京外国语大学的传统优势学科、新中国最早设立的法语专业之一、国家级特色专业建设点、北京市重点学科，有优良的教学传统，专业层次完备，有学士、硕士、博士学位授予权。国际关系学院是北外新兴复合学科的代表。外交学专业建立于1999年，是全校最早成立的两个非语言类专业之一，也是全国较早成立的培养复合型外交外事人才的重要基地。2010年北外外交学专业获评教育部第六批特色专业建设点。“外交学+英语”的复合型本科人才培养模式取得成

① 2017年4月正式成立，其前身为2011年北外开始设立的“探索国际组织需要的复合型人才培养模式”项目班。

功，使北外外交学专业成为国内同类专业领域中特色鲜明、具有较高国内知名度和一定国际影响力的学科。

本项目制定专门培养方案，两个专业课程均由法语和外交学的核心课程组成。法语专业（国际关系方向）法语课较多，外交学专业（法语与法语国家研究方向）的外交学课程较多，分别由法语学院和国际关系学院承担教学。复合专业学生与两个专业的同学同堂上课，以完全融入式的教学方式，保证了学生两个专业的深度复合。因此，“法语+外交学”项目不是专业的简单叠加，各专业教学也没有降低学习要求。本项目采取“主学位+双学位”模式，即在修满主学位学分（外交学25学分，法语32学分）的基础上，再修读包含必修课和选修课的双学位学分（外交学18学分，法语34学分）后，学生可获得北外颁发的法学学士双学位或文学学士双学位。

（二）该项目是法语和外交外事人才培养模式的创新

“法语+外交学”项目适应时代要求，是人才培养模式的创新。通过对北京大学、对外经贸大学等相关专业的调研发现，现有的法语语言文学为主的专业优势和“外交学+英语”的复合型人才培养模式已难以完全满足多样化人才培养的需求，人才培养模式亟待创新。2019年以前，北外外交学专业毕业生英语可达到专业八级水平，但是鲜有掌握法语的。约有80%的法语专业本科毕业生英语和法语可达专业八级水平，但是少有扎实的外交学专业基础。法语素有“外交语言”的美誉，与外交学的学科兼容性强。同时，我们通过对2014级本科生的调研发现，法语系和国际关系学院分别有10多人有修读外交学或法语专业双学位的意愿，有学科融合的现实基础。

本项目实现了对两个专业课程体系的补充和丰富，也提高了培养质量。从法语学院角度看，本项目是对法语专业的拓展。法语学院在语言学、文学、翻译理论和实践、法语国家和地区研究四大学科领域的科研和教学方面积累了丰富的经验，但本科专业一直只有法语。法语（国际关系方向）是第二个本科专业，外交学课程是对法语学院学生知识结构的有益补充。从国际关系学院角度看，本项目在双学位阶段的课程安排超越了之前多年面向全校开设的传统外交学辅修双学位课程：不仅课程和学分设置更为核心和精简，全部课程在非周末时段，且与专业同学一起修读，教学质量和效率都有所提高。根据北外教务处2018年底对本项目的调查结果，学生对两个专业的教学满意度非常高：法语教学满意度100%，非语言教学满意度为90%。

（三）该项目毕业生通晓英、法双语，同时掌握外交学基础知识

多位领导人和外语界知名学者曾明确提出培养双外语人才尤其是英、法双语人才的必要性。20世纪60年代，国务院副总理兼外交部长陈毅在对北外师生讲话时，就提出要培养双外语翻译干部。①1978年8月，廖承志副委员长在全国外语座谈会上作了重要讲话，其中提到要提高翻译的外语水平，要“能两门外语操纵自如”：“比如到联合国担任翻译，有一条规定，要懂两三种语言，起码要懂英文、法文，在联合国才能算是个合格的翻译。”除了强调掌握两门外语，他已精准点出到国际组织工作精通英语和法语的重要性。②胡文仲教授也撰文指出：“中国在国际组织中有数量不少的工作人员名额，而实际上却不能选派人员履职，主要原因是我们还提供不出足够数量的国际组织所需要的高水平复合型双语人才，不仅专业知识不足，外语能力也不能满足需要。”③而项目班则满足了通晓英、法两门外语和一门社会科学专业知识的标准。

外交学（法语与法语国家研究方向）是北外历史上第一个法语双学位项目，学生法语水平与法语专业同学基本持平。法语（国际关系方向）的生源质量高，外交学学习成绩好，综合素质高，多次获得国际关系学院教师好评，并在各种学科类竞赛中获奖。2015级项目班毕业生英语和法语专业八级考试通过率近100%。法语全部达到本科专业水平，英语成绩超过了往年法语学院（80%）和国际关系学院（90%）的平均通过率。④

（四）学生管理模式创新

本项目每班24人，独立编班，采用独特的“拼班模式”，即包括12名外交学

① 胡文仲．适应国家战略需要 培养高端外语人才．见：王定华，曾天山（编）．民族复兴的强音——新中国外语教育70年［M］．北京：外语教学与研究出版社，2019：213.

② 李传松，许宝发．中国近现代外语教育史［M］．上海：上海外语教育出版社，2006：292.

③ 胡文仲．适应国家战略需要 培养高端外语人才．见：王定华，曾天山（编）．民族复兴的强音——新中国外语教育70年［M］．北京：外语教学与研究出版社，2019：214.

④ 优秀的英语成绩得益于学生良好的综合素质、扎实的中学英语基础和北外“英语不断线”的教学设置。

（法语与法语国家研究方向）和12名法语（国际关系方向）的学生，以保障低年级阶段的专业基础教学质量。尽管学生管理平常是按照学籍隶属进行，但是大多数课内、课外活动中，该班学生都被双方学院“视同己出”。例如，大一年级所有学生都同国关学院一样拥有国关的学业导师，大二年级所有学生均可以通过法语学院参与外交部的外交人才选拔考试，大三年级均可参与法语学院出国交换项目选拔和学分兑换，大四时所有同学都可以保送或报考双方学院的研究生等。

（五）该项目学生综合素质好，专业水平高

项目班同学在各自学院同年级综合排名中常常名列前茅，表现出较好的双专业素养，多人在省市级或国家级比赛中获奖。同时，项目就业质量好。近三分之二的同学继续深造，如多名同学保研或考研成功（去往北京大学、人民大学、北京外国语大学和上海外国语大学等院校学习），不少同学被美国（如哥伦比亚大学）、法国（如巴黎政治学院）、瑞士（如日内瓦大学）、比利时、英国（如伦敦大学学院）等国外多所名校研究生项目录取。

值得一提的是，项目班也提高了外交部的录取比例。截止到2021年初，项目共有8名同学通过法语干部遴选进入外交部，法语学院和国关学院各半，占近3年法语干部遴选录取总数的一半（而项目班的总人数只占学生总数的不到40%）。国关学院以前没有本科二年级法语干部遴选项目，现在通过该项目实现了突破，法语学院进入外交部的人数也明显增多了。

三、示范效应

该项目所创立的英、法双语与外交学深度融合的人才培养模式代表了外语学科的发展趋势，已在我校和他校产生较大的示范效应和辐射作用，有力推动了复合型复语型国际化拔尖人才的培养模式的探索和“新文科”的学科建设。在2019年北外新增的本科多个复合型专业中，德语（商务）和国际商务（德语与德语国家研究）、俄语（金融）与金融学（俄语与俄语国家研究）等专业的培养方案和模式在很大程度上借鉴了本项目的组织模式和培养方案制定方式。欧洲非通用语复合法学特色班的开设，也在一定程度上参考了本项目的思路。

国际组织人才的培养在国内一流高校和语言类院校虽已多有探索，大多是在

研究生层面。本项目的人才培养模式是在本科层面的大胆尝试与创新，其实践也已成为其他外语类院校关注和学习的目标。法语学院在2016年全国法语专业教学年会及外研社外国语学校校长教师培训会上介绍推广了“法语+外交学”复合型人才培养项目，受到广泛关注。国际关系学院在2017年第三届全国外语外贸国关协作会上，介绍并推广了“法语+外交学”创新型外交外事人才培养模式。法语学院和国际关系学院在2019年10月12日举办的“外交学专业本科教学与人才培养模式创新研讨会”和12月7日举办的第一届“外交学专业本科教学改革与人才培养研讨会”上，分别向国内十余所高校介绍了“法语+外交学”项目的特色和实践成果，反响良好。

结语

2015年9月至今，本项目顺利开展。2019年11月，法语学院和国际关系学院联合申请了北京市教育委员会北京高等教育“本科教学改革创新项目”，“‘法语+英语+外交学’复合型复语型国际化创新拔尖人才培养”课题获得立项支持。2020年1月，本项目获评北京外国语大学优秀教学成果奖一等奖。

法语学院和国关学院还将继续着力解决目前工作中的不足，深耕教务管理，合理调配课程，完善特色课程，提高学生在国际组织实习的比例，不断提高培养质量，切实达到培养通晓法语和英语、可用中、法、英三门语言工作、熟悉外交学理论和实践的复合型复语型国际化创新拔尖人才，为外交外事事业以及中国人更多地进入国际组织储备人才，为增强中国国际话语权不懈努力。

参考文献

1. 戴炜栋（编）．高校外语专业教育发展报告（1978—2008）[M]．上海：上海外语教育出版社，2008.
2. 高等学校外语专业教学指导委员会．关于外语专业本科教育改革的若干意见[J]．外语界．1998（4），3—5.
3. 教育部高等教育指导委员会（编）．普通高等学校本科专业类教学质量国家标准

（外国语言文学类）［M］. 北京：高等教育出版社，2018.

4. 教育部高等学校外国语言文学类专业教学指导委员会，法语专业教学指导分委员会（编著）. 普通高等学校本科专业教学指南. 见：教育部高等学校外国语言文学类专业教学指导委员会（编著）. 普通高等学校本科外国语言文学类专业教学指南［M］. 北京：外语教学与研究出版社，2020.

5. 胡文仲. 适应国家战略需要 培养高端外语人才. 见：王定华，曾天山（编）. 民族复兴的强音——新中国外语教育70年［M］. 北京：外语教学与研究出版社，2019，208—216.

6. 李传松，许宝发. 中国近现代外语教育史［M］. 上海：上海外语教育出版社，2006.

“外交+法语”复合型国际化人才联合培养项目教学管理的创新实践

北京外国语大学国际关系学院　田小惠

摘　要　加强复合型人才和国际组织人才培养已成为一项重要的国家战略。2015年北外国际关系学院与法语语言文化学院合作设立了外交（法语与法语国家研究）和法语（国际关系）专业联合培养项目，建立起全新的“外交+法语”复合型国际化人才培养模式，率先开始本科层面国际组织人才培养的探索。在教学管理方面，项目实现了拼班式跨专业课堂教学、开放式跨学科资源共享、贯通式跨院系教务管理三大创新，从而保证了人才培养目标的实现。

关键词　“外交+法语”复合型；国际化；国际组织人才培养；教学管理创新

近些年，随着中国国际地位的迅速提升和对外关系的不断发展，加强复合型人才和国际组织人才的培养已成为一项重要的国家战略。《国家中长期教育改革与发展规划纲要（2010—2020）》提出高等教育需“优化结构办出特色”，“重点扩大复合型人才培养规模”。[①]2015年7月，教育部等五部门印发的《2015—2017年留学工作行动计划》中，又明确提出加强国际组织人才等四类人才的培养。

早在2011年，北外就已在国内率先设立了“探索国际组织需要的复合型人才培养模式”教育体制改革试验硕士项目，2017年又升格为国内首家国际组织学院，为复合型及国际组织人才培养提供了宝贵的实践经验。然而，囿于种种原

① 国家中长期教育改革和发展规划纲要工作小组办公室. 国家中长期教育改革和发展规划纲要（2010—2020）[S]. 北京：人民出版社，2010：23.

因，这一时期国内却几乎没有本科层面的国际组织人才培养项目。众所周知，作为联合国工作语言之一的法语，享有“外交语言”之称，使用地区广泛，遍布欧洲、美洲和非洲，在国际组织和中国外交中占有举足轻重的地位。北外素有“共和国外交官摇篮”的美誉，以“为国家和社会培养具有中国情怀、国际视野、社会责任感、思辨能力和跨文化能力的复合型、复语型、高层次国际化人才”为本科人才培养目标，外交学专业是北外最早成立的两个非外语类专业之一。在此背景下，进一步在本科层面探索复合型及国际组织人才的培养就成为北外人的一项重要使命。

一、项目的设立

北外外交学专业自1999年设立以来一直致力于“外交+英语”复合型人才的培养，也是全国较早成立的培养复合型外交外事人才的重要基地。2010年外交学专业获评教育部第六批特色专业建设点，已成为国内同类专业领域内特色鲜明、具有较高国内知名度和一定国际影响力的学科。但这一复合模式也面临着为国内大多数高校所复制的挑战，因此亟需创新与发展。

为了进一步拓宽复合型人才培养的路径，特别是培养符合国家战略需要的能够胜任国际组织工作的高层次、国际化人才，2015年北外国际关系学院与法语语言文化学院联合开设了外交学（法语与法语国家研究）和法语（国际关系）本科联合培养项目。项目旨在突破原有的“外交+英语”模式，在本科层次实现两个专业的有机结合，培养精通法语，熟练应用中、法、英多语，熟悉外交学理论和实践的复合型、复语型高层次外交外事人才。

项目自2015年9月开始招生，每届招收24人（2016级扩招为48人），独立编班，即12名外交（法语与法语国家研究）专业和12名法语（国际关系）专业的学生编为一个班，同堂授课。项目采取“主学位+双学位”模式，即在低年级阶段主修专业课程中安排固定的辅修专业课程（外交学25学分，法语32学分），此外，第4—8学期采取双学位模式（外交学18学分，法语34学分），修完上述学分后学生即可另外获得北外颁发的法学双学位或文学双学位证书。

二、项目教学管理的三大创新

经过五年实践探索，本项目在课堂教学、教学资源、教务管理等方面已形成一套颇具特色的创新性管理方法，丰富了复合型国际化人才培养的内涵，是对本科层次国际组织人才培养的一次有益探索。

（一）拼班式跨专业课堂教学

课堂教学是保证教学质量最根本的阵地，而科学的课堂教学安排是保证教学质量的基本前提。本项目采取独特的拼班式课堂授课模式。所谓“拼班”即指项目班的24名学生需打破各自的专业限制，无论是在法语教学中，还是在外交学专业教学中均采取同堂授课的方式。这样既保证了法语基础阶段教学的同质同量，同时还能够一并学习外交学/国际关系专业的基础知识，有助于两个专业的深度交叉与融合。其中，特别是法语专业的小班教学，对于夯实学生法语基础起到了至关重要的作用。对学生而言，一方面，拼班教学有利于打破院系壁垒，形成不分彼此的无差别教学，便于加强非外语专业和外语专业同学之间的横向交流，拓宽专业视野。另一方面，拼班方式主要用于专业教学中，学生管理仍分别由两个学院各自负责，两个院系的学生也分别选举各自的班委负责学生事务。这一独特的管理模式既体现出交叉融合的教学优势，也保证了学生的院系垂直管理，突破了原有复合型人才培养通常归属某一院系的常规模式，实现了打破院系壁垒的无差别教学，同时也保证了学生管理的各自归属。

跨专业教育是高校培养复合型人才的一种常见方式。从人才培养的角度来看，拼班式跨专业课堂教学是对传统的专业并行和专业融合模式的创新。所谓专业并行模式指主修/辅修模式，一般而言，专业并行模式较易实现，但专业融合度不足；而专业融合模式则是将相关专业的培养方案和教学计划进行有机结合，能够保证较好的专业融合度。[①]本项目的拼班式跨专业教学，是低年级阶段的专业融合模式和高年级阶段的专业并行模式的结合。因此，既能够保证外交专业和法语专业的特殊性，又实现了两个专业教学上的充分融合。这一创新实践在国内并不多见，独树一帜。

---

① 雷家彬. 协同创新视角下高校跨专业教育的模式与实践创新［J］. 高校教育管理. 2014（5），83.

从外交学专业的角度来看，项目在双学位阶段的学分安排和课程设置是对传统的外交学辅修/双学位模式的突破和优化。自2001年以来，北外国际关系学院就开始面向全校开设外交学专业辅修/双学位课程，而与此不同的是，本项目的双学位模式具有学分更精简、必修选修兼顾、与本院教学一体化的特点。本项目并非是外交学辅修/双学位和法语专业学科方向课的简单叠加，而是充分吸收了其科学和合理的部分，是突破既有模式的创新之举。另一方面，本项目的学生在学习法语和外交专业的同时，还需兼顾英语二外的学习，也体现出真正意义上的复语特色。

（二）开放式跨学科资源共享

作为项目的两个合作院系，国际关系学院和法语学院将本院系的资源均开放提供给本项目的学生。项目班学生既可参加法语学院本科三年级的出国项目遴选和定期举办的法语高端讲座等，也可参加国际关系学院的本科新生导师制、国关读书会和“外交之星”大赛等学术活动。在课堂教学之外，上述活动作为两个院系所提供的“公共产品”，对于提高学生的法语水平和实践能力、加快外交专业入门并进行专业自主学习大有裨益。

国际关系学院的本科新生导师制和国关读书会是本项目学生可共享的两项有益资源。本科新生导师制自2011年开始实行，通过给大一新生配备专业导师来帮助学生尽快了解专业特性并掌握专业学习方法。导师由学院的专任教师或研究员担任，每位导师指导5—8名新生，包括学院各专业的学生和留学生。目前法语（国际关系）专业已有50余名同学参加了本科新生导师制，同外交学、政治学与行政学专业以及来自世界各地的留学生新生分在同一小组，在专业导师的带领下深度了解国际关系专业。可以说，在拼班上课的同时，新生导师制为本项目的同学创造了更多跨专业学术交流的机会，同时也为同一小组的同学搭建起了一个小型的国际化交流平台。

国关读书会是近些年国际关系学院本科生自发组织的一个重要的学术社团，影响日益扩大。国关读书会的发起人和负责人周心培和蒋欣辰同学，分别来自2018级外交（法语与法语国家研究）和法语（国际关系）专业，读书会其他重要的创始成员也有很多来自本项目或法语学院。读书会聚集了一批热爱国际关系专业的校内外本科生甚至硕博研究生，通过读书沙龙、学术编译、朋辈分享、论文工作坊等形式多样的活动搭建起师生之间的学术交流平台，赢得了学生和老师的广泛好评，已成为学院一个重要的学术品牌活动。读书会的建立表明本项目的学生不仅具有极强的跨专业学习能力，而且在学术研究、组织力和执行力方面均有巨大潜力。

另一方面，在国际化人才培养方面，法语学院与法国及其他法语国家的众多一流院校已建立起长期而稳定的交流合作关系，也是本项目学生可共享的一项重要资源，特别对于外交（法语与法语国家研究）专业的学生而言，能够有机会前往法国或法语国家地区的一流大学学习深造一年，对于法语水平的进一步提高和国际关系专业水平的夯实都极为重要，也大大提升了本项目国际化人才培养的层次和水平。

（三）贯通式跨院系教务管理

由于具有跨学院、跨专业的特点，本项目的教学管理极为复杂，常规化的归口和垂直管理已无法满足需求。在实践中，本项目建立了由两院院长直接领导下的包括副院长、院长助理和教学秘书在内的项目工作小组，通过跨院系定期交流和专门化双学位管理等方式，建立起一套贯通式、规范化的教务管理制度。

本项目的跨院系定期交流主要通过每学期的专题工作会实现。秋季学期的工作会主要召集两院任课教师及项目管理老师与本项目的新生进行座谈。在座谈中，学生们分享和交流法语和外交专业课程的学习方法、学习心得，两个学院的教师针对学生的问题给予解答，从而搭建起师生以及学生之间沟通的平台。春季学期的跨院系工作会议则侧重总结项目中存在的问题和不足，及时发现并提出解决方案，以保证项目的顺利进行。

为了充分保证教学质量，本项目在学分学时、授课时段、课程结构等方面的设计和安排均比传统的辅修/双学位更为复杂，因此对项目的教务管理也提出了更高的要求。在具体的教务管理中，形成了针对本项目的贯通式管理，主要包括：两院统筹排课、双学位选课专项说明、出国学分兑换协调管理等一系列常规管理的规定，在依靠既有人力资源的情况下，两院的教学秘书通过不断沟通和积极探索，基本实现了项目教务管理上的协调一致，从而保证了项目的正常运转。

三、项目的成绩与成效

经过五年的实践，本项目已突破外交学专业原有的人才培养的瓶颈，在培养复合型、国际化创新人才培养方面进行了有益的探索，并成为国内独树一帜的在本科层面进行国际组织人才培养的创新性实践。2021年，外交学专业获批第二批国家级一流本科专业建设点，与本项目的创新实践和出色成效密不可分。具体而言，本项目的执行成效显著，毕业生在法、英双语技能和外交专业深造方面具有极强的竞争力，在学术型人才培养和国际组织人才培养方面均体现出较为明显的优势。

首先，本项目的教学成绩极其突出，特别是充分保证了外交学专业学生同时兼具高水平的法语和英语双语技能。据不完全统计，目前2015级、2016级、2017级同学已全部通过法语专业八级考试，优秀率保持在80%—90%。同时，2015级同学的专业英语八级通过率达到100%，优秀率达到45.5%。

其次，从深造和就业情况来看，本项目的学生专业倾向和选择明确，能够充分利用语言优势从事外交实践和国际关系专业的深造。在毕业去向上，2019届首批毕业生中有75%的同学进入外交部工作或被国内外一流高校的外交学、政治学、国际关系、法语等专业的硕士项目录取，其中绝大多数同学进入法国高校深造。一方面，本项目的同学在专业性学术深造方面表现出极强的竞争力；另一方面，还有多名同学保送进入北外国际组织学院继续学习，从而为今后进入国际组织从事实践性工作打下坚实的基础。

第三，本项目的学生在学习态度和学习精神方面已成为学院本科学生中的排头兵。虽然本项目课程繁重，课业压力巨大。但是，本项目的同学通过不懈的努力，逐步适应并不断提升学习能力，在进入高年级阶段后能够进一步明确专业方向和目标，达到事半功倍的效果。这种正能量的引领作用在学院内部已形成辐射效应，对于学院良好学习风气的构建起到积极作用。

四、结语

经过多年努力，秉持锐意进取的创新精神，“外交+法语”复合型国际化人才联合培养项目从最初的尝试性探索到最终取得令人满意的成绩，充分表明跨专业、跨学科、跨院系合作对于人才培养具有重要意义，也体现出外交学专业在人才培养方面所体现出的新的特色和优势。在一定程度上，这也成为北外其他专业乃至国内同类院校和专业中复合型人才培养的典范和先例，是在本科层次探索国际组织人才培养的一项具有创新性的成功实践。

参考文献

1. 国家中长期教育改革和发展规划纲要工作小组办公室. 国家中长期教育改革和发展规划纲要（2010—2020）[S]. 人民出版社. 2010.
2. 雷家彬. 协同创新视角下高校跨专业教育的模式与实践创新 [J]. 高校教育管理. 2014（5）.

教学设计

《习近平谈治国理政》（法文版）与中级法语精读教学的结合①

北京外国语大学法语语言文化学院　李书红

摘　要　《习近平谈治国理政》（法文版）与中级法语精读教学的结合是丰富经典教材、更新教学内容的全新探索，既顺应国家对外语人才培养的需要，也符合北外法语学院的培养方案。二年级精读组根据精读教学的特点，从词汇、语法、翻译和内容理解及产出的维度将《习近平谈治国理政》（法文版）引入到中级法语精读教学中，师生反馈良好，为精读课程的建设提供了新的思路。

关键词　《习近平谈治国理政》；精读教学；结合

精读，即指精细阅读。在法语基础阶段教学中，精读课往往是通过对课文语料篇章的精细阅读，从词汇、语法和篇章内容上对课文加以分析、解读，帮助学生掌握相关词汇和语法，从而产出有质量的法文表述。由此可见，精读语料篇章的确定对于精读教学的开展十分重要。目前，北京外国语大学法语学院的中级法语精读课采用的是20世纪90年代初马晓宏教授编写的《法语》第三册和第四册。如何挖掘和丰富经典教材内容，赋予精读教学更加鲜活的现代气息，是中级法语教学组多年来努力的方向，《习近平谈治国理政》（法文版）的引入为我们提供了新的思路。

① 本文是北京外国语大学《习近平谈治国理政》多语种版本“进高校、进教材、进课堂”教改项目“法语精读教学与《习近平谈治国理政》（法文版）的结合”的终期成果。

一、结合的必要性和可行性

（一）结合的必要性

《习近平谈治国理政》（法文版）与精读教学结合的必要性主要体现在它回应了下列需求：

1. 培养符合时代要求的外语人才的需要

近年来，加强对外宣传，配合国家“一带一路”战略，培养具有家国情怀、能够讲好中国故事的外语人才是外语教学的重要目标。《法语》第三册和第四册的课文篇章多以法国文化为背景，对于初学者了解对象国文化、开阔视野很有帮助。但两册教材中关于中国的篇章只有一份（法国前任驻华大使回忆录中关于周恩来总理的一篇节选）。学生缺乏介绍中国社会文化的词汇和表达方法，在介绍中国国情时存在困难是多年来较为普遍的现象。《习近平谈治国理政》各卷涵盖当代中国政治、经济、文化、社会等多方面的重大主题，以此为切入点，可以填补传统法语精读教学内容上的不足，符合国家对当代外语人才的需要。

2. 将思想政治教育融入外语教学的需要

语言是文化的载体，承载着传递思想的使命。北京外国语大学英语学院张莲教授认为，语言使用、语言教育与文化传承、价值养成、社会关系/秩序建构与解构之间有着先天、深刻的关系。外语教学不仅仅是语言技能的培养，更是通过语言把握其所蕴含的文化、思想、社会主张等一系列更深层次问题的途径，而语料的选择对语言习得者的认知必将产生重要的影响。正如杰罗姆·布鲁纳（Jerome Bruner）先生在其所著的《教育的文化》（*The Culture of Education*）一书中所述，教育具有“复杂的目的性”，是“保护一个文化的完整和稳定的手段”，“我们需要用文化的工具武装所有人”。[①]2020年，教育部发布关于印发《高等学校课程思政建设指导纲要》的通知，明确指出“要寓价值观引导于知识传授和能力培养之中，帮助学生塑造正确的世界观、人生观、价值观，这是人才培养的应

---

① 参见Jerome Bruner. *The culture of education* [M], Cambridge: Harvard University Press, 1997: 70. 转引自张莲教授在北京外国语大学“三进”项目交流会上的发言。

有之义，更是必备内容”[①]。通知指出要“深度挖掘提炼专业知识体系中所蕴含的思想价值和精神内涵，科学合理地拓展专业课程的广度、深度和温度（……）增加课程的知识性、人文性，提升引领性、时代性和开放性”。[②]将《习近平谈治国理政》（法文版）引入法语精读教学正是在明确语言的思想文化属性的基础上，将思想政治教育融入外语教学的创新性尝试，符合教育发展的本质需要。

3. 法语学院多元培养模式的需要

2015年，法语学院和国际关系学院合作，推出了双学位培养项目，并专门开设了由两院学生共同组成的双学位班。配合双学位培养模式的特色，教师在授课过程中引入了一定的国政元素，其中包括和时事政治相关的内容。除此之外，二年级下学期的外交部遴选也让学生更加迫切地希望能够扩展词汇、掌握更多的介绍中国国情的法文表达。在这些因素的促使下，近几年，拓展中国社会文化元素已成为精读教学的一个环节，但受课时和课程设计的限制，随机性很强，且往往以拓展词汇和固定表达为主，缺乏多维度和深层次的挖掘。伴随着“三进”项目的开展，二年级精读小组讨论后认为，将《习近平谈治国理政》（法文版）结合到精读教学中不仅具有充分的必要性，而且具有可行性，能够为丰富精读教学、更新精读语料内容提供更多的思路。

（二）结合的可行性

首先，《习近平谈治国理政》涉及的内容广泛，其中不仅包括《法语》第四册的部分课文主题，还有很多当代中国社会的热点问题，容易引起学生的共鸣，是更新教学内容的有力支撑，无论从文化内涵上还是词汇表述上都具有挖掘的潜力，教学内容的拓展也会十分自然，具有亲和力。

再者，《习近平谈治国理政》（法文版）的语言经过专家审定，具有良好的参照性，尤其是在一些固定的表述上更具有权威性，适合引入教学。除此之外，从学生语言能力角度上分析，在北外法语学院，法语常见的语法项目已经在二年级上学期基本讲完，二年级下学期的学生法语水平基本可以达到欧框中的B2水

① 教育部. 教育部关于印发《高等学校课程思政建设指导纲要》的通知 [EB]，2020-5-28. http://www.gov.cn/zhengce/zhengceku/2020-06/06/content_5517606.htm，访问日期：2021年3月20日。

② 同上。

平，学生基本具备研学《习近平谈治国理政》(法文版)的语言能力。尽管如此，选取与学生语言能力匹配的篇章段落仍是引入《习近平谈治国理政》(法文版)过程中重要的一环。

此外，从语法学习的角度分析，作为研读的语料样本，《习近平谈治国理政》(法文版)中几乎涵盖了二年级精读教学中的所有语法项目，因此，无论是中、法文文本对比，还是对法文文本进行单独的分析，基本不会出现重大的语法障碍，学生可以较为顺畅地集中精力认真领会《习近平谈治国理政》的精髓，充分掌握其内涵实质，并从实际应用的角度理解各个语法项目的特点，探讨更多的可能性，是十分值得探索的语法研习方式。

二、《习近平谈治国理政》(法文版)与精读教学结合方案的设计

设计合理的方案是成功引入《习近平谈治国理政》(法文版)的重要环节。在设计过程中，我们遵循务实稳妥、循序渐进的原则，主要从以下几点入手：

1. 尊重二年级精读教学特点，兼顾学生语言水平，确保原有传统教学的有序开展。二年级的精读教学课时十分紧张，在不删减既定教材内容的前提下补充新的内容颇具挑战性，此外，《习近平谈治国理政》(法文版)的引入还要兼顾内容的契合度和篇章难度以及课时节奏，需要综合考虑。因此，我们决定从词汇、语法、篇章翻译和文本理解四个符合精读课自身特点的维度着手。同时，鉴于学生的法语语言水平，精读教学组决定将《习近平谈治国理政》(法文版)的引入放在二年级下学期。

2. 把握精读教学节奏，将学期内教师引导下的研读拓展和假期期间学生自主研学作业相结合。受课时安排的限制，在学期内教学活动中大规模引入《习近平谈治国理政》(法文版)有一定的难度，效果难以得到保证。因此，在确保完成常规精读教学内容的基础上，我们将激发学生兴趣、培养学生研读方法作为学期当中项目开展的重点，在此基础上，通过假期作业实施进一步的拓展和完善，以便让学生有更多的时间和精力从内容和语言两个维度研学《习近平谈治国理政》(法文版)，提升项目开展的质量，注重学生自主学习能力的培养，保证研学效果。

3. 根据教材内容和语法进度，做有机的结合和拓展，避免毫无关联的生拉

硬套。通过对《习近平谈治国理政》和精读教材《法语》的对比，我们选取了《法语》第四册中的两篇课文作为结合的对象，即《法语》第四册第一课（课文内容涉及社会主义、戴高乐主义以及马克思主义）和第四册第四课（课文内容为职业道德）。在结合的具体方式上，教师主要引导学生学习《习近平谈治国理政》中的有关内容，做知识拓展和词汇补充，并配以翻译练习和口头陈述，让学生在语言产出中加深对拓展内容和词汇的把握。此外，在语法上，我们主要选取了学生难以掌握的“虚拟式”为主要分析对象，让学生从教师选定的《习近平谈治国理政》的中文文本段落中，找出可以使用该语法项目的地方，并从法文版译文中找出使用了该语法的地方，通过对比和讨论，加强学生对该语法项目的理解。

4. 设计假期作业，从词汇、语法、翻译和思想内容上进一步加深学生对《习近平谈治国理政》的理解，进行语言能力拓展，并通过文字和视频作业两种方式，激发学生表达的热情，同时引导学生在充分把握《习近平谈治国理政》内容精神的前提下，带着批判精神，对一些国外媒体的片面乃至歪曲报道和评论加以分析和批评，既达到了思想政治教育的目的，又培养和锻炼了学生的外语表达能力，同时也让学生意识到作为新时期外语人才所肩负的使命和责任。

5. 尊重学生兴趣，培养团队合作能力。在假期的自主研学过程中，我们尊重学生个性特点，让学生自主选择《习近平谈治国理政》中的篇章和主题。同时，学生还自愿结成学习小组，按照老师的提示，共同制定研学方案，分工合作，发挥集体的智慧，注重相互之间的协作和互助，最终提交一份小组报告，不仅从语言表达上拓展思路，共同进步，同时也培养了学生的团队精神和合作能力。

三、多维度结合方案的实施

在具体操作当中，受课时和线上教学节奏的影响，我们主要通过课下拓展阅读和作业讲评的方式落实设计方案，并利用假期对两者的结合做更加充分的挖掘和实践。

以第四册第一课为例，出于引导和示范的目的，教师在授课时结合课文主题和同学们分享了《习近平谈治国理政》中的下列段落，并请学生思考如何译成法文。

“发展21世纪马克思主义、当代马克思主义，必须立足中国、放眼世界，保持与时俱进的理论品格，深刻认识马克思主义的时代意义和现实意义，锲而不舍推进马克思主义中国化、时代化、大众化，使马克思主义放射出更加灿烂的真理光芒。”①

第一次遇到此类任务的学生虽然能够从精读课文中借鉴到个别表达，但对于整句翻译感到无从下手。其原因主要是学生被禁锢在中文表达当中，面对“陌生”的词汇和冗长的句子，无法搭建出符合法文表达习惯的语句。但是，当教师将对应的法文版本（其中有两个生词和一个陌生表达）以及教师根据学生已学词汇做出的翻译（无生词）展示给学生时，学生们豁然开朗，惊喜地发现法文表述并非“高深莫测”，并在教师的引导下从用词和句子结构以及内容分析的角度对三个版本进行对比分析，不仅加深了对语言和翻译的理解，也激起了“再试一试”的兴趣。在此基础上，教师从《习近平谈治国理政》第一卷中文版和法文版中分别选取了如下两个段落，以小组作业的形式交给学生进行汉译法和法译汉的练习。

“应该看到，中国特色社会主义制度是特色鲜明、富有效率的，但②还不是尽善尽美、成熟定型的。中国特色社会主义事业不断发展，中国特色社会主义制度也需要不断完善。”③

> La voie, qui est la vie même de notre parti, décide le futur de notre cause. Le socialisme à la chinoise fait preuve d'une unité dialectique entre la théorie du socialisme scientifique et l'histoire du développement social de la Chine. C'est un socialisme scientifique qui s'est enraciné en Chine, qui traduit la volonté des Chinois, et qui répond aux exigences du développement de la Chine contemporaine. Il constitue la seule voie à suivre pour édifier intégralement une société de moyenne aisance, accélérer la modernisation socialiste et réaliser le grand renouveau de la nation chinoise.④

在布置作业时，教师明确了作业重点：1、小组作业，珍惜讨论的过程，全

① 习近平.《继续推进马克思主义中国化时代化大众化》，习近平谈治国理政（第二卷）[M]，北京：外文出版社，2017：65.

② 本文引文中下划线、加粗等特殊格式为笔者因教学需要所加。

③ 习近平.《紧紧围绕坚持和发展中国特色社会主义学习宣传贯彻党的十八大精神》，习近平谈治国理政（第一卷）[M]，北京：外文出版社，2017：10.

④ Xi Jinping. « Poursuivre et développer inflexiblement le socialisme à la chinoise », *La gouvernance de la Chine I* [M], Beijing: Les Éditions en langues étrangères, 2018 : 25.

员查错；2、积累有中国特色的词汇表达；3、中译法时关注句子结构和句子含义，并讨论句子的内在逻辑关系，确定文中“但”的处理方法；4、法译中时关注核心信息的完整，以及中文的行文流畅。作业批改中教师发现，法译中的质量很高，充分表现出学生对法文的理解力和中文的表达能力；汉译法中绝大部分学生能够用到学过的表达，句子结构比较完整，句意表达基本到位，主要问题仍然集中在中译法练习中常见现象，如译文生硬、句式简单，偶有拼写和变位错误。由此可见，学生的法语语言水平并没有受翻译内容的影响而出现明显波动，然而，学生对文中“但”所蕴含的逻辑关系的理解存在明显差异。通过作业讲评，学生表示不仅了解了“有中国特色社会主义”“小康社会”等有特色的表达方式，还对句子结构、句意、逻辑关系和两种语言的表达习惯有了更多的认识。

在语法层面，以下列内容为例，我们向学生提供了中文和法文两个版本，让学生课下讨论法文版本中虚拟式的使用，之后在课上分享小组讨论的结果：

“中国特色社会主义道路，是实现我国社会主义现代化的必由之路，是创造人们美好生活的必由之路。中国特色社会主义道路，既坚持以经济建设为中心，又全面推进经济建设、政治建设、文化建设、社会建设、生态建设以及其他各方面建设；既坚持四项基本原则，又坚持改革开放；既不断解放和发展社会生产力，又逐步实现全体人们共同富裕、促进人的全面发展。”①

> La voie du socialisme à la chinoise est une voie incontournable pour la réalisation de la modernisation socialiste du pays et la création d'une belle vie pour le peuple. Suivre la voie du socialisme à la chinoise **exige** que la Chine, en axant ses efforts sur la construction économique, procède à une construction globale, qui **soit** à la fois économique, politique, culturelle, sociale et écologique, qu'elle **s'en tienne** inéluctablement aux Quatre principes fondamentaux, à la réforme et à l'ouverture, qu'elle **ne cesse** de libérer et développer les forces productives sociales tout en réalisant progressivement la prospérité commune du peuple et en promouvoir l'épanouissement général de l'homme.②

① 习近平.《紧紧围绕坚持和发展中国特色社会主义学习宣传贯彻党的十八大精神》，习近平谈治国理政（第一卷）[M]，北京：外文出版社，2017：9.

② Xi Jinping. « Étudier, diffuser et appliquer l'esprit du XVIIIe Congrès du Parti en axant sur le maintien et le développement du socialisme à la chinoise », *La gouvernance de la Chine I* [M], Beijing: Les Éditions en langues étrangères, 2018 : 9—10.

通过这个练习，一方面学生加强了对虚拟式主观性的理解，同时再次意识到中法文在文字和逻辑关系处理上的差异。

除学期当中的训练外，假期是《习近平谈治国理政》(法文版)研习的重要阶段。我们按照四个既定维度布置了四个部分的作业，要求学生在认真研读《习近平谈治国理政》第一卷和第二卷中法文文本的基础上以小组为单位完成：

1. 词汇：制作介绍中国所需的特色词汇的中法文对照表(50个表达以上)，如“民族的伟大复兴”“一带一路”倡议等；

2. 语法：找出5个以上包含有本学期语法内容的法文语句，标出关键部分并解释该语法项目在此处的功能和含义；

3. 翻译：任选出四个中文段落的法文翻译，分析译文中值得学习的闪光点以及可以完善的地方，并鼓励学生提供更多的翻译思路和建议；

4. 内容理解及产出：选取自己感兴趣的主题，在充分把握《习近平谈治国理政》中文版精神的前提下，查阅法语外媒的相关报道或评论，找出片面甚至歪曲事实的内容予以抨击，并谈谈自己对这一现象的看法。前三项作业以文本形式完成，第四项作业以视频的方式呈现，时长为10分钟左右，具体形式由小组自行确定。

四、结合效果的学生反馈和教师反思

(一)学生反馈

假期作业之后，我们设计了一份调查问卷，了解学生对此次假期作业的想法。73名学生中共收集有效问卷57份，因此，调查结果具有较好的可参照性。

调查结果显示，89.47%的学生认为此次作业颇有收获。100%的学生表示本次作业在不同程度上有助于自己用法文介绍中国、讲中国故事，并有96.49%的学生希望可以进一步加强这方面的学习。在关注内容上，当代中国社会生活、传统文化和中国历史是学生最希望能用法文介绍的主题，文学和国家政策也是学生们关注的内容。由此可见，总体而言，绝大多数学生渴望拥有用法文介绍中国的语言技能。

在维度喜好方面，词汇拓展是学生最喜欢的项目，占比50.88%，64.71%的学生也表示学到了关于中国国情的表达法；将翻译列为自己最喜欢项目的学生人数仅次于选择词汇的学生人数，两者相差9人，占比35.09%。同时有效问卷中，64.71%的学生表示通过中法文翻译对照，对语言表达和翻译技巧有了更多的理解，可见翻译练习总体得到学生的认可；此外，喜欢视频作业的学生仅为8人，占比14.04%；值得注意的是没有学生将语法列为自己最喜欢的项目，实际上，仅有31.37%的学生对语法项目的作用给予充分的肯定。

除此之外，在问及此次作业是否促使你更加认真、仔细地理解《习近平谈治国理政》的内容和精神时，100%的学生给予了肯定回答，其中54.39%的学生认为只有很好地了解中文内涵，才能更有效地做文本对比和观点对比，有学生甚至表示，此次研读《习近平谈治国理政》是自己最认真细致的一次；其余的45.61%的学生虽然感觉并不明显，但仍肯定本次作业的积极作用。由此可见，项目的思想政治教育功能基本得到肯定。

在涉及小组作业这种形式时，只有一份问卷给出了负面评判，复现率较高的评语主要有“开拓思路”“彼此启发”“相互借鉴”“增进感情”“求同存异”等，但“节奏不一”“分工困难”也是多次被提及的问题。

关于完成此次作业的时长，有两位同学仅用了2天，5位同学用了一个月，大多数学生用时为1—3周。可见，绝大部分学生在完成作业时态度比较认真。

（二）教师反思

总体而言，学生对《习近平谈治国理政》（法文版）与精读教学的结合的认可度超出了教师最开始的预期，学生对用法语讲中国故事的热情也促使老师重新思考课文拓展的方向和形式。作业中，部分同学的认真钻研精神以及不乏闪光点的尝试也令教师倍感欣慰，作业质量总体良好，其中不乏高质量的上品，这些都激励着教师不断努力完善教学，加强课程建设。

实际上，课程建设是一个持续完善的过程，如何在日新月异的变革中兼顾课程的经典性和时代性无疑是个巨大的挑战。《习近平谈治国理政》（法文版）与法语精读教学的结合只经历了一个学期，仍有很多需要完善的地方，但结合的经验值得分析。例如进一步完善教师对学生的引导，以便更好地激发学生自主研学的内在驱动力，培养其相应的能力；再如为学生提供更加多元的视角和切入点，让学生感受到更多的成就感等。实际上，从提升学生思想政治素养和讲好中国故事能力的培养角度来说，一门课、一个学期很难达到理想的效果，可否从专业法语的各个年级和各门课程的互补性出发，协同发展，从更多维度推动此类教育的开展，使其更加系统化和规范化？如果单纯聚焦精读教学，如何优化语料的选取？以什么样的方式和标准更新教学内容？完善精读还有哪些新的切入点和视角？如何兼顾精读教学与教师自身科研学术发展？这些都有待更加深入和宏观的思考和探索。

参考文献

1. 习近平. 习近平谈治国理政（第一卷）[M]，北京：外文出版社，2017.
2. 习近平. 习近平谈治国理政（第二卷）[M]，北京：外文出版社，2017.
3. BRUNER Jerome. *The culture of education*[M], Cambridge: Harvard University Press, 1997.
4. XI Jinping. *La gouvernance de la Chine I*[M], Beijing : Les Éditions en langues étrangères, 2018.

中国高校外语教学中开设中国文化课程的必要性、困难及对策

北京外国语大学法语语言文化学院　王鲲

摘　要　本文分析了高校外语教学中开展中国文化教学的必要性，指出了目前外语教学单位针对中国文化教学所面临的问题，并探讨了解决途径。

关键词　中国高校；外语教学；中国文化课程；必要性；解决方案

一、需求的产生

习近平总书记在全国高校思想政治工作会议上的重要讲话中强调，我国有独特的历史、独特的文化、独特的国情，决定了我国必须走自己的高等教育发展道路，扎实办好中国特色社会主义高校。外语教育领域对自己提出的要求，是扎根于中国大地办好外语教育，使外语教育内在地成为“中国的”，其重要表现就是要“让外语教育成果成功运用于中国的教育实践。”[①]

在外语教育中融入中国元素的制度安排，源自2000年教育部高等学校外语专业教学指导委员会制定的《高等学校英语专业英语教学大纲》（2000年版）。该大纲明确指出：“高校英语专业应开设中国文化课”，目标是让学生“熟悉中国文化传统，具有一定的艺术修养；对中国文化有一定的了解；有较扎实的汉语基本功”。大纲还指出：“（英语专业应）注重训练学生批判地吸收世界文化精髓和传承

① 彭龙，办“中国的”外语教育，中国青年网教育频道，刊发日期：2017.4.13，查询日期：2021.2.24，网址：http://edu.youth.cn/jyzx/jyxw/201704/t20170413_9471649.htm。

弘扬中国优秀文化传统的能力”[①]。可以看到，在世纪之交，教育部对中国文化的理解还停留在学生基本素养层面，认为对中西方文化应当兼收并蓄，并未分伯仲。

2000—2020的20年间，西方经历了多场危机：恐袭、战争、次贷危机、主权债务危机、难民、极右、英国脱欧、新冠肺炎疫情等。与此同时，中国坚持走和平与发展的道路。中国在经济和政治上的崛起，西方政治金融霸权的衰落，导致了中西实力对比东升西降的迅速变化。这种变化引发了西方意识形态中反华势力的抬头，渐成主流。作为反制，中国同西方在世界范围内展开了对话语权的竞争。这种竞争体现在教育领域，是开始重视国家认同、民族认同、政治认同、文化认同的全面建设。外语教育作为介绍西方文化的前沿，首先感受到了这种变化。中国文化内容与西方文化内容在中国高校外语教育中的地位，开始呈现出竞争态势。

这种竞争传导到外语教育领域，变成了一定程度上以结果为导向的焦虑情绪。如，“外语教育事实上一直以来都强调对文化的学习与掌握，但是对西方文化的介绍与宣扬成为外语文化教育的主流，中国文化在外语教育中处于被压抑被轻视的边缘状态，外语教育中的中西文化导入‘逆差’现象十分严重，其影响一直持续到今天。”[②]（袁小陆、赵娟，2017：71）。“逆差”这一观念值得探讨。如果说中西文化之间交流存在“顺差/逆差”，是由于文化软实力对比，即文化产业影响力差异造成的。这种“逆差”问题自改革开放以来，就集中体现在诸如图书著作版权、影视作品等文化产品进出口领域，以及随之产生的文化形象、文化影响力、感召力方面。然而，高校外语教育中，学生长期接触对象国的语言文化，更熟悉对象国的社情国情是正常现象，不能直接把外语教育和中国文化对外传播画等号。

无论中西方之间是竞争还是合作，沟通交流都依然需要建立在扎实的外语技能和知识基础上。狭义的外语教育，本质是帮助学生掌握另一个国家/文明的语言、文化，能够在异文化中顺畅、自如地生活学习，交流工作。从这个角度上来看，外语教育越来越好地实现了提高外语专业学生对象国语言文化水平的目标，

① 高等学校外语专业教学指导委员会英语组，《高等学校英语专业英语教学大纲》，外语教学与研究出版社，2000，第11页。

② 袁小陆，赵娟，“一带一路”背景下外语教育中文化自觉培养的诉求与应对，《西安外国语大学学报》，2017：3，第71页。

是基本成功的。让学生拥有宣传中国文化，讲好中国故事的责任和能力，属于更广义的外语教育。因近期中西意识形态对立凸显，对外宣人才的需求激增，外语人才准备不足的问题才凸显出来，进而产生出外语教育中存在中国文化“逆差”的观点。不能先验地认为学生了解外国语言文化，就被西方占据了意识形态和价值观 。更不能苛求学生在学习外国语言文化的阶段，获得所谓本民族文化的“顺差”。把中西文化在外语教学中的占比看作此消彼长的“顺差/逆差”，是零和博弈的思维方式，是一个伪命题。

习近平新时代中国特色社会主义制度带领中华民族走在实现伟大复兴的征程上。中国将长期坚持改革开放，承担作为一个大国的重要历史使命和国际责任。因此，中国亟需培养大量外语人才，对外语学人提出的要求，一是为民族振兴吸纳先进经验，二是为全球治理储备新型国际化人才，三是为中外文化交流牵线搭桥，四是传播人类命运共同体的中国方案[①]。

当今中国外语教育的目的是培养了解中国国情、具有全球视野、熟练运用外语、通晓国际规则的专业人才。外语教育应该为学生树立两个远大理想。一方面，要弘扬中华优秀传统文化，从中汲取精神力量，建立文化自信，创新宣传中国的方式，讲述好中国故事、传播好中国声音，积极推动中外文明交流互鉴，促进中外民众相互了解和理解，为实现中国梦营造良好的外部环境；另一方面，面对百年未有之大变局，外语学人肩负的使命也包括积极了解世界形势的新发展新变化，介绍新事物新情况，传播新知识新思想，探索新共识新范畴，为打造人类命运共同体，作出积极有益的贡献。

这一目标要求在外语教育当中，从中外文明互鉴和人类命运共同体的视角出发，增加中国文化、国史国情教育、世界形势教育以及党和国家方针政策的教育。中国文化教育的目的，就是让学生在学习外国语言文化的同时，能够拥有更清醒的文化自觉、更清晰的文化认同和更坚定的文化自信。

二、面临的困境

外语教育当中纳入中国文化教学的必要性毋庸置疑。那么，中国文化、文化

① 刘凡，郑潇潇，田晓丽，中国人为什么重视外语学习，刊发日期：2019.11.7，查询日期：2021.2.24，网址：人民网 http://politics.people.com.cn/n1/2019/1107/c429373-31443185.html。

自信、家国情怀的教育应当怎样实现？需要厘清在一个学生的教育全过程当中，不同阶段教学的角色。首先要指出的一点，是文化学习的范畴远远超越了外语学习。一个学生的本民族文化教育，并不始于外语教学，也不始于高等学校。从小学一年级的第一堂课起，中国文化教育就开始了；从第一次向着国旗敬礼时，爱国主义思想的培养就开始了。当中学生步入大学的时候，身上已经怀有了至少12年爱国主义、中国文化知识和较为深厚的文化情感积淀。

那么，大学的角色是什么？费孝通先生在上世纪 80年代恢复社会学建设时期，多次到国外访问。面对西方发达的经济文化带来的冲击，费先生深入思考了中国文化应当如何自处的问题。他提出了文化自觉的概念，就是说“生活在一定文化中的人对其文化有‘自知之明’，明白它的来历、形成的过程，所具有的特色和发展的趋向”。这恰恰是为了应对当时中国“他乡月更明”社会思潮。他希望每个人都能为“中国文化是什么？往哪里去?”做一点思考，做一点贡献，而不是“‘全盘西化’或‘全盘他化’”。在改革开放初期，费老感知到了中西文化碰撞所带来的文化转型的必要性、必然性。通过创造“文化自觉”这个概念，他呼吁国人要把握自己文化的命运，“取得决定适应新环境、新时代文化选择的自主地位。”①

如果运用外语教育所熟悉的概念，费先生所主张的是一种动态的、发展中的跨文化能力。中国人要看到“他者”是谁，自己和“他者”是什么关系，更应该知道自己从哪里来，到哪里去。从这里我们可以看出，外语学人的基本立场应当是：既要学习外国文化，也要学习中国文化，在对比中学习，最终目的是要投身中国文化现代化的建设。外语学习者的身份建构也包括了两个层面：首先，是本民族文化的自我身份认同的建构，其次是面对“他者”的跨文化身份认同建构。这种多元文化的身份建构，是每一个外语学习者不可回避的问题。从教育学的角度来说，外语教学和文化教学深度结合，成为学生全面素质培养的一个重要渠道。

这里还需要引入另一个问题：语言教育/通识教育二分法。这种二分法的本质就是把外语习得和知识习得/能力培养对立起来。在有些人看来，外语是工具，学科是主体，外语是为学科服务的，是提升学科建设的一种手段。“如果一

① 费孝通，《文化与文化自觉》，群言出版社，北京，2010，第190页。

个学校能把英语教学作为本校特色办学、特色人才培养的一个有机成分，把英语能力作为学生学术能力、国际化视野培养的一个重要基础和工具，那么，这个学校的英语教学就将获得前所未有的发展机遇，其学科建设和教学质量就会明显提高，学生的英语交际能力和跨文化交际能力就会真正得到发展，英语教育的真正意义和价值也将得到体现。”①还有人认为，我国外语人才培养模式不利于培养创新精神，教学模式太重视语法和词汇讲解，忽视了培养学生批判性思维能力，将其概述为“思辨缺席”②。多年以来，这种二分法在外语教育研讨当中一直被反复提及，有时候被叫做“专才/全人、专业/通识或技能/知识”二分法。

高等学校中，通识教育与专业教育并非“两张皮”，更不是相互矛盾的对立面。外语教育和通识教育是相互辅助、相互补足、相互渗透、相互穿插的完整体系。这种二分法本身是站不住脚的，因为专业语言学习和文化知识学习是不可分割的，即便是在最基础的语言教学中，任何一个例句都可能带入文化知识，而恰恰是这种文化背景，日渐明显地形塑着学生表达中的词汇、语法、时态、句法、段落逻辑和篇章结构，影响着表达策略当中的外显/隐含意义、直白和委婉的语气。语言和文化在外语教学中需要权衡的，仅仅是在某个阶段孰轻孰重的问题。而这种轻重权衡，更多的是来自于课时的多寡、教学的安排、考评的时机/手段、记分的方法及考察的范围。更不必说，外语学习的高级阶段，任何一门课的教学都直接导向学生的对象国文学领悟力、文化鉴赏能力、社情国史知识储备、逻辑推理/思维/审辨能力。可以说没有通识背景作为“钢筋铁骨”，外语学习的一砖一瓦就无法建成语言的摩天大厦。

通识教育是包括语言、哲学、文学、历史、数学等基础学科的学习，它可以帮助学生熟悉如何通过广泛的阅读涉猎，博采众家思想，用逻辑思辨的方法对思想进行梳理，以激发学生明辨是非和创造创新的能力。南京大学马克思主义社会理论研究中心张亮教授认为通识教育应当包括七大类③：

1. 现代视野中的中国传统文化；

① 束定芳，对接国家发展战略，培养国际化人才——新形势下大学英语教学改革与重新定位思考，刊载于《外语学刊》，2013：第6、91页。

② 王银泉，服务国家战略的融合型外语人才创新能力与全球化素养培养探究，《当代外语研究》，2018：2，第45页。

③ 庄忠正，深入推进通识教育的中国化进程，刊载日期：2017.9.14，查询日期：2021.2.24，网址：中国社会科学网http://ex.cssn.cn/zx/bwyc/201709/t20170914_3639776_1.shtml。

2. 影响世界的重要文明；
3. 伦理价值观与思维方法；
4. 科学与世界；
5. 经济发展与社会问题；
6. 文学艺术与诠释；
7. 跨文化沟通与人际交往。

中国文化知识的通识课，必须要融入伦理、科学、思维、艺术、经济等方面的现代视角，还要纳入汉语言教育和外语教育。这样一个综合性的系统工程，需要学校从总体上结合通识课程，统一谋划。单靠外语学院开设一两门课程，是不能够完成的。目前，由于具有中国文化传播能力的外语人才储备不足，中国文化传播知识教育的担子往往直接落在外语学院，成为各个语种的“小灶”，缺乏系统性、统一性和可持续性，长此以往必将难以为继。

外语教学中引入中国文化也存在现实困难。首先，学生的中国文化基础不扎实。在中学阶段，中国文化教育在很大程度上是缺位的，其中高考体制的影响不言自明。通俗地说，本该在课堂里为屈原、杜甫的爱国情怀感动到流泪的学生时代，在一张张重复刷题的试卷中度过了。重考试轻知识的恶果是学生缺乏目标意识，思辨能力差，迷信标准答案。虽然大学里有通识课、选修课和各类文化讲座，但学生忙于刷分、取证、社团活动加分、求职、考研、出国申请，对拓展中国文化知识缺乏兴趣。其次，从教的方面看，教师评价体系中存在轻教学重科研的倾向，管理层对学生评教打分赋权越来越重，影响了教师在不可量化的思辨训练、情怀培养上的课堂发挥，分走了本应给予课堂的精力，拖后了中国文化新课程建设。

三、从课程建设中破局

随着中国经济的腾飞，中国文化和中国形象势必会随着经济走出去。在中央明确的要求下，各学校都在加强中国文化课程体系建设，弥补目前中国文化传播人才储备不足的状况。各个外语学院都在努力增加用外语表达中国文化的课程，用外语教授中国文化成为必然。外语学院开设的中国文化课程，不应雷同于通识教育，应当有所侧重。用外语开设中国文化课程的重点有两个：一是完成中国文化的相关语言表达和知识学习；二是在中外文化交流的视角下，打破刻板的中国文化介绍模式，学习跨文化传播技巧，重塑中国文化的表达，旨在逾越不同文化之间的差异，讲好中国故事。

来自大学英语教育界的经验可以提供很好的参考。自从2000年南京大学从丛发出“中国文化失语”的警告①，已经有了20年的探索。无论是从拓宽学生的知识面、跨文化交往的角度，还是从爱国主义或国家安全教育角度，英语教育界对于中国文化课程的必要性已经进行了充分论证，有了普遍的共识。前期的努力已经基本解决了中国文化课程在高校课程体系当中的地位问题，但是在课程设计、师资培养、教材建设等领域，还有许多工作要做。王林认为英语教学中尚需回应三个问题：学生缺乏中国文化知识、英语课堂的中国文化欠缺、新时代要求讲好中国故事。英语教师应该从教材编写、活动组织、项目设置和考评方法四个方面，解决中国文化内容向英语教学渗透的问题②。

法语教学界关于中国文化课程建设与英语教育界有许多共识：学生缺乏中国文化知识是普遍性问题，跨文化交际中的中国文化短板切实存在，开设课程的必要性也毋庸置疑。各外语院系在中国文化类课程建设上都取得了一定的成就。但是在课程建设、教材建设和师资培养方面仍存在差距。其主要原因还是在于语种规模、人才储备、教学资源可及性等方面的局限性。

2014年起，北京外国语大学法语语言文化学院开设《中国文化法语谈》课程，同年申请学校《中华文化法语谈》新课程建设项目。该课程设计在本科三、四年级开设，通过将中华文化选修课纳入专业培养方案，培养学生的文化意识和文化自觉，同时增强学生外语实践能力，提高跨文化交际水平。本课程经过初期的探索和尝试，日臻稳定，新课程建设项目于2016年结项。2018年获批网络SPOC课程建设，2020年完成录制，2021年秋季学期计划开展翻转课堂授课尝试。

本课程为全法语授课，借鉴了部分翻转课堂的理念，采用了教师讲授和学生学习并重的方法，将知识性与实践性紧密结合。教师介绍中华文化的知识，梳理体系，提出问题。在课下，教师引导学生充分利用互联网学习资源，完成词汇表和课堂报告的准备。在课堂上，教师鼓励学生积极参与课堂讨论，锻炼学生的外

① 从丛，中国文化失语：我国英语教学的缺陷，《光明日报》，2000.10.19。
② 王林，宋晓璐，高校英语教学渗透中国文化的策略，《鄂州大学学报》，2020：6，第43页。

语运用能力，分析思辨能力，提高团队协作能力。

2020年疫情之下，本课程的姊妹课堂《中法文化比较》开课。这门课程是以大部分《中国文化法语谈》生源为基底的中法学生每周对话练习。教师要求学生们向法国同学介绍本周所学的文化知识，同时学习法国同学所做的对比介绍。这一尝试是试图把课堂所学活学活用到口语实践当中去，取得了学生较好的反馈。

《中国文化法语谈》课程日臻成熟无疑得益于中国文化热的再次升温，无论是国内国外，都因为中国的崛起而掀起了中国文化热的浪潮。其次，学生就业方向越来越多地与宣传中国文化相关，无论是新闻媒体还是文化中介，都离不开中国情怀。再次，课程较好地契合了学生的在地文化关怀和实践诉求。在疫情期间，学生们通过书法、汉服、诗歌等形式表现出对国外抗疫的支持，无形中树立了文化形象，建立了文化自信，坚定了文化身份认同。

结论

语言学习是手段，文化自信是底气，思辨创新是能力，全人教育是愿景。外语学院开展中国文化教育，不是重拾本业，而是开拓创新。从胡文仲先生20世纪80年代提出文化差异对外语教育的作用以来，外语学人不断兼容并蓄，通过吸收跨文化交际理论、二语习得理论和全人教育理论，拓展了中国文化在外语教学中的地位。随着中国进入新时代，外语教育有了新目标，中国文化教育成为其中不可或缺的一部分。

下一阶段，外语教育应当更加注重将中国文化有机融入通识教育，注重语种教材建设，注重教学与实践相结合。在中国日益对外开放的机遇下，为学生提供更多宣传中国文化的机会。特别是在互联网交流日益成为主流的今天，发挥学生的主观能动性，让他们把讲好中国故事内化于外语学习之中，融入自主行动之内。只有通过各语种外语教育者的不懈努力，才能为实现弘扬中华优秀传统文化、促进中外文明交流互鉴，为构建人类命运共同体的目标打下坚实的人才基础。

参考文献

1. 费孝通，2010，文化与文化自觉［M］。北京：群言出版社。

2. 高等学校外语专业教学指导委员会英语组，2000，高等学校英语专业英语教学大纲［M］。北京：外语教学与研究出版社。

3. 束定芳，2013，对接国家发展战略 培养国际化人才——新形势下大学英语教学改革与重新定位思考［J］，《外语学刊》（06）：90—96。

4. 王林，宋晓璐，2020，高校英语教学渗透中国文化的策略［J］，《鄂州大学学报》（6），43—44。

5. 王银泉，2018，服务国家战略的融合型外语人才创新能力与全球化素养培养探究［J］，《当代外语研究》（2）：43—54。

6. 文秋芳，2018，新时代高校外语课程中关键能力的培养：思考与建议［J］，《外语教育研究前沿》（01）：3—11+90。

7. 袁小陆，赵娟，2017，"一带一路"背景下外语教育中文化自觉培养的诉求与应对［J］，《西安外国语大学学报》（3）：69—72。

8. 张莲、李东莹，2019，CLIL框架下语言、思辨和学科能力的协同发展［J］，《外语教育研究前沿》（02）：16—24；90—91。

附录：

课程教学大纲（2020—2021学年第一学期）

课程名称：中国文化法语谈

Course Title: Chinese Culture in French

授课教师：王鲲　　电子邮箱：wangkun@bfsu.edu.cn

授课对象：法语系2018级　　课程类型：专业选修

授课时间：每周一3、4节　　授课地点：电教103智慧教室

答疑时间：每周五10点—12点　　办公地址：主楼234

一、教学目的

本课程以习近平新时代中国特色社会主义思想为指导，将立德树人贯彻到高校课堂教学全过程、全方位、全员之中，推动思政课程与课程思政协同前行、相得益彰。在传授课程知识的基础上使学生牢固树立并践行社会主义核心价值观，引导学生将所学到的知识和技能转化为内在德性和素养，注重将学生个人发展与社会发展、国家发展结合起来。课程具体目标如下：

知识目标：通过用法语对中国文化知识的介绍和梳理，使学生掌握中国文化对外传播的核心内容，唤醒学生中西文化体系进行比较，提升学生跨文化交际能力。

能力目标：通过对中国文化知识的介绍，提高学生法语口头表达能力（B2-C1）和阅读、综述水平，掌握跨文化交流的难点和要点，具备初步的中国文化宣传译介能力。

素质目标：培养学生综合人文素质，使学生较为全面地了解中国社会、历史、风情、文化，培养国际视野下的中国文化情怀。

二、教学内容及安排

周	时间	教学内容	分组	课堂练习
1	9.14	导言：文化自觉——民族的才是世界的		
2	9.21	西方人怎么看中国	确定选课	
3	9.28	中国的衣食和廿四节气	1组	vocabulaire
4	10.5	十一假期		
5	10.12	中国的住行和地理观念	2组	vocabulaire
6	10.19	中国的风俗节日和差序格局	3组	vocabulaire
7	10.26	中国的古代建筑和中国风格	4组	vocabulaire
8	11.2	中国的丝绸瓷器和茶叶和丝绸之路	5组	vocabulaire
9	11.9	中国的琴棋书画和文人传统	6组	vocabulaire
10	11.16	中国的民间说唱传统和京剧	1组	exposé
11	11.23	中国的中医和传统天人观	2组	exposé
12	11.30	中国的历史和多元一体的民族观念	3组	exposé
13	12.7	中国的政治思想史和边疆问题	4组	exposé
14	12.14	中国的农牧传统和环保观念	5组	exposé
15	12.21	总结：中国文化与世界对话的策略与思考	6组	exposé
16	12.28	随堂考试：闭卷 笔试作文		

三、教学要求

1. 课前完成课前词汇搜集和准备。
2. 课上认真听讲，完成课堂演讲。
3. 积极参与课堂互动，主动提问和讨论问题。

四、授课方式（讲座为主或者讲座与讨论结合，等等）

1. 教师提供预习篇章；
2. 学生课前准备词汇、课堂演讲，词汇和PPT课前的周日发到教师微信；
3. 学生课堂积极参与，教师点评词汇，讲授内容，组织互动；
4. 课堂活动包括演讲、辩论、分组讨论。

五、采用教材

1. 必读书目：《中国文化常识》（法文版，外研社）、课堂资料。

2. 推荐书目：

a）《中国文化读本》（法文版，外研社）

b）*Discover China*（英文版，China International Press）

c）*La Culture chinoise*（法文版，China International Press）。

3. 课程资源（选填）：法语Wikipedia网站、百度百科、人民网法文频道、新华网法文频道、中国网法文频道、CRI、CCTV-F等。

六、考核方式（需明确说明课程成绩各组合部分的百分比以及迟到、旷课、请假、迟交作业等相关政策和扣分原则；考核方式考虑形成性评价与终结性评价相结合）

学生的成绩将包含以下部分：（总分：100分）

1. 出勤率，10%；

2. 课堂参与：课前词汇表制作，上课发言，20%；

3. 期末考核：选题作文，法文撰写，500词，70%。

七、其他注意事项

1. 课堂规定

迟到、早退15分钟以上计缺勤；

积极参加讨论加分。

2. 报告和微信礼仪

词汇表按照要求在报告前的周日发给教师，迟交全组扣5分。

注意微信礼仪，不在休息时间打扰老师。

翻译教学中学生外语能力的提高

——以汉译法课程为例

北京外国语大学法语语言文化学院　李晓光　傅荣

本文已发表在《法语国家与地区研究》2021年第4期。

内容提要 在西方外语教学领域，翻译曾经被排斥在课堂之外，20世纪70年代交际法兴起时，翻译逐渐回归课堂。在我国，由于历史、文化以及外语教学传统的影响，翻译一直是外语课堂的一部分，并没有经历西方外语教学领域中先被排斥后回归课堂的过程。因此，在当今语境下，国内外语教学研究的焦点之一是如何将翻译和外语教学有机结合。本文以汉译法课为例，明确本科汉译外课程的性质和定位，并结合翻译教学实例探讨如何在翻译教学中提高学生的外语表达能力。

关键词 翻译教学；外语提高；汉译法

引言

在西方外语教学领域，翻译曾经被排斥在课堂之外。20世纪70年代交际法兴起时，翻译逐渐回归课堂。在我国，由于历史、文化，特别是外语教学深厚传统的影响，翻译并没有完全离开课堂。因此，在当今语境下，国内外语学界讨论的焦点是翻译在语言教学中如何定位以及两者如何有机结合。有鉴于此，本文以本科三年级汉译法课为例，着重探讨如何将翻译教学与语言提高相结合，在翻译教学中提高学生的外语表达能力。本文将从两方面展开讨论：首先分析本科汉译法课程的性质与定位，明确教学目标；然后结合实例，探讨翻译教学中提高学生法语表达能力的具体方法。

一、汉译法课的定性与定位

课程论告诉我们，一门课的教学内容、教学方法以及评价手段均由教学目标所决定。因此，我们首先需要厘清本科汉译法课程的性质和定位，明确其教学目标。

1. 汉译法教学的性质和目标

翻译学界区分翻译教学（pédagogie de la traduction）和教学翻译（traduction pédagogique）两个概念。翻译教学旨在培养职业翻译人才，重点关注翻译能力的培养，通常面向翻译专业学生。而教学翻译则为外语教学手段，为语言习得服务，重点关注字、词、句等语言知识的学习和掌握。《普通高等学校本科法语专业教学指南》中有如下说明：

"法汉/汉法翻译课主要包括翻译理论学习和翻译实践能力培养两方面内容，旨在培养学生运用翻译理论和方法进行法汉/汉法笔译的能力……学生应能掌握翻译的主要理论、方法和质量标准；了解法汉两种语言的篇章特点和文化差异；翻译有一定难度的法汉语报刊、杂志、书籍中的文章，及节录的小说、散文、戏剧等文学原著；独立承担一般用人单位的法汉/汉法笔译任务。"①

由此可见，本科汉译法课程从培养目标到教学内容均符合翻译教学的范畴，而不是以二语习得为目的的教学翻译。

然而，法语本科三年级学生的法语表达能力远未达到或接近职业译者的水平，因此，语言提高仍是本科阶段翻译教学必须面对的一项任务。西方翻译教学界一般认为只有完全掌握了外语之后才能开始真正的翻译教学。但也有学者指出："认为学生在进入翻译（学习）项目之前，他们的语言能力就已经达到了熟练程度……这还只是一种理想假设。"事实上，"只有寥寥无几的译者认为自己具有完全的双语能力，绝大部分译者都仍然是某种程度上的语言学习者"②。马会娟对中国学生汉译英翻译能力的构成进行了分析，指出"中国学习者在汉译英翻译中的难点是英语的表达问题……汉译英能力中最核心的能力应该是英语的运用能

① 教育部高等学校外国语言文学类专业教学指导委员会.《普通高等学校本科外国语言文学类专业教学指南（下）》. 北京：外语教学与研究出版社，2020：78.

② 马会娟，管兴忠.《论汉英翻译的语言能力》. 西安外国语大学学报，2012（3）：117.

力”[①]。杨志红通过一项实验，研究了学生英语能力与汉译英能力之间的关系，结果表明：“在翻译训练的初级阶段，学生的翻译能力在很大程度上和语言能力相关，对于该类受试而言，语言训练是提高翻译能力非常重要的环节”[②]。马会娟分析了汉译英翻译能力发展的不同阶段和特点，提出了依据能力发展的阶段性特点进行分级教学的设想，她指出：“初级为学习者基本感知和了解汉英翻译的阶段，以培养翻译的语言能力为核心。”[③]

汉译法课同属汉译外课程，因此，汉译英教学领域的研究成果在很大程度上也适用于汉译法教学。由此可见，本科汉译法课程也应该把语言能力的提高作为教学目标之一。正如刘和平所言：“本科翻译教学应以翻译思维训练为主……以技能训练和语言提高为双重教学目标。”[④]作为翻译的启蒙和基础阶段，本科汉译法课程需要培养学生的翻译能力，使学生了解翻译的性质、形式、基本概念和认知过程，掌握翻译基本技能和方法。但另一方面，外语表达能力的提高仍是这一阶段不可忽视的任务。因此，本科三年级汉译法课程具有翻译能力培养和语言提高的双重任务。具体来说，本课程的教学目标可分为知识目标、能力目标和素质目标三个方面。知识目标：翻译入门，重在学习翻译常见的基本原则和方法。能力目标：1. 巩固法语基本功，提高法语表达水平；2. 通过翻译练习、正误评析、佳作赏析，体验翻译规则、习得基本的翻译能力。素质目标：形成正确的翻译意识、良好的翻译习惯以及跨文化交际视野。

2. 汉译法教学的必要性

从语言方向上来看，翻译可分为母语译入外语和外语译入母语两种形式。许多翻译家和翻译理论家认为，翻译应该甚至只能从外语译入母语。纽马克（Peter Newmark）认为“只有译入自己惯常使用的语言，才能确保翻译表达自然、准确，获得最佳翻译效果”[⑤]。勒代雷（Marianne Lederer）表示，“一个人的外语理解能力可以达到与其母语相当的水平，但在翻译中，用母语表达总是更为自

① 马会娟，管兴忠.《发展学习者的汉译英能力——以北外本科笔译教学为例》. 中国翻译，2010（5）：40.

② 杨志红.《中国学生英语能力与汉译英能力关系的实证研究》. 外语与外语教学，2014（1）：59.

③ 马会娟.《中国学习者汉译英翻译能力分级研究》. 外语教学，2012（1）：108.

④ 刘和平.《论本科翻译教学的原则与方法》. 中国翻译，2009（6）：34.

⑤ 转引自余静.《〈挑战传统原则——译入非母语〉述评》. 中国翻译，2011（1）：52.

如"[①]。言外之意，一个人的外语表达能力永远无法与其母语相媲美，因此不能从母语译入外语。西方译界一直存在约定俗成的"译入母语"原则，翻译院校的教学也基本秉承这一理念。但也有学者对此提出了质疑。澳大利亚学者坎贝尔（Stuart Campbell）在其著作《母语向第二语言的翻译》（*Translation into the Second Language*）中指出，译入第二语言的行为"与译入第一语言同样正常而且有可能同样普遍"[②]。马士奎指出"译入母语"原则"明显忽视了非通用语言使用国的文化诉求，也与翻译实践的历史及现状不符"[③]。

的确，"与英语、法语等通用语种相比，汉语的普及程度还不广泛，而汉语语言文化博大精深，真正能熟练运用汉语交流、并深刻理解汉语语言文化的外国人并不多"[④]。因此，汉译外是中国译员经常从事的工作。西方译界主张"译入母语"原则，主要出于对译者外语表达水平的担忧。但是，有研究表明，译入非母语的质量未必不佳。斯洛文尼亚学者波科恩（Nike K. Pokorn）在其著作《挑战传统原则——译入非母语》（*Challenging the Traditional Axioms : Translation into a Non-Mother Tongue*）中对该国著名作家伊凡·参卡尔多篇作品的7个英译本及9位译者进行了细致分析，得出以下结论："传统观念所认为的翻译的单向性（只能译入母语）是无法成立的；翻译的质量并不取决于译者的母语，而主要取决于译者的个人能力、所采取的翻译策略、对源语言与文化及所涉及领域的了解程度。"[⑤]由此可见，从母语译入外语也可以保证翻译质量，关键在于译者的能力。而译者能力的培养正是翻译教学的目标。

随着中国对外开放程度的不断加深和"一带一路"倡议的提出，中外交流合作不断增多，需要大量外语人才把中国介绍给世界。因此，汉译外教学十分必要，这其中当然也包括汉译法教学。《普通高等学校本科法语专业教学指南》也将汉译法列为法语专业核心必修课程，要求从第五个学期（大三上学期）开始开设。

---

① Marianne Lederer. *La traduction aujourd'hui : le modèle interprétatif.* Nouvelle édition. Fleury-sur-Orne : Lettres Modernes Minard, 2006 : p.125.

② 转引自马士奎.《从母语译入外语：国外非母语翻译实践和理论考察》. 上海翻译，2012（3）：21.

③ 同上。

④ 陈伟.《关于法语专业本科四年级汉译法课程设置的思考及实践》. 见：王文新.《中国法语专业教学研究（2008）》. 上海：上海外语教育出版社，2008：31.

⑤ 转引自余静.《〈挑战传统原则——译入非母语〉述评》. 中国翻译，2011（1）：53.

二、在翻译训练中提升法语表达能力

上文提到，本科三年级汉译法课程的性质为翻译教学，但同时具有翻译能力培养和法语水平提高的双重任务。那么，如何将翻译教学与法语提高有机结合，在翻译训练中提高学生的法语表达能力呢？我们认为，对翻译基本原则的认识和对翻译方法的学习有助于法语表达能力的提升。因此，翻译基本原则、方法的学习和法语表达能力的提高应相辅相成，在翻译训练中同时进行。我们将围绕翻译中的几个基本原则进行阐述。

1. 以意义为中心

翻译从本质上说是一种交际活动，因而双语转换不能停留在字词层面，而是涉及篇章、语境、文化等多个层面。事实上，“我们无时无刻不在翻译，我们用母语表达的时候，将思想‘翻译’成语言，我们用法语翻译的时候，先将语言构建成思想，再将思想翻译成语言”①。翻译的对象是文字背后的思想，而非文字本身。因此翻译中的理解和表达均应以意义为中心。理解过程是“得意忘言”，（再）表达过程则是“意到笔随”，切忌“以词害意”。学生充分意识到“以意义为中心”的翻译原则，才能真正理解文字背后的思想，而透彻的理解是顺畅表达的基础。要达到透彻的理解，需要译者结合语境，通过联想、查证将语言形式转化为意识画面。

联想是调动已有百科知识找到文字真正所指的过程，有别于查字典获得字面意义的过程。如“社会培训机构”“社会投资”“社会车辆”三个例子中均有定语“社会”一词，查字典可得名词société和形容词social,e，仅字面对应显然不是真正的理解。这时候就需要结合已有的经验和知识，判断文字概念背后所指的事实，我们会发现“社会培训机构”其实指的是私立的培训机构，应该译为les centres de formation privés，而“社会投资”其实是investissements privés。

然而，如果已有的百科知识不足以帮助我们找到文字背后的事实，那就需要进行查证。查证其实是结合语境补充相关百科知识的过程。比如对“社会投资”的理解出现困难，译者通过查证便能发现社会投资实为与政府投资相对应的概

① 邵炜.《汉译法口译教程——教你从容地表达》. 北京：外语教学与研究出版社，2012：8.

念。而“社会车辆”对应的事实更为多样，需要结合具体语境联想其真正的所指。例如某学校门口告示牌上的“社会车辆不得入内”中，社会车辆指的是非本单位的（私家）车辆；“物流公司雇佣社会车辆运输”中则指不属于物流公司的车辆，即外包车辆；而“公交车专用道屡次被占用，社会车辆乱入将被罚”中则指公交车以外的车辆。鉴于上述情境，可译作voitures particulières，voitures extérieures à ...（l'Université...），voitures non autorisées等，而不是voitures sociales。

又如“目前还很难估计这场疫情的影响”“这一决定将影响两国的关系”“咱们走路小声点，以免影响病人的休息”三个例子中均有“影响”一词，然而相同的语言形式却指向不同的事实。第一句，疫情的影响，准确地说是指影响的程度或范围，所以应译作la portée。第二句可以是Cette décision va **influencer** la relation des deux pays，也可能在特定语境下明确为负面影响：La relation des deux pays **sera compromise** par cette décision。第三句的影响则不再是influencer，而应是“打扰”之意，即troubler le sommeil des malades，或者déranger les malades。

由此可见，内容、信息的准确传达是评判语言表达质量的首要指标，语言形式应服务于意义表达。以意义为中心的翻译原则其实也是语言表达的原则。在基础阶段的法语教学中，教师常用教学翻译帮助学生学习和掌握字、词、句等语言知识，形成语言知识的初始积累。而大三阶段的语言提高应该聚焦于内容的表达，使学生具备深入分析、主动查证语言背后真正所指的能力，在表达中将语言的形和意真正结合起来。

2. 灵活表达

翻译的本质是交际，是思想的表达，是信息的传递。而对于同样的信息，表达可以因人而异。即使是同一个人，多次表述相同内容时，使用的表达方式也未必一致。同理，在翻译这样的跨语言交流中，面对相同的意义和信息，表达方式“是每个人根据自己的能力所做的选择”①，是多种多样的，正所谓“条条大路通罗马”。如：“建交45年来，中法关系既有春光明媚之日，也不无风雨交加之时”②一句的翻译，在抽离出“45年来，中法关系时好时坏”这一核心意义之后，

① 同上，第2页。
② 同上，第22页。

法语的表达可以根据个人的能力做出不同的选择：

a. Après l'établissement des relations diplomatiques, pendant 45 ans, les relations sino-françaises ont été tantôt mauvaises tantôt bonnes.

b. Durant les 45 ans suite à l'établissement des relations diplomatiques, les relations sino-françaises ont eu des hauts et des bas.

c. Pendant 45 ans, dans leurs relations diplomatiques, la Chine et la France ont vécu autant de beauté printanière que de périodes orageuses.①

灵活表达这一原则能够在一定程度上帮助学生克服用外语表达的不安，走出“我法语不够好、词汇量不够多，所以无法表达”的心理困境。事实上，法语表达能力的提高，不仅在于学习和积累新的语言知识，还在于盘活已有的语言储备。学生在两年基础阶段的法语学习中积累了一定的语言知识，但如何将语言知识灵活应用于表达，是高年级语言提高的关键所在。因此，翻译训练应促使学生最大程度地调动原有语言知识进行表达，并在此过程不断地使被动词汇转化为主动词汇，从而提升表达能力。

3. 关照受众

前文提到，翻译是信息传递的过程，而信息传递的目标是使受众顺利接收原文信息。换言之，译者要以受众的理解为目标，注重译文的可读性、可接受性和可交际性。具体来说，汉译法应做到符合法语的表达习惯，同时言简意赅。

（1）符合法语表达习惯

“要让读者顺畅地理解译文，那么译文必须符合译入语的表达习惯”②。通常情况下，汉译法的受众一般是不通汉语的法语读者，因此译文要符合法语的表达习惯，避免中式法语。汉语的特点是流泻式铺排，多平行结构，有先后之别，但无主从之分，句子、词组不辨，主语、谓语难分。而法语则以主谓结构为主干，谓语是焦点，讲求语句之间的形式结构，主次清晰，空间层次分明。因此，汉译法中要特别注意语序调整、动词搭配和逻辑连接。

汉语句子多以铺陈性话语开始，中心信息常常在句子最后，属于“渐入佳境”

---

① 同上，第22—23页。

② Danica Seleskovitch, Marianne Lederer. *Interpréter pour traduire*. Paris : Didier Érudition, 1984, p. 31.

型。而法语句子正好相反，通常把重要信息放在前面，属于“开门见山”型，因此汉译法时，我们要适当地调整语序。如：“北外东院新开了一家小超市”，句子主语“北外东院”并非真正的逻辑主语，而是状语成分，这是汉语典型的存现句句型：主（状）+谓+宾。[①]译为法语时，则要把语义重心“小超市、新开”放到前面，根据法语的表达习惯可以选择主动态、被动态、无人称句等进行表达：

a. Une nouvelle supérette a été ouverte sur le campus est de Beiwai.

b. Une nouvelle supérette s'est établie sur le campus est de Beiwai.

c. Il y a une nouvelle supérette (ouverte) sur le campus est de Beiwai.

d. On a ouvert une nouvelle supérette sur le campus est de Beiwai.

法语中的动词通常有其固定搭配，汉译法中切忌直接套用汉语的动词搭配形式。如：“为了培养孩子们的环保意识，应当从认识每一棵树开始”，汉语的动宾搭配是“培养环保意识”，如译为former la conscience de la protection de l'environnement是不符合法语动词搭配习惯的，法语表示培养某人，使之具备某种能力或素质时，句型应为former qqn à qqch[②]。这里可以译为favoriser la prise de conscience。

又如：“外资企业的一切活动应遵守中华人民共和国的法律、法令和有关条例规定”，主语为“外资企业的一切活动”，谓语为“遵守”，译为Toutes les activités d'une entreprise étrangère doivent respecter la loi... 也是不妥的，因为法语的respecter只适用于人或机构组织作主语的句式。“活动”作主语则应该是Toutes les activités d'une entreprise étrangère doivent se conformer à la loi...[③]。

再如：“几年来，为了完成这个项目，他们牺牲了无数个节假日”，其中的“牺牲节假日”也不能直接译为sacrifier leurs vacances，因为法语中不存在这样的动宾搭配。再者，在以基督教文明为背景的西方人眼中，sacrifier是一个很重的字眼。这里用地道的法文表达可以是ils se sont privés de vacances。

汉语中的逻辑关系常常隐含在篇章中，很多句子之间表面上是并列关系，其实不然。译成法语时如若不把逻辑关系明晰化，则很容易影响法语读者的理解，造成译文缺乏逻辑的感觉。如“中小企业的市场往往是地区性的，很少覆盖全

① 贾秀英.《汉法语言句法结构对比研究》. 北京：科学出版社. 2012：15.

② 傅荣.《常见汉译法句子正误分析（9）》. 法语学习，2010（1）：52.

③ 傅荣.《常见汉译法句子正误分析（12）》. 法语学习，2010（4）：56.

国。市场准入是很复杂的事情，必须获得当地政府的批准”[①]这个例子中，两个并列的句子之间其实是因果关系，前一句是结果，后一句则解释原因。同时，后一句的两个半句之间也是一种因果关系，市场准入之所以复杂，是因为必须获得当地政府的批准。译为法文时显化因果关系，可以采用以下方式：Si le marché des PME chinoises est souvent local, et couvre rarement tout le pays, c'est que l'accès au marché est compliqué, car il est soumis à une autorisation du gouvernement local[②]。

因此，翻译教学中可以通过实例引导学生关注和理解两种语言的特点及其承载的文化特征，在法语表达中有意识地识别继而脱离汉语语言结构的影响，尽可能符合法语表达习惯，提高法语表达的准确性和可读性。

（2）言简意赅

从读者的角度出发，简洁、准确的语言表达更具可读性，尤其是在汉译外中。因此，汉译法时要在深入理解原文的基础上，提炼核心意义，精准表达，避免信息的重复和冗长的表达。

汉语中有许多四字熟语，并不需要逐字翻译。有的四字熟语前后两个部分意义重复，如：千方百计、赤手空拳。有的前后两个部分其实是整体意义，如：断章取义、心灰意懒。因此，汉译法时应取其中心意思或整体意思，否则不仅会有画蛇添足之嫌，且容易出现中式法语。如，“繁荣昌盛”可直接译为prospère或la prospérité，辉煌灿烂译为brillant，植树造林译为reboiser或reboisement，又或reforestation。

叠词和排比也是汉语的一种特殊表达，种类多，使用频繁。而法语中忌讳重复，因此汉译法时要考虑上下文中的指称意义和语用意义。如“绿色奥运、科技奥运、人文奥运”可省略重复，直接译为Olympiade verte, scientifique et populaire或者Jeux verts, scientifiques et populaires。又如：“发达国家有四大优势：技术先进、管理经验先进、资金雄厚和人才丰富”[③]，“先进、雄厚、丰富”均为“优势”，所以法语表达中可以去繁就简：Les pays industrialisés disposent de quatre atouts en termes de technologie, de gestion, de capitaux et de ressources humaines。

另外，汉语中还有一个典型的现象：无实义的范畴词、句较多。例如：“政

① 邵炜，前揭书，第56页。

② 同上。

③ 傅荣.《常见汉译法句子正误分析（4）》. 法语学习，2009（1）：53.

府将优先发展教科文**事业**”“必须革除官僚主义**作风**”“各行各业都应服从并服务于‘一带一路’这个**大局**”“必须**坚持**解决群众当前困难与长期发展相结合的**原则**”“为做到这一点，将**采取**逐步过渡的**办法**”“这项措施将**对**物价上涨**起到**限制**作用**”等。而汉译法时，则可以直指关键信息本身，依次译为：“Le gouvernement portera son effort essentiel sur les sciences et la technologie, l'éducation et la culture.” “Il faut éliminer la bureaucratie.” “Le travail de tous secteurs doit être subordonné à l'initiative des *Nouvelles routes de la Soie* et mis à son service.” “Il faut résoudre les problèmes immédiats de la population tout en pensant au développement à long terme.” “À cet effet, on va procéder à une transition graduelle.” “Cette mesure permet de contrôler la hausse des prix.”

事实上，准确简洁的表达对学生的语言能力提出了更高的要求。不少学生进入高年级后，常常不自主地青睐长句，认为复杂的句式是语言水平高的体现，殊不知准确简洁的表达才更考验功力。因此，翻译教学中应引导学生体会简洁之美，形成“以简为美”的意识，用言简意赅的原则指导外语表达，提高语言表达的有效性。

结语

本文首先分析了本科汉译法课程的性质：汉译法课属于翻译教学。作为翻译的启蒙和基础阶段，本科汉译法教学需要培养学生的翻译能力，使学生了解翻译的性质、形式、基本概念和认知过程，掌握翻译基本技能和方法。与此同时，学生法语水平的提高也是这一阶段翻译教学必须面对的任务。因此，本科三年级汉译法课程具有翻译能力培养和语言提高的双重任务。在这个阶段，学生的翻译能力与其外语能力密切相关。我们认为，语言能力的提高和翻译能力的培养是相辅相成的。在教学中，应该以翻译基本原则指导翻译实践，使学生正确认识翻译的本质，形成以信息有效传达为目标的翻译观，掌握基本的翻译方法，突破外语表达的心理障碍，在翻译训练中不断增强原有语言储备的激活度，同时拓展新的语言知识，真正提高法语表达能力。

参考文献

1. 陈伟.《关于法语专业本科四年级汉译法课程设置的思考及实践》，见：王文新.《中国法语专业教学研究（2008）》. 上海：上海外语教育出版社，2008：28—46.

2. 傅荣.《常见汉译法句子正误分析（4）》. 法语学习，2009（1）：51—53.

3. 傅荣.《常见汉译法句子正误分析（9）》. 法语学习，2010（1）：51—56.

4. 傅荣.《常见汉译法句子正误分析（12）》. 法语学习，2010（4）：53—56.

5. 贾秀英.《汉法语言句法结构对比研究》. 北京：科学出版社，2012.

6. 教育部高等学校外国语言文学类专业教学指导委员会.《普通高等学校本科外国语言文学类专业教学指南（下）》. 北京：外语教学与研究出版社，2020：55—79.

7. 刘和平.《论本科翻译教学的原则与方法》. 中国翻译，2009（6）：34—41.

8. 马会娟.《中国学习者汉译英翻译能力分级研究》. 外语教学，2012（1）：105—108.

9. 马会娟，管兴忠.《论汉英翻译的语言能力》. 西安外国语大学学报，2012（3）：117—121.

10. 马会娟，管兴忠.《发展学习者的汉译英能力——以北外本科笔译教学为例》. 中国翻译，2010（5）：39—44.

11. 马士奎.《从母语译入外语：国外非母语翻译实践和理论考察》. 上海翻译，2012（3）：20—25.

12. 邵炜.《汉译法口译教程——教你从容地表达》. 北京：外语教学与研究出版社，2012.

13. 文军，潘月.《〈母语向第二语言的翻译〉评介》. 中国科技翻译，2003（3）：56—60.

14. 杨志红.《中国学生英语能力与汉译英能力关系的实证研究》. 外语与外语教学，2014（1）：54—59.

15. 余静.《〈挑战传统原则——译入非母语〉述评》. 中国翻译，2011（1）：52—54.

16. Lederer M. *La traduction aujourd'hui : le modèle interprétatif*. Nouvelle édition. Fleury-sur-Orne : Lettres Modernes Minard, 2006.

17. Seleskovitch D., Lederer M. *Interpréter pour traduire*. Paris : Didier Érudition, 1984.

法语文学作品在基础教学中的应用探究

北京外国语大学法语语言文化学院　吉晶

摘　要　在行动-交际教学法的框架下，作为真实语料的文学作品在外语零起点的基础教材中却常常缺席。本文通过对法语教材《你好！法语》的特点分析，结合笔者教学实践中对文学作品的应用实例，认为匹配的文学作品既能促进初学者语言技能的操练内化，又是目的语社会文化更辽阔的天然载体，有助于学习者克服初级语言学习的枯燥感，展开与成年心智水平相符的思考，激发主动学习的能力，是对现行教材有益且必要的补充。

关键词　法语；基础教学；文学作品

一、引言

在语言教学的历史上，文学作品似乎从未缺席。然而，当我们追溯外语教学法的历史，我们可以清晰地观察到文学作品在教学法发展的不同时期经历的地位起伏。最初的“传统教学法”由于对翻译法、对阅读和笔头能力的推崇，把文学作品视作学习语言和文化的最佳载体，占据着中心地位；随着“直接教学法”对交流和口头表达的重视，文学作品的重要性有所削弱，但依然被赋予文化功能。而随后兴起的“听说教学法”“视听总体结构教学法”中，录音和视频的引入强化了听和说的优先性，日常生活成为最好的教学载体，文学作品则严重受到挤压，扮演着无足轻重的角色。20世纪80年代兴起的“交际教学法”，及至现代进一步提出的“行动-交际教学法”，重新对文学作品进行了审视，文学作品也位于“真实语料”之列，并且毫无疑义的被视作“交际”的形式之一，即作者和读者之间的交流。因此，文学作品在当代主流的教学法中又实现了某种程度的回归。

在这样的大背景下，文学作品应该如何应用在法语教学活动中呢？本文以大学一年级零起点学生的基础教学为框架，试图探讨法语文学作品在该阶段的具体应用和角色定位。

二、研究背景

从狭义上讲，文学是“用语言文字塑造人物形象。反映社会生活的艺术”①，其形式往往以小说、诗歌、戏剧、散文4大类为主。提及文学作品在外语教学中的应用，我们常会遇到两类偏见：一是“文学无用论”，认为外国文学对就业无甚帮助，脱离实践性的语言技能操作；另一类则认为文学阳春白雪，接触它需要以掌握较高的外语语言水平为前提，初学者是被拒之门外的。

而越来越多的教学法专家认为文学作品与语言水平之间并无固定的捆绑约束，法国学者冉宁·盖约（Jeannine Caillaud）明确提出：“我们什么时候能够，或者说必须，让学生们开始文学作品的阅读呢？我会毫不犹疑地回答‘越早越好’[……]我们教师有责任为他们循序渐进地打开文学的大门，为他们挑选与其能力相符的篇章[……]假以耐心，初学者也完全可以阅读文学作品。”②而目前，国内多数法语教学单位通常是从大学三年级才开始设置与文学史和文学作品赏析相关的课程。那么在法语的基础教学阶段，尤其是对于一年级的初学者，文学作品可以扮演怎样的角色便成为教学实践探索的新领域。

我们的大一新生均为零起点的初学者，目前使用的主体教材是《你好！法语》（*Le Nouveau Taxi*）的引进版，目标是通过一学年两册书的学习达到《欧洲语言共同参考框架》的A2水平。这一学年的课程尽管设置了精读、听力、口语等不同课程，但均由每班两位任课老师单、双周轮流授课。换言之，我们在法语教学初期，打通了听说读写译等各项语言技能之间的学习过程，从而实现更高效的统筹教学。因此，我们在每一个学时的教学活动中，都会力争设计贯穿各种语言技能和文化意识的综合活动。具体到教材内容的分析，这套教材设计的主题和

---

① 李行健（编），《现代汉语规范词典》，北京：外语教学与研究出版社，2004，第1365页。

② Jeannine Caillaud, « L'utilisation des textes littéraires » dans *Le français dans le Monde*, no. 65, Paris, Hachette, 1969, p.79.

交际情境都是学习者在现实生活中经常遇到的，通过真实语料或者接近真实的语料，对法语语言的语法词句、语体修辞以及对象国和地区的社会文化均有丰富的传递，明确指向学习者交际能力的培养。教材中来源于日常生活的语料占据了绝对性的优势，在18个单元共72课中，仅有《你好！法语2》的第32课引入了文学作品——瓦莱里·拉博（Valery Larbaud）的诗歌选段；在配套的练习册中，也鲜有文学作品的踪影。

在教学实践中，我们体会到这套教材也有薄弱之处：一是语法板块的短小精悍，教材内对应的练习在量和质上有所欠缺。虽然语法在交际教学法中早已“禅位”，但对于接近成年的专业学习者而言，依然是不容忽视的一部分。二是来源于日常生活的语境决定了绝大部分语料都以“对话”形式为主，句子比较短促鲜活；但学生们阅读有一定长度、连贯篇章的能力却相对较弱。因此，结合既有现状以及学习者普遍在17—18岁的年龄特征，我们进一步感受到在初级法语教学中引入文学作品语料的必要性，积极尝试文学作品如何与语言技能的操练、文化交际能力的培养相融合。

三、应用实例探究

语言能力、文化意识、思维品质以及自主学习能力一直是外语学科所提倡的核心素养。我们试图以语言能力作为与文学作品相结合的起点，在“纲”的基础上贯穿融合其余能力“面”的渗透。

零起点的初学者首先要经过为期一个月的语音规则的密集学习期。法语的语音规则是比较细琐繁多的，发音习惯也完全区别于他们入学前的第一外语英语，因此需要辅以大量的语音练习来固定发音口型、区分混淆音素、强化发音难点。在我们的教材中，不乏这类以单个单词为依托的发音练习：

2. Lisez horizontalement, puis verticalement, les mots dans ce tableau. 请分别按横向和纵向朗读下表中的单词。

	[a]	[e]	[ɛ]	[i]	[y]	[u]
[p]-[b]	passe – basse	pétale – bétail	pelle – belle	pipe – Bible	puce – bus	poutre – boude
[t]-[d]	tate – dâte	thé – dé	Athènes – Éden	tisser – d'ici	thune – dune	tousse – douce
[k]-[g]	car – gare	quai – gai	quel – guerre	qui – Guy	écu – aigu	coûte – goûte
[f]-[v]	face – vase	café – rêver	faire – vers	fil – ville	fut – vu	fou – vous
[s]-[z]	salle – Zaïre	hausser – oser	sel – zèle	assis – Asie	assure – azur	sous – zoom
[ʃ]-[ʒ]	achat – déjà	haché – âgé	cher – gère	Chine – Gille	chute – juge	chouchou – joujou

图1：语音练习（来源：《你好！法语1》，p.13）

虽然不可完全否认这类发音练习的有效性，但由于学习者不解词义，这类零散的词汇诵读便成为机械的读音规则对照，显得颇为枯燥。而在法语的文学作品中，尤其是诗歌，有大量简洁明快的诗句，反复出现的音素、优美的音韵可以构成语音和节奏练习的好素材。以这段诗歌为例：

Je fais souvent ce rêve étrange et pénétrant
D'une femme inconnue, et que j'aime, et qui m'aime.
Et qui n'est, chaque fois, ni tout à fait la même
*Ni tout à fait une autre, et m'aime et me comprend.*①

有的学生曾接触过保尔·魏尔伦（Paul Verlaine）的诗的中译本，法译本的诵读便有了更强烈的学习动机；用词简单明确的几句也便于教师提前梳理中文大意。通过朗读，学习者可以集中练习大口扁唇元音[ε]，并直观的感受诗节内ABBA的韵脚，在句子中感受语流的潺潺。

随着教学的推进，文学作品也逐渐参与到词汇、句法或语法辨析的教与学中。

以词汇为例，在“看病就医”的真实语境下，学习者已经掌握了求医问药的基础表达。我们在课后便布置了莫里哀的《无病呻吟》（*Le Malade imaginaire*）第7幕至第9幕的阅读任务。借助这部家喻户晓的剧目，学习者首先从新的角度温习并扩充了与身体部位相关的词汇；并从戏剧对白中轻松识别了与现实语境中医患交流表达相对应的近义词组。在与17世纪的语言表述对比中，我们既能体会语言发展的历史变迁，又能感受讽刺滑稽的修辞特征，平淡无奇的日常主题便生动立体起来。主仆的衣着装束、人物关系的编织，亦打开了300多年前法国社会风土人情的画卷。我们还将同学们组织起来，自主编排，重现了戏剧舞台：两位女仆如何帮助主人认清医生的面目，展现了递进的逻辑和语言策略。同学们穿越时空，沉浸其中。

又如，在关系从句的句法结构学习中，关系代词在雅克·普雷维尔（Jacques Prévert）的小诗《消息》（« Le Message »）②中得到了淋漓尽致的应用。

---

① Paul Verlaine, « Mon rêve familier » dans *Fêtes Galantes Romanes sans paroles*, Paris, Gallimard, 1973.

② Jacques Prévert, *Paroles*, Paris, Gallimard, 2007, p.190.

La porte que quelqu'un a ouverte
La chaise où quelqu'un s'est assis
Le fruit que quelqu'un a mordu
La chaise que quelqu'un a renversée
La route où quelqu'un court encore
La rivière où quelqu'un se jette
La porte que quelqu'un a refermée
Le chat que quelqu'un a caressé
La lettre que quelqu'un a lue
La porte que quelqu'un a ouverte
Le bois que quelqu'un traverse
L'hôpital où quelqu'un est mort.

在这十二行的小诗中，我们可以借助诗歌朗读的录音、诗句对应的图画排序让学习者初步理解内容，感受普雷维尔口语化的语言和简洁的风格。随后可以引导对诗歌结构、叙事节奏以及人物的发现，寻找核心诗句（第六、七句）。在此过程中，关系代词、现在时／过去时的时态对照、过去分词的配合问题也同样得到了温习。最后，通过对《话语集》（*Paroles*）两次大战期间创作背景的交代，与自由的爱、战争、革命等诗集主题的关联，学习者也可以互相讨论，获得自己在一首小诗中的文学体验。在此基础上，我们也对学习者的语言输出提出了进一步的要求，以诗句结构为例，以Les petits bonheurs dans la vie为题，同学们进行了仿写，并在次日课堂进行了分享："La brise de montagne qui passe en automne""Le coin où je me suis caché""La librairie où les lampes éclairent""Les chants qui s'envolent par la fenêtre"……同学们纷纷讲述自己生活中五彩斑斓的"小确幸"，大家或颔首沉思或惊喜大笑。

从这些示例，我们不难看出"某些精心挑选过的文学作品，词汇和句法简单清晰，完全可以从外语学习之初就开始接触"[①]。我们的学习者虽然法语语言水平是零起点，却拥有接近成年的心智，他们相对低幼的语言水平与比较成熟的认知水平之间的矛盾在基础教学阶段必然会持续出现。因此，在教学过程中，除了日常交际的演练，与其能力相匹配的文学作品的合理引入也更能激发学习者的学习兴趣和真实的交流愿望。我们在学习了简单将来时的语法点后，共同赏析了维克多·雨果纪念女儿的经典之作《明日，拂晓之时》（« Demain, dès l'aube »）[②]：

Demain, dès l'aube, à l'heure où blanchit la campagne,
Je partirai. Vois-tu, je sais que tu m'attends.

---

① Raphaël Nataf, « L'Ecrit littéraire » dans *Le Français dans le monde*, no. 109, Paris, Clé International, 1974, p.15.

② Victor Hugo, « Demain, dès l'aube » dans *Contemplations*, Paris, LGF, 1972.

J'irai par la forêt, j'irai par la montagne.

Je ne puis demeurer loin de toi plus longtemps.

[...]

在这首诗中，不仅课内将来时态的语言点有所复现，同学们也在高声诵读中第一次发现了法国诗歌中的亚历山大体及其格律特点，乐此不疲的数着十二音节，体会六音节后的顿挫和节奏。从首句je和tu人物关系的推测，到三小节诗歌分别对应的时间、空间的转换移步的分析，以及暗喻的修辞，A1—A2水平之间的学习者完全有能力在教师的引导下进入诗宇，体会到简洁优美诗篇蕴含着的父女情。课后，大家还积极尝试了这首诗的翻译，并整理对照了既有的多个译文版本，对中文、法文的语言之美和差异特点，有了更深刻的体会。

此外，有些文学作品的课后选读虽然与教材不完全直接相关，但却能进一步开拓视野，锻炼学习者的思维能力和自主学习能力。非洲塞内加尔的总统、诗人桑戈尔（Senghor）的那首《致我的白人兄弟》（« Poème à mon frère blanc »）就曾给初学者们留下了极其深刻的印象：基础的颜色词汇、单一的句型结构，却巧妙的突出了关键词l'homme de couleur的一语双关。虽然初学者受语言水平所限，无法用法语直接进行种族主义主题的讨论，但不妨碍大家用母语去了解广袤非洲的过去，关注法语地区的文化多样性。而拉封丹寓言中《狼与小羊》（« Le loup et la Cigogne »）的故事，大家在儿时都听过，它的法语原版是如何表述的？学习者充满了阅读的动力。这则短小的寓言不仅承载了法语的语言和文学知识，学习者在狼的指控和小羊反驳的来回对话中，还可以读到论点与论据之间的逻辑关联，如同在辩论语境中的交锋。又如儒尔·凡尔纳的科幻小说《80天环游世界》（*Le Tour du monde en quatre-vingts jours*），开篇即塑造了一位每天生活极其规律、准点准刻的重复相同日常活动的主人公。我们可以邀请学习者在课后分组合作，自主讨论阅读小说的头两章，在次日课堂化身主人公的新仆人，整理并介绍他的主人一天的活动安排。在此基础上记录下信息的他组同学，可以接续角色扮演，与主人公商量“约会”安排。文学作品范畴内的交流语境与我们现实生活中的日程表安排指向了相似的交际能力，承载着有别于日常的社会文化、风土人情的丰富信息。

可以说，文学作品并不是语言高阶学习者的专利，它同样为初学者打开了丰盈多姿的世界。它在学习者语言知识的内化、各类社会文化知识的获得以及文化意识的培养、思维能力和自主学习的能力锻炼上综合发挥着鲜活的促进作用。“作为交流形式，文学是一种对人与人之间的交流本身展开思考的强大工具”[①]。

四、文学作品选择的思路

法语的文学作品浩如烟海，如何选择适合基础阶段的课堂教学素材或者课后阅读素材值得我们不断总结。交际-行动教学法始终强调“以学习者为中心”，为他们尽可能创造主动学习的机会，提高其参与度。因此，在选择文学作品语料时，首当其冲的应考虑学习者的学习需求。而从文本的角度看，英国著名学者李特尔伍德（Littlewood）的观点为我们提供了可行的思考方向。他认为，一篇文学作品是由从低到高的五个层面构成的，读者阅读的时候关注的层次不同，就形成了对作品的不同视角[②]：“这五个层面分别是语法层面、语体层面、内容层面、主题层面和历史层面。”[③]

通过前文教学实践的实例分析，对于大一学年的初学者来讲，我们认为优先是要考虑语法和内容层面。学习者的法语语言水平决定了他对文学作品内容的理解比例，这是重要的制约因素。因此，词汇和句法简单清晰，与教材知识点关联紧密的文学作品，既可以作为引入课程的媒介，亦可以作为课堂内容的复现与深化。诗歌短小的篇幅或者戏剧中生动口语的对话体较容易成为语料载体；小说的阅读长度受制于课堂教学的时间限制，可以选取相对完整易懂的片段，以课后拓展或是翻转课堂的形式为主。具体的内容选择则需要以了解学习者为前提，学生的年龄阶段、兴趣爱好、人生经历均是考虑的因素。换言之，所选文学作品描绘的世界对学生来讲是有吸引力、有意义的，并且他们的心智发展水平和文化背景知识能够与欣赏作品的要求相匹配。

随着学习者语言水平的逐步提升，文学作品的选择可以更多考虑语体、主题、历史层面的特点。文学作品所反映的在不同场合或语境的语体差别，例如正式与非正式，市井与高雅，或是魁北克法语、非洲法语区别于法国法语的独特之

① Marie-Claude Albert et Marc Souchon, *Les textes littéraires en classe de langue*, Paris, Hachette, 2000, p.18.

② William Thomas Littlewood, « Literature in the School Foreign Language Course », in C.J. Brumfit and R.A. Carter (eds.): *Literature and Language Teaching*, Oxford, Oxford University Press, 1986.

③ 黄睿，《外语教学中如何选用课外文学作品》，现代教育科学，2011（10），第150页。

处，都可以帮助学习者更准确细致的掌握这门语言，丰富跨文化能力。主题的选择从熟悉的人生体验过渡到更为抽象、宏观的议题，可以引导学习者走向更广阔的思想之域。而从具体文本跳脱到文学史的高度去评价和研读，必然需要以过硬的语言水平和充足的知识积累为前提。因此，侧重这三类的文学作品文本更适合语言高阶的学习者。

五、结语

通过大一教学实践中引入文学作品的尝试，我们认为零起点的学习者完全可以从法语学习之初在教师的引导下开启法语文学之旅。从语言能力上讲，“阅读外语文学作品可以起到增加语言输入、掌握大量词汇和组块，并发展语感能力的重要作用”①。文学作品可以通过教学活动设计，与听说读写译各项语言技能的操练相结合。文学作品独立构建的“诗宇”既不缺内部的交流语境，亦不乏读者与作者的交际沟通。我们不仅能够通过吻合的语言现象强化课内知识，弥补现有教材语法的操练匮乏；亦能通过多样的题材、体裁阅读提升学生篇章阅读能力，弥补以日常生活为中心语料的“实用主义”的不足。从文化意识上讲，文学作品无疑是目的语文化更充沛、更辽阔的天然载体，有利于提高学习者的文学素养和审美能力，同时为高年级设置的文学专业课打下基础。从思维能力上讲，文学作品有助于克服学习初级阶段的单调枯燥，符合学习者成年思考水平的阅读，能更好的激发其自主学习的动力和探索精神。文学作品作为真实语料的一种，对目前使用的教材《你好！法语》可以起到有益的补充作用，引入法语基础阶段的教学是可行且必要的。

参考文献

1. 黄睿.《外语教学中如何选用课外文学作品》[J]. 现代教育科学，2011（10），149—151.

① 黄远振，《中国外语教育：理解与对话》，福州：福建教育出版社，2010，第179页.

2. 黄远振.《中国外语教育：理解与对话》[M]. 福州：福建教育出版社，2010.
3. 李沁.《探索文学作品应用的教学新路》[D]. 上海外国语大学，2009.
4. 张爱春.《文学作品在外语教学中的应用》[J]. 安顺学院学报，2013，15（6），57—58.
5. ALBERT Marie-Claude et Marc SOUCHON. *Les textes littéraires en classe de langue*, Paris, Hachette, 2000.
6. CAILLAUD Jeannine. « L'utilisation des textes littéraires » dans *Le français dans le Monde*, no. 65, Paris, Hachette, 1969, p.76—82.
7. LITTLEWOOD. W. T. « Literature in the School Foreign Language Course », in C.J. Brumfit and R.A. Carter (eds.): *Literature and Language Teaching*, Oxford, Oxford University Press, 1986.
8. NATAF Raphaël. « L'Ecrit littéraire » dans *Le Français dans le monde*, no. 109, Paris, Clé International, 1974, p.15—20.

“教育就是一个灵魂唤醒另一个灵魂”
——文学课在外语教学中的方法探讨、活动设计和效果反思

北京外国语大学法语语言文化学院　张迎旋

摘　要　本文以外语教学为背景，探讨如何将曲高和寡的外国文学课上得有声有色，有板有眼，“唤醒”学生们的灵魂。把以教授外语为目的的文学课放置在“体演文化教学法”和“产出导向法”两种教学法的框架里做进一步研究，通过某些教学活动的设计来对每种教学方法进行深入分析和实践探索。

关键词　外国文学课；体演文化教学法；产出导向法；任务型教学法

“教育就是一棵树摇动一棵树，一朵云推动一朵云，一个灵魂唤醒另一个灵魂”，这句话出自德国存在主义哲学家雅斯贝尔斯（Karl Theodor Jaspers，1883—1969）《什么是教育》一书。作者用哲学的眼光来阐释理想的教育，在他看来，“教育是人对人的主体间灵肉交流活动，包括知识内容的传授、生命内涵的领悟、意志行为的规范、并通过文化传递功能，将文化遗产教给年轻一代，使他们自由地生成，并启迪其自由天性。因此，教育的原则是通过现存世界的全部文化导向人的灵魂觉醒之本源和根基，而不是导向由原初派生出来的东西和平庸的知识。真正的教育绝不容许死记硬背，也从不奢望每个人都成为有真知灼见、深谋远虑的思想家。教育的过程是让受教育者在实践中自我练习、自我学习和成长，而实践的特性是自由游戏和不断尝试。”[①] 更为通俗一些的解释就是，在这位哲学家眼里，理想的教育是在实践中通过寓教于乐的游戏和锲而不舍的尝试来达成目标。

① 雅斯贝尔斯，《什么是教育》[M]，邹进译，北京：生活·读书·新知三联书店，1991.

以语言教学为背景，如何将曲高和寡的文学课上得有声有色，有板有眼，“唤醒”学生们的灵魂呢？本文将把以教授外语为目的的文学课放置在我最近“习得”的两种教学法的框架里做进一步研究，通过某些活动的设计来对每种教学方法进行深入分析和实践探索。

一、体演文化教学法

体演文化教学法（The pedagogy of performing another culture）是“体验”和“演练”相结合的教学方法。这不是简单的“角色扮演”，而是先给学习者提供一个可以“体验”的文化场景，然后让其反复“演练”，之后当同类文化场景再次出现时，学习者能自然地做出回应，自如地表达自己。这种教学方法的创始人是吴伟克（Galal Walker），康奈尔大学中文博士。现任俄亥俄州立大学东亚语言文学系教授，美国教育部直属的全美东亚语文资源中心主任。他在专著《体演教学法》一书中指出：“语言学习和艺术欣赏一样，只有当参与者具有必须的利用该环境的认知手段，环境才能提供帮助。”[①] 而语言教学中的文学教学正是为了让学生通过文学修养的提高，具备理解对象国文化环境的认知手段。

在吴伟克教授的书中，他提到外语课程有两种基本教学方法：学习式教学法（Learning Model Instruction: LMI）和习得式教学法（Acquisition Model Instruction: AMI）[②]。前者包括演练（Act）和阐释（Fact）两种。学习式教学法（LMI）注重教学的内容，通过情景设定等一系列方法来循序渐进地展示、实践和提高上述相关知识和技能。在安排课程比例时，演练应占主导地位，旨在激发学生应用所学内容。习得式教学法（AMI）侧重学习的过程，主要是教授学生在恰当的时间和地点使用外语口语和书面语的各种策略和技巧。AMI的主要目的并非增加学生的词汇和句型，而是提供机会让学生运用现有的外语能力来解决问题。其最终目的是训练学生不依赖学习环境，并能够利用语言和文化的宏观和微观系统来自我提高。而这两种方法在文学课堂上也是相辅相成的：关于文学文本，需要学习式教学法来展示历史背景，了解作家生平，进一步领会文本的寓

① 吴伟克. 体演文化教学法［M］. 湖北教育出版社，2010年，第90页。

② 同上，第58页。

意，并捕捉到文本的风格，并能够熟读成诵（如果是诗歌，可以诵读；如果是戏剧，可以表演；如果是小说，可以讲出故事），不仅对原文了然于胸，用自己的语言对原文进行概括和分析，并做出有自己见解的评价；但习得式教学法要求文学课更上一层楼，最终使学生拿到相同流派的其他作家的作品也要能够读懂，拿到不同流派的作家的作品可以比较分析，可以实现不同文体之间的转换，或将小说选段改为剧本，将戏剧片段改编成微小说，将诗歌译成中文，以同样或类似的题目或题材自己用外语原创诗歌等等。要想学好一门语言，一定要沉浸在其文化中，而文学课正是保证学生们真正地“参与文化”的一条有效的路径。

在课程评估方面，吴伟克教授也有独到的见解，他认为“一般来说，评估的方式有两种：局部评估（local testing），主要是获知课程运作的情形以及学习者参与的程度。整体评估（global testing），主要是让学生知晓其目前水平在中国社会里大概可以应付哪些情况，以及他们所学的课程如何反应实际参与的要求……局部评估一般有两种步骤：成效测验（achievement testing），看学生对具体课程内容掌握的程度。能效测验（prochievement testing），是在课程范围内考核学生的综合能力、沟通策略能力以及适应不同场合的能力。”[①]受到该观念的启发，外国文学课的评估模式不再仅限于文本的阅读理解和小论文，而是成效和能效兼顾，局部和整体通盘考量，促进学生们平时多阅读，勤思考，用日常积累的点点滴滴来阐释文学作品中所呈现的纷繁复杂的社会现象和人性特质。定期查看学生们的读书笔记，观察学生们在图书推介交流会上的表现，以及在课堂讨论时鼓励学生们活学活用，在思辨中碰撞出火花。这正好呼应了“教育是一个灵魂唤醒另一个灵魂”的宗旨。

由此看来，阮红环老师在《文教资料》2019年28期发表的论文《体演文化教学法与中级汉语口语体演活动设计》中的概括十分精准：“体演活动是以学生为中心，以学习为目的，在文化中体演，在体演中掌握语言。”[②]但是，正因为体演活动是一种双边的教学活动，教师的“教和导”和学生的“学和习”如何能够默契配合，的确需要双方都付出大量的时间和精力，也需要不断地磨合和调整。虽然这一方法目前用于汉语教学的领域比较多，但在法语教学，乃至法国文学的教学中一样有用武之地，而且未来会发挥出巨大的潜力。

① 同上，第85页。

② 阮红环，《体演文化教学法与中级汉语口语体演活动设计》[J]，文教资料，2019年28期.

二、产出导向法的教学理念

“产出导向法”（Production-Oriented Approach，简称POA）是由北京外国语大学中国外语与教育研究中心文秋芳教授带领的教学与研究团队创建的具有中国特色的外语教学理论。该理论原型为“输出驱动假设”，历经十余年的发展，已形成一个较为完善的体系，受到外语教育领域的广泛关注，并在国内多所高校付诸实践，取得明显成效。关于这一理论，白景永在《浅论“产出导向法”研究及其应用》一文中做了精辟的概括：“POA理论体系主要包括教学理念、教学假设和以教师为中介的教学流程。其中，教学理念主要指“三个学说”即学习中心说、学用一体说和全人教育说；教学假设包括输出驱动、输入促成和选择性学习三个假设；教学流程包括驱动、促成和评价三个阶段。文教授强调指出，在整个课堂教学流程中需要教师‘适当地发挥中介作用’。POA理论体系具有几个方面的亮点值得业内同仁的借鉴：一是“产出导向法”针对中高级外语学习者；二是“产出”（production）和“输出”（output）的主要区别在于前者不仅强调产出的过程（producing）还强调产出的结果（product），包括说、写、口译和笔译，而后者仅指说和写；三是POA首次提出“学习中心说”，强调“课堂教学的一切活动都要服务于有效学习的发生，挑战的是目前国内外流行的‘以学生为中心’的理念”。[①]

在对这种教学理念进行了深入了解之后，我认为这种方法不仅适合外语教学中的文学课，还会把文学教学推向一个新的境界：

首先，要完成“任务驱动”的任务，激发学生们的学习动机。对于文学课，一些学生是饱含着热情而来的，但也有一些学生觉得很茫然无措，不知文学课对外语的学习有什么用处，更不知是否有一些晦涩难懂的作品等着他们。面对这种情况，教师要把文学的魅力展示给学生们，通过文学作品中的经典段落的诵读，作家跌宕起伏的人生经历的讲述，作品改编成的影视剧的片段，以及作家本人或著名评论家的访谈节目等等，驱动学生们的学习动力，让他们明白文学作品的价值，学习文学对学习外语的辅助意义。

其次，要强化输入，促进内化。这里的“强化”输入，不是“强制”输入。对文学兴味索然的学生们上文学课不仅自己受煎熬，也在煎熬着老师。如何让如

① 白景永，《浅论“产出导向法”研究及其应用》，https://www.xzbu.com/1/view-7686423.htm

此“麻木不仁”的“看客”成为“激情澎湃”的“信徒”，这将是对老师极大的挑战。因此，在文学课初期，老师和学生们要进行有效的沟通，了解每一代年轻人的兴趣点，捕捉让他们为之动容的情感线，在从文学作品中选择与之“异曲同工”或“遥相呼应”的文本，而不是强行灌输老师或他人认为的优秀作品；不仅如此，还要培养学生们的思辨精神，锻炼他们的批判思维，让他们不人云亦云，勇于发表自己的看法，展开课堂辩论。文史哲三科向来关系紧密，把史学和哲学的某些课题与文学学习结合起来，会让学生们看到文学世界的幽深和高明。在此基础上，要让学生们认可或信服的经典真正走入学生的内心深处和人生境遇，引起共鸣、自省或反思，写读后感就是一种非常有效的方式，不仅是对一部作品的读后感，而是对某句话、某个情节和某个描写都可以有感而发，不拘一格，尽量避免传统刻板的读后感模式，而是“随笔”和“闲谈”，于细微处见精神。这种输入会促进学生们的“内化”，文学气质和涵养就会水到渠成，油然而生。

第三，要以读促写，迁移创新。在“产出导向法”的理论中，强调“产出”，而不是“输出”；坚持“学用一体说”和“全人教育说”。也就是说，不是单纯地复述和品评，而是“创作”和“尝试”，不仅要借鉴前人的菜单，还要推出独家的“私房菜”，无论味道如何，都会是对自己综合能力的一种考验和锻炼。无论未来是否专门从事文学专业的工作，学生们都会对这样的文学创作体验保留着新鲜而难忘的回忆。诗歌的应和或创作，微小说或短剧的编写，甚至各种改编和续写，新型表达方式的探索，都会磨砺学生们的心性和智慧，“玉不琢不成器”，相信这样的教学活动一定让每位学生都展示出自己的潜力，唤醒“沉睡的另一个自我”。这又正好呼应了“教育是一个灵魂唤醒另一个灵魂”的宗旨。

最后，要个性评改，典型示范。无论如何，文学课作为教学活动，是要有一个有效的机制来评判教学效果的。而“产出导向法”的教学理念也很强调“学习中心说”，而不是“学生中心说”。这就意味着教师在教学活动中的角色也非常重要。那么如何做到有效的监测和检测呢？教学要“因材施教”，考试又何尝不该是如此呢？尤其是文学课的测试，一定要进行个性化的评改，提出建设性的意见，而不是“浮夸”的鼓励或“武断”的指摘。要做到个性评改，也需要老师有宽容的气度和开阔的视野，具有发现亮点的慧眼，具有点破玄机的造诣。至于典型示范，可以是作家本人曾经的相关作品，可以是后人值得称道的评论文章，也可以是某位学生的优秀作品。这样的测试不是为了把学生们划分成三六九等，而是让学生们组成一个乐团，每个不同的乐器发出的声音汇成和谐的交响乐。

值得一提的是，“产出导向法”与“任务型教学法”都有系统的理论基础，也都关注学习者的实际需求，但还是有很多不同之处：任务型教学法（Taskbased Language Teaching，简称 TBLT）发展历史较长，始于20世纪80年代的国外学者研究，包括九项核心教学理念，其中与比较重要的教学理念包括“整体教育”（éducation intégrale）、“学生中心”（learner-centeredness）和“在做中学”（learning by doing）等。根据邓海龙的比较研究：“任务型教学法和产出导向法两种方法在教学理念上都重视“全人教育”和“在做中学”，但采用了‘学生中心’或‘学习中心’两个不同主张；在教学假设上都对‘输出’和‘输入’给予特别关注，但表现出‘重用轻学’或‘学用一体’的差异；在教学流程上，都以语言运用作为教学 活动的基础，但存在‘评学分离’或‘以评为学’的分别。”①

综上所述，外语教学中的文学课不仅在教学内容和教学理念上，而且在教学方法和教学实践中都要能够与时俱进，不断创新。但万变不离其宗，教育的宗旨不但是“传道授业解惑”，更应该是启迪心灵，点亮智慧，磨砺心性和养成品格的。正如爱尔兰诗人叶芝（亦称叶慈）所说：“教育不是注满一桶水，而是点燃一把火。”（Education is not the filling of a pail but the lighting of a fire.）

参考文献

1．程晓堂．任务型语言教学［M］．北京：高等教育出版社，2004．

2．邓海龙．“产出导向法”与“任务型教学法”比较：理念、假设与流程［J］．外语教学，2018（5）：56—59.

3．文秋芳．构建“产出导向法”理论体系［J］．外语教学与研究，2015（4）：547—558.

4．吴伟克．体演文化教学法［M］．湖北教育出版社，2010年．

① 邓海龙．“产出导向法”与“任务型教学法”比较：理念、假设与流程［J］．外语教学，2018（5）：56.

着眼综合能力培养的外语听力教学模式建设
——以大学法语专业听力为例

北京外国语大学法语语言文化学院　王吉会

摘　要　外语听力课不应止于简单的语言收听训练，而是要着眼培养学生全面的语言驾驭能力，提高其跨语言交际和跨文化交际能力。本文尝试研究外语院校非通用语种听力课如何以提高学生综合能力为目标，通过与其它课型的配合、知识的丰富和语言能力、理解推理能力的培养，最终构建多线索的立体教学模式。

关键词　外语听力；法语；教学；推理；综合能力

一、引言

大学外语听力课属于实践性技能型课程，重要性不言而喻，如英语界就认为："英语听力是英语教学中五项基本技能之一，提高英语听力不仅有助于其他基本技能的发展，同时也能培养学习者的英语交际能力。"[①]但长久以来，在大学零起点的非通用语种听力教学中，往往聚焦收听材料的主题、长度、生词多少和语速快慢等语言因素，教学目标过于强调"正确理解""理解的准确率"的提高[②]，如此，听力课的作用似乎仅限于帮助学生听懂越来越难的音频材料，诸多能力的提高则鲜有提及。而且，教学中各门课程常常各自为战，听力课与其它课程之间缺乏协作，未能实现彼此呼应的一体化融合。其实，"外语教学的各个因

① 齐伟钧，孙万彪. 基础听力教程［M］. 上海：上海外语教育出版社，2012：V.

② 参考《高等学校法语专业基础阶段教学大纲》（外语教学与研究出版社，1988），《高等学校法语专业高年级法语教学大纲》（外语教学与研究出版社，1997）。

素环环相扣这一事实本身并不反对教学目标可以有所不同（……）语言使用，包括语言学习是作为个体的人，或者作为社会人完成的行动。在此过程中，他们发展了自己的综合能力。”①

教学中我们发现，听力课的资源十分丰富，课堂灵活组织的空间也很大，因而这门课蕴藏着广阔的开发潜力，可以支持不同的教学任务。这些特点能够充分保障听力课能够协同其它课程，建设成为诸多能力提高的训练平台。本文以本科法语听力教学为例，试分析听力课堂教学中提高综合能力的多方面维度。

二、逻辑推理能力的培养

和阅读一样，听也是获取信息的重要手段。语言使用者听的目的包括理解综合信息，理解特定信息，理解详细信息，理解话语的隐含信息②，其中很大部分需要主体主动判断得出，即通过合理推断获取未由文字明确交代的信息。“推断是我们对话外意思进行推理的一种思维技能，它完全是对我们所认识的环境进行类比。推断与图式理论有紧密的关系，因为它要求在我们的大脑里呈现出一个情况会如何发展的‘模式’。”③ 有学者因此提出“思辨听力”的概念。④但很多学生拘泥于字面意思，不敢越雷池一步去猜测。因此，听力教学中要鼓励学生把已学知识和新知识联系起来，运用一切可以获取的语言信息，预测听力内容和可能出现的词汇、信息。

课堂应用

某些外语大纲简单地为听力理解给出了具体的正确率，在这样貌似科学而准确的指挥棒指导之下，课堂上教师时刻关心学生懂了还是没懂，认为如果大多数学生没有达到这一目标，就需要降低语言难度、放缓语速，或者进一步重复收听。而以逻辑判断能力培养为目标，并不要求学生抓住每个语言细节再进行判

---

① 欧洲理事会. 欧洲语言共同参考框架：学习、教学、评估［M］. 刘骏，傅荣等译. 北京：外语教学与研究出版社，2008：9—10.

② 欧洲理事会. 欧洲语言共同参考框架：学习、教学、评估［M］. 刘骏，傅荣等译. 北京：外语教学与研究出版社，2008：67.

③ 威尔逊著. 如何教听力［M］. 邹为诚译. 北京：人民邮电出版社，2012：104.

④ 王艳. 思辨听力：理据、框架与操作［J］. 中国外语，2015（3）.

断、回应。事实上，面对语言稍难的材料，学生只要集中注意力，注意重述信息，充分利用文中的信息、先验知识、图像、语境等处理输入信息，同时自觉自我检查、核实理解情况，是完全可以获得主要信息的。

猜测的入门练习可以从收看“无声视频”材料开始：第一遍关闭声音，只看画面，让学生猜测故事情节；随后打开声音，进行印证。使用纯音频材料也遵循类似原则：第一遍收听后，教师可立即询问学生记下了什么关键词，要求学生根据这些关键词做出初步的判断，得出对于材料的初步总体认识。关键词要选择与主题关系紧密的、多次出现的、学生掌握的词语，以实词为主，如名词、动词。根据材料具体内容可以组织不同形式的猜测练习：

猜故事。先收听小故事（包括大家熟悉的小说故事梗概）的开头情节，让学生猜测故事（或小说）的名称。

猜人物。收听人物介绍或人物经历介绍，猜测人物的职业、姓名和所属国家。

猜地点。收听国家、城市、地区、景点、单位的介绍，猜测地点名称。

猜结果。收听事件的开头或初步的发展，让学生猜测主旨或可能的结果。如外语广告就是很活泼的例子。

猜原因。收听材料的后半部分或结果，让学生猜测开端或原因。

猜词语。收听过程中遇到生词，不立即给出解释或汉语翻译，而是继续收听，直至结束，由学生综合全部信息后再尝试对单词的意思进行猜测。

一般观点认为，生词是制约理解的障碍，有的教师在设计练习、考题时对于大纲词汇亦步亦趋，唯恐生词妨碍语言知识和能力的考察，这无疑否定了学生的能动性。其实，在语言交流中，除了上下文的帮助外，说话人还会通过所举例子、同义词、反义词、重复解释性表达等手段来说明较难的词语，听话人根据交流背景、基本的逻辑和常识完全可以做出正确判断。分析判断包括两方面的能力。

第一、判断模糊词义的意思

如一段涉及前往欧洲的偷渡难民的材料中介绍：Les enfants sont les plus vulnérables. vulnérable一词不但超出了二年级法语词汇大纲，而且词典虽给出了多个释意，但非常模糊：1. 易受伤的，易受攻击的；脆弱的，虚弱的；不完善的，有缺陷的。[①]但是材料中随即解释说：Les enfants ne savent pas nager. Quand

① 拉鲁斯法汉双解词典［Z］. 北京：外语教学与研究出版社，2001：2075.

il y a trop de vagues, les parents ont beaucoup de mal à se sauver, comment peuvent-ils aller aider les enfants?（儿童不会游泳，而当海上风浪太大时，家长们自救都很困难，又怎么可能去救自己的孩子?）因此可以知道，该段文字意思是说乘船偷渡过程中，儿童冒的风险最大，遭遇不幸的可能更大。

第二、推测陌生词语的意思

如关于老年公寓（maison de retraite）的一个材料中，介绍这里的老人们的情况时说：Les niveaux sociaux ont l'air très différent. 对学生而言，niveau social是较为陌生的表达，但在后面的文中有解释性说明：il y a anciennes femmes de ménager, d'anciennes industrielles, etc. 可以推测，此处的niveau social指工作经历、社会阶层、社会背景等。又如，一材料中涉及媒体对一位老妇人的采访，称其为doyenne du village。收听前，学生会顺着doyen的常用释意“系主任”将这个新词理解为“负责人”或“村长”。但采访内容为这个小村子的百年变迁，而且透露了老人95岁的高龄（显然与村子负责人的工作不符），可以推断doyenne是指“最年长的人”。

“由于试图解决一个推理任务的人有明确的目标，而解决问题的办法也不是显而易见的，所以推理与问题解决是有关系的。”① 既然是合理的推断式猜测，材料的部分信息可能就足以唤起学生的相关知识，因此教师要鼓励学生在材料播放过程中勇于提出自己的判断。同时，为了培养学生以积极推断为指导的主动收听习惯，应该限制学生在课堂收听过程中使用词典。

此外，学生还要关注语言之外的辅助信息，包括对话环境中的声音：汽车、火车行驶和鸣笛声、车站机场内广播的特殊语速和回音、公共场所嘈杂的说话声、自然界的风声雨声、动物的叫声。而为了准确把握话语的内在逻辑和思路，则需要重点关注、记录联系词。

三、与其他课程的有效配合

外语学习中，不同课型实为一体，外语听力因此应该积极参与和配合其他课

① N.W.·艾森克，M.T.·基恩著，高定国，何凌南等译. 认知心理学［M］. 上海：华东师范大学出版社，2009：604.

型，共同培养学生听、说、读、写、译一体的语言能力。另一方面，听力材料是以口头语言为载体的真实语料，反映着对象国社会的生动人际交际，可以为外语教学不同课型提供鲜活素材，为语法规则和现象提供有说服力的例证。听力课的补充配合作用主要体现在如下几方面：

1. 精读课语法知识的补充

再优秀的外语教材也难以做到包罗万象，语言知识的建构仍然需要学生通过其它途径完成。在二年级一个学年的听力课上，我们借助精选的音频材料，复现精读教材上学生新学到的语法知识，特别对一、二年级精读教材中讲解薄弱或遗漏的语法点尝试进行补充介绍，涉及的语法点有：简单来时（futur simple）与最近将来时（futur immédiat）的比较，虚拟式（subjonctif）在生活口语中的广泛应用，c'est ma faute和c'est de ma faute的差异，euro与前边数字的联诵，联诵现象的个性化处理，等等。同时，将《法语学习》杂志中“法语课堂”栏目的相关文章推荐给学生，如gens的形容词阴阳性配合问题、主语与谓语单复数配合问题、法语听写中常见错误的分析等。

2. 时政知识兴趣的培养

外语专业学生将来主要从事的是外事工作，需要养成跟踪时事新闻的良好习惯，但教学中发现，如今这却成为很多外语专业学生的短板，低年级学生普遍对时政新闻兴趣不大。一方面是因为外语专业女生比例大大高于男生的现实，另一方面因为学生对未来工作认识不足。为了从教学方面进行积极引导，我们把了解新闻建设成为听力课堂的重要环节，首先选取新鲜的典型新闻融入课堂练习材料。因为是热点新闻，学生已经从中文媒体有所了解，所以可以听懂语言水平较难的材料。教师课下还会从外媒新闻中选取一些，对其进行简化处理后发给学生课下收听练习，同时将主要国家和首都名称的法语表达分批发给大家，使学生熟悉其法语发音，便于在收听时事时尽快锁定主题。另外还设计了课前学生播报新闻环节：任意选取各类新闻（从国际新闻到学校班级新闻）用简单法语介绍给大家。尝试之初，学生喜欢播报娱乐八卦类新闻，之后会比较自然地选择国内外时政类新闻。

3. 听力与翻译的相辅相成

听力与翻译在技能特点和教学方法上包含着内在的一致性。将听力课与翻译工作结合有助于激发学生的学习兴趣，树立积极的学习动机和目标，同时，听力能力是口译有机的组成部分，外语听力的能力培养直接关系到口译水平的提高和翻译工作基本方法的培养。听力课教学可以从听力材料的选取、对收听和理解的要求（“抓住大意”的听力目标与翻译中的“得其意而忘其形”不谋而合）、练习方法、记录技巧和对灵活表达的引导等方面，夯实听力理解基础，着眼未来的翻译能力培养。[①]

四、拓展语言运用能力与丰富综合知识

1. 语言运用能力的拓展

掌握外语的水平要以外语的使用能力来衡量，因此，我们在二年级听力课上，始终注意把综合能力的培养放到与语法知识学习同等重要的地位。观点陈述与外语口语表达方面，每节课都会根据当堂材料的主题提出开放性问题，要求学生即席用法语回答，如解释为何喜欢某个节日，评价人物，比较农村和城市生活，分析“啃老族”现象，列举阅读的目的，等等。为了使练习形式变化多样，除了提问外，还组织小组讨论、编演对话等。

笔头能力方面，因为多数课后作业为教师发到班级电子邮箱的音频文件，要求学生写出脚本，所以听写成为常态化练习，学生从中不但能够纠正自己的语言错误，而且可以学习到丰富的表达方式。此外，对于较长的材料，要求学生听懂后进行综合或缩写。练习后，教师会给学生介绍如何进行缩写，如何辨识材料中的重要信息。其实，课上大多材料都可以衍生出笔头表达练习，如介绍一个人，一个单位，设计一段电话留言等。对于形式活泼的材料，学生课下很乐于仿写和创作，如编一则广告，写一份个人简历。

2. 综合知识的丰富

国情知识的掌握是外语学习者必须同时拥有的能力，但它往往被忽视，如回

① 王吉会. 翻译视角下的大学外语听力课建设——以基础法语听力为例. 第八届海峡两岸外语教学研讨会论文集［C］. 北京：外语教学与研究出版社，2012：8—14.

顾多年来法语专业考试试题（四级和八级）不难发现，能够考察学生对法语国家地区知识的题目屈指可数。实际上，真实生动的听力材料直接反映了法语国家与地区社会生活的方方面面，如公共场合的广播、订酒店、餐馆、找房、大学学习、学校注册、找工作、面试、劳动合同CDD/CDI的区别、找房、搬家、公司工作生活面面观，等等。收听的过程即丰富知识的过程。另外，针对每个典型的法国社会问题，教师还不妨简单地介绍、点评或者进行中法比较，以开阔学生的眼界。

在介绍外国国情的同时，兼顾中国文化的浸润。比如我们按照日历的顺序把一年之中的各个节日融入课堂，用法语做基本介绍。介绍不但包括风土人情，还会涉及重要历史人物，如：孔子、牛郎织女、介子推、重耳、屈原，从而可以促使学生去思考如何用法语介绍汉语文化习俗。这样，节日既成为课程推进的线索，也成为扩充知识的板块。

五、“经纬交织式”课堂建设思路

国内外多数听力教材都是以材料主题（如倪瑞英等编著的《大学法语听力教程》，高等教育出版社，1999年）或语法演进（如*Grammaire en dialogue*，Clé International出版社）为主线设计。但是，如果将其内容与方法机械地搬进课堂，必然形成单向的平面式课堂组织形式，限制综合能力的开发。而结合对听力课定位的理解，我们总结出“经纬交织式”课堂建设思路，即3条共时性的横向线索和两条历时性纵向线索交叉布置。横向的线索由主题相同且相对独立的单元组成，每个单元包括长度、难度和主题各不同的若干听力材料，各板块可以调换使用；纵向线索则指与时间关系密切的内容，需要依照课程进度对应安排。

横向的线索包括：

1. 主题材料：上学期：自我介绍，公共场合广播，电话留言，景点、参观介绍，饭馆、餐饮、酒店，度假，人物描写，采访，花边新闻，我与父母，老年生活，等等。下学期：爱情与友谊，关于读书，法语与法国，人在国外，工作就业，公司那点儿事，找房住房，汽车的话题、关于消费，我与社会。各主题板块根据需要既可以前后调整，也可以增减。

2. 相关语法配合介绍

3. 能力拓展

纵向线索包括：

1. 时事跟踪

2. 节日介绍，如：春节、元宵节、情人节、妇女节、清明节、劳动节、五四运动、儿童节、端午节、教师节、中秋节、国庆节、“双十一”、圣诞节。

如下图：

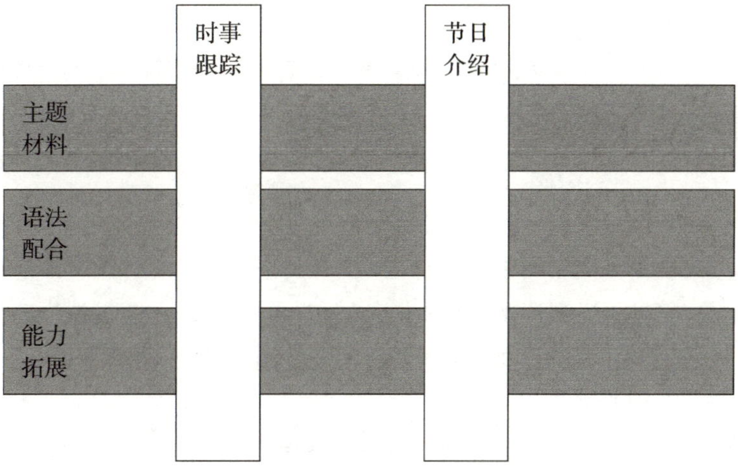

三横两纵线索交叉配合，构成立体多维度结构，可以把大量长度、难度、题材各不相同的材料和形式各异的练习融入课堂，以便充分利用课堂的各个环节培养学生的不同层面的能力。听力课也因此由单一的收听扩展为听、说、写、思全面发展的平台。

六、结语

听力课平台上，综合能力的培养和综合练习的设计与组织并不高深莫测，其难点在于“适度”，因为“适度”涉及多个层面：第一指时间和练习量的适度，避免占用学生课下过多时间和精力而影响其它课型的安排；第二指练习和讲解深浅的“适度”，更多时候，听力课上只能指出问题或提出问题，交由学生课下自主学习和练习，否则会造成“喧宾夺主”；第三是指时机把握的“适度”，尽量对同一主题从不同角度立体开发，组织练习，使各项内容丰富而不凌乱。同时要结合学生当时的关注点，激发其对相关知识和练习的兴趣。如此复杂的因素，绝非一本教材能够传授，必须由教师审时度势、因时而化地去灵活把握。不过，只要教师能够跳出听力课“语言辅助提高课”的狭隘定义，就能自由而有效地把能力培养目标以个性化的方法具体实施到课堂教学之中。

参考文献

1. N.W.·艾森克，M.T.·基恩著，高定国，何凌南等译. 认知心理学［M］. 上海：华东师范大学出版社，2009：604.
2. 欧洲理事会. 刘骏，傅荣等译. 欧洲语言共同参考框架：学习、教学、评估［M］. 北京：外语教学与研究出版社，2008：9—10.
3. 齐伟钧，孙万彪. 基础听力教程［M］. 上海：上海外语教育出版社，2012：V.
4. 王吉会. 翻译视角下的大学外语听力课建设——以基础法语听力为例. 第八届海峡两岸外语教学研讨会论文集［C］. 北京：外语教学与研究出版社，2012：8—14.
5. 王艳. 思辨听力：理据、框架与操作［J］. 中国外语，2015（3）.
6. 威尔逊著，邹为诚译. 如何教听力［M］. 北京：人民邮电出版社，2012：104.

Pour un enseignement systématisé de la recherche à l'université :

Quelques pistes de réflexion tirées du cours de *Rédaction académique*

Faculté d'Études françaises et francophones Roland Scheiff

本文已发表在《法语国家与地区研究》2021年第4期。

Résumé La recherche scientifique vise à comprendre la réalité qui nous entoure. Elle est définie par Benoit Gauthier comme : « une activité de quête objective de connaissances sur des questions factuelles ». De par son but de faire avancer de manière objective des connaissances dans un domaine particulier, elle demande rigueur, précision et méthode. La pratique heuristique n'étant pas un exercice naturel, les compétences exigées dans l'élaboration d'un travail scientifique demandent à être enseignées aux étudiants souvent démunis face à ces exigences. Il importe dès lors au corps professoral d'accompagner et, plus encore, de former les étudiants à la recherche. La Faculté d'Études françaises et francophones de la Beijing Foreign Studies University (BFSU) propose un cours de *Rédaction académique* accessible aux étudiants dès la quatrième année de licence. Le présent article propose tout d'abord une description dudit cours dans ses constituantes autant théorique que pratique. Ensuite sont pointées les faiblesses observées par le professeur pendant son enseignement ainsi que quelques pistes de réflexion sont proposées afin de tenter d'élaborer une approche plus systémique de la recherche à l'université afin de permettre une plus grande autonomisation des étudiants tout en leur apportant une formation plus complète.

Mots clés enseignement ; université ; heuristique ; rédaction académique

Introduction

La recherche scientifique vise à comprendre la réalité qui nous entoure. ①
Elle peut être définie plus précisément comme « une activité de quête objective de connaissances sur des questions factuelles »② . Son but principal étant de faire avancer les connaissances de manière objective dans un domaine, elle appelle à travailler avec méthode et demande de justifier toute décision prise par le chercheur dans le but de produire ces nouvelles connaissances③.

La recherche n'est pourtant pas un exercice naturel et le travail scientifique suppose l'acquisition de facultés aussi diverses que la délimitation d'un sujet d'étude, l'utilisation d'une méthodologie justifiée et appropriée dans le cadre de son étude, la production d'analyses — qui dépassent la simple opinion personnelle, — la structuration de son propos ou encore l'acquisition d'une haute maîtrise rédactionnelle④. Il suppose également la bonne gestion de son temps et la capacité de penser et de travailler dans le temps long. Il présume enfin la confrontation scientifique et, de ce fait, la capacité de pouvoir non seulement encaisser le choc de la critique, voire de la controverse, mais d'y répondre au moyen d'une argumentation solide et documentée⑤.

Ces compétences ne sont clairement pas acquises par la grande majorité, pour ne pas dire la totalité, des nouveaux arrivants à l'université. Bon nombre d'étudiants peuvent dès lors se trouver quelque peu désarçonnés face à ces exigences et cette

① Gingras, F-P. 2003. La sociologie de la connaissance [A]. In B. Gauthier (dir.). *Recherche sociale. De la problématique à la collecte des données* [C]. 4e ed. Québec : Presses de l'Université du Québec. 19.

② Gauthier, B. 2003. Introduction [A]. In B. Gauthier (dir.). *Recherche sociale. De la problématique à la collecte des données* [C]. 4e ed. Québec : Presses de l'Université du Québec. 5.

③ Chevrier, J. 2003. La spécification de la problématique [A]. In B. Gauthier (dir.). *Recherche sociale. De la problématique à la collecte des données* [C]. 4e ed. Québec : Presses de l'Université du Québec. 52

④ Collard, A. et Monballin M. 2014. *Référentiel pour l'élaboration d'un travail scientifique en sciences humaines* [M]. Namur : Presses universitaires de Namur. 9.

⑤ Collard, A. et Monballin M. 2014. *Référentiel pour l'élaboration d'un travail scientifique en sciences humaines* [M]. Namur : Presses universitaires de Namur. 9.

rigueur toutes nouvelles[①]. Il ne nous revient pas le droit de leur jeter la pierre ; il importe au contraire au corps professoral, rompu aux exigences de la recherche, de leur transmette ce savoir. Cette transmission doit se faire par l'apport de réponses concrètes à leurs interrogations et des solutions pouvant concerner des problèmes d'ordre technique[②]. Car c'est bien d'une technique qu'il faut doter les étudiants si nous voulons les voir maîtriser les différents aspects d'un travail de recherche scientifique.

Un tel apprentissage existe déjà, à titre individuel, pour les étudiants de master et de doctorat, dont la tâche principale consiste à réaliser un mémoire de master ou une thèse doctorale sous la tutelle d'un ou de plusieurs professeurs. Cette pratique, quoique positive à plus d'un titre, peut être toutefois porteuse de plusieurs limites. La filiation entre un professeur et un étudiant est un élément indispensable dans la transmission du savoir. Pour assurer cette filiation, il est préférable, dès la licence, de doter l'étudiant des constituants basiques de la recherche. Dans la même idée, débuter un tel apprentissage en master revient à prendre un grand retard ; retard qui sera d'autant plus difficile à rattraper que les impératifs scientifiques demandés aux étudiants seront complexes. Enfin, un promoteur — ou un directeur de thèse — est généralement un enseignant-chercheur dont le temps est malheureusement limité, limite provoquée par la surcharge de travail qu'elle soit d'ordre pédagogique, administrative ou causée par ses propres activités de recherche[③]. Par conséquent, il n'est pas toujours aisé pour lui de suivre de manière idéale les étudiants dont il a la tutelle.

Dans cette optique, un cours de *Rédaction académique* est déjà proposé aux étudiants de quatrième année de la Faculté d'Études françaises et francophones de la Beijing Foreign Studies University (BFSU). Le cours offre une première expérience sérieuse vis-à-vis de la recherche nécessaire aux étudiants et leur permet de se confronter, pour la première fois pour la plupart d'entre eux, à la recherche scientifique. Cependant, la perfection n'étant pas

---

① Dépelteau, F. 2003. *La démarche d'une recherche en sciences humaines. De la question de départ à la communication des résultats* [M]. Bruxelles : Éditions De Boeck Université. 3.

② N'Da, P. 2015. *Manuel de méthodologie et de rédaction de la thèse et du mémoire de master en lettres, langues et sciences humaines* [M]. Paris : L'Harmattan. 14.

③ Boutillier S. *et al.* 2005. *Méthodologie de la thèse et du mémoire.* Levallois Perret : Studyrama. 47.

de ce monde, il contient quelques lacunes pourtant aisément remédiables.

Le présent article fera l'objet dans un premier temps d'une description dudit cours dans ses constituantes tant théorique que pratique. Dans un deuxième temps seront pointées les insuffisances et les faiblesses observées par le professeur lors de son enseignement ainsi que quelques pistes de réflexion. Ces dernières seront avancées par ledit professeur pour susciter le débat au sein du corps académique et ainsi tenter d'élaborer une approche plus systémique de la recherche à l'université.

1. Rédaction académique

Dans le cadre de leur cursus à la Faculté d'Études françaises et francophones de la BFSU, les étudiants de quatrième année ont la possibilité de suivre un cours de *Rédaction académique*. Ce cours doit leur permettre d'acquérir les bases de la recherche et de la rédaction académiques tant du point de vue de la méthodologie scientifique que des compétences rédactionnelles devant répondre aux standards académiques.

S'il est évident qu'il n'existe pas une seule manière de conduire un travail scientifique et que des spécificités existent en fonction des domaines et des spécialités d'étude, il est bon de rappeler que des exigences académiques sont communes à l'ensemble du corps scientifique, que ce soit dans l'organisation d'un texte, dans son élaboration ou encore dans la rigueur attendue[①]. Pour cette raison, il ne paraît pas insensé de proposer une formation basique commune aux étudiants en licence.

Le cours est pensé en deux parties : la première, théorique, introduit toutes les étapes de conception d'un travail de recherche ; la seconde, pratique, consiste en l'élaboration d'un travail rédactionnel à réaliser tout au long du semestre de manière individuelle sous la direction du professeur.

1.1 Partie théorique

La partie théorique est le cours proprement dit. Chaque phase de la recherche

① N'Da, P. 2015. *Manuel de méthodologie et de rédaction de la thèse et du mémoire de master en lettres, langues et sciences humaines* [M]. Paris : L'Harmattan. 15.

est exposée, semaine après semaine, pour accompagner l'étudiant au plus près dans la réalisation de son travail. Chaque semaine voit l'introduction d'une nouvelle composante de la recherche. Cette déstructuration est bénéfique pour l'étudiant qui pourra ainsi mieux comprendre les enjeux d'un tel travail ainsi que sa complexité.

Le professeur débute son cours en présentant les possibles motivations du choix d'un sujet de recherche. Il est ainsi expliqué à l'étudiant l'importance de cette étape fondamentale et la nécessité de penser dans le temps long en partant d'un champ le plus large possible pour le rétrécir progressivement au rythme de lectures[①]. Une recherche s'élabore à partir de ce questionnement initial, c'est pourquoi il importe de « poser les bonnes questions »[②]. Des exemples d'évolution de sujet de recherche, qu'ils soient d'ordre personnel ou non, sont montrés durant le cours afin d'illustrer le propos du professeur pour que l'assemblée puisse appréhender de manière plus palpable ledit processus.

La prise de notes est également abordée. Cette étape a pour objectif de faire comprendre à l'étudiant la difficulté de cet exercice primordial devant les mener à sélectionner, hiérarchiser et distinguer l'essentiel de l'accessoire[③]. La prise de note est une tâche intellectuelle complexe puisqu'il s'agit de mobiliser dans le même temps deux types de compétences : une activité de réception et une activité de production[④]. Il ne suffit donc pas de comprendre et de noter ce qui est lu ou entendu mais de parvenir à choisir les éléments les plus pertinents et de les synthétiser pour en extraire le principal de l'accessoire. Enfin, il paraît important de souligner que la prise de note est un substitut indispensable à la mémoire qui, dans un travail de recherche, peut se retrouver assez vite dépassée par la quantité sans cesse croissante d'informations.

La lecture étant sans doute le seul moyen pour savoir si une recherche est possible,

---

① Cislaru, G., Claudel, C. et Vlad M. 2017. *L'écrit universitaire en pratique* [M]. Louvain-la-Neuve : De Bœck Supérieur. 44.

② Chevrier, J. 2003. La spécification de la problématique [A]. In B. Gauthier (dir.). *Recherche sociale. De la problématique à la collecte des données* [C]. 4e ed. Québec : Presses de l'Université du Québec. 51.

③ Cadet, L., Goes, J. et Mangiante J-M. 2010. *Langue et intégration. Dimensions institutionnelle, socio-professionnelle et universitaire* [M]. Ixelles : Peter Lang. 242.

④ Cadet, L., Goes, J. et Mangiante J-M. 2010. *Langue et intégration. Dimensions institutionnelle, socio-professionnelle et universitaire* [M]. Ixelles : Peter Lang. 242.

il importe de construire la bibliographie la plus complète possible dans le but d'informer autant sur l'existence d'un outil pour mener une recherche à terme que sur les types de documents disponibles par rapport au sujet à traiter①. La suite de la leçon consiste à présenter un modèle de référencement bibliographique le plus complet possible tout en précisant que les normes éditoriales peuvent varier en fonction des institutions et autres maisons d'édition②. Cette solution offre l'avantage de préparer l'étudiant à ces éventuels changements sans trop le déstabiliser. Ce dernier, maîtrisant l'une des formes les plus complètes et les plus intuitives de référence bibliographique, éprouvera moins de difficulté à se conformer à des modèles bibliographiques généralement moins complexes.

Suite aux aspects techniques de la bonne réalisation d'une bibliographie est abordé la question de la distinction des types de sources que l'étudiant sera amené à consulter : la monographie, l'article d'une revue scientifique, l'article d'un ouvrage collectif, la thèse doctorale, l'article de presse, les archives publiques ou privées, la correspondance, l'œuvre d'art ou encore le témoignage oral. L'information étant valide dans son contexte propre, il est nécessaire non seulement de comprendre le document, mais en plus de saisir l'idée particulière relative à son contexte si nécessaire. En simplifiant quelque peu, il est possible de diviser l'ensemble des documents en : sources primaires et sources secondaires③. Les sources primaires regroupent toutes les sources non retravaillées par un chercheur et devant être replacées dans leur contexte historique et socioculturel, alors que les sources secondaires sont identifiées généralement comme les ouvrages scientifiques.

Internet et les nouvelles technologies font désormais partie intégrante de la vie du chercheur④. Si ce nouveau média peut paraître attrayant au premier regard, la réalité

① Cislaru, G., Claudel, C. et Vlad M. 2017. *L'écrit universitaire en pratique* [M]. Louvain-la-Neuve : De Bœck Supérieur. 9—10.

② Collard, A. et Monballin M. 2014. *Référentiel pour l'élaboration d'un travail scientifique en sciences humaines* [M]. Namur : Presses universitaires de Namur. 17.

③ À ces deux catégories, il est possible de rajouter une troisième catégorie : les sources tertiaires, compilation de sources primaires et secondaires (Collard, A. et Monballin M. 2014. *Référentiel pour l'élaboration d'un travail scientifique en sciences humaines* [M]. Namur : Presses universitaires de Namur. 14).

④ Boisvert, D. 2003. La recherche documentaire et l'accès à l'information [A]. In B. Gauthier (dir.). *Recherche sociale. De la problématique à la collecte des données* [C]. 4e ed. Québec : Presses de l'Université du Québec. 92.

est plus mitigée puisque se posent les questions de la quantité, de la qualité et de la validité des sources consultables①. En effet, bien qu'Internet permette de dépasser les frontières et de trouver des ouvrages qui restaient autrefois encore difficilement accessibles, la quantité pharaonique d'informations qui s'y trouve et le capharnaüm qui y règne doivent amener à la plus grande prudence. L'étudiant doit alors interroger aussi bien la fiabilité d'une source consultée sur le net que l'intérêt de cette dernière dans le cadre de son étude. De même, il paraît indispensable d'émettre une distinction entre des outils de recherche généralistes, ne permettant pas toujours de collecter efficacement les sources nécessaires, et des outils plus spécialisés comme les plateformes numériques CAIRN, JSTOR, ou encore Gallica pour ne citer qu'eux trois. Raison pour laquelle ces différents aspects sont abordés au cours de la leçon.

Toute communication, qu'elle soit écrite ou orale, est destinée à un public. Le ton du discours ainsi que son style doivent s'adapter en fonction du public visé, qu'il soit composé : de néophytes, d'amateurs éclairés, de chercheurs rompus à la discipline, d'étudiants de licence, de master ou de doctorat. C'est pourquoi, il importe de correctement situer mentalement le public visé par ladite communication.

La structure d'un travail académique est elle aussi abordée. S'il paraît évident pour un chercheur de structurer son étude en fonction du type de recherche qu'il se propose d'effectuer, force est de constater qu'il n'en va pas de même pour l'étudiant néophyte②. Ainsi, mêmes les éléments structurant techniquement un travail de recherche — le corps du texte, la conclusion, la bibliographie et la table des matières pour ne citer qu'eux — peuvent poser problème à l'étudiant débutant. L'introduction et la conclusion sont un exemple assez frappant. Leur rédaction se fait en effet généralement en miroir, l'un apportant les réponses des questions posées par l'autre, et en toute fin de procédure③. Cet exercice, loin d'être intuitif, nécessite donc un

① Boisvert, D. 2003. La recherche documentaire et l'accès à l'information [A]. In B. Gauthier (dir.). *Recherche sociale. De la problématique à la collecte des données* [C]. 4e ed. Québec : Presses de l'Université du Québec. 93.

② Gauthier, B. 2003. Introduction [A]. In B. Gauthier (dir.). *Recherche sociale. De la problématique à la collecte des données* [C]. 4e ed. Québec : Presses de l'Université du Québec. 10.

③ Boutillier S. *et al.* 2005. *Méthodologie de la thèse et du mémoire*. Levallois Perret : Studyrama. 34—35.

apprentissage quant au moment et à la manière dont ces éléments doivent être rédigés.

Le plagiat est sans doute un des problèmes les plus graves auxquels sont confrontés les enseignants à l'université. Pour cette raison, il convient de sensibiliser au plus tôt l'étudiant à cette question. Il est nécessaire d'expliquer les raisons pour lesquelles un article scientifique nécessite des sources. Cela n'est toutefois pas suffisant puisqu'il reste encore à mettre en évidence les endroits nécessitant une référence① et les façons de procéder, que ce soit pour la citation d'une idée, pour la citation à l'identique ou encore pour la forme de bloc-citation.

La mise par écrit d'une recherche, que ce soit un article scientifique, un mémoire de recherche ou une thèse doctorale, peut être à son tour source d'anxiété. Nombreux sont ceux qui ressentent des difficultés lorsqu'il s'agit d'écrire le déroulement et les résultats de leurs recherches. Loin d'être facile, cet exercice suppose une planification devant encadrer au mieux le rédacteur②. Cette planification concerne globalement deux aspects : le plan de travail et le plan de rédaction provisoire. Le premier a trait à l'organisation des différentes étapes du travail de recherche afin de répartir la charge de travail dans le temps, tandis que le second précise la problématique et la question principale, développe l'idée directrice, détermine les thèmes principaux et secondaires et articule de manière logique les idées et leurs enchaînements.

Enfin, il est plus que conseillé de relire et de faire relire par des pairs les pages rédigées afin de s'assurer : de la validité et de la qualité des arguments émis ; de la pertinence de la recherche, de la compréhensibilité du texte ; du respect des règles d'orthographe, de grammaire et de syntaxe.

---

① Il convient de citer une source dès qu'un élément extérieur est utilisé dans l'argumentation d'un travail de recherche, en ce compris : la reproduction textuelle d'une source extérieure ; la référence à une idée ou à une opinion extérieure ; le résumé d'une idée extérieure ; l'utilisation de données extérieures ; la traduction d'un extrait provenant d'une source extérieure, etc. (Collard, A. et Monballin M. 2014. *Référentiel pour l'élaboration d'un travail scientifique en sciences humaines* [M]. Namur : Presses universitaires de Namur. 9—10).

② Mace, G. 2000. *Guide d'élaboration d'un projet de recherche en sciences sociales* [M]. Bruxelles : Éditions de Bœck. 4.

1.2 Partie pratique

En parallèle du cours, l'étudiant est invité à réaliser un travail individuel comprenant sept à dix pages — l'introduction, cinq à huit pages de corps de texte et la conclusion, à quoi peuvent être bien évidemment rajoutées la page de garde, la bibliographie et la table des matières. Le sujet, pour que le travail soit pertinent, est choisi par l'étudiant mais avec l'accord indispensable du professeur ; il sera affiné au fur et à mesure du semestre①, toujours avec l'aide du professeur. Le travail comporte quatre phases : trois phases intermédiaires et une phase finale.

Les trois phases intermédiaires sont à remettre au professeur afin que ce dernier puisse apporter des remarques et des corrections. L'étudiant est donc accompagné tout au long du semestre tout en restant seul responsable de sa production.

La première phase consiste en la remise du sujet et d'une bibliographie de base d'au minimum sept ouvrages de référence. Après retour du professeur, l'étudiant lui déposera la phase deux, consistant en la remise du sujet et de la bibliographie corrigés et complétés ainsi que d'un premier plan de rédaction provisoire aussi précis que possible. Le professeur procédera alors une nouvelle fois à des remarques et des corrections. La troisième phase comporte les éléments de la phase précédente corrigés en addition de la rédaction de trois pages correctement référencées selon les règles prescrites au cours. Enfin, la dernière phase consiste en la remise de la version finale du travail en fin de semestre, cette dernière faisant office d'examen.

L'avantage de cette méthode est de responsabiliser l'étudiant tout en lui permettant d'appréhender au fur et à mesure les principales règles et autres composantes techniques d'un travail de recherche. Elle permet également d'encadrer l'étudiant afin de le guider au mieux. De plus, cette phase pratique, si elle exige beaucoup de l'étudiant, permet à ce dernier de pratiquer la théorie qu'il étudie, favorisant ainsi son assimilation en la transformant en savoir-faire②.

---

① Boutillier S. *et al.* 2005. *Méthodologie de la thèse et du mémoire.* Levallois Perret : Studyrama. 31.

② *Ibid.*

2. Insuffisances et pistes de réflexions

Si le cours contient de nombreux points forts, il n'est cependant pas exempt de quelques faiblesses pouvant être source de désorientation pour l'étudiant.

À la suite du cours, l'étudiant disposera normalement d'une assise théorique suffisante pour l'élaboration de son mémoire de licence. Cependant, cette assise théorique, si elle n'est pas pratiquée de manière régulière, risque fort de dépérir avec le temps. Or, la finalité de ce cours étant l'acquisition d'une pratique heuristique, il importe de continuer à exercer cette pratique dans le but de l'entretenir.

Il est également à noter que cette formation est proposée assez tardivement dans le cursus universitaire de l'étudiant qui devra attendre sa quatrième année de licence pour avoir la possibilité de le suivre. De ce fait, l'étudiant n'acquiert qu'au terme de sa formation en licence des réflexes académiques basiques, comme se rendre dans une bibliothèque pour y consulter des ouvrages en vue de commencer une recherche par exemple. Le retard pris par l'étudiant dans son rapport avec la recherche est une deuxième conséquence fâcheuse. Si tous ne feront pas une carrière de chercheur, un pourcentage assez conséquent continuera pourtant par un master dans lequel le travail de recherche prend une place prépondérante, source de désagréments pour eux.

Ce genre de formation méthodologique, de par son aspect technique, est loin d'être le plus réjouissant, force est donc de reconnaître que le cours peut montrer un aspect peu rebutant. Il est cependant d'une importance capitale dans la formation de l'étudiant qui pourra, une fois les bases acquises, travailler plus sereinement à son travail de fin de cycle. Il sera également un atout majeur au cas où l'étudiant souhaiterait poursuivre sa formation par un master, que ce soit en Chine où à l'étranger. Le cours n'étant pas obligatoire, il est possible que certains étudiants prennent la décision, à tort, de ne pas choisir cette formation au risque d'être désavantagés par la suite.

Enfin, le temps, ou plutôt le manque de temps, est un autre facteur problématique. Le cours se déroule sur un semestre, raison pour laquelle il peut être perçu comme très dense. Cette densité est une difficulté supplémentaire pour l'étudiant qui pourra travailler en surrégime et s'épuiser ainsi plus rapidement, voire être dépassé et perdu à plusieurs moments du cours. En outre, le professeur étant le seul membre du personnel en charge du cours, il peut lui être difficile de pouvoir assurer un encadrement et un suivi optimal pour la totalité des étudiants.

Ces faiblesses peuvent toutefois être facilement surmontées grâce à l'introduction d'une série de mesures visant à préparer l'étudiant au mieux et à le guider vers le travail de recherche. Plutôt que des directives à observer scrupuleusement, les solutions proposées par l'auteur doivent être considérées comme autant de points de départ invitant à la réflexion du corps enseignant sur cette question épineuse. En effet, pour imprimer une nouvelle direction plus axée sur la recherche, l'effort devra être collectif et surtout complémentaire. L'idée principale devant sous-tendre ces pistes de réflexion est de rendre l'étudiant le plus autonome possible au terme de sa formation et de l'impliquer au maximum au cours de ses études afin de lui faire comprendre l'utilité de son apprentissage.

Dans le cadre du cours, il pourrait être bon d'adjoindre au professeur un assistant pédagogique dont la tâche serait exclusivement focalisée sur la correction des travaux des étudiants sous la direction du professeur. Cette mesure pourrait alléger considérablement la charge de l'enseignant pouvant dès lors renforcer son suivi et concentrer son attention sur les étudiants les plus faibles afin qu'aucun ne soit laissé pour compte. L'assistant pourra être cherché parmi les doctorants qui auront la possibilité, par ce moyen, d'être intégrés plus directement dans la faculté tout en apprenant le métier d'enseignant sur le terrain. Cet exercice leur sera également bénéfique pour leur propre pratique de recherche. En effet, en corrigeant les travaux des étudiants de premier cycle sous la tutelle du professeur, ils pourront améliorer leur technique en matière de recherche, de structuration, d'écriture, de précision, de rigueur ou encore de citation.

Bien que tous les étudiants ne sont pas destinés à la recherche, il serait sans doute bon de rendre le cours obligatoire. Cette obligation aurait pour avantage double de garantir une meilleure qualité des mémoires de licence, d'un point de vue technique tout du moins, et d'alléger ainsi le travail des différents promoteurs. L'étudiant ayant déjà acquis les bases de la recherche, le promoteur pourra se concentrer sur des aspects plus complexes et plus techniques.

Une dernière mesure touchant directement le cours de *Rédaction académique* pourrait consister en une anticipation dudit cours. Il pourrait en effet être envisageable de permettre aux étudiants de choisir ce cours dès la troisième année. Cette mesure aurait l'avantage de donner à l'étudiant la possibilité d'organiser lui-même sa charge de travail en décidant ou non de la répartir sur deux ans, ce qui aurait pour effet une plus grande responsabilité de l'étudiant face à ses études.

En marge de ces mesures proposées dans le but d'améliorer directement le cours, il est également possible, en amont, de préparer l'étudiant au travail de recherche de manière progressive.

Pour lutter contre la passivité d'un trop grand nombre d'étudiants durant les cours, il serait intéressant de les sensibiliser au plus tôt — dès la première année par exemple — sur l'intérêt et l'importance de la prise de note. Cette dernière permet de rendre l'étudiant plus actif puisqu'il doit se montrer attentif à rester concentré tout au long du cours et ne pas se laisser trop facilement distraire s'il veut capter les informations émises par le professeur. Il apprendra de même à sélectionner et à hiérarchiser les éléments qu'il jugera les plus pertinents à figurer dans ses notes. Enfin, il pourra retravailler ses notes au calme pour une compréhension plus en profondeur et, ainsi, une meilleure assimilation des informations lues ou écoutées.

La manipulation du livre et de l'article scientifique doit également faire l'objet d'une sensibilisation, voire d'un apprentissage. S'il n'est pas naturel pour un novice d'identifier de manière claire une source scientifique, la difficulté s'accroît lorsque l'étudiant est confronté à des sources plus complexes à traiter. Il serait alors intéressant de faire travailler l'étudiant progressivement en se concentrant sur des éléments basiques pour commencer. Le professeur pourra par exemple donner une liste de lectures obligatoires pour un cours donné, le but étant de familiariser l'étudiant avec le travail scientifique et avec différents types de sources. Pour les étudiants en master et en doctorat, il sera toujours possible d'imaginer des séminaires ou des cours dont l'objet traitera de questions plus précises et plus pointues comme par exemple le fonds d'archives.

La bibliothèque, si elle est un lieu indispensable pour toute recherche en science humaine, est malheureusement trop souvent désertée par bon nombre d'étudiants lui préférant la rapidité parfois trompeuse d'Internet. Pour familiariser ce lieu nouveau pour la plus grande majorité d'entre eux, il pourrait être intéressant que la faculté organise des visites pour les étudiants de première ou de deuxième année afin d'expliquer son fonctionnement ainsi que la logique du classement des ouvrages. Cette mesure permettrait d'éviter qu'ils soient perdus et donc facilement découragés par ce lieu au premier abord peu hospitalier. En plus de ces visites, il pourrait être intéressant d'amener les étudiants à s'y rendre régulièrement au moyen d'exercices nécessitant la consultation d'ouvrages. Ces exercices auront l'avantage de permettre à l'étudiant d'identifier la bibliothèque comme une composante essentielle de ses études. Dans le même ordre d'idées, une meilleure sensibilisation aux outils de la recherche informatique pourrait être imaginée dans le but de présenter clairement les lieux et les méthodes de la recherche.

Enfin, mettre en évidence, voire rendre obligatoire, des cours « à matière »[①] pourrait être un excellent moyen pour guider l'étudiant dans un futur sujet de recherche tout en lui offrant un cadre rassurant dans lequel il pourrait débuter sa recherche. Dans cette logique, des cours introductifs pourraient être dispensés pendant les années de licence, l'idéal étant que chaque professeur puisse enseigner dans sa spécialité. Dans cette optique, il pourrait être pertinent de proposer des cours mêlant plusieurs disciplines, cours dans lesquels plusieurs professeurs pourraient participer à leur élaboration. Par la suite, durant les années de master par exemple, il pourrait également être envisageable de proposer des cours à option basés sur des questions spéciales d'un domaine particulier pour permettre d'orienter au mieux l'étudiant tout en l'aidant à s'impliquer davantage dans sa formation.

---

① Nous pensons à des cours introductifs : à la littérature, à l'histoire de l'art, à l'histoire de la musique, à la philosophie, à l'histoire européenne, à l'histoire de la francophonie, etc.

Conclusion

L'enseignement de la recherche doit faire l'objet de la plus grande des attentions dès les premières années formatrices des étudiants. Afin de garantir une gestion plus précise de cette formation, un premier enseignement est proposé aux étudiants de quatrième année de licence de la Faculté d'Études françaises et francophones de la BFSU. Cette systématisation de l'enseignement ne doit pas être comprise comme une fabrique de chercheurs et la recherche demandera toujours un apprentissage sur le temps long et sur le terrain. L'apprenti chercheur apprendra son métier au fur et à mesure des années, l'acquisition de ces compétences nécessitant maturation. En revanche, un enseignement basique destiné à tous les étudiants de premier cycle est bénéfique en ce sens qu'un tel enseignement avertira au plus tôt les étudiants sur les impératifs et les exigences académiques.

Le cours de *Rédaction académique* aborde les aspects techniques de base dans l'élaboration d'un travail scientifique. Il est composé de deux parties : la première, théorique, introduisant les principales étapes qui entrent dans la conception d'un travail universitaire ; la seconde, pratique, consistant en l'élaboration par les étudiants d'un travail individuel — travail encadré par le professeur — basé sur les apprentissages étudiés au cours.

Nonobstant ses qualités et ses points forts, le cours possède quelques faiblesses parmi lesquelles peuvent être rappelées : le manque de pratique heuristique en dehors du cours, l'arrivée fort tardive de cet apprentissage dans le cursus des étudiants, le fait qu'il ne soit pas rendu obligatoire et le temps assez restreint alloué à ce même apprentissage fondamental pour tout étudiant universitaire.

Pour palier ses imperfections, certaines solutions sont pourtant envisageables. Ces différentes pistes de réflexion portent sur plusieurs plans et visent à rendre l'étudiant le plus autonome possible. En plus de l'adjonction d'un assistant, adjonction autant bénéfique pour le doctorant-assistant que le professeur, il pourrait être bon de rendre le cours obligatoire pour l'ensemble des étudiants de quatrième année en donnant toutefois la possibilité dès la troisième année de suivre ledit cours de manière anticipée. De même, lutter contre la passivité des étudiants durant les cours tout comme conduire les étudiants en bibliothèque, afin qu'ils puissent se familiariser avec cet espace et le texte scientifique, doivent faire partie d'une solution à chercher en amont dudit cours. Dernier élément, la mise en avant et le développement de cours « à matière » pourraient être grandement bénéfiques aux étudiants qui pourraient être ainsi plus facilement guidés, d'un point de vue théorique, dans leurs études.

Ces moyens visent autant à l'autonomisation des étudiants qu'à leur responsabilisation face à leurs études et à leur travail. Ces derniers pourront, s'ils sont confrontés assez tôt à la recherche, s'impliquer davantage dans leur formation universitaire.

Bibliographie

1. Boisvert, D. 2003. « La recherche documentaire et l'accès à l'information » [A]. In B. Gauthier (dir.). *Recherche sociale. De la problématique à la collecte des données* [C]. 4e ed. Québec : Presses de l'Université du Québec. 85—102.
2. Boutillier S. *et al.* 2005. *Méthodologie de la thèse et du mémoire.*[M]. Levallois Perret : Studyrama.
3. Cadet, L., Goes, J. et Mangiante J-M. 2010. *Langue et intégration. Dimensions institutionnelle, socio-professionnelle et universitaire* [M]. Ixelles : Peter Lang.
4. Chevrier, J. 2003. La spécification de la problématique [A]. In B. Gauthier (dir.). *Recherche sociale. De la problématique à la collecte des données* [C]. 4e ed. Québec : Presses de l'Université du Québec. 51—84.
5. Cislaru, G., Claudel, C. et Vlad M. 2017. *L'écrit universitaire en pratique* [M]. Louvain-la-Neuve : De Bœck Supérieur.
6. Collard, A. et Monballin M. 2014. *Référentiel pour l'élaboration d'un travail scientifique en sciences humaines* [M]. Namur : Presses universitaires de Namur.
7. Dépelteau, F. 2003. *La démarche d'une recherche en sciences humaines. De la question de départ à la communication des résultats* [M]. Bruxelles : Éditions De

Boeck Université.

8. Gauthier, B. 2003. « Introduction » [A]. In B. Gauthier (dir.). *Recherche sociale. De la problématique à la collecte des données* [C]. 4e ed. Québec : Presses de l'Université du Québec. 1—18.

9. Gingras, F-P. 2003. « La sociologie de la connaissance » [A]. In B. Gauthier (dir.). *Recherche sociale. De la problématique à la collecte des données* [C]. 4e ed. Québec : Presses de l'Université du Québec. 19—48.

10. Mace, G. 2000. *Guide d'élaboration d'un projet de recherche en sciences sociales* [M]. Bruxelles : Éditions de Bœck.

11. N'Da, P. 2015. *Manuel de méthodologie et de rédaction de la thèse et du mémoire de master en lettres, langues et sciences humaines* [M]. Paris : L'Harmattan.

法语辅修专业（双学位）发展的现状及困境

——以北京市为例

北京外国语大学法语语言文化学院　金小燕

摘　要　为适应社会对“厚基础、宽口径、高素质”复合型人才的需求，众多高等院校进行了各种教学体制改革，其中主辅修制得到了大力发展。本文探寻法语辅修专业（双学位）在北京各大高校的发展现状，分析目前面临的问题，并预测其未来的发展态势。

关键词　法语辅修专业（双学位）；北京市高校；复合型人才

早在1998年，高校外语专业教学指导委员会《关于外语专业面向21世纪本科教育改革的若干意见》明确指出：“由于社会对外语人才的需求已呈多元化趋势，过去那种单一外语专业和基础技能型的人才已不能适应市场经济的需要，市场对单纯语言文学专业毕业生的需求量正逐渐减小。”20多年过去，历史验证了这一发展趋势。如今，社会对“厚基础、宽口径、高素质”复合型人才的需求日益增长，跨学科、跨专业的复合型、复语型外语人才因此成为高校外语专业人才培养的目标。

法语专业亦是如此。在外语类院校中，各种复合型法语人才培养模式如雨后春笋般不断涌现，如“法语+专业方向型”“法语+专业”“专业+法语”等。在综合性大学中，“专业+法语”的复合型人才培养模式也蓬勃发展，如2005年创办的北航中法工程师学院（6.5年制）、2007年创办的中欧航空工程师学院（学制6.5年）、2010年创办的中山大学中法核工程与技术学院（学制6年）等。与此同时，随着主辅修制度的大力推进，法语辅修专业（双学位）（以下简称法语辅修）也成为了复合型法语人才培养的重要途径。

一、法语辅修的现状

法语辅修最早出现在20世纪90年代末。实际上，主辅修制度是随着学分制的教学管理模式而建立的，在我国最早于1983年由武汉大学率先实行。[①]在其30多年的发展历史中，辅修专业出现了不同的称谓，如辅修专业、副修专业、第二专业、双专业、双学位等。目前，各高校普遍存在两大法语辅修模式：一种为辅修专业，修满规定学分，获得辅修专业证书；一种为辅修双学位，学分要求更多，毕业须撰写论文，达到辅修专业学位授予要求的，学校授予双学士学位证书。

（一）法语辅修的涵义

法语辅修以培养复合型、复语型人才为目标，是面向学有余力的非法语专业大学生开设的法语辅修课程，培养非法语专业人才具备扎实的法语语言基础知识和较强的法语综合运用能力。课程设置由各高校根据自身特色灵活制定，需2—3年完成，学时不等，每周授课6—8小时，多安排在晚上或周末进行。部分高校在高年级开设法语文学、法语经贸、法语翻译等课程。

与法语辅修相似的是大学法语。后者是指普通高等院校为非法语专业大学生开设的法语课程，是一些文科专业或特定方向的部分大学生的重要的必修课程，曾被称为公共法语或二外法语。[②]大学法语发源较早，目前已经形成比较科学、系统的教学和评估体系。大学法语教学分为6个级别，一至四级为基本要求，各64学时，共256学时，五至六级为较高要求，也各64学时，共128学时。[③]大学法语每周4课时语言技能课，通常安排在周中，即周一至周五。

两者相比，大学法语课时少、课程性质单一，很难使学生达到法语语言运用的水平。而法语辅修通过充足的课时、多样的课程，将更加重视培养学生的法语基础知识，训练其法语综合应用能力，拓宽其文化素养，使学生能够真正应用法语从事一般性的交流，从而提高学生的就业竞争力，同时也为其未来出国留学不

---

① 李莉. 我国大学辅修与双学位制改革的回顾与分析［J］. 中国高教教育. 2009（01），60—62.

② 戴炜栋，胡文仲主编. 中国外语教育发展研究（1949—2009）［M］. 上海：上海外语教育出版社. 2009，655.

③ 教育部高等学校大学外语教学指导委员会法语组. 大学法语课程教学要求［M］. 北京：高等教育出版社. 2011，1.

再受语言的束缚做好准备。

（二）北京市高校开设法语辅修的历史及现状

虽然各类辅修专业在全国各地包括北京迅速推进，法语辅修在北京的发展并不乐观。文献资料显示最早在1999年，西南农业大学（现已并入西南大学）已经开设法语辅修；①2001年，上海外国语大学首次面向上海东北片联合高校进行法语辅修招生；而2011年，武汉七校联办的辅修专业中首次出现法语，同年，四川外国语大学的法语辅修面向校内及校外本科二、三年级招生；2013—2015年间，浙江工商大学、浙江外国语大学、浙江大学、浙江越秀外国语学院等高校相继开设了法语辅修。而在京津冀地区，截至2015年，开设有法语辅修的高校仅有1所。②时至今日，北京市开设法语专业的高校有14所，其中正式开设法语辅修专业的高校有5所：北京大学、对外经济贸易大学、北京第二外国语学院、中国人民大学和中国社会科学院大学。

2020年北京市五大高校法语辅修开设状况

学校名称	法语辅修类型	学制	学分	总学时	课程数
北京大学	辅修专业	2—3年	30	864	6
对外经贸大学	辅修专业	2年	28	448	4
	辅修双学位（三种）	2.5—3年	50—52	576—832	8—11
北京第二外国语学院	辅修专业	1.5年	30	510	6
	双学位	2年	50	850	13
中国人民大学	辅修专业	2年	30	480	8
	辅修学位	3年	48	768	15
中国社会科学院大学	辅修专业	2—3年	≥30	≥480	自由选择
	双学位	2—3年	≥44	≥704	自由选择

注：表格数据来源于各个学校的本科生培养方案。其中法语辅修类型中的名称取自各校培养方案中对辅修类型的称谓。

① 葛信勇，张隆利．实行主辅修制的研究与实践［J］．高等农业教育．1999（02），34—35.

② 解媛媛等．京津冀地区外语辅修专业及辅修二学位现状研究和发展建议［J］．长春教育学院学报．2015，31（07），59—60.

北京大学在2002年之前已经设立了法语辅修专业[①]，至今已有逾18年的历史。学生可以根据学习进度自由选择课程，在大四第二学期前完成规定学分，可获得辅修证书。学校不仅明确规定了专辅互斥的专业，而且自2016级学生起，本科生辅修/双学位与主修课程同质要求、同质管理。

对外经贸大学在2016年的培养方案中开设了法语辅修专业和3种针对不同学生群体的法语辅修双学位，并允许辅修专业和双学位之间正向和逆向转换，即可以从辅修专业转为双学位，也可以在无法完成双学位时转为相应的辅修专业。同时，辅修学习与主修学习同堂进行。

北京第二外国语学院从2016年开始开展了校内融合培养方案，通过辅修、双学位和本科课程一体化改革，在全校范围内打通了各专业必修课与专业选修课，学生可以跨专业、跨年级选课。该校不对辅修设置门槛，100%的学生具备辅修资格，且辅修全部免费。此外，学校开放专业课堂，辅修专业不单独开班。

中国人民大学2016年本科生培养方案中开设法语辅修专业和辅修学位。两者均实行课程和学分双重认证机制，所修课程既要符合辅修培养方案要求，同时需满足学分要求。

2017年新成立的中国社会科学院大学在其第一年的培养方案中就开设了法语辅修。学校提供15门必修课、8门选修课供学生个性化选择、自由组合。学生修满必修课26学分以上及选修课4学分以上，可获得辅修结业证书；修满必修课达38分及选修课6分以上，合计44学分，撰写论文并通过答辩，可获得学校颁发的文学学士（法语专业）学位证书。

而北京外国语大学作为国内外语类院校翘楚和开设外语语种最多的大学，虽然在1999年开始实施辅修/双学位制度，但至今仍未正式开设法语辅修专业。但在实践中，法语辅修课程已被纳入一些人才培养方案，如2014年开设的“国际经济与贸易（中外合作办学）”专业，采取“国际经济与贸易专业+英语+第二外语”复语型、复合型人才培养模式，其中的第二外语可以选择法语，周课时为6—8小时，分5个学期完成，颁发辅修证书；2019年开展的“非外语专业复合型多语拔尖人才”项目，其中法语课程32学分，周课时为6—8课时，与辅修模式类似。

---

① 宋鑫，卢晓东. 北京大学辅修制度的现状与思考［J］. 山东省青年管理干部学院学报. 2002,（07），60—61.

二、法语辅修的困境

尽管主辅修制在全国范围内呈现出欣欣向荣的发展态势，但是法语辅修在北京的发展却相对滞后。部分学校迟迟不愿开设，而已经开设的学校也面临种种困难。

（一）开设法语辅修的困难

虽然北京众多高校具有历史悠久、师资力量雄厚的法语院系，如北京外国语大学、北京语言大学、国际关系学院、外交学院等，但这些学校迟迟未开设法语辅修。究其原因，首先是教学管理制度的制约。主辅修教育模式的真正有效实施和积极推进，必须有灵活的、富于选择性的教学管理制度相配套，具体言之就是构建以学分制为核心的教学管理制度体系。①学分制可以使学生真正结合自己的兴趣与实际的需求灵活自选专业和课程。然而，目前我国大部分高校实行的是学年制，这在一定程度上制约了辅修专业的开设。其次是师资的缺乏。近年来，随着高校提高了教师入职的门槛，博士学位几乎已经成为了大学教师的必要条件之一。因此，高质量、高学历法语教师的匮乏不仅制约了法语专业的创立和发展，更是某些高校法语院系无暇分身开设法语辅修的重要原因之一。此外，辅修的课程通常安排在晚上或者周末，对学生而言，是占用了他们休息、娱乐或自主学习的时间，对教师而言是额外的工作量。所以部分学生和教师也对开设法语辅修并不积极。

（二）已开设法语辅修高校面临的困境

尽管实行辅修制度的各大高校对辅修专业（双学位）的实践进行了经验总结，并对所存在的问题献计献策，但是已经开设法语辅修的高校始终面临着诸多现实问题，有待解决。

1．法语辅修缺乏纲领性文件。且不说法语专业，仅看大学法语相关的文件：1992年的《大学法语教学大纲》、1994年的《大学法语（第二外语）教学大纲》、2002年的《大学法语教学大纲》（第二版）、2011年的《大学法语课程教学

---

① 朱红．本科[辅修/双学位教育模式]的探索与实践［J］．北京教育（高教）.2006（5），40—41.

要求》对大学法语各级别学生应具备的法语能力均做出了具体规定，也对大学法语课堂教学和教学评估做出了详细要求。而法语辅修从20世纪90年代末第一所高校开设至今已逾20年，始终没有纲领性的文件指导该类别教学工作的进行。

2．法语辅修教材有待建设。随着教学大纲的颁布，大学法语教材的编写工作迅速展开，几年间出版了《核心法语》《公共法语》《大学法语简明教程》《大学法语阅读教程》《大学法语听力教程》《新大学法语》《新世纪大学法语》等教材，保障了大学法语的教学质量与研究水平的快速发展与提高。而法语辅修至今无配套适用的教材。实践中，教师要么使用法语专业的教材，要么使用大学法语的教材，前者内容过难，后者进度过快，对教师及学生都是挑战。

3．法语辅修评估体系有待完善。目前北京各高校的考试和评定制度并不完善，个别学生学完几年的法语课程之后，除了一张辅修证书，依然无法应用法语。而通过法语辅修学有所长的学生也只拥有一张证书，无法证明自己的能力。对此，在学生接受学校评估的同时，应鼓励学生积极参与大学法语四、六级考试进行专业评估。然而遗憾的是，自1995年开始实施大学法语四级考试至今，大学法语六级考试的实施仍未提上议事日程。

三、法语辅修的未来及展望

1998年，教育部《关于深化教学改革，培养适应21世纪需要的高质量人才的意见》指出："要积极为学生提供学科选修、双学位、主辅修等多种教育形式，培养大批复合型人才"。2010年，教育部《国家中长期教育改革和发展规划纲要（2010—2020）》指出，"优化学科专业、类型、层次结构，促进多学科交叉和融合。重点扩大应用型、复合型、技能型人才培养规模"。从1998年的"培养大批"复合型人才到2010年"重点扩大"复合型人才培养规模，可见复合型人才的培养始终是国家人才培养的重点。而主辅修制度作为培养复合型人才的重要教育形式，必将得到更大的推进。2018年，教育部印发的《关于加快建设高水平本科教育全面提高人才培养能力的意见》佐证了这一观点。该《意见》指出要围绕激发学生学习兴趣和潜能深化教学改革，"推进辅修专业制度改革，探索将辅修专业制度纳入国家学籍学历管理体系，允许学生自主选择辅修专业。"2019年，国务院学位委员印发《学士学位授权与授予管理办法》则进一步明确和规范了学士学位授权与授予管理，为高校开展辅修学士学位供了政策依据。文件指出，可设置辅修学士学位、双学士学位、联合学士学位3种学士学位类型，分类推动复合型人才培养。可以预见的是，随着国家一系列政策的推动，辅修制度必将得到大力发展。而这也是培养复合型人才的重大举措，使得跨专业、跨学科的人才培养模式得到有效落实。借此东风，法语辅修的发展也将迎来新的机遇。

首先，辅修制度将得到进一步的完善和规范。这是所有辅修专业或双学位当前所面临的问题。全国各个高校对辅修的人才培养模式规定不一，如部分高校设置了辅修门槛，部分高校允许全体学生参与；部分高校辅修免费，部分高校收费；部分高校主辅修同质管理，部分高校分类管理；各校之间同一专业辅修课程数量和学时大相径庭等等。因此，针对目前各自为政的局面，未来可能会有相应政策，对辅修与双学位专业的申请条件、教学要求和管理、毕业与学位资格审核等进行统一规定，保证高校在一定的框架内具有充分的自主性。

其次，辅修课程设置将会得到逐步优化，实现“因地制宜、因材施教、主辅相长”。就法语辅修而言，各高校在课程的设置上既要根据自身的特色，又要遵循外语的教学规律，并且结合学生的实际特点，科学合理地设置法语辅修课程，如对理工科和人文科学生的法语辅修课程进行区别对待，在前者中加大科技法语的比例，在后者中增加法国艺术赏析、法国文学鉴赏等必修或选修课程，让学生自由选择，使其主辅专业能够相辅相成、相得益彰。目前，中国社会科学院大学设置的选修课包含法国电影、戏剧、小说、历史等，值得其它高校借鉴。

此外，师资队伍建设将逐步加强。部分学校虽然开设法语辅修课程，但对辅修专业的教师配置不够重视，教师更换频繁，且由于授课时间多为非常规工作时段，常出现研究生代替教师授课的现象，这不利于系统可延续性和教学经验的积累。而未来，随着辅修专业的大范围推进，有关教学、监督、管理、评估等一系列配套办法可能会形成，教学团队、教研室等实体组织将建立，这将多方位促进辅修教师的教学和科研活动。

最后，校际交流合作将会增强。目前，借助联合办校的模式，上海外国语大学和武汉大学开设的法语辅修在当地实现了跨校招生，这种资源共享的模式解决了部分高校法语专业师资匮乏的问题，也极大促进了复合型人才的培养。北京虽有目前全国规模最大的教学共同体——北京学院路地区高校教学共同体，但是其辅修专业里并没有法语。北京高校林立，可以上海为榜样，建立多个联合办学团体，如西三环沿线附近自南向北有首都师范大学、北京舞蹈学院、中央民族大学、北京外国语大学、北京理工大学、中国人民大学等高校，开设有法语专业的几所大学可以联合推出法语辅修及其它外语辅修课程，同时共享其它几所院校的自然学科或人文学科的课程，实现强强联合、优势互补、共同发展。

从1863年成立的京师同文馆下属的法文馆至今，中国的法语教育已经经历了一百五十多年的历史。在这过程中，法语人才培养不仅形成了从专科到博士的多层次的教育体系，而且产生了丰富多样的培养模式。适时而生的法语辅修模式能够打破固有的学科界限，拓宽法语人才培养的口径，在未来必将为“厚基础、宽口径、高素质”复合型人才的培养做出更大的贡献。

参考文献

1. 戴炜栋，胡文仲主编．中国外语教育发展研究（1949—2009）[M]．上海：上海外语教育出版社．2009，308—335，655—690.

2. 戴炜栋主编．高校外语专业教育发展报告（1978—2008）[M]．上海：上海外语教育出版社．2008，443—491.

3. 教育部高等学校大学外语教学指导委员会法语组．大学法语课程教学要求[M]．北京：高等教育出版社．2011，1—11.

4. 葛信勇，张隆利．实行主辅修制的研究与实践[J]．高等农业教育．1999(02)，34—35.

5. 解媛媛等．京津冀地区外语辅修专业及辅修二学位现状研究和发展建议[J]．长春教育学院学报．2015，31(07)，59—60.

6. 李莉．我国大学辅修与双学位制改革的回顾与分析[J]．中国高教教育．2009(01)，60—62.

7. 宋鑫，卢晓东．北京大学辅修制度的现状与思考[J]．山东省青年管理干部学院学报．2002，(07)，60—61.

8. 朱浩然，李新德．地方高校设置法语辅修专业的需求分析——基于浙江温州大学视角[J]．中国大学教学，2011(05)，41—43.

9. 朱红．本科[辅修/双学位教育模式]的探索与实践[J]．北京教育（高教）．2006(5)，40—41.

10. 北京外国语大学．国际经济与贸易专业（中外合作办学）培养方案2016版.

11. 北京第二外国语学院．2016版本科生培养方案.

12. 中国人民大学．本科生培养方案（2019）外国语学院.

13. 中国社会科学院大学．本科生培养方案（2018）.

14. 北京大学．北京大学本科辅修双学位教学计划（2019）.

15. 对外经贸大学．法语辅修专业教学计划（2019），法语辅修双学位计划（2019），法语（国际经济贸易学院“三语班”）辅修双学位教学计划（2019），法语（国际组织人才基地班）辅修双学位教学计划（2019）.

后记

2019至2021年，北京外国语大学团学联组织学生志愿者分两批采访了校友、资深教师及在职教师，参与采访撰稿工作的同学有（按姓氏首字母排序）：

卞艺文、陈可心、陈雯静、樊莫兮、顾森、韩娜鸿、郝洋、蒋欣辰、李佳赟、李铭志、李亭萱、李潇文、梁莉、廖晋一、刘泓霖、刘雨昕、罗舒婷、罗允中、莫清雯、潘紫辰、沈钰榕、史兆一、舒畅、万思妤、王静漪、王凯、吴波璇、熊晓、许滢、杨沛晴、姚艾、尹轲文、余秋璇、曾昱璇、张清硕、张一格、赵艺玮、庄泽楠。

《北京外国语大学法语语言文化学院建院70年纪念文集》编委会在此对以上同学的辛勤付出表示衷心的感谢！

《北京外国语大学法语语言文化学院建院70年纪念文集》编委会

2022年7月